U0690052

# 中華禮藏

## 禮俗卷　歲時之屬　第二冊

浙江大學出版社
ZHEJIANG UNIVERSITY PRESS

禮

# 總目録

古今歲時雜詠 ……………………………………………… （1）

# 古今歲時雜詠

蒲積中　編

竇懷永　點校

## 【題解】

古今歲時雜詠，四十六卷，宋蒲積中編。積中，生卒不詳，字致穌，南宋紹興初進士（清陸心源《儀顧堂題跋》卷十三），四川眉山人。北宋宋綬（991—1040）曾取漢至唐間詩作，依一年四季時令編次而成《歲時雜詠》十八卷，後擴爲二十卷，錄詩計一千五百零六首（宋晁公武《郡齋讀書志》卷二十）。至南宋初，蒲積中因慨其時詩作"端不在古人下"，遂於宋綬書基礎上，增益歐陽修、蘇軾、黃庭堅、王安石、梅堯臣、張耒、陳師道等名家詩篇，編成《古今歲時雜詠》四十六卷，而宋綬之書逐漸散佚而至不存。據《四庫全書總目提要》之統計，《古今歲時雜詠》收詩二千七百四十九首，較宋綬所輯增一千二百四十三首。是書有蒲氏自序，時在"紹興丁卯仲冬"，乃南宋高宗紹興十七年（1147），則其殺青時間亦當在此年前後。

蒲積中《古今歲時雜詠》所輯詩篇在時間上起自漢魏，終於兩宋，內容編排上仍以四季節氣時令爲據。元日、寒食，清明、端午，中秋、重陽，冬至、除夜，諸時令下所附之名篇佳詩，多記其時之禮節習俗，足可追想其時盛景。故《四庫全書總目提要》譽云："古來時令之詩，摘錄編類，莫備於此。"尤可言者，《古今歲時雜詠》所錄之詩作，多有亡佚不傳者，是故《先秦漢魏晉南北朝詩》、《全唐詩》、《全唐詩補編》、《全宋詩》諸書多有借其輯詩者，而宋綬《歲時雜詠》之面貌亦藉此可窺一斑。因而，陳揆《稽瑞樓書目》（著四十卷）、《千頃堂書目》以至《四庫全書》等，雖仍宋綬之題而作"歲時雜詠"，其實乃是指蒲積中增益後之《古今歲時雜詠》。

《古今歲時雜詠》成稿後，蒲積中即"鳩工鑱板，以海其傳"（見其"序"），然南宋至今，見者甚罕。明清以降，是書多以抄本流傳，如清張金吾《愛日精廬藏書志》即著錄有一種抄本，莫友芝《邵亭知見傳本書目》亦著錄兩種。乾隆年間，四庫館臣據江蘇巡撫採進本，略加整理，收入《四庫全書》集部，沿用舊名。祝尚書《宋人總集敘錄》（中華書局 2004 年）卷一於此書歷代版本、著録情況，考證較詳，可參。管華《〈古今歲時雜詠〉研究》（復旦大學 2011 年碩士學位論文）專辟“流傳與版本”一節，於祝氏考證之上又增益不少，并以表格總結今國家圖書館、上海圖書館、南京圖書館、安徽師範大學圖書館等八家單位共藏有十餘種不同版本。其間之淵源，唯待有緣經眼，方可細細縷析，兹處不敢雌黄。然可肯定者，諸種版本較爲繁複，加之手民之誤，以致各版本間異文層出，具體篇目多有不同。如《四庫全書》本中有南宋紹興後詩人之作，其所源或非蒲氏之原本，然較明抄本自有其價值。徐敏霞即以《四庫全書》本爲底本，以明抄本爲校本，於遼寧教育出版社（1998 年）、三秦出版社（2009 年）出版發行，是爲目前僅有之點校整理本，惜偶有文字誤識、識辨之處。

今鑒之以最爲通行之《四庫全書》本（《景印文淵閣四庫全書》第 1348冊，臺灣“商務印書館”1983 年）爲底本，適當參考徐敏霞整理本（校記中簡稱“徐本”），重加董理。底本諸處仍作“歲時雜詠”，今亦襲之，而於書題署“古今歲時雜詠”。又，底本原無目録，今據詩文所及歲時而略加編目，以便觀覽。

# 目　録

四庫全書總目提要序 …………………………………… （11）

蒲積中自序 ……………………………………………… （12）

卷一

　　元日 ……………………………………………………… （13）

卷二

　　元日 ……………………………………………………… （34）

卷三

　　立春 ……………………………………………………… （46）

卷四

　　立春 ……………………………………………………… （58）

　　春帖子詞 ………………………………………………… （59）

　　立春又詞 ………………………………………………… （73）

卷五

　　人日 ……………………………………………………… （79）

卷六

　　人日 ……………………………………………………… （90）

卷七

　　上元 ……………………………………………………… （94）

卷八

上元 …………………………………………………………（107）

**卷九**

晦日 …………………………………………………………（129）

**卷十**

中和節 ………………………………………………………（147）

春分 …………………………………………………………（150）

春社 …………………………………………………………（152）

**卷十一**

寒食 …………………………………………………………（157）

**卷十二**

寒食 …………………………………………………………（170）

**卷十三**

寒食 …………………………………………………………（185）

**卷十四**

清明 …………………………………………………………（203）

**卷十五**

清明 …………………………………………………………（214）

**卷十六**

上巳 …………………………………………………………（225）

**卷十七**

上巳 …………………………………………………………（240）

**卷十八**

上巳 …………………………………………………………（252）

**卷十九**

春盡日 ………………………………………………………（259）

**卷二十**

　　端午 ……………………………………………… （266）

**卷二十一**

　　端午 ……………………………………………… （270）

　　端午日帖子詞 …………………………………… （280）

**卷二十二**

　　夏至 ……………………………………………… （285）

　　伏日 ……………………………………………… （286）

**卷二十三**

　　立　秋 …………………………………………… （292）

**卷二十四**

　　立秋 ……………………………………………… （298）

**卷二十五**

　　七夕 ……………………………………………… （301）

**卷二十六**

　　七夕 ……………………………………………… （314）

**卷二十七**

　　七夕 ……………………………………………… （326）

**卷二十八**

　　中元 ……………………………………………… （333）

　　秋分 ……………………………………………… （337）

　　秋社 ……………………………………………… （338）

**卷二十九**

　　中秋 ……………………………………………… （341）

**卷三十**

中秋 …………………………………………………… （351）

卷三十一

中秋 …………………………………………………… （363）

卷三十二

中秋 …………………………………………………… （377）

卷三十三

重陽 …………………………………………………… （392）

卷三十四

重陽 …………………………………………………… （414）

卷三十五

重陽 …………………………………………………… （436）

卷三十六

重陽 …………………………………………………… （457）

卷三十七

重陽 …………………………………………………… （471）

卷三十八

初冬 …………………………………………………… （486）

立冬 …………………………………………………… （489）

卷三十九

冬至 …………………………………………………… （490）

卷四十

冬至 …………………………………………………… （504）

卷四十一

除夜 …………………………………………………… （510）

卷四十二

　　除夜 …………………………………………………………（525）

卷四十三

　　正月 …………………………………………………………（535）

　　二月 …………………………………………………………（540）

　　三月 …………………………………………………………（547）

卷四十四

　　四月 …………………………………………………………（554）

　　五月 …………………………………………………………（558）

　　六月 …………………………………………………………（562）

卷四十五

　　七月 …………………………………………………………（567）

　　八月 …………………………………………………………（572）

　　九月 …………………………………………………………（577）

卷四十六

　　十月 …………………………………………………………（583）

　　十一月 ………………………………………………………（587）

　　十二月 ………………………………………………………（589）

# 四庫全書總目提要序

《歲時雜詠》，四十六卷，宋眉山蒲積中編。初，宋綬有《歲時雜詠》二十卷，見《郡齋讀書志》。晁公武謂宣獻昔在中書第三閣，手編古詩及魏晉迄唐人歲時章什，釐爲十八卷，今益爲二十卷。而此書前有紹興丁卯積中自序，稱宣獻所集，允稱廣博，然本朝如歐陽、蘇、黃，與夫半山、宛陵、文潛、無己之流，逢時感慨，發爲辭章，不在古人下，因取其卷目而擇今代之詩附之，名曰“古今歲時雜詠”，鋟版以傳。蓋積中特因綬原本增入宋人之詩，而目類則一仍其舊。惟晁公武載綬原本詩一千五百六首，而此本二千七百四十九首，比綬所錄增多一千二百四十三首，而卷數則廣至倍而有贏，疑其於舊卷次第亦略有所分析也。其書自一卷至四十二卷，爲元日至除夜二十八目；其後四卷，則凡祇題月令而無節序之詩皆附焉。古來時令之詩，摘錄編類，莫備于此，亦頗可以資採掇云。

乾隆四十三年七月

# 蒲積中自序

　　《歲時雜詠》，宋宣獻公所集也。前世以詩雄者，俱在選中，幾爲絕唱矣。然本朝如歐陽、蘇、黄，與夫荆公、聖俞、文潛、無已之流，逢時感慨，發爲辭章，直造風雅藩閫，端不在古人下。予因隙時，乃取其卷目，而擇今世之詩以附之，名曰"古今歲時雜詠"，鳩工鋟板，以廣其傳。非惟一披方册，而四時節序，具在目前。抑亦使學士大夫因以觀古今騷人，用意工拙，豈小益哉？

　　　　　　　　紹興丁卯仲冬，眉山蒲積中致和序。①

---

　　①　此"序"不見於《四庫全書》底本，兹據徐本迻補。

# 歲時雜詠卷一

（宋）蒲積中　編

## 元　日

### 元　會

曹　植

初歲元祚，吉日惟良。乃爲嘉會，宴此高堂。衣裳鮮潔，黼黻玄黄①。珍膳雜遝，充溢圓方。俯視文軒，仰瞻華梁。願保兹善，千載爲常。歡笑盡娛，樂哉未央。皇室榮貴，壽考無疆。

### 會王公上壽酒

荀　勖

踐元辰，延顯融。獻羽觴，祈令終。

### 正旦大會禮樂歌詩

張　華

於皇元首，羣生資始。履端大亨，敬仰羅祉。歸覲羣后，致兹卿士。欽若時則，允也天子。

① 玄，底本避清聖祖諱而缺書末筆點畫，兹回改。全書"玄"字及從"玄"字均同，不復出。

# 元　正

辛　氏

元正啓令節，嘉慶肇自兹。咸奏萬年觴，小大同悦熙。

## 和元日雪花應詔

謝　莊

從候昭神世，息燧應頌道。玄化盡天祕，凝功畢地寶。笙鏞流七始，玉帛承三造。委霰下璇葹，疊雪飛瓊藻。積曙境寓明，聯蕚千里杲。掩映順雲懸，摇裔從風掃。發睨燭檻前，騰瑞光圖表。澤厚見身末，恩踰悟生眇。竦誠岱駕肅，側志梁鑾矯。

## 正旦蒙賚酒

庾　信

正旦辟惡酒，新年長命杯。栢葉隨銘至，椒花逐頌來。流星向椀落，浮蟻對春開。成都已救火，蜀使何時迴。

## 同平南弟元日思歸

陳後主

至德掩羲皇，成功邁禹湯。儀刑光四海，來庭盛萬方。鳴玉觀升降，擊石乃鏗鏘。三春氣色早，九嶷煙霧長。浮雲斷更續，輕花落復香。北宮瞻遠岫，南服阻遥江。爾言想伊洛，我思屬瀟湘。

### 獻歲讌宮臣

隋煬帝

三元建上京，六佾宴吳城。朱庭容衛肅，青天春氣明。朝元動劍彩，長階分佩聲。酒闌鐘聲息，欣觀禮樂成。

### 奉和獻歲讌宮臣

虞世南

履端初啓節，長苑命高筵。肆夏喧金奏，重潤響朱絃。春光催柳色，日彩泛槐煙。微臣同濫吹，謬得仰鈞天。

### 奉和元日

蕭瑀

帝宮通夕燎，天門拂曙開。瑞雲生寶鼎，榮光上露臺。華山不凋葉，宜城萬壽杯。遙見飛鳧下，懸知鄴縣來。

### 初　年

陳叔達

和風起天路，嚴氣銷冰井。索索枝未柔，厭厭漏猶永。

### 和從叔光禄惜元日早朝

李元操

銅渾變秋節，玉律動年灰。曖曖城霞旦，隱隱禁門開。衆靈湊仙府，百神朝帝臺。葉令雙鳧至，梁王駟馬來。戈鋋映林闕，歌管沸塵埃。保章望瑞氣，尚書滅火災。冠冕多秀士，簪裾饒上才。誰憐張仲蔚，日莫返蒿萊。

## 奉和正旦臨朝

岑文本

時雍表昌運，日正叶靈符。德兼三代禮，功包四海圖。蹈沙分在列，執玉儼相趨。清蹕喧輦道，張樂駭天衢。拂蜺九旗暎，儀鳳八音殊。佳氣浮仙掌，薰風繞帝梧。天文光七政，皇恩被九區。方陪瘞玉禮，珥筆岱山隅。

## 又

魏　徵

百靈侍軒后，萬國會塗山。豈如今睿哲，邁古獨光前。聲教溢四海，朝宗引百川。鏘洋鳴玉佩，灼爍耀金蟬。淑景輝雕輦，高旌揚翠煙。庭實超王會，廣樂盛鈞天。既欣東戶日，復詠南風篇。願奉光華慶，從斯萬億年。

## 又

顏師古

七政璿衡始，三元寶曆新[①]。負扆延百辟，垂旒御九賓。肅肅皆鵷鷺，濟濟盛簪紳。天涯重致譯，日域獻奇珍。

---

① 寶曆，底本作"寶歷"，避清高宗諱而改"曆"作"歷"，茲回改。底本中表"時曆"義之"曆"字均避諱作"歷"，茲皆回改，下不復出。

# 元　日

太　宗

高軒曖春色，邃閣媚朝光。彤庭飛彩耀，翠幌曜明璫。恭己臨四極，垂衣馭八荒。霜戟列丹陛，絲竹韻長廊。穆矣薰風茂，康哉帝道昌。繼文遵後軌，循古鑒前王。草秀故春色，梅艷昔年妝。巨川思欲濟，終以寄舟航。

## 奉和元日

許敬宗

天正開初節，日觀上重輪。百靈滋景祚，萬士慶維新。待旦敷玄造，韜旒御紫宸。武帳臨光宅，文衛象鈞陳。廣庭揚九奏，大帛麗三辰。發生同化育，播物體陶鈞。霜空澄曉氣，霞景瑩芳春。德暉覆率土，相賀奉還淳。

## 元日述懷

盧照鄰

筮仕無中秩，歸耕有外臣。人歌小歲酒，花發大唐春。草色薰三徑，風光動四隣。願得常如此，年年物候新。

## 奉和元日賜羣臣栢葉

趙彥昭

器乏雕梁器，材非構廈材。但將千歲葉，常奉萬年杯。

# 又

李　乂

勁節凌霜勁，芳心待歲芳。能令益人壽，非止麝含香。

# 又

武平一

緑葉迎春緑，寒枝歷歲寒。願持柏葉壽，長奉萬年歡。

## 幽州元日

張　説

今歲元日樂，不謝去年春。知向來心道，誰爲昨夜人。

## 元　日

杜　甫

近聞韋氏妹，迎在漢鍾離。郎伯殊方鎮，京華舊國移。春城迴北斗，郢樹發南枝。不見朝正使，啼痕滿面垂。

## 元日示宗文宗武

汝啼吾手戰，吾笑汝身長。處處逢正月，迢迢滯遠方。飄零還柏酒，衰病只藜牀。訓諭青衿子，名慚白首郎。賦詩猶落筆，獻壽又稱觴。不見江東弟，高歌淚數行。

## 太歲日

楚岸行將老，巫山坐復春。病多猶是客，謀拙竟何人。閭閻開黃道，衣冠拜紫宸。榮光懸日月，賜與出金銀。愁寂鵷行斷，參差虎穴隣。西江元下蜀，北斗故臨秦。散地逾高枕，生涯脫要津。天邊梅柳樹，相見幾回新。

### 樂成歲日贈孟浩然

張子容

土地窮甌越，風光肇建寅。插桃銷癘癘，移竹近階墀。半是吳風俗，仍爲楚歲時。更逢習鑿齒，言在漢川湄。

### 元日無衣冠入朝寄皇甫拾遺

李嘉祐

伏奏隨廉使，周行外冗員。白頭空受歲，丹陛不朝天。秉燭千官去，垂簾一室眠。羨君青瑣裏，並冕入爐煙。

### 歲日見新曆因寄都官裴郎中

劉長卿

青陽振蟄初頒曆，白首銜冤欲問天。絳老更能經幾歲，賈生何事又三年。愁占蓍草終難決，病對椒花倍自憐。若道平分四時氣，南枝爲底發春偏。

### 歲日作

建寅迴北斗，看曆覘東風。律變滄江外，年加白髮中。春衣試稚子，壽酒勸悲翁。今日陽和發，榮枯豈不同。

## 歲日口號

顧　況

不覺老將春共至，更悲攜手幾人全。還丹寂寞看明鏡，手把屠蘇讓少年。

## 又

包　佶

更勞今日春風至，枯樹無枝可寄花。覽鏡唯看飄亂髮，臨流誰爲駐浮槎。

## 元日觀百僚朝會

萬國賀唐堯，清晨會百僚。華簪蕭相府，繡服霍嫖姚。春色凝雙檻，歡聲徹九霄。御爐分獸炭，仙管奏雲韶。日照金觸動，風吹玉佩搖。都城獻賦者，不得共趨朝。

## 元日望含元殿御扇開合<sub>大曆十三年吏部試</sub>

張　莒

萬國來初歲，千年覲聖君。輦迎仙仗出，扇匝御香焚。俯對朝容近，先知曙色分。冕旒開處見，鐘磬合時聞。影動承朝日，花攢似慶雲。蒲葵那可比，徒用隔炎氛。

## 和耿拾遺元日早朝

司空曙

元朔爭朝闕，奔流若會溟。路塵和薄霧，騎火接低星。漏促雙魚鑰，車喧百子鈴。冕旒當翠殿，幄戟滿彤庭。表歲方編瑞，乘春即省刑。諸侯陳禹玉，司曆獻堯蓂。壽酒三觴退，簫韶九奏停。太陽開物象，沛澤及生靈。南陌祥光紫，東方曉氣青。自憐揚子賤，歸草《太玄》經。

## 酬衛長林歲日見呈

地暖雪花催，天春斗柄迴。朱泥一丸藥，柏葉萬年杯。旅雁辭人去，繁霜滿鏡來。今朝彩盤上，神燕不須雷。

## 元日早朝

耿　湋

九陌朝臣滿，三朝候鼓賒。遠珂時接韻，積炬偶成花。紫貝爲高闕，黃龍建大牙。參差萬戟合，左右八貂斜。羽扇紛朱檻，金鑪隔翠華。微風傳曙漏，曉日上春霞。環佩聲重疊，蠻夷服等差。樂和天易感，山固壽無涯。渥澤千年聖，車書四海家。盛明多在位，誰得守蓬麻。

## 元日退朝觀軍使歸營

德　宗

獻歲視元朔，萬方咸在庭。端旒揖羣后，迴輦閱師貞。綵仗宿華殿，退朝歸禁營。分行左右出，轉旆風雲生。歷歷趨複道，容容暎層城。勇餘矜捷技，令肅無喧聲。眷此戎旅節，載嘉良士誠。順時頒宴賞，亦以助文經。

## 元日早朝

楊巨源

北極長尊仰聖時，周家何用問元龜。天顔入曙千官喜，日色迎春萬物知。閶闔迴臨黄道正，衣裳高對碧山垂。微臣願祝堯天壽，壽酒年年太液池。

## 元日含章殿下仗丹鳳樓下宣赦上相公二首

天垂臺耀掃攙槍，壽獻香山祝聖明。丹鳳闕前歌九奏，金雞竿下鼓千聲。衣裳南面薰風動，斗柄東方喜氣生。從此登封資廟略，兩河連海一時清。

臨軒啓扇似雲收，率土朝天劇水流。瑞色含春當正殿，香煙捧日在高樓。三朝氣早迎恩澤，萬歲聲長繞冕旒。請問漢家功第一，麒麟閣上識鄭侯。

## 元日呈李逢吉舍人

華夷文物賀新年，霜仗遥排鳳闕前。一片綵霞迎曙日，萬條紅燭動春天。稱觴山色和元氣，端冕鑪香疊瑞煙。共説正初多聖澤，試過西掖問羣賢。

## 和竇中丞歲酒喜見小男兩歲

熊孺登

更添十歲應爲相，歲酒從今把未休。聞得一毛還五色，眼看相逐鳳池頭。

## 歲日感懷

李　約

曙氣變東風，蟾宮夜漏窮。新春幾人老，舊曆四時空。身賤悲添歲，家貧喜過冬。稱觴唯有感，歡慶在兒童。

## 元日早朝

王　建

大國禮樂備，萬邦朝元正。東方色未動，冠劍門已盈。帝居在蓬萊，肅肅鐘漏清。將軍領羽林，持戟巡宮城。翠華皆宿陳，雪仗羅天兵。庭燎遠煌煌，旗上日月明。聖人龍火衣，寢殿開璇扃。龍樓橫紫煙，宮女天中行。六蕃陪位次，衣服各異形。舉頭看玉牌，不識宮殿名。左右翟扇開，蹈舞欣滿庭。朝服帶金玉，珊珊相觸聲。泰階備雅樂，九奏鸞鳳鳴。徘徊慶雲中，竽磬寒錚錚。三公再獻壽，上帝錫永貞。天明告四方，羣后保太平。

## 元日陪早朝

斗柄東迴歲又新，遙旐南向揖來賓。和光髣髴樓臺曉，瑞氣氛氳天地春。儀籟不唯丹穴鳥，稱觴半是越裳人。江皋腐草今何幸，亦與恒星拱北辰。

## 獻歲送李十兄赴黔中酒後絕句

權德輿

一樽歲酒且留歡，三峽黔江去路難。志士感恩無遠近，異時應戴惠文冠。

### 和張祕監獻歲遇蔣大拾遺因呈兩省諸公

二賢同載筆，久次入新年。焚草掩輕秩，藏書厭舊編。竹風晴翠動，松雪瑞光鮮。慶賜行春令，從今佇九遷。

### 甲子歲元日呈鄭侍御明府

萬里煙塵合，秦吳遂渺然。無人來上國，灑淚向新年。世故看風葉，生涯寄海田。屠蘇聊一醉，猶賴主人賢。

### 元日喜聞大禮寄四學士六舍人

竇　牟

有事郊壇畢，無私日月臨。歲華春更早，天瑞雪猶深。玉輦迴時令，金門降德音。翰飛鵷列侶，叢植桂爲林。粉澤資鴻筆，薰和本素琴。禮成戎器下，恩徹鬼方沈。麟爵來稱紀，官師退絕箴。道風黃閣靜，祥景紫垣陰。壽酒朝時獻，農書夜直尋。國香煴翠幄，庭燎爇紅衾。漢魏文章盛，堯湯雨露湛。密辭投水石，精義出砂金。宸衷親唯敬，鈞衡近匪侵，疾駈千里駿，清唳九霄禽。慶賜迎新服，齋莊棄舊簪。忽思班女怨，遙聽越人吟。末路甘貧病，流年苦滯淫。夢中青瑣闥，歸處碧山岑。竊忭聞韶濩，觀光想莘任。大哉寰海宴，不竺子牟心。

### 元日酬蔡州馬尚書去年元日見寄

韓　愈

元日新詩已去年，蔡州遙寄荷相憐。今朝縱有誰人領，自是三峰不敢眠。

## 歲　日

元　稹

一日今年始，一年前事空。淒涼百年事，應與一年同。

### 歲日贈拒非

君思曲水嗟身老，我望通州感道窮。同入新年兩行淚，白頭閒坐説城中。

### 酬復言元日郡齋感懷見寄

臘盡雪銷春又歸，逢新送故欲沾衣。自驚身上添年紀，休較心中小是非。富貴祝來何所遂，聰明鞭得轉無機。祝富貴、鞭聰明，皆正旦童稚俗法。羞看稚子先拈酒，悵望平生舊採薇。去日漸加餘日少，賀人雖鬧故人稀。椒花麗句重開檢，艾髮衰容惜寸輝。苦思正朝酬白雪，閒觀風色動青旂。千官仗下鑪煙裏，東海西頭意獨違。

### 元日感懷

劉禹錫

振蟄春潛至，湘南人未歸。身加一日長，心覺去年非。燎火委虛燼，兒童衒綵衣。吳鄉無舊識，車馬到門稀。

### 蘇州元日郡齋感懷寄越州元相公杭州白舍人

李　諒

稱慶還鄉郡吏歸，端憂明發儼朝衣。首開三百六旬日，新知四十九年非。當官補拙猶勤慮，游宦量才已息機。舉族共資隨月俸，一身惟憶故山薇。舊交邂逅封疆近，老牧蕭條宴賞稀。書札每來同笑語，篇章時到借光輝。絲綸暫厭分符竹，舟檝初登擁羽旂。未知今日情何似，應與幽人事有違。

### 歲假內命酒贈周判官蕭協律

白居易

共知欲老流年急，且喜新正假日頻。聞健此時相勸醉，偷閒何處共尋春。腳隨周叟行猶疾，頭比蕭翁白未勻。歲酒先拈辭不得，被君推作少年人。

### 蘇州李中丞以元日郡齋感懷寄微之及予輒依來篇走筆奉答兼呈微之

白首餘杭白太守，落拓拋名來已久。一醉渭北故園春，再把江南新歲酒。杯前笑歌徒勉強，鏡裏形容漸衰朽。領郡懃當潦倒年，鄰州喜得平生友。長洲草接松江岊，曲水花連鏡湖口。老去還能痛飲無，春來曾作閒游否。憑鶯傳語與李六，倩雁將書寄元九。莫嗟一日日催人，且貴一年年入手。

### 歲日家宴戲示弟姪等兼呈張侍御殷判官

弟妹妻孥小姪甥，嬌癡弄我助歡情。歲盞後堆藍尾酒，春盤先勸膠牙餳。形骸潦倒雖堪歎，骨肉團圓亦可榮。猶有誇張少年處，笑呼張丈喚殷兄。

## 元日對酒五首

慶弔經過懶，逢迎拜跪遲。不因時節日，豈覺此身衰。

衆老憂添歲，余衰喜入春。年開第七秩，屈指幾多人。

三杯藍尾酒，一碟膠牙餳。除却崔常侍，無人共我爭。

今朝吳與洛，相對一忻然。夢得君知否，俱過本命年。余與蘇
州劉郎中同壬子歲，今年六十一。

同歲崔何在，同年杜又無。余與吏部崔相公甲子同歲，與循州杜相公及
第同年，秋二人俱逝。應無藏避處，只有且歡娛。

## 元日樂天見過因舉酒爲賀

劉禹錫

漸入有年數，喜逢新歲來。辰方天籟動，寅位帝車迴。門巷
掃殘雪，林園驚早梅。與君同甲子，壽酒讓先杯。

## 元日贈夢得二篇彼此不相知，暗合詞意。

白居易

暮齒忽將及，同心私自憐。漸衰宜減食，已老喜加年。紫綬
行聯袂，藍輿出比肩。與君同甲子，歲酒合誰先。

## 元日早朝行

鮑　防

乾元發生春爲宗，盛德在木斗建東。東方歲星大明宮，南山
喜氣搖晴空。望雲五等舞萬玉，獻壽一聲出千峰。文昌垂彩禮
樂正，太平下直旌旗紅。師曠應律調黃鐘，王良運策調時龍。玄

冥無事歸朔土，青帝放身入朱宮。九韶九變五聲裏，四方四友一身中。天何言哉樂無窮，廣成彭祖爲三公。野臣潛隨擊壤老，日下鼓腹歌可封。

### 元日觀郭將軍早朝

靈　澈

欲曙九衢人更多，千條香燭照星河。今朝始見金吾貴，車馬縱橫避玉珂。

### 獻歲書情

裴夷直

白髮添雙鬢，空宮又一年。音書鴻不到，夢寐兔空懸。地遠星辰側，天高雨露偏。聖朝知有感，雲海漫相連。

### 歲日先把屠蘇酒戲酬唐仁烈

自知年紀偏應少，先把屠蘇不讓春。儻更數年逢此日，還應惆悵羨他人。

### 元日觀仗二首

薛　逢

千門曙色鎖寒梅，午夜疏鐘曉箭催。寶馬占隄朝闕去，香車爭路進名來。天臨玉几班初合，日照金雞仗欲迴。更傍紫微瞻北斗，上林佳氣滿樓臺。

紫掖晴來宮殿高，萬方瞻拜赤霜袍。關中王氣浮雙闕，海外歡聲扑九鼇。晨箭莫催青瑣漏，壽宮方獻碧花桃。香煙不動龍顏悅，初日輝輝上綵旄。

## 元日田家

南村晴雪北村梅，樹裹茅簷曉盡開。蠻檻出門兒婦去，烏龍迎路女郎來。相逢但祝新正壽，對酒那愁莫景催。長笑士林因宦別，一官輕是十年迴。

## 元日觀仗

瞳瞳初日照樓臺，漠漠祥煙雉扇開。星駐冕旒三殿曉，露瀼珠翠六宮來。山呼聖壽煙霞動，風轉金章鳥獸迴。欲識普恩無遠近，萬方歡忭一聲雷。

## 元日女道士受籙

賈　島

元日天新夜，齋身稱淨衣。數星連斗出，萬里斷雲飛。霜下磬聲在，月高壇影微。立聽師語了，右肘繫符歸。

## 歲日朝會口號

杜　牧

星河猶在整朝衣，遠望天門再拜歸。笑向春風初五十，敢言知命且知非。

## 元日仗開元雜曲中題

張　祐

文武千官歲仗兵，萬方同軌奏昇平。上皇一御含元殿，丹鳳門開白日明。

## 元　日

許　渾

高揭雞竿闢帝閽，祥雲微暖瑞煙屯。千官共削姦臣跡，萬國初銜聖主恩。宮殿雪花齊紫閣，關河春色到青門。華夷一軌人方泰，莫學論兵誤主恩。

## 朝元引 四闋

陳　陶

帝燭熒煌下九天，蓬萊宮曉玉鑪煙。未央鸞鳳隨金母，來賀薰風一萬年。

玉殿雲開露冕旒，上方珠翠壓鼇頭。天雞唱罷南山曙，春色先歸十二樓。

萬宇靈祥擁帝居，東華元老薦屠蘇。龍池遙望非煙拜，五色曈曨在玉壺。

寶祚河宮一向清，龜魚天篆益分明。近臣誰獻登封草，五嶽齊呼萬歲聲。

## 元　日

溫庭筠

神耀破氛昏，新陽入晏溫。緒風調玉吹，瑞日應銅渾。威鳳蹌瑤簴，升龍護辟門。雨暘春令煦，裘冕晬容尊。

## 元日作

李郢

鏘鏘華駟客，門館賀新正。野雪新山霽，微風竹樹清。蕪庭春意曉，殘枬爐煙生。忽憶王孫草，前年在帝京。

## 元日即事

喻鳬

斂板賀交親，稱觴詎有巡。年光悲擲舊，景色喜呈新。水柳煙中重，山梅雪後真。不知將白髮，何以度青春。

## 歲仗

羅鄴

玉帛朝元萬國來，雞人唱曉五門開。春排北極迎仙馭，日捧南山入壽杯。歌舜薰風鏗劍佩，祝堯佳氣靄樓臺。可憐四海車書共，重見蕭曹佐漢材。

## 元日觀朝

厲玄

玉座臨新歲，朝盈萬國人。火連雙闕曉，仗列五門春。瑞雪銷鴛瓦，祥光在日輪。天顏不敢視，稱慶拜空頻。

## 元日

方干

晨雞兩遍報更闌，刁斗無聲曉漏乾。早日照山調正氣，春風入樹舞餘寒。軒車欲識人間盛，獻賀須來帝里看。纔酌屠蘇定年齒，座中皆笑鬢毛殘。

## 丙午歲旦

司空圖

雞報已判春，中年抱疾身。曉催庭火暗，風帶寺幡新。多慮無成事，空休是吉人。梅花浮壽酒，莫笑又移巡。

## 丁巳元日

稟朔華夷會，開春氣象生。日隨行闕近，嶽爲壽觴晴。作睿由稽古，昭仁事措刑。上玄勞眷祐，高廟保忠貞。星變當移幸，人心喜奉迎。傳呼清御道，雪涕識臣誠。鼎飪和方濟，臺階潤欲平。扶天資協力，併日召延英，金躍洪鑪動，雷驅衆蟄驚。關中留王氣，席上縱奇兵。累降搜賢詔，兼持進善旌。短轅收驥步，直路發鵬程。自乏匡時略，非沽矯俗名。鶴籠何足獻，蝸舍別無營。羸帶漳濱病，吟衰越客聲。移居荒藥圃，耗志在棋枰。醉忘身空老，書憐眼尚明。偶能甘蹇分，豈是薄浮榮。慮戒防微淺，懸知近利輕。獻陵三百里，寤寐禱時清。

## 觀新歲朝賀

盧延讓

龍墀初立仗，鵷鷺列班行。元日臙脂色，朝天華燭香。表章堆玉案，繒帛滿牙牀。三百年如此，無因及我唐。

## 元日言懷因以自勵詒諸同志

吳　筠

馳光無時憩，加我五十年。知非慕伯玉，讀《易》宗文宣。經世匪吾事，庶幾唯道全。誰言帝鄉遠，自古多真仙。餘滓永可滌，秉心方杳然。孰能無相與，滅跡俱忘筌。安用感時變，當期昇九天。

## 歲日寄京師諸李端武等

韋應物

獻歲抱深惻，僑居念歸緣。常患親愛離，始覺世務牽。少事河陽府，晚守淮南壖。平生幾會散，已及蹉跎年。昨日罷符竹，家貧遂留連。部曲多已去，車馬不復全。閒將酒爲偶，默以道自詮。聽松南巖寺，見月西澗泉。爲政無異術，當責豈望遷。終裹來時裝，歸鑿杜陵田。

## 元日寄諸弟兼呈崔都水

一從守茲郡，兩鬢生素髮。新正加我年，故歲去超忽。淮濱益時候，了似仲秋月。川谷風景溫，城池草木發。高齋屬多暇，惆悵臨芳物。日月昧還期，念君何時歇。

# 歲時雜詠卷二

（宋）蒲積中　編

## 元　日

### 元日過丹陽明日立春

蘇　軾

堆盤紅縷細茵陳，巧與椒花兩鬬新。竹馬異時寧信老，土牛明日莫辭春。西湖弄水猶應早，北寺觀燈欲及辰。白髮蒼顔誰肯記，曉來頻嚏爲何人。

### 次韻秦少游元日立春三首

省事天公厭兩回，新年春日併相催。殷勤更下山陰雪，要與桃花作伴來。

己卯嘉辰壽阿同，子由一字同叔，元日己卯渠本命。願渠無過亦無功。明年春日江湖上，回首觚稜一夢中。

詞鋒雖作楚騷寒，德意還同漢詔寬。好遣秦郎供帖子，盡驅春色入毫端。

## 新　年

海國空自暖，春山無限寒。冰溪結瘴雨，雪菌到江城。更待輕雷發，先催凍笋生。豐湖有藤菜，似可敵蓴羹。豐湖有無支行藤生，清味，大類蓴。

### 和子由元日省宿致齋三首

江淮流落豈關天,禁省相望亦偶然。等是新年未相見,此身應坐不歸田。

白髮蒼顏五十三,家人強遣試春衫。朝回兩袖天香滿,頭上銀幡笑阿咸。

當年踏月走東風,坐看春闈鎖醉翁。白髮門生幾人在,却將新句調兒童。

### 元日次韻張子野見和寄萃老之作

得句牛女夕,轉頭參尾中。青春先入醉,白髮不遺窮。酒社我爲敵,詩壇子有功。縮頭先夏鼈,見玉川子。實腹鄙秋蟲。莫唱裙垂綠,無人臉斷紅。舊交懷賀老,新進謝終童。袍鵠雙雙瑞,腰犀一一通。小蠻知在否,試問囁嚅翁。

### 和次道西都元日懷不疑并見寄

司馬光

露冕優分竹,題輿佐畫坵。比年携手樂,兹日賞心違。齋祀春來併,娛遊別後稀。誰憐從宴卒,莫際犯寒歸。

### 和宋子才致仕後歲旦見贈

閒官逢獻歲,拜揖亦紛然。須信家居日,方爲已有年。劬勞中外徧,名節始終全。伯玉空搔首,蹉跎愧在前。

**同次道元日宿尚書省聽戒寄常州邵不疑**去歲是日，次道、不疑同直。

椒花獻歲新，琯玉侍祠頻。此夕同華省，非才愧後塵。江風迎茜斾，沙雨待朱輪。不比齋宮冷，端居棄擲春。

## 立春元日 ①

### 梅堯臣

新春與新歲，時候不相先。未肯欺殘臘，何曾占舊年。綴條花翦綵，插户柳生煙。獨坐空山裏，唯驚節物遷。

## 元　日

頻年無入閤，今日預朝元。丹陛發金奏，侍臣稱玉尊。旗旌搖細仗，雲霧啓千門。却出蒼龍闕，衣冠萬馬屯。

### 嘉祐己亥歲旦呈永叔内翰

墀前去年雪，鏡裏舊時人。不覺應銷盡，相看只似新。屠蘇先尚幼，綵勝又宜春。獨愛開封尹，鍾陵請去頻。

### 元日閣門拜表遇雪呈永叔

六花隨表拜東廂，庭下遥呼萬歲長。王會圖中陳璧馬，漢官儀裏濕旍常。因風亂絮霑螭首，似鵠輕毛落井牀。素髮垂垂少顏色，衆人休笑老爲郎。

---

① 此詩題徐本據明抄本補作“立春在元日十首”。

## 次韻和沖卿元日

天心欲銷變，元會罷來朝。新歲起今日，舊年猶昨宵。凍雲低覆闕，殘雪稍封條。又聽驅儺鼓，羣邪不可饒。

## 次韻和永叔新歲書事①

尖風細細欲穿簾，殘雪微銷凍結簷。盞裏醇醪無限滿，鏡中白髮不知添。妍童喜舞開羅幕，小吏愁澌入研蟾。幸得從公持直筆，定應無復歎虀鹽。

## 元日朝

萬國諸侯振玉珂，踏雲朝會雪初過。欲聞鳳管天邊度，數聽雞人樓上歌。放仗旌旗方偃亞，回頭宮闕更嵯峨。謬陪王屬曾何補，泛泛懋同上下波。

## 元　日

昔遇風雪時，孤舟泊吳埭。江潮未應浦，盡室坐相對。行庖得海物，鹹酸何瑣碎。久作北州人，食此欣已再。是時值新歲，慶拜乃唯內。草率具盤餐，約畧施粉黛。舉杯更獻酬，各爾祝臺背。咀橘齒病酸，目已驚老態。豈意未幾年，中路苦失配。嘉辰衆所喜，悲淚我何耐。曩歡今已哀，日月不可賴。前視四十春，空期此身在。世事都厭聞，讀書未忍退。過目雖已忘，寧捨心久愛。何當往京口，竹里蔚荒穢。行歌樂莫節，薪菽甘自刈。

---

① “事”字後徐本據明抄本校補“見寄”二字。

余之親家有女子能點酥爲詩，并花果麟鳳等物，一皆妙絶，
其家特以爲歲日辛盤之助。余喪偶，兒女服未除，
不作歲，因轉贈通判。通判有詩見答，故走筆酬之

蔑竹纏金大於掌，紅縷龜紋挑作網。瓊酥點出探春詩，玉刻
小書題在榜。名花雜果能眩真，祥獸珍禽得非廣。礨落男兒不
足爲，女工餘思聊可賞。

### 歲日旅泊家人相與爲壽

舟中逢獻歲，風雨送餘寒。推年憎漸老，永懷殊鮮歡。江邊
無車馬，鑑裏對衣冠。孺人相慶拜，共坐列杯盤。盤中多橘柚，
不咀齒已酸。飲酒復先醉，頗覺量不寬。岊梅欲破萼，野水微生
瀾。來者即爲新，過者故爲殘。何言昨日趣，乃作去年觀。時節
易變易，人世良可歎。

### 和吳沖卿元日

千官車馬閶闔來，晝漏始上閶闔開。峩峩左右升龍進，昨夜
雪飛雲作堆。殿前冠劍魚鱗立，東風入仗旗脚迴。黃鐘一奏寶
扇掩，玳簾卷起香霧排。鳴梢未盡霹靂響，翠輦已退黃金階。聖
人端冕御法座，大樂旅作聲和諧。羣公抃蹈丹墀下，尚書奏瑞四
夷懷。乘輿却入更衣閣，通天絳袍升玉槲。百拜稱觴萬歲聞，兩
廊賜食簪裾匝。曲傳太定舞綴疏，波旋煙斂飭宮車。衛官戒嚴
多士退，日光亭午氣象舒。吳君才筆天下傑，歸來作詩侍石渠。
石渠祕邃無凡愚，石渠酬唱皆嚴徐。我惭短學復在後，收餘掇棄
聊以書。

### 乙丑正旦泊彭蠡東岇遇大風雪

蘇　轍

莫發鄱陽市，曉榜彭蠡口。微風吹人衣，霧遶廬山首。舟人釋篙笑，此是風伯候。杙舟未及深，飛砂忽狂走。晴空轉車轂，淥水起岡阜。眾帆落高張，斷纜已不救。我舟舊如山，此日亦何有。老心畏波瀾，歸臥塞户牖。土囊一已發，萬竅無不奏。初疑丘山裂，復恐蛟蜃鬬。鼓鐘相轟豗，戈甲互磨叩。雲霓黑旗展，林木萬弩彀。曳紫眩人心，振旅摧軍後。或爲羈雌吟，或作蒼兕吼。中音雜呼吸，異出殊圈臼。中宵變凝冽，飛散雜紛揉。蕭騷蓬響軋，晃蕩窗光透。堅凝忽成積，澎湃殊未究。紆縞鋪前洲，瓊瑰列遙岫。山川莽同色，高下齊一覆。淵深竄魚鱉，野曠絕鳴雊。孤舟四隣斷，餘食數外糗。寒虀僅盈盎，臘肉不滿豆。弊裘擁衾眠，微火拾薪構。可憐道路窮，坐使妻子詬。幽奇雖云極，岑寂頃未覯。一年行將除，茲歲真浪受。朝來陰雲剥，林表紅日漏。風稜恬已收，江練平不縐。兩槳舞夷猶，連峰吐奇秀。同行賀安穩，所識問瘦瘦，驚餘空自憐，夢覺定真否。陽春著城邑，屋瓦凍將溜。艱難誰爲償，爛漫飲醇酎。

### 元　日

黄庭堅

會朝四海登圖籍，絳闕青都想盛容。春色已知曲寸草，霜威從此際寒松。飲如嚼蠟初忘味，事與浮雲去絕蹤。四十九年蘧伯玉，聖人門户見重重。

### 元日雲安道

趙崇礦

元日度巴雲,時逢胸腿人。野梅空自落,山鳥暗知春。不醉新年酒,徒悲異域身。無窮倦行意,亭柳漫風塵。

### 歲日同郡官朝天慶觀回偶成

張　耒

清曉琳宮拜謁還,馳裘猶怯夜霜寒。春生七澤蒼茫外,日在三山縹緲間。投老塵埃隨馬後,異時班綴近龍顏。人間倚伏誰能料,一酌香醪興味闌。

### 新　正

新正閱月天苦陰,白日未照草木心。黃州城中人迹少,江濤洶湧山崎嶔。

### 元　日

陳師道

老境難爲節,寒梢未得春。一官兼利害,百慮孰疏親。積雪無歸路,扶行有醉人。望鄉仍受歲,回首向松筠。

### 奉和聖製元日二首

晏　殊

夏正標吉朔,堯曆載初辰。柏葉清樽舉,椒花綺頌陳。年芳隨律盛,皇澤與時均。共有華封意,昇平億兆民。

人正肇屆時多祜，鳳曆惟新景載陽。雙闕布和雲氣郁，千門獻壽玉聲長。東風入律三邊靜，北斗迴春萬物芳。朝暇蕭城頒睿藻，搢紳交扑捧堯章。

## 御　閣四首

鶯谷春風柳上歸，禁園芳樹漸依依。堯年億萬如天遠，萬國歡心拱太微。

屠蘇醴酒盈金斝，鬱壘神符衛紫關。三境上真垂介福，緜緜洪算等南山。

南國雕胡奉紫庭，九重樓閣瑞雲生。丹臺玉策延洪算，八表歡娛四海清。

習習條風拂曙來，清香猶綻雪中梅。屠蘇酒綠鑪煙動，共獻宜城萬壽杯。

## 內　廷四首

玉殿初晨淑氣和，璧池冰解水生波。龜臺聖母增年曆，萬壽無疆積慶多。

獻壽椒花泛淥醪，迎祥朱户帖仙桃。彤庭玉殿鑪煙起，藹藹卿雲瑞日高。

池冰初解雪初消，十二重城曉日高。颯颯和風遶珠樹，千年春色在蟠桃。

三百六旬初一日，四時嘉序太平年。霓衣絳節修真籙，步武祥雲奉九天。

## 東宮閤二首

銅龍樓下早春歸，三朔元辰在此時。椒柏暖風浮玉斝，兩宮稱慶奉皇慈。

條風發歲協初辰，玄圃瑤山景象新。千載百靈資介福，滄溟重潤月重輪。

## 癸酉歲元日中書致齋感事

一葉春王拆瑞箄，八齋西省夕香濃。多年不宿金閨署，自天聖三年乙丑歲十月十四日，由翰林授樞密副使罷宿禁中，幾八年矣！半夜再聞長樂鐘。却展舊編探史漢，更慙高步接夔龍。十思三省無荒豫，千載亨辰豈易逢。

## 壬午歲元日雪

千門初曙散星河，颯灑貂裘潤玉珂。白獸尊前飛絮早，景陽鐘後落梅多。無聲暗重瓊林彩，有意微藏璧沼波。三殿端辰得嘉瑞，不須庭燎夜如何。

## 和樞密晏太尉元日雪

宋　祁

寒雲萬里送殘宵，回旋祥霙集歲朝。繁影未能藏夜燎，薄花仍欲伴春椒。光含象闕蒼龍舞，氣勁交衢卓馬驕。豐兆歡歌誰不爾，百官兼放五門朝。

## 入新年作

四十九年今日到，來驪往戚是歟非。牀頭《周易》有深意，自此恐須三絕韋。

## 入壬辰新歲

五十爲衰始，仍餘五歲衰。雙眸不明鑑，殘鬢已紛絲。銅虎雖頻剖，荷囊信濫持。何須依老格，<small>新詔：七十不致仕，許自彈劾。</small>先作故山期。

## 途中新歲憶三城兄長相公

馬上逢元朔，忽忽記物華。趁盤呈柏葉，偷筆弄椒花。騰暝殘晨炬，春輝上早霞。三城今日酒，知我獨思家。

## 甲申首歲

故歲時光漏中去，新正甲子卷中開。迎新送故只如此，且盡燈前藍尾盃。

## 元日即事<small>北京</small>

黃　履

還驚歲律去崢嶸，壯草寧知臘鼓鳴。日月又從元朔起，華夷長見泰階平。栢觴波暖淋漓重，綵燕風頭料峭輕。盡荷累朝樞軸舊，陶鈞無象及蒼生。

## 再　賦二首

斗柄插寅方送臈，律音窮丑又循環。貂蟬雖有椒花頌，劍履
應思玉筍班。嶺上早梅春已寄，衡陽斷雁信將還。天鈞開泰羣
生遂，舊在元臺燮理間。

雪渡龍沙送歲餘，越吟莊舄但踟躕。八風已冷金莖露，三統
潛新寶曆書。農事土牛知早晚，物妖桃梗盡驅除。魯侯昌熾邦
人詠，長與天鈞幹慘舒。

## 歲日書事越州作

吳　充

拂霧屠蘇酒滿巡，越山如鬢水如鱗。日邊雖望龍庭遠，海上
初傳鳳曆新。今上即位之元年。好景融融來破雪，和風細細欲黏人。
莫言老守無心計，排比賓僚醉過春。

## 新　年

劉　筠

病入新年起甲寅，軔心不動五經春。史曹非據惠書法，袞職
無虧濫諍臣。荏苒未除金馬籍，蹣跚空笑玉樓人。窮廬抱影時
相弔，一指南禪四大身。

## 正旦病中

孫　何

千官簪笏儼成行，春逐鑾輿出建章。丹鳳案明分曙色，絳紗
袍暖起天香。旌旗影裏陳方物，金石聲中舉壽觴。可惜龍墀立

班處，劉生獨自臥清漳。

### 甲午元日

唐　庚

非賢幸脫龍虵歲，上聖應憐蟣虱臣。憶與政和同度嶺，朝來已點四年春。

### 元　日

韓　駒

鴨綠未全生曲沼，鵝黃先已上柔柯。無端春物撩詩思，白髮明朝一倍多。

# 歲時雜詠卷三

（宋）蒲積中　編

## 立　春

### 翦綵花絕句二首

劉孝威

葉舒非漸大，花是發春開。無人論訝似，蜂見也争來。
淺深依樹色，舒卷聽人裁。假令春色度，經住手中開。

### 詠司農府春幡

徐　勉

幡穀重前經，人天稱往録。青珪禮東甸，高旗表治粟。逶遲
乘旦風，葱翠揚朝旭。平秩命春司，和氣承玉燭。豈伊盈八政，
兼兹辨榮辱。十千既歲取，利民誰不足。

### 立春日汎舟玄圃各賦一字六韻成篇

座有張式、陸瓊、顧野王、謝伷、褚琢、王緯、陸瑜、姚察等九人。

陳後主

春光及禁苑，曉日暖源桃。霄煙近漠漠，暗浪遠滔滔。石苔
侵緑蘚，岅草發青袍。迴歌逐轉檝，浮冰隨渡刀。遥看柳色嫩，
迴望鳥飛高。自得欣爲樂，忘意若臨濠。

## 獻歲立春光風具美汎舟玄圃各賦六韻

座有張式、陸瓊、顧野王、殷謀、陸瑜、岑之敬等六人。

寒輕條已翠，春初未轉禽。野雪明岩曲，山花昭迥林。苔色
隨水溜，樹影帶風沈。沙長見水落，歌遥覺浦深。餘輝斜四戶，
流風颺八音。既此留連席，道欣放曠心。

## 立春游苑迎春

中　宗

神皋福地三秦邑，玉臺金闕九仙家。寒光猶戀甘泉樹，淑景
偏臨建始花。綵蝶黃鶯未歌舞，梅香柳色已矜誇。迎春正啓流
霞席，暫囑曦輪勿遽斜。

## 奉和立春游苑迎春應制六首

崔日用

乘時迎氣正璿衡，灞滻煙氛向曉清。翦綠裁紅妙春色，宮梅
殿柳識天情。瑶筐綵燕先呈瑞，金縷晨雞未學鳴。聖澤陽和宜
宴樂，年年捧日向東城。

## 又

李　適

金輿翠輦迎嘉節，御苑仙官待獻春。淑氣初銜梅色淺，條風
半拂柳墻新。天杯慶壽齊南嶽，聖藻光輝動北辰。稍覺披香歌
吹近，龍驂薄暮下城闉。

又

馬懷素

玄籥飛灰出洞房，青郊迎氣肇初陽。仙輿暫下宜春苑，御醴行開萬壽觴。暎水輕苔猶隱綠，緣隄弱柳未舒黃。唯有裁花飾簪鬢，相隨聖藻狎年光。

又

韋元旦

灞涘長安恒近日，殷正臘月早迎新。池魚戲葉仍含凍，宮女裁花已作春。向苑雲疑承翠幄，入林風若起青蘋。年年斗柄東無限，願把瓊觴壽北辰。

又

閻朝隱

管籥周移寰極裏，乘輿倚望斗城闉。草根未結青絲縷，蘿蔦猶垂綠帔巾。鵲入巢中言改歲，燕銜書上道宜新。願得長繩繫去日，光臨天子萬年春。

又

沈佺期

東郊暫轉迎春仗，上苑初飛行慶杯。風射蛟冰千片斷，氣衝魚鑰九關開。林中覓草初生蕙，殿裏爭花併是梅。歌吹銜恩歸路曉，栖烏半下鳳城來。

## 立春日侍宴別殿内出綵花應制六首

趙彦昭

翦綵迎初候，攀條寫故真。花隨紅意發，葉就綠情新。嫩色驚銜燕，輕香賺採人。應爲薰風拂，能令芳樹春。

### 又

沈佺期

合殿春應早，開箱綵預知。花迎宸翰發，葉待御筵披。梅訝香全少，桃驚色頓移。輕生承翦拂，長奉萬年枝。

### 又

宋之問

金閣裝仙杏，瓊筵弄綺梅。人間都未識，天上忽先開。蝶繞香絲住，蜂憐艷粉迴。今年春色早，應爲翦刀催。

### 又

上官昭容

密葉因裁吐，新花逐翦舒。攀條雖不謬，摘藻剩知虛。春至由來發，秋還未肯疏。借問桃將李，相亂欲何如。

### 又

李　嶠

幸得時已至，翦綵學芳辰。綴綠奇能似，裁紅巧逼真。花從篋裏發，葉向手中春。不與韶光競，何名天上人。

## 又

劉　憲

上林宮館好，春心獨早知。剪花疑始發，刻燕似新窺。色濃輕雪點，香淺嫩風吹。此日叨陪侍，恩榮得數枝。

### 和立春日內出綵花樹應制四首

岑　曦

和風助律應韶年，清蹕乘高入望仙。花笑鶯歌迎帝輦，雲披日霽俯皇川。南山近獻仙杯上，北斗平臨御宸前。一奉恩榮歡在鎬，空知率舞聽薰絃。

## 又

崔　湜

澹蕩春光滿曉空，逍遙御輦入離宮。山河眺望雲天外，臺榭參差煙霧中。庭際花飛錦繡合，枝間鳥囀管絃同。即此歡娛齊鎬宴，唯應率舞樂薰風。

## 又

張　說

別館芳菲上苑東，飛花澹蕩御筵紅。城臨渭水天河近，關對南山雲霧通。繞殿流鶯凡幾樹，當蹊亂葉許多叢。春園既醉心和樂，共識皇恩造化同。

## 又

武平一

變輅青旂下帝臺，東郊上苑望春來。黃鶯未解林間囀，紅蕋先從殿裏開。畫閣條風初變柳，銀塘曲水半含苔。正逢睿藻光韶律，更促霞觴畏景催。

## 翦綵

宋之問

駐想持金錯，居然作管灰。綺羅纖手製，桃李向春開。拾藻蜂初泊，銜花鳥未迴。不言將巧笑，翻逐美人來。

## 立春日晨起對積雪

張九齡

忽對林庭雪，瑤華處處開。今年迎氣始，昨夜伴春迴。玉潤窗前竹，花繁院裏梅。東郊齋祭所，應見五神來。

## 立春日對雪

孟浩然

迎氣當春立，承恩喜雪來。潤從河漢落，花逼艷陽開。不覩豐年瑞，安知燮理才。撒鹽如可擬，願糝和羹梅。

### 和張左司自洛使入京,中路先赴長安,
### 逢立春日,贈韋侍御及諸公二首

孫　逖

拜郎登省闥,奉使馳車乘。遙瞻使者星,更是郎官應。臺妙
時相許,皇華德彌稱。二陝聽風謠,三秦望形勝。此中暌益友,
是日多詩興。寒盡歲陰催,春歸物華證。

忽覿雲間數雁迴,更逢山上一花開。河邊淑氣迎芳草,林下
輕風待落梅。秋憲府中高唱入,眷卿署裏和歌來。共言東閣招
賢地,自有西征作賦才。

### 立春後休沐

包　佶

心與青春背,新年亦掩扉。漸窮無相學,唯避不才譏。積病
故難愈,銜恩報轉微。定知書課日,優詔許辭歸。

### 立春後開元觀送强文學還京

張南史

臘後年華變,關西驛騎遙。塞鴻連暮翼,江柳動寒條。山水
辭漳郡,圖書入漢朝。高樓非別處,故使百憂消。

### 東郊迎氣

皇甫冉

曉見蒼龍駕,東郊春已迎。綵雲天仗合,玄象泰階平。佳氣
山川秀,和風政令行。鈎陳霜騎肅,御道雨師清。律向韶陽變,

人隨草木榮。遙歡上林苑，今日遇遷鶯。

## 立　春

冷朝陽

玉律傳佳節，青陽應此辰。土牛呈歲稔，綵燕表年春。臘盡星迴次，寒餘月建寅。風光行處好，雲物望中新。流水初銷凍，潛魚欲振鱗。梅花將柳色，偏使越鄉人。

## 立春日宴高陵任明府宅

耿湋

春灰今變候，密雪又霏霏。坐客同心滿，流年此會稀。風成空處亂，素積夜來飛。且共銜杯酒，陶潛不得歸。

## 翦綵花

雍裕之

敢競桃李色，自呈刀尺功。蝶猶迷翦翠，人豈辨裁紅。

## 立春日曉望三素雲貞元十一年呂侍郎

李季何

靄靄青春曙，飛仙駕五雲。浮輪初縹緲，承蓋下氤氳。薄影隨風度，殊容向日分。羽毛紛共遠，環珮杳猶聞。靜合煙霞色，遙將鸞鶴羣。年年瞻此御，應許從元君。

# 又

李　應

玄鳥初來日，靈仙望裏分。水容朝上界，玉輦擁朝雲。碧落流輕艷，紅霓閒彩文。帶煙時縹緲，向斗更氤氳。髣髴隨風馭，超遙出曉雲。茲辰三見後，希得從元君。

## 途中立春寄懷楊郇伯

竇　常

浪跡終年客，驚心此地春。風前獨去馬，澤畔耦耕人。老大交情重，悲涼外物親。子雲今在宅，應見柳條新。

## 立春後言懷招汴州李匡衡推

令狐楚

閒齋夜擊唾壺歌，試望夷門奈遠何。每聽寒箛離夢斷，時窺清鑑旅愁多。初驚宵漏丁丁促，已覺春風習習和。海內故人君最老，花開鞭馬更相過。

## 立春日酬錢員外曲江同行見贈

白居易

下直遇春日，垂鞭出禁闈。兩人攜手語，十里看山歸。柳色早黃淺，水文新綠微。風光向晚好，車馬近南稀。機盡笑相顧，不驚鷗鷺飛。

### 會昌六年立春日人日作

二日立春人七日，盤蔬餅餌逐時新。年方吉鄭猶爲少，家比劉韓未是貧。鄉園節歲應堪重，親故歡游莫厭頻。試作循潮封眼想，何由得見洛陽春。分司致仕官中，吉傅、詔議最老，韓庶子尤貧，循潮封三郡遷客，老劉員外、韓皆洛下舊游也。①

### 酬劉谷立春日吏隱亭見寄

李　郢

孤亭遥帶寺，静者獨登臨。楚霽江流慢，春歸澤氣陰。野田青牧馬，幽竹暖鳴禽。日日年光盡，何堪故國心。

### 立春日江村偶興

舊曆年光看卷盡，立春何用更相催。江邊野店寒無酒，竹外孤村坐見梅。山雪乍晴嵐翠起，漁家向晚笛聲哀。南中近有秦中使，聞道胡兵索戰來。

### 立春日

李　遠

暖日傍簾曉，濃春開篋紅。釵斜穿綵燕，羅薄翦春虫。巧著金刀力，寒侵玉指風。娉婷何處戴，山鬢緑成叢。

---

① 此處注文，《全唐詩》卷四六○作"分司致仕官中，吉傅、鄭諮議最老，韓庶子、劉員外尤貧。循、潮、封三郡遷客，皆洛下舊遊也。"略有不同。徐本據之校。又《全唐詩》收此詩無"會昌"二字。

## 翦綵

翦綵贈相親，銀釵綴鳳真。雙雙銜綬鳥，兩兩度橋人。葉逐金刀出，花隨玉指新。願君千萬歲，無歲不逢春。

## 立春日

陸龜蒙

去年花落時，題作送春詩。自爲重相見，應無今日悲。道孤逢識寡，身病買名遲。一夜東風起，開簾不敢窺。

## 渚宮立春書懷

吳　融

春候侵殘臘，江蕪緑未齊。風高鶯囀澀，雨密雁飛低。向日心雖在，歸朝路欲迷。近聞驚御史，猶及灞陵西。

## 立春

曹　松

春日一杯酒，更吟春日詩。木梢寒未覺，地脈暖先知。鳥囀星沉後，山分雪薄時。寧無翦花手，贈與最芳枝。一作：賞心無處説，悵望曲江池。

## 京中正月七日立春

羅　隱

一二三四五六七，萬物生春是今日。遠天歸雁拂雲飛，近水遊魚迸冰出。

## 立　春

韋　莊

青帝東來日馭遲，煖煙輕逐曉風吹。闐（厨）袍公子樽前覺，錦帳佳人夢裏知。雪圃乍開紅菜甲，綵幡新翦綠楊枝。殷勤欲獻宜春曲，題向花牋帖繡楣。

## 立春日有懷呈宮傅侍郎

皇甫曙

朝旦微風吹曉霞，散爲和氣滿家家。不知容貌潛消落，且喜春光動物華。出問冰池猶塞岸，歸尋園柳未生芽。摩挲酒甕重封閉，待入新年共看花。

## 立　春

杜　甫

春日春盤細生菜，忽憶兩京梅發時。盤出高門行白玉，菜傳纖手送春絲。巫峽寒江那對眼，杜陵遠客不勝悲。此身未知歸定處，呼兒覓紙一題詩。

# 歲時雜詠卷四

（宋）蒲積中　編

## 立春<small>今詩</small>

**立春日，病起，邀安國見過，請率禹功同來。僕雖不能飲，當請成伯主會。予杖策倚几於其間，觀諸公醉笑，發滯悶也**<small>二首</small>

蘇　軾

孤燈照影夜漫漫，拈得花枝不忍看。白髮欺簪羞綵勝，黃耆煮粥薦春盤。東方烹狗陽初動，南陌爭牛卧作團。老子從來興不淺，向隅誰有滿堂歡。

齋居卧病禁煙前，辜負名花已一年。此日使君不强喜，青春風物爲誰妍。青衫公子家千里，白首先生杖百錢。曷不相將來問疾，已教呼取散花天。

### 和曾通判新春

蕭索東風兩鬢華，年年幡勝剪宮花。愁聞塞曲吹蘆管，喜見春盤得蓼芽。吾國舊供雲澤米，<small>定武齋酒用蘇米。</small>君家新致雪坑茶。<small>近得曾坑茶。</small>燕南異事真堪記，三寸黃柑擘永嘉。

### 立春日小集呈李端叔

白髮已十載，青春無一堪。不驚新歲換，聊與故人談。牛健民聲喜，鴉嬌雪意酣。霏微不到地，和暖要宜蠶。歲月斜川似，

風流曲水憇。行吟老燕代，坐睡夢江潭。丞掾頗哀援，歌呼誰怕
參。衰懷久灰稿，習氣尚饞貪。白啖本河朔，紅綃真劍南。辛盤
得青韭，臘酒是黃柑。歸臥燈殘帳，醂同竹打菴。須煩李居士，
重說後三三。

### 次韻劉貢父春日賜幡勝二首

寬詔隨春出內朝，三軍喜氣挾狐貂。鏤銀錯落翻斜月，剪綵
繽紛舞慶霄。臘雪強飛纔到地，前一日微雪。曉風偷轉不驚條。脫
冠徑醉應歸臥，便腹從人笑老韶。是日暮賜酒。

### 再　　和

與君流落偶還朝，過眼紛綸七葉貂。莫笑華顛飄綵勝，幾人
黃壤隔青霄。行吟未許窮騷雅，坐嘯猶能出教條。記取明年江
上郡，五更春枕夢春韶。

### 立春日

熊白來山北，豬紅削劍南。春盤得青韭，臘酒寄黃柑。

## 春帖子詞

### 皇帝閤六首

藹藹龍旂色，琅琅木鐸音。數行寬大詔，四海發生心。
暘谷賓初日，清臺告協風。願如風雨信，長與日俱中。
草木漸知春，萌芽處處新。從今八千歲，合把是靈椿。
聖主憂民未解顏，天教瑞雪報豐年。蒼龍侍闕農祥正，父老
歡呼看藉田。

昨夜東風入律新，玉關知有受降人。聖恩與解湟河凍，得共中原草木春。

翰林職在明光裏，行樂詩成拜舞中。不待驚開小桃杏，始知天子是天公。

**太皇太后閤**六首

琱刻春何力，欣榮物自知。發生雖有象，覆載本無私。

小殿黃金榜，朱簾白玉鈎。一聲雙白燕，春色滿皇州。

仗下春朝散，宮中晝漏移。兩廂休侍御，應下讀書帷。

五日占雲十日風，憂勤終歲爲三農。春來有喜何人見，好學神孫類祖宗。

共道十年無臘雪，且欣三白歷春田。盡驅南畝扶犁手，稍發中都朽貫錢。

不獨清心能有事，應緣克己自消兵。傳聞塞外千君長，欲趁新年賀太平。

**皇太后閤**六首

瑞日明天仗，仙雲擁壽山。猗蘭春晝永，金母在人間。

寶册瓊瑤重，新庭松栢香。雪消春未動，碧瓦麗朝陽。

朝罷金鋪掩，人閒寶瑟塵。欲知慈儉德，書史樂青春。

仙家日月本長閒，送臘迎春豈亦然。翠管銀罌傳故事，金花綵勝作新年。

彤史年來不絕書，三朝德化婦承姑。宮中侍女減珠翠，霜裏貧民得袴襦。

邊庭無事羽書稀，閒遣詞臣進小詩。共助至尊歌喜事，今年春日得春衣。

## 皇太妃閣五首

葦桃猶在户，椒栢已稱觴。歲美風光應，朝回日漸長。

甲觀開千柱，飛樓耀九層。雪殘烏鵲喜，翔舞下觚稜。

孝心日奉東朝養，儉德應師大練風。太史新年瞻瑞氣，四星明潤紫霄中。

九宮挂月未催班，清禁風和玉漏閒。崇慶早朝銀燭下，珮環聲在五雲間。

東風弱柳萬絲垂，的皪殘梅尚一枝。璺館乍欣鹽浴後，禖壇猶記燕來時。

## 夫人閣四首

綵勝縷新語，酥盤滴小詩。昇平多樂事，應許外廷知。

細雨曉風柔，春聲入御溝。已漂新荇没，猶帶斷冰流。

扶桑初日映簾昇，已覺銅餅暖不冰。七種共挑人日菜，千枝先剪上元燈。

雪消鴛瓦已流澌，風暖犀盤尚鎮帷。縹緲紫簫明月下，壁門桂影夜參差。

## 春　日

蘇　轍

春到燕山冰亦消，歸驂迎日喜驕姚。久行胡地生華髮，初試東風脱敝袍。插鬢小幡應止示，點盤生菜爲誰挑。附書勤埽東園雪，到日青梅未滿條。

# 春帖子詞

## 皇帝閣六首

歐陽修

萌芽資暖律，養育本仁心。顧彼蒼生意，安知帝力深。

陽近升君子，陰消退小人。聖君南面治，布教法新春。

氣候三陽始，勾萌萬物新。雷聲初發號，天下已知春。

玉琯氣來春已動，東郊風至曉先迎。乾坤有信如符契，草木無知但發生。

朝雲靄靄弄春暉，萬木欣欣暖尚微。造化未嘗私一物，各隨妍醜自芳菲。

熙熙人物樂春臺，風送春從天上來。玉輦經年不遊幸，上林花好莫爭開。

## 皇后閣五首

御水冰消綠，宮梅雪壓香。新年賀康泰，白日漸舒長。

藹藹珠簾日，溶溶碧瓦煙。漪漣采荇水，和暖浴蠶天。

初欣綵勝迎春早，已覺雞人報漏遲。風色結寒猶料峭，天光煦日已融怡。

鶯寒未報宮花發，風暖還催臘雪消。欲識春來自何處，先從天上斗回杓。

三辰明潤璇璣運，四氣均調玉燭光。共喜新年獻椒酒，惟將萬壽祝君王。

## 夫人閣五首

太史頒時令，農家候土牛。青林自花發，黃屋爲民憂。

元旦千官集，新春萬物同。測圭知日永，占歲喜時豐。

黃金未變千絲柳，白日初遲百斛香。聖主本無聲色惑，宮花不用姤新粧。

微風池沼輕漸漾，旭日樓臺瑞靄浮。四海歡聲歌帝澤，萬家春色滿皇州。

玉殿籤聲玉漏催，綵花金勝巧先裁。宿雲容雨朝暉麗，共喜春隨曙色來。

### 溫成皇后閣 四首

璿窗朱户暖生煙，不覺新春換故年。眾卉爭妍競時態，却尋遺跡獨依然。

寶奩香歇掩鉛華，舊閣春歸老監嗟。畫棟重來當日燕，玉欄猶發去年花。

椒壁輕寒轉晚暉，珠簾不動暖風微。可憐春色來依舊，惟有餘香散不歸。

內助從來上所嘉，新春不忍見新花。君王念舊憐遺族，常使無權保厥家。

### 皇帝閣 十二首

宋　祁

瑞福隨春到，穰穰正似山。君王寬大詔，自此徧人間。

東郊迎氣罷，暖信入嚴辰。暫遣星杓轉，令知天下春。

葭管灰飛盡，金胥漏刻長。歡情與和氣，併入萬年觴。

春風真樂地，春仗大明天。春酒皆千日，春枝即萬年。

陽和今日到，景物一時新。陛下南山壽，長迎千萬春。

天上春光遍，世間人未知。黃金裝柳葉，紅蕊點花枝。

水暖蛟冰解，灰飛鳳管和。陽春與皇澤，併付四夷歌。

日華初麗上林天，殿裡春花百種鮮。驅出餘寒還故臘，收回和氣作新年。

望春臺下春先到，獵獵青旗倚漢宮。水自北涯生煖溜，花從東面受和風。

蒼龍東闕轉春旗，綷羽林梢最早知。青帝回風還習習，黃人捧日故遲遲。

夭矯蒼龍引翠旌，君王暫報出郊迎。勾芒一夜催春到，萬户千門歌吹聲。

宜春苑裏報春回，寶勝繒花百種催。瑞羽關關遷木早，神魚潑潑上冰來。

## 皇后閤九首

嘉福隨年至，皇恩共氣和。水痕冰處動，煙思柳前多。

曉佩搖蒼玉，晨旗亞翠斿。新年好春色，今日滿皇州。

暖碧浮天宇，蓮紅上日華。寶幡雙帖燕，綵樹對纏花。

青郊迎淑氣，華闕報芳辰。瑞木梢梢變，珍禽唶唶新。

春前已歲換，歲後始春來。綵燕隨宜帖，繒花鬪巧開。

宮裏春花纔灼灼，殿前春仗已莪莪。東風盡解天池凍，不及君王慶澤多。

誰道春從何處來，只從金闕遍瑤臺。蒼龍便入時迎仗，玉液還飛行慶杯。

迎春寶勝插釵梁，拂鈿裁金鬪巧粧。上作君王萬年字，要知長奉白雲觴。

雙闕祥雲抱日光，朝來春意已昌昌。先從太液催波綠，後到
靈和報柳黃。

## 夫人閣<sub>九首</sub>

春闌風光麗，春城歌吹喧。瓊漿獻春酒，金箔縷春幡。

瑞歷歲惟新，物華春可愛。雪盡林弄姿，冰消水生態。

春從何處生，先覺滿瑤京。冰解魚鱗負，雲飛鶴態橫。

雪罷雲初暖，天和日便遲。玉樓新燕子，梅下記來時。

春天麗春旭，春酒獻春杯。樹待珊瑚鬪，花須羯鼓催。

銀闕崔嵬對未央，春來始覺好年光。風生禁苑無窮麗，日向
仙壺一倍長。

東郊移仗曉迎春，已覺輕寒不着人。天瑞穰穰君澤美，併教
和氣助佳辰。

日照觚稜萬戶春，細風輕露淡嘉辰。一番宮柳黃煙重，百種
盤蔬紫甲新。

玉管輕羅和氣動，土牛青幘報祠歸。仙盤取露朝和蘸，舞殿
裁雲暝作衣。

## 皇帝閣<sub>六首</sub>

夏　竦

金盤曉日融春露，黼帳鮮雲蔭瑞香。聖壽永同天地久，南山
何足比延長。

冰消太液生春水，日上披香積瑞煙。五岳告成鴻慶遠，垂衣
無事永千年。

天人道洽真遊降，禪祀功高帝業昌。迎氣東郊風乍暖，受釐

中禁日初長。

九門和氣衝魚籥，層宙祥飇起鶴雲。王澤下流慈照遠，萬方歌舞戴明君。

青迄布序韶暉盛，紫禁乘春樂事多。海晏域清無夕慮，齋居宣室順天和。

寒梅吐艷風初應，朱輦宣遊日漸遲。道蔭無涯真緒遠，永康寰海茂春祺。

### 皇后閣七首

青迄布序和風扇，紫禁迎禧瑞日長。佇看親蠶臨璽館，永觀彤管播聲芳。

椒花獻歲良時啓，綵燕迎春淑氣來。仰奉帝慈方繡出，吹簫看築鳳皇臺。

東郊候氣回青輅，北闕迎祥闢紫闈。大庇羣生承寶緒，永敷春澤播鴻徽。

銀箭初傳暖律延，微和漸扇物華妍。綵幡紅縷宜春字，永奉宸慈億萬年。

青陽乍整黃龍駕，紫宇初凝白鶴雲。萬壽無疆真蔭遠，九重嘉氣日氤氳。

緹室葭灰飛候琯，彤闈天露起和風。六宮永被河洲化，穆穆芳猷佐聖功。

三星分曜輝宸漢，九禁迎春喜令辰。仰奉椒闈宣內治，湛恩鴻慶永如春。

### 壽春郡王閣四首

穆穆韶華生紫禁，遲遲春箭下青宮。良辰已慶加元服，大國
爰聞拜景風。

緹室葭灰飛律管，鳳闈春色動年芳。仙源積慶誠無際，永戴
宸慈襲美祥。

日上苑梅凝素艷，雪晴宮柳弄青條。已觀啓土封東國，即著
懷金奉内朝。

異表英奇非世出，慧心通敏盡生知。更當淑景承慈照，永奉
嘉祥茂木枝。

### 春日詞五首

歐陽修①

宮壇青陌賽牛回，玉管東風逗曉來。不待嶺梅傳遠信，翦刀
先放綵花開。

試粉東窗待曉回，共尋春柳傍香臺。不驚樹裏禽初變，共喜
釵頭燕已來。

紅霧初開上曉霞，共驚風色變年華。香車遙認春雷響，庭雪
先開玉樹花。

玉琯吹灰夜色殘，鳩鳴紅日上仙盤。初驚百舌綿蠻語，已覺
東風料峭寒。

待暖銅壺剪臘梅，繡簾春色犯寒來。畫眉不待張京兆，自有
新粧試落梅。

---

① 此五首詩徐本據明抄本校補作者"歐陽修"，兹校從。

## 皇帝閣 六首首

司馬光 [1]

肇履璿璣曆，重飛緹室灰。寒隨土牛盡，暖應斗東回。

鸞輅迎長日，豐祥正曉天。九垓同煥沐，萬物向蕃鮮。

盛德方迎木，柔風漸布和。省耕將效駕，擊壤已聞歌。

鳴鴈求歸北，寒魚陟負冰。相烏風色改，暘谷日華新。

浮陽滿野白溶溶，澤底山椒淑氣通。草木豈能知造化，一花一葉盡天功。

漠然天造與時新，根着浮流一氣均。萬物不須雕刻巧，正如恭己布深仁。

## 太皇太后閣 六首

盛德初臨震，陽和已動神。發生天地大，厚載四儀尊。

種桃臨玉砌，戴勝刻金花。借問此何處，崑山王母家。

長樂曉鐘殘，皇輿入問安。東風猶料峭，冒絮禦餘寒。

慶壽風煙接未央，飛樓複道鬱相望。春來無以消長日，閒取經書教小王。

冰凝半解波光綠，柳葉未生條已黃。四海澄清天子孝，朝元日奉萬年觴。


東宮歸政五年餘，隱几時觀黃老書。禁闥無爲民自化，熙熙不獨在春初。

---

① 　此六首詩徐本據明抄本校補作者"司馬光"，茲校從。

## 皇太后閣六首

母德思齊盛，天心舊豫初。青暉凝輦路，佳氣擁宸居。

暖日初添刻，柔風乍襲衣。弄孫時哺果，觀織屢臨機。

膾肉分銀縷，蘭芽簇紫茸。大官遵舊俗，歲歲與今同。

釵上花開海燕飛，紅繒剪葺蠟粘枝。風前飄落參差羽，還似瑤箱呈瑞時。

玉漏聲殘金殿開，乘輿清蹕問安來。盡將草木欣欣意，同與新春入壽杯。

裁縫大練成春服，慈儉由來性所鍾。肯使外家矜侈泰，車如流水馬如龍。

## 皇后閣五首

種稑獻新種，褘褕澣舊衣。玉鉤隨步輦，行看採桑歸。

樛木猶藏葉，夭桃未作花。六宮歌逮下，四海咏宜家。

溝暖冰初斷，窗晴雪半消。餘寒不足畏，塗壁盡芳椒。

寶勝金幡巧鬭工，綵花臈燕颺和風。玉盤翠茝映紅蓼，捧案朝來獻兩宮。

春衣不用蕙蘭熏，領緣無煩刺繡文。曾在蠶宮親織就，方知縷縷盡辛勤。

## 夫人閣四首

璧帶非煙潤，金鋪霽景鮮。繡功添采縷，和氣入繁絃。

剪綵催花發，開簾望燕歸。藏鬮新過臘，習舞競裁衣。

綺窗繡戶又東風，丹扆遊陪處處同。但願太平無限樂，何須三十六離宮。

聖主終朝勤萬幾，燕居專事養希夷。千門永畫春岑寂，不用車前插竹枝。

### 立春日三首

張　耒①

風光先着竹間梅，和氣應從大地回。桃李滿園渾未覺，微紅先向寶刀開。

蒼龍闕角回金斗，文德門前散曉班。車馬紛紛殘雪裏，縷銀剪綵舞新幡。

天上春來誰報人，江山氣象一時新。懶將白髮簪幡勝，春酒三杯慰逐臣。

### 次　韻

黄庭堅

渺然今日望瓶梅，已發黄州首重回。試問淮南風月主，今年桃李爲誰開。

誰憐舊日青錢選，不立春風玉笋班。博得黄州新語法，老夫端欲把降幡。

江山也似隨春動，花柳真成觸眼新。清濁盡須歸甕蟻，吉凶更莫問波臣。

---

①　此三首詩徐本據明抄本校補作者“張耒”，兹校從。

### 再次韻三首

春風調物似鹽梅，一一根中生意回。風又安排催歲換，丹青次第與花開。

久狎漁樵作往還，曉風宮殿夢催班。鄰娃似與爭春道，酥滴花枝綵剪幡。

酒有全功筆有神，可將心付白頭新。春盤一任人爭席，莫道前來是近臣。

### 立 春

韭苗杏煮餅，野老亦知春。看鏡道如尺，倚樓梅照人。

### 王樂道太丞立春早朝

梅堯臣

近臣頭上黃金勝，殿前拜賜東風應。蓼芽蔬甲簇春盤，肉抹長絲何亘亘。寬衣武率舉玉庭，人歸下箸殊難稱。我家無火甑生塵，幨柳綵花空着興。着興着興將底爲，但願得米資晨炊。不管飛霙與麥宜，千官隊中身最早，五日一謁前旒垂。

### 立春前一日雪中訪烏程宰李君俞，尋有詩見貽，依韻和答

粉禁先春拂面翔，臨風躍馬到君堂。縣民將喜土膏起，令尹生驚農事忙。疾呼小吏具山酌，便欲盡醉爲詩狂。我牽塵俗不得久，何意更煩投夜光。

## 和立春

兹日何所喜,所喜物向榮。燦縷作翠柳,意先新陽生。塗金縷爲勝,義不首時輕。增年已歎老,斗酒聊自傾。

## 擬宋之問春日剪綵花應制

上林花未有,中禁綵先成。葉逐剪刀出,蕊從粉粉生。紅繁內人手,香染侍臣縷。不是將春競,天心重發榮。

## 次韻冲卿除日春

王安石

猶殘一日臘,併見兩年春。物以終爲始,人從故得新。迎陽朝剪綵,守歲夜傾銀。恩賜隨嘉節,無功衹自塵。

## 季冬立春後有雪呈諸公

白子儀

南畝先曾集素霙,繽紛又拂歲崢嶸。得無留滯青春色,況復蔽虧紅日明。司歷不能分畫刻,勾芒何處待時行。豈如直近農耕候,萬耳聽來甘雨聲。

## 立　春

陳師道

馬蹄殘雪未成塵,梅子梢頭已著春。巧勝向人真奈老,衰顏從俗不宜新。高門肯送青絲菜,下里誰思白髮人。共學少年天下士,獨能濡濕轍中鱗。

## 奉和聖製立春日二首

晏　殊

紫宙星回後，青郊斗轉時。上林鶯囀早，南畝雪消遲。雲裔千祥集，風條萬類滋。皇情同率土，黔首頌昌期。

陰陽自協璇璣運，和煦潛隨緹管升。十二紫關魚籥啓，九重嶢闕絳煙凝。芳華稍變青門柳，寒凍微消北陸冰。宸藻下頒義又麗，八紘民庶保年登。

## 奉和聖製新春

斗柄東回六合春，堯天曆象與時新。銅壺瑞氣延疏漏，青輅祥風繞畫輪。雲裹樓臺高郁郁，雨中原隰碧鱗鱗。千村粉萼梅英吐，百尺金絲柳帶勻。秉籙調元功有序，在璿觀妙政惟醇。仰瞻魏闕宣和會，共識皇恩子萬民。

## 立春祀太乙

紫毛雙節引青童，一片空歌韻曉風。太昊茲辰授春令，鸞旗應在裔雲中。

華燈明滅羽衣攢，翠柳蕭森矮檜寒。千步回廊繞金殿，水蒼瑤佩響珊珊。

# 立春又詞

御　閣四首

合月歸餘屆早春，羲舒相望協元辰。初陽乍逐青旗動，聖壽長隨鳳曆新。

三素雲中曉望時，上真軿蓋綠參差。丹臺自有長生籍，睿算方延億萬期。

青輅迎春習習來，天泉池上曉冰開。珠幡已報三陽候，柏葉將陳萬壽杯。

綵幡雙燕祝春宜，獻壽迎祥重此時。臘雪未消宮樹碧，早鶯聲在萬年枝。

## 內　廷四首

朱戶未聞迎綵燕，東郊先報舞雲翹。姜任盛德符青史，金屋千春奉聖朝。

柳燧青青淑氣和，冰紋初解縠文波。淑風殿裏黃金屋，應候稱觴獻壽多。

才聞太昊行新令，更祝元君望景輿。白玉龜臺資壽歷，千春鴻福此春初。

雙金縷勝延嘉節，五綵爲幡奉紫廷。春色漸濃人未覺，玉階楊柳半青青。

## 東宮閣三首

青幡乍帖宜春字，翠斾初迎入律風。一有元良昭大慶，問安長在紫宸中。

碧燕幡長綵樹新，寢門瑤珮慶初春。邦家累善鍾儲貳，皎皎重暉在璧輪。

鮫冰千片解華池，神水香醪滿爵巵。旭日九門凝瑞露，東廂朝拜奉宸慈。

## 立　春

宋　祁

春時靈旗畫尾斜，漢宮麥幘望晨霞。宮中綵樹紛無算，不待東風已作花。

## 又

范成大

候管灰初動，條風已發春。萬靈歸化育，一氣驗平均。農事牛先示，人情蟄欲伸。優哉漢疏廣，樽酒過嘉辰。

### 和觀文相公立春日示詩

唐　庚

閒把流年指上輪，朝來七十五回春。一杯願薦喬松壽，四海方依社稷臣。血氣未嫌辛菜冷，顏容猶稱綵幡新。清詩小字傳觀處，滿座驚呼覺有神。

## 春　日

今日天涯又見春，與春分契合相親。君看四十年來事，只有東君是故人。

### 奉詔立春日祝太乙宮書事 五言十六韻

劉　筠

黃圖標清館，紫詔戒鹹臣。祇祓先三日，精明奉列真。緹帷麗宴室，琅菜盛窒珍。鵠浴薰湯潔，龜存踵息勻。金齊傳漏箭，雲鶴換朝紳。霞接浮丘袂，星瞻太乙神。九光龍檠密，百和鵲鑪新。磬度松間籟，歌飄海底塵。中天鳴素瑟，五鼓下瓊輪。祝册精衷達，沈榆拜席陳。殿趨梟烏急，廊轉羽旋頻，薦幣冰紋滑，升樽玉液醇。樓居排迥漢，欻駕返清晨。習習靈風遠，欣欣瑞木春。祥氛披輦道，遲景上城闉。宣室如垂問，鴻禧永庇民。

## 立　春

崔正言

吏部今餘十九牙，一杯湯餅羨君家。不妨更往挑生菜，釘取黃金堞裏花。

### 再繼立春韻

君才傑立拔鯨牙，笑我文章一小家。輒莫更書春帖子，年來雙眼眩昏花。

### 立春日

老病聲名外，艱難霜雪中。衰歌聊喜色，今日得春風。漸喜晴兼暖，微看碧與紅。菜盤徒草草，猶足呼隣翁。

### 立春後三日山行喜雨

趙崇璠

窮冬陽爲沴，旱氣蒸黃埃。春風三夜動，膏雨隨風來。萬類萌甲喜，黎人生意開。我行竟何事，欣爾登崔嵬。

### 立春日舟次藕池阻雪有懷

楚澤多芳草,春風昨夜生。空江寒欲凍,亂雪灑無聲。獨坐孤舟穩,能忘萬里情。手持新歲酒,空繞落梅行。

### 立春夜宿西充山驛聞雪

獨宿西充館,雲雰灑竹關。薄寒生永夜,亂響度空山。殘月猶共白,春風相與還。一枝梅未寄,歸夢越巴蠻。

### 立　春

沈　遘

歲臘孤寒盡,仁君愛育鋪。吹家臨太簇,飲格到醍酥。長進強兒輩,衰殘逼壯夫。功名非敢望,適意只花奴。

### 臘月十九日立春

殘臘尚餘旬,芳時報早春。歲華雖聿莫,氣候已更新。視景憐青髩,尋歡趁令辰。何須正月旦,始是賞春人。

### 立春後寫興

東風五丈高,遇早犯櫻桃。簌管驚初弄,花期又一遭。白春千石稻,釀醞十香醪。不足杯中聖,春晴未易陶。

### 立春日值雨

陳與義

衡陽縣下春日雨,遠映青山絲樣斜。容易江邊欺客袂,分明沙際濕年華。竹林路隔生新水，古渡船空集亂鴉。未暇獨憂巾一角，西溪當有續開花。

### 立春值雨①

殘冬餘候未凋梅，瓜代東皇走馬回。權襲流年頒木令，雨迎和氣拂葭灰。杏園手放丹青發，麥野天抛餅餌來。是則早歸應早去，且贏暮止把春杯。

### 立春日雨，次日雪

雨馬酣酣夜鼓撾，曉庭春蘚撲龍沙。祁祁已沁肌中骨，呆呆實鋪錦上花。天庫倒囊膏品物，酒墟冷海沃春華。可憐牢落東窗客，拂硯孤吟凍筆叉。

### 立春即事

李　新

璇杓阻閏律灰遲，春入花枝蝶未知。青帝似隨明月至，紫姑爭問一年疑。

### 立春前密雪應制呈范內翰

李　新

六出飛霙歲或愆，喜觀瓊礫曉滂然。水官休隸一時慘，木帝已誇舞物妍。斗換石田皆沃壤，暗催雲稼入豐年。吾君誠禱通旻昊，願聽民謠被管絃。

---

① 此詩不見於底本，徐本據明抄本校補，并言"明抄本題作陳與義詩，而無前《立春日值雨》"。蓋因前後兩首詩題近似，而致混抄遺漏。茲從徐本補。

# 歲時雜詠卷五

（宋）蒲積中　編

人　日<sub>古詩</sub>

### 和人日晚景宴昆明池

庾　信

餘春足光景，趙李舊經過。上林柳腰細，新豐酒泛多。小船行釣鯉，新盤待摘荷。蘭皋徒稅駕，何處有凌波。

### 正月七日登高侍宴

楊林之

廣殿麗年輝，上林起春色。風生拂雕輦，雲廻浮綺翼。

### 人日思歸

薛道衡

入春纔七日，離家已二年。人歸落鴈後，思發在花前。

### 七日登樂遊故基

盧照隣

四序周緹籥，三正紀璿耀。綠野變初黃，暘山開曉眺。中天擢露掌，匝地分星徼。濮寢睇遺靈，秦江想餘吊。蟻泛青田酌，鶯歌紫芝調。柳色搖歲華，冰文蕩春照。遠迹謝羣動，高情符衆妙。蘭游滄未歸，傾光下岩窈。

## 奉和人日清暉閣宴羣臣遇雪應制六首

李　嶠

三陽偏勝節，七日最靈辰。行慶傳芳蟻，升高綴綵人。階前
蓂候月，樓上雪驚春。今日銜天造，還疑上漢津。

## 又

宗楚客

窈窕神仙閣，參差雲漢間。九重中葉啓，七日早春還。太液
天爲水，蓬萊雪作山。今朝上林樹，無處不堪攀。

## 又

劉　憲

興輦乘人日，登臨上鳳京。風尋歌曲颺，雪向舞行縈。千官
隨興合，百福與時并。承恩長若此，微賤幸昇平。

## 又

蘇　頲

樓觀空煙裏，初年瑞雪過。苑花齊玉樹，池水作銀河。七日
祥圖啓，千春御賞多。輕飛傳綵勝，天上奏薰歌。

## 又

李　乂

上日登樓賞，中天御輦飛。後庭聯舞唱，前席仰恩輝。睿作

風雲起，農祥雨雪霏。幸陪人勝節，長願奉垂衣。

又

趙彥昭

出震乘東陸，憑高御北辰。祥雲應早歲，瑞雪候初旬。庭樹千花發，堦蓂七葉新。幸承今日宴，長奉百年春。

### 人日清暉閣遇雪應制

李　嶠

千鍾聖酒御筵披，六出祥英亂繞枝。即此神仙對瓊圃，何須轍迹向瑤池。

### 人日玩雪應制

趙彥昭

始見青雲干律呂，俄逢瑞雪應陽春。今日迴看上林樹，梅花柳絮一時新。

### 人日侍宴大明宮應制 九首

李　嶠

鳳城景色已含韶，人日風光倍覺饒。桂吐半輪迎此夜，蓂開七葉應今朝。魚猜水凍行猶澁，鶯喜春聲弄欲嬌。愧奉登高搖綵翰，欣逢御氣上丹霄。

又

趙彥昭

寶契無爲屬聖人，瑂輿出幸玩芳辰。平樓半入南山霧，飛閣旁臨東野春。夾路穠花千樹發，垂軒弱柳萬條新。處處風光今日好，年年願奉屬車塵。

又

劉　憲

禁苑韶年此日歸，東郊道上轉青旂。柳色梅芳何處所，風前雪裏覓芳菲。開冰池內魚新躍，剪綵花間燕始飛。欲識王游布陽氣，爲觀天藻競春輝。

又

蘇　頲

疏龍磴道切昭廻，建鳳旂門繞帝臺。七葉仙蓂承月吐，千株御柳拂煙開。初年競貼宜春勝，長命先浮獻壽杯。是日皇靈知竊幸，羣心就捧大明來。

又

李　乂

吉旦行春上苑中，憑高却下大明宮。千年執象寰瀛泰，七日爲人慶賞隆。鐵鳳曾騫搖瑞雪，銅烏細轉入祥風。此時朝野歡無算，此歲雲天樂未窮。

又

鄭愔

瓊殿含光映早輪，玉鑾嚴蹕望初晨。池開凍水仙宮麗，樹發寒花禁苑新。佳氣徘徊籠細網，殘英淅瀝染輕塵。良時荷澤皆迎勝，窮谷晞陽猶未春。

又

沈佺期

拂旦雞鳴仙衛陳，憑高龍首帝庭春。千官黼帳杯前壽，百福香奩勝裏人。山鳥初來猶怯囀，林花未發已偷新。天文正應韶光轉，設報懸知用此辰。

又

李適

朱城待鳳韶年至，碧殿疏龍淑氣來。寶帳金屏人已帖，圖花學鳥勝初裁。林香近接宜春苑，山翠遙添獻壽杯。向夕凭高風景麗，天文垂曜象昭回。

又

閻朝隱

勾芒人面乘兩龍，道是春神衛九重。綵勝年年逢七日，酴醾歲歲滿千鍾。宮梅間雪祥光徧，城柳含煙瑞氣濃。醉倒君前情未已，願因歌舞自爲容。

## 人日賜王公以下綵縷人勝三首

崔日用

新年宴樂坐東朝，鐘鼓鏗鍠大樂調。金屋瑤筐開寶勝，花牋綵筆頌春椒。曲池苔色冰前液，上苑梅香雪裏嬌。宸極此時飛聖藻，微臣竊抃預聞韶。

### 又

韋元旦

鸞鳳旌旗拂曉陳，魚龍角觝大明辰。青韶既肇人爲日，綺勝初成日作人。聖藻凌雲裁栢賦，仙歌促宴摘梅春。垂旒一慶宜年酒，朝野俱歡薦壽新。

### 又

馬懷素

萬宇千門平旦開，天容辰象列昭回。三陽候節金爲勝，百福迎祥玉作杯。就暖風光偏著柳，辭寒雪影半藏梅。何幸得參詞賦職，自憐終乏馬卿才。

## 人日雪臺觀打毬應制二首

武平一

令節重遨遊，分鑣戲綵毬。驂驔回上苑，躞蹀繞通溝。影就紅塵没，光隨赭汗流。賞闌清景暮，歌舞樂時休。

## 又

沈佺期

今春芳苑遊，接武上瓊樓。宛轉縈香騎，飄颻拂畫毬。俯身迎未落，迴轡逐傍流。祇爲看花鳥，時時誤失籌。

## 軍中人日登高贈房明府

宋之問

幽郊昨夜陰風斷，頓覺朝來陽候煖。涇水橋南柳欲黃，杜陵城北花應滿。長安昨晚寄春衣，短翮登茲一望歸。聞道凱旋乘驛騎，看君走馬見芳菲。

## 人日登高

喬侃

僕本多悲者，年來不悟春。登高一遊目，始覺柳條新。杜陵猶識漢，桃源不辨秦。蹔若昇雲霧，還似出囂塵。賴得煙霞氣，淹留攀桂人。

## 人日兼立春小園宴

蘇頲

黃山積高坎，表裏望亭邑。白日最靈朝，登攀盡原隰。年灰律候動，陽氣開迎入。煙靄長薄霧，臨流小涇澁。實明莫我異，詞賦當春立。更與韶物期，不孤東園集。

## 在蜀州人日寄杜甫

高　適

人日題詩寄草堂，遙憐故人思故鄉。柳條弄色不忍見，梅花滿枝空斷腸。身在遠藩無所預，心懷百憂復千慮。今年人日空相憶，明年人日知何處。一臥東山三十春，豈知書劍老風塵。龍鍾還忝二千石，愧爾東西南北人。

## 追酬故高蜀州人日見寄

杜　甫

開文書帙中，檢所遺忘，因得故高常侍往居在成都時，高任蜀州刺史《人日相憶見寄》詩，淚灑行間，讀終篇末。自枉詩已十餘年，計存没又六七年矣，老病懷舊，生意可知。今海内忘形故人，獨漢中王瑀與昭州敬使君超先在，愛而不見，情見乎詞。大歷五年正月二十一日追酬高公此作，因寄王及敬弟。

自枉蜀州人日作，不意清詩久零落。今晨散帙眼忽開，迸淚幽吟事如昨。嗚呼壯士多慷慨，合沓高名動寥廓。嘆我悽悽求友篇，感時鬱鬱匡君畧。錦里春光空爛漫，瑤池侍臣已寂莫。瀟湘水國傍黿鼉，鄂杜秋天失鵰鶚。東西南北更堪論，白首扁舟病獨存。遙拱北辰纏寇盜，欲傾東海洗乾坤。邊塞西番正充斥，衣冠南渡多崩奔。鼓瑟至今悲帝子，曳裾何處覓王門。文章曹植波瀾濶，服食劉安德業尊。長笛誰能亂愁思，昭州詞翰與招魂。

## 人日言懷

此日此時人共得，一談一笑俗相看。杯中栢葉休隨酒，勝裏金花巧耐寒。佩劍衝星聊暫拔，匣琴流水自須彈。早春重引江湖興，直道無憂行路難。

## 人日剪綵

余延壽

閨婦持刀坐，自憐裁剪新。葉催情綴色，花寄手成春。帖燕留粧戶，黏鷄欲向人。擎來向夫婿，何處不如真。

## 酬郭廈人日長河感懷見贈此公比經流竄，親在上都。

劉長卿

舊日歡猶在，憐君恨獨深。新年向國淚，今日倚門心。歲去隨湘水，春生近桂林。流鶯且莫弄，江畔正行吟。

## 和汴州李相公勉人日喜春

戴叔倫

年來日日春光好，今日春光好更新。獨獻菜根憐應節，遍傳金勝喜逢人。煙添柳色看猶淺，鳥踏梅花落已頻。東閣此時同一曲，翻令和者不勝春。

## 人日城南登高

韓　愈

初正候纖兆，涉七氣已弄。靄靄野浮陽，暉暉水披凍。聖朝身不廢，佳節古所用。新交既許來，子姪亦可從。盤蔬冬春雜，樽酒清濁共。令徵前事爲，觴詠新詩送。扶杖陵圮址，刺船犯枯葑。戀池羣鴨廻，釋嶠孤雲縱。人生本坦蕩，詎使忘倥傯。直指桃李闌，幽尋寧止重。

## 人日送房十六侍御歸越①

權德輿

驛騎歸時驄馬蹄，蓮花府映若耶溪。帝城人日風光早，不惜離堂醉似泥。

## 人日立春

盧　仝

春度春歸無限春，今朝方始覺成人。從今克己猶應及，願與梅花俱自新。

## 人日陪宜州范中丞傳正與范侍御傳真宴東峯亭

鮑　防

人日春風綻早梅，謝家兄弟看花來。吳姬對酒歌千曲，秦女留人酒百杯。絲柳向空輕婉轉，罘山看日斷徘徊。流光易去歡難得，莫厭頻頻上此臺。

## 人日即事

李商隱

文王喻復今朝是，子晉吹笙此日同。舜格有苗旬太遠，周稱流火月難窮。鏤金作勝傳荊俗，剪綵爲人起晉風。獨想道衡詩思苦，離家恨得二年中。

---

①　十六，徐本據明抄本及《全唐詩》卷三二三校補作"二十六"。

### 人日梅花病中作

李羣玉

去年今日遊西寺，獨把寒梅愁斷腸。今年此日江邊宅，卧見瓊枝低壓墻。半開半落臨野岅，團情團思醉韶光。玉鱗寂寂飛斜月，素艷亭亭對夕陽。已被兒童苦攀折，更遭風雪移馨香。洛陽桃李漸撩亂，回首行宮春景長。

### 人日代客子

陸龜蒙

人日兼春日，長懷復短懷。遥知雙綵勝，併在一金釵。

### 光啓三年人日逢鹿

司空圖

浮世仍逢亂，安排賴道書。勞生中壽少，抱疾上昇疏。日暖人逢鹿，園荒雪帶鋤。知非今又過，蘧瑗最憐渠。

### 乙丑人日

自怪扶持七十身，歸來又見故鄉春。今朝人日逢人喜，不料傷生作老人。

# 歲時雜詠卷六

（宋）蒲積中　編

人　日<sub>今詩</sub>

### 惠州人日<sub>二首</sub>

蘇　軾

曉雨暗人日，春愁連上元。水生挑菜渚，煙濕落梅村。小市人歸盡，孤舟鶴踏翻。總堪慰寂寞，漁火亂黃昏。

北渚集羣鷺，新年何所之。盡歸喬木寺，分占結巢枝。生物會有役，謀身各及時。何當禁畢弋，看引雪衣兒。

**庚辰歲人日作，時聞黃河已復北流，老臣舊數論此，今斯言乃驗**<sub>二首</sub>

老去仍棲隔海村，夢中時見作詩孫。天涯已慣逢人日，歸路猶欣過鬼門。三策已應思賈讓，孤忠終未赦虞翻。典衣剩買河源米，屈指新蒭作上元。

不用長愁挂月村，梡榔生子竹生孫。新巢語燕還窺硏，舊雨來人不到門。春水蘆根看鶴立，夕陽楓葉見鴉翻。此生念念隨泡影，莫認家山作本元。

### 雅安人日次舊韻<sub>二首</sub>

人日滯留江上村，定知芳草怨王孫。題詩寄遠方揮翰，扶杖登高獨出門。柳色忍看成感嘆，花前歸思自飛翻。浮陽披凍雖才弄，已覺春工漏一元。

　　似聞高隱在前村，坐膝扶牀戲子孫。自賞春光攜桂酒，喜逢晴色欸柴門。屏間帶日金人活，頭上迎風綵勝翻。蓬鬢扶疏吾老矣，豈能舊貌改新元。

## 人日獵城南者十人以身輕一鳥過槍急萬人呼爲韻得鳥字

　　兒童笑使君，憂悃長悄悄。誰拈白接䍦，令跨金騕褭。東風吹濕雪，手冷怯清曉。忽發兩鳴髇，相趁飛蟲小。放弓一長嘯，目送孤鴻矯。吟詩忘鞭彎，不語頭自掉。歸來仍脫粟，鹽豉煮芹蓼。何似雷將軍，兩眼霜鶻皎。黑頭已爲將，百戰意未了。馬上倒銀瓶，得兔不暇燎。少年負奇志，蹭蹬百憂繞。回首英雄人，老死亦不少。青春還一夢，餘年真過鳥。莫上呼鷹臺，平生笑劉表。

## 人　日

宋　祁

　　綵勝香羹樂上春，我懷前事悵佳辰。瞿曇尚笑浮生假，況鏤黃金假作人。

## 人　日

唐　庚

　　人日傷心極，天時觸目新。殘梅詩興晚，細草夢魂春。挑菜年年俗，飛蓬處處身。薑頤頻語及，髣髴到朱津。

### 人日立春舟行寄福州燕二司封

蔡　襄

渚溪潮上送行船，回望高城隔曙煙。景色似看名畫展，醉魂猶憶壽杯傳。春盤食菜思三九，人日書幡誦百千。南國逢君惟道舊，後時何處笑今年。

### 又寄興化徐虞部

梅花狼藉拂輕舟，人日溪行動客愁。上國去程初北首，故山歸思滿東流。垂垂朝雨隨雙槳，草草春蔬送一甌。不獨懷鄉便多感，看人難似府君侯。

### 人日書事

沈　遘

四十三年夢寐間，夢中之夢不堪圓。閱來世事同歸盡，得箇人身似可憐。分有窮通非我病，天教畜產在吾先。自一日至六日，雞、犬、豬、羊、牛、馬皆畜產。藜羹一啜君休笑，猶勝家無種藿田。

### 人日得人字韻五首

陰陽而上更無神，密斡元樞運化輪。齒髮變來雖故我，羽毛閱過乃新人。口冰幽鳥初調弄，腰局寒蚘學欠伸。受得吾身靈萬物，毋因萬物役吾身。

薺椀黃錢醮户神，户開朝日涌銅輪。覺來高枕五更夢，別是新年一箇人。脚騞勝遊無賽健，眉逢樂事即時伸。身名與貨分差等，誤認親疏即誤身。

開花一掬漂精神，井上牙機轉轆輪。煎餅露庭薰上帝，妝梅覆額惱佳人。香蔬七種美甌爽，瑞象雙趍體叚伸。舉世有身斯有患，能知無我便無身。

生涯耕學自頤神，不羨紆朱駕兩輪。戴命六牲皆統日，更新七畫別成人。海棠雨過胭脂潑，池皺風平越穀伸。萬物逢春猶振動，肯將局蹐束閒身。

一盞勾芒酹種神，禾田轉動碾禾輪。花間老少中分景，壠上閒忙折半人。門館有春貧不富，林泉無位屈而伸。兩厄樽酒詩千首，不負東皇不負身。

# 歲時雜詠卷七

（宋）蒲積中　編

上　元古詩

### 宴光璧殿詠遥山燈

陳後主

照耀浮輝明，飄颻落燼輕。枝多含樹影，煙上帶玲生。雜桂還如月，依柳更疑星。園中鶴采麗，池上鳧飛驚。

### 三善殿夕望山燈①

重岫多風煙，華燈此岫邊。涸浦如珠露，彫樹似花鈿。依樓雜渡月，帶石影開蓮。既有帶滿照，羞與曉星連。

### 上元夜於通衢建燈夜升南樓

隋煬帝

法輪天上轉，梵聲天上來。燈樹千光照，花焰六枝開。月影凝流水，春風含夜梅。幡動黃金地，鐘發琉璃臺。

---

① 望，底本無，徐本據明抄本補，茲校從。

## 和通衢建燈應教

諸葛穎

芳衢澄夜景，法炬爛參差。逐輪時徙燄，桃花生落枝。飛煙繞定室，浮光映瑶池。重閣登臨罷，歌管乘空移。

## 上元夜效小庾體詩 并序

長孫正隱

夫執燭夜遊，古人之意，豈不重光陰而好娛樂哉！且星度如環暑，纔周而已襲；月華猶鏡魄，哉生而遽圓。忽兮遇春，俄兮臨望。重城之扇四闢，車馬轟聞；五劇之燈九華，綺羅紛錯。茲夕何夕，而遨遊之多趣乎！且九谷帝畿，三川奧域，交風均露，上分朱鳥之躔；泝洛背河，下鎮蒼龍之闕。多近臣之第宅，即瞰銅街；有貴戚之樓臺，自連金穴。美人競出，錦帳如霞；公子交馳，珮鞍似月。同遊洛浦，疑尋稅馬之津；爭渡河橋，似向牽牛之渚。寶昌年之樂事，令節之佳遊者焉。而戒曉嚴鐘，俄喧綺陌；分空落宿，已半朱城。蓋陳良夜之歡，共發乘春之藻。仍爲庾體，四韻成章，同以春爲韻。

崔知賢

今夜啓城闉，結伴戲芳春。鼓聲撩亂動，風光觸處新。月下多遊騎，燈前饒看人。歡樂無窮已，歌舞達明晨。

陳嘉言

今夜可憐春，河橋多麗人。寶馬金爲絡，香車玉作輪。連手窺潘掾，分頭看洛神。重城自不掩，出向小平津。

韓仲宣

他鄉月夜人，相伴看燈輪。光隨九華出，影共百枝新。歌鐘盛北里，車馬沸南隣。今宵何處好，唯有洛城春。

高　瑾

初年三五夜，相知一兩人。連鑣出巷口，飛轂下池濆。燈光恰似月，人面併如春。遨遊終未已，相歡待日輪。

陳子昂

三五月華新，遨遊逐上春。相邀洛城曲，追宴小平津。樓上看珠妓，車中見玉人。芳宵殊未極，隨意守燈輪。

長孫正隱

薄晚嘯遊人，車馬亂驅塵。月光三五夜，燈焰一重春。煙雲迷北闕，簫管識南隣。洛城終不閉，更出小平津。

## 正月望夜上陽宮侍宴應制

薛　曜

重關鐘漏通，夕敞鳳皇宮。雙闕祥煙裏，千門明月中。酒杯浮湛露，歌曲唱流風。侍臣咸醉止，常愢恩遇豐。

### 十五夜觀燈

盧照鄰

錦里開芳宴，蘭缸艷早年。縟綵遙分地，繁光遠綴天。接漢疑星落，依樓似月懸。別有千金笑，來暎九枝前。

### 夜　遊

沈佺期

今日重門啓，遊春得夜芳。月華連晝色，燈影雜星光。南陌青川浦，東鄰紅粉妝。管絃遙辨曲，羅綺暗聞香。人擁行歌路，車攢鬭舞場。經過猶未已，鐘鼓出長楊。

### 正月十五日

蘇味道

火樹銀花合，星橋鐵鎖開。暗塵隨馬去，明月逐人來。遊妓皆穠李，行歌盡落梅。金吾不禁夜，玉漏待相催。

### 軒遊宮十五夜

明　皇

行邁離秦國，巡方赴洛師。路逢三五夜，春色暗中期。關外長河轉，宮前淑氣遲。歌鐘對明月，不減舊遊時。

### 正月望夜

郭利正

九陌連燈影，千門度月華。傾城出寶騎，匝路轉香車。爛熳唯愁曉，周遊不問家。更逢清管發，處處落梅花。

## 元　夕六首

崔　液

今年春色勝長年，此夜風光最可憐。鳷鵲樓前新月滿，鳳凰臺上寶燈燃。

玉漏銅壺且莫催，鐵關金鎖徹明開。誰家見月能閒坐，何處逢燈不看來。

神燈佛火百輪張，刻像圖容七寶裝。影裏如聞金口説，空中似散玉毫光。

金勒銀鞍空紫騮，玉輪朱幰駕青牛。驂驔始散東城曲，倏忽還來南陌頭。

公子王孫意氣驕，不論相識也相邀。最憐長袖風前弱，更賞新絃暗裏調。

星移漢轉月將微，露灑煙飄燈漸稀。猶惜道傍歌舞處，踟躕相顧不能歸。

### 十五夜御前口號踏歌詞二首

張　説

花萼樓前雨露新，長安城裏太平人。龍銜火樹千燈艷，雞踏蓮花萬歲春。

帝宮三五戲春臺，行雨流風莫妬來。西域燈輪千影合，東華金闕萬重開。

### 和黃門舅十五夜作

蘇　頲

聞君陌上來，歌管沸相催。孤月連明照，千燈合暗開。寶裝遊騎出，香繞看車廻。獨有歸閒意，春庭伴落梅。

### 正月十五夜應制

孫　逖

洛陽三五夜，天子萬年春。綵仗移雙闕，瓊筵會九賓。舞成蒼頡字，燈作法王輪。不覺東方日，遙隨御藻新。

### 奉和聖製十五夜燃燈酺宴應制

王　維

上路笙歌滿，春城刻漏長。遊人多晝日，明月讓燈光。魚鑰通翔鳳，龍輿出建章。九衢陳廣樂，百福透名香。仙妓來金殿，都人遶玉堂。定應偷艷舞，從此學新妝。春引迎三事，司儀列萬方。願將天地壽，同以獻君王。

### 同楊比部十五夜有懷静者

承明少休沐，建禮省文書。夜漏行人息，歸鞍落日餘。豈知三五夕，萬戶千門闢。夜出曙靉歸，傾城滿南陌。陌頭馳騁盡繁華，王孫公子五侯家。由來明月如白日，共道春燈勝百花。聊看侍中千寶騎，強識小娘七香車。香車寶馬共喧闐，簡裡多情俠少年。競向長楊柳市北，肯過精舍竹林前。獨有仙郎心寂寞，却將宴坐爲行樂。倘覓忘懷共往來，幸霑同舍甘藜藿。

## 上元夜憶長安

顧　況

滄洲老一年，老去憶秦川。處處逢珠翠，家家聽管絃。雲車龍闕下，火樹鳳樓前。今夜滄洲夜，滄洲夜月圓。

## 觀　燈

張蕭遠

十萬人家火燭光，門門開處見紅粧。歌鐘喧夜更漏暗，羅綺滿街塵土香。星宿別從天畔出，蓮花不向水中芳。寶釵驟馬多遺落，依舊明朝在路傍。

## 元夕觀燈

王　諲①

暫得金吾夜，通看火樹春。停車傍明月，走馬入紅塵。妓雜歌偏勝，觴移舞更新。應須盡記取，説向不來人。

## 正月十五夜

熊孺登

漢家遺事今宵見，楚郭明燈幾處張。深夜嬌歌聲絕後，紫姑神下月蒼蒼。

----

① 此詩徐本據明抄本校補作者"王湮"。然《全唐诗》卷一四五收此詩，作者署"王諲"，故疑"湮"或係"諲"之訛。兹據《全唐詩》校補。

### 上元紫極宮內觀州民燃燈張樂

羊士諤

山郭通衢隘，瑤壇洞府深。燈花助春意，舞綴識歡心。閒似淮陽臥，恭聞樂職吟。唯將聖明化，聊以達飛沉。

### 燈　影

元　稹

洛陽晝夜無車馬，漫挂紅紗滿樹頭。見説平時燈影裏，玄宗潛伴太真遊。

### 正月十五日夜月

歲熟人心樂，朝遊復夜遊。春風來海上，明月在江頭。燈火家家市，笙歌處處樓。無妨思帝里，不合厭杭州。

### 上元夜東林寺學禪偶懷藍田楊主簿因呈智禪師

白居易[1]

新年三五東林夕，星漢迢迢鐘梵遲。花縣當君行樂處，松房是我坐禪時。忽看月滿還相憶，始嘆春來自不知。不覺定中微念起，明朝更問雁門師。

### 長安上元日

誼誼車騎帝王州，羈病無心逐勝遊。明月春風三五夜，萬人行樂一人愁。

---

[1]　此詩徐本據明抄本及《全唐詩》校補作者“白居易”，《全唐詩》卷四三九同，兹校從。

## 上元日二首

唐文宗

上元高會集羣仙，心齋何事欲祈年。丹爐儻徹玉帝座，且共吾人慶大田。

蓂生三五葉初齊，上元羽客出桃蹊。不愛仙家登真訣，願蒙四海福黔黎。

## 上元夜建元寺觀燈呈智通上人

章碣

建元看別上元燈，處處回廊鬭火層。珠玉亂抛高殿佛，綺羅深拜遠山僧。臨風走筆思呈慧，到晚行禪合伴能。無限喧闐留不得，月華西下露華凝。

## 上元夜開元雜曲中題

張説①

千門開鎖萬燈明，正月中旬動帝京。三百内人連袖舞，一時天上著詞聲。

## 上元夜聞京有燈恨不得觀

李商隱

月色燈光滿帝都，香車寶馬隘通衢。身閒不覩中興盛，羞逐鄉人賽紫姑。

---

① 此詩作者“張説”，徐本據明抄本及《全唐詩》卷五一一校作“張祜”。

## 觀山燈獻徐尚書三首并序[①]

### 段成式

尚書東苑公鎮襄之三年，四維具舉，而仍歲穀熟。及上元日，百姓請事山燈，以報穰祈祉也。時從事及上客從公登城南樓觀之。初爍空燄谷，漫若朝炬，忽驚狂燒卷風，樸緣一峰，如塵烘㫋色，如波殘鯨鬛，如霞駮，如珊瑚露，如丹虵蚑離，如朱草蓁蓁，如芝之曲，如蓮之擎，布字而疾抵電書，寫塔而爭同屋構，亦天下一絕也。成式辭多嗤累，學未該悉，策山燈事，唯記陳後主《宴光璧殿遙詠山燈》詩云：“雜桂還如月，依柳更疑星。”輒成三首，以紀壯觀。

風杪影凌亂，露輕光陸離。如霞散仙掌，似燒上蛾眉。道樹千花發，扶桑九日移。因山成衆像，不復藉螻螭。

湧出多寶塔，往來飛錫僧。分明三五月，傳照百千燈。馴狄移高柱，慶雲遮半層。夜深寒夜白，猶自綴金灘。

磊落風初定，輕明雲乍妨。疏中搖日綵，繁處雜星芒。火樹枝柯密，燭龍鱗甲張。窮愁讀書者，應得假餘光。

### 奉　和三首

#### 温庭皓

一峰當勝地，萬點照嚴城。勢異崑崗發，光疑玄圃生。焚書翻見字，舉燧不招兵。況遇新春夜，何勞秉燭行。

九枝應並耀，午夜思潛然。景集青山外，螢分碧草前。輝華侵月影，歷亂寫星躔。望極高樓上，搖光滿綺筵。

　　春山收暝色，爝火集餘輝。麗景饒紅焰，祥光出翠微。白榆行自比，青桂影相依。唯有偷光客，追遊欲忘歸。

## 奉　和三首

韋　蟾

　　新正圓月夜，猶重看燈時。累塔嫌沙細，成文訝筆遲。歸牛疑燧落，過雁誤書遺。生惜蘭膏盡，還爲隔歲期。

　　舉燭光纔起，揮毫勢竟分。點時驚墜石，挑處接崩雲。辭異秦丞相，銘非竇冠軍。唯愁殘焰落，逢玉亦俱焚。

　　多寶神光動，生金瑞色浮。照人低入郭，伴月更當樓。重穴應無取，焚林固有求。夜闌陪玉帳，不爲九枝留。

## 上元日寄湖杭二郡從事

李　郢

　　戀別山燈憶水燈，山光水焰百千層。謝公留賞山公喚，如入笙歌阿郵朋。

## 紫極宮上元齊次呈諸道流

　　碧簡朝天章奏頻，清宮髣髴降靈真。五龍金角向星斗，三洞玉音愁鬼神。風拂亂燈山磬曉，露霑仙杏石壇春。明朝醮罷羽客散，塵土滿城空世人。

## 上元日道室焚修寄襲美

陸龜蒙

三清今日聚靈官，玉刺齊抽謁廣寒。執蓋冒花香寂歷，侍晨交珮响闌珊。執蓋、侍晨，皆仙之貴侶。將排鳳節分階易，欲校龍書下筆難。唯有世塵中小兆，夜來心拜七星壇。

## 次　韻

皮日休

明真臺上下仙官，玄藻初吟萬籟寒。飈御有聲時杳杳，寶衣無影自珊珊。蕊書乞見齊心易，玉籍來添拜首難。端簡不知清景暮，靈蕪香燼落金壇。

## 上元日惜春寄襲美

陸龜蒙

六分春色一分休，滿眼東波盡是愁。花匠礙寒應束手，酒龍多病尚垂頭。無窮懶惰齊中散，有底機謀敵右侯。見織短蓬裁小檝，挐煙閒弄個漁舟。

## 奉酬惜春見寄

皮日休

十五日中春日好，可憐沉痼冷如灰。以前雖被愁將去，向後須教醉飲來。梅片盡飄輕粉隳，柳芽初吐爛金醅。病中無限花番次，爲約東風且住開。

## 影燈夜二首

薛　能

偃王燈塔古徐州，二十年來樂事休。此日將軍心似海，四更身領萬人游。

十萬軍城百萬燈，酥油香燄夜如蒸。紅粧滿地煙光好，祇恐笙歌引上昇。

## 丁巳上元日放二雉

嬰網雛皆困，褰籠喜共歸。無心期爾報，相見莫驚飛。

# 歲時雜詠卷八

（宋）蒲積中　編

上　元今詩

## 惠州上元

蘇　軾

前年侍玉案一作輦，端門萬枝燈。璧月掛罘罳，珠星綴觚稜。去年山中守，老病亦宵興。紅旗穿夜市，鐵馬響春冰。今年江海上，雲房寄山僧。亦復舉膏火，松間見層層。散策桄榔林，林疏月朣朧。使君置酒罷，簫鼓轉松陵。狂生來索酒，賈道人也。一飲輒數升。浩歌出門去，我亦歸蕡騰。

## 次韻劉景文路分上元

華燈閟艱歲，冷月掛空府。三吳重時節，九陌自歌舞。雲從月既望，遂至一百五。嘉辰可屈指，樂事相繼武。今宵掃雲陣，極目淨天宇。嬉遊各忘歸，闐咽須未覩。飛毬互明滅，激水相吞吐。老去反兒童，歸來尚鐃鼓。新年消暗雪，舊歲添絲縷。何時九江城，相對兩漁父。予舊欲卜居廬山，景文近買宅江州。

## 和蘇州太守王規甫侍太夫人觀燈之什，余時以劉道原見訪，滯留京口，不及赴此會二首

不覺朱轓輾後塵，爭看繡幰錦纏輪。洛濱侍從三人貴，京兆

平辰一笑春。但遂東山携伎女，那知後閣走窮賓。滯留不見榮華事，空作虞詩第七人。

翻翻緹騎走香塵，激激飛濤射火輪。美酒留連三夜月，豐年傾倒五州春。<small>時浙西皆以不熟罷燈，惟蘇州獨盛。</small>安排詩律追強對，蹭蹬歸期爲惡賓。墜珥遺簪想無限，華胥猶見夢回人。

### 祥符寺九曲觀燈

紗籠擎燭逢門入，銀葉燒香見客邀。金鼎轉丹光吐夜，寶珠穿蟻鬧連宵。波翻焰裏元相激，魚舞湯中不畏焦。明日酒醒空想像，清吟半逐夢魂銷。

### 戊寅上元過子赴使君會

使君置酒莫相違，守舍何妨獨掩扉。坐看月窗盤蜥蜴，静聞風幔落蚈蟵。燈花落盡吾猶夢，香篆殘時汝欲歸。搔首凄涼十年事，傳柑歸遺滿朝衣。

### 庚辰上元示過次舊韻

春鴻社燕巧相違，白鶴峰頭白板扉。石建方欣洗牏廁，姜麗不解欺蟎蟵。一龕京口嗟春夢，萬炬錢塘憶夜歸。合浦買珠無復有，當年笑我泣牛衣。<small>戊寅上元在儋耳，過子夜出，余獨守舍，作遠字韻。今庚辰上元，已再期矣。家在惠州白鶴峯下，過子不眷婦子，從余此來，其婦亦篤孝，惕然感之，故和前篇，有石建、姜麗之句。又復惲懷同安君李章，故復有牛衣之句，悲君亡而喜余存也。</small>

### 次韻穎叔觀燈

安西老守是禪僧，到處應燃無盡燈。永夜出遊從萬騎，諸羌

入看擁千層。便因行樂令投甲，不用防秋更打冰。振旅歸來還
侍燕，十分宣勸恐難勝。

### 次韻王晉卿上元侍宴端門

月上九門開，星河繞露臺。君方枕中夢，我亦化人來。光動
仙毬縋，香餘步輦回。相從穿萬馬，衰病若爲陪。

### 上元侍飲樓上三首呈同列

澹月疏星繞建章，仙風吹下御爐香。侍臣鵠立通明殿，一朵
紅雲捧玉皇。

薄雪初消野未耕，賣薪買酒看昇平。吾君勤儉倡優拙，自是
豐年有笑聲。

老病行穿萬馬羣，九衢人散月紛紛。歸來一點殘燈在，猶有
傳柑遺細君。

### 四十年前元夕與故人夜遊得此句

午夜朧朧淡月黃，夢回猶有暗塵香。從橫滿地霜槐影，寂寞
蓮燈半在亡。

### 題祥符久師房上元日

門前歌鼓鬧分明，一室蕭然冷欲冰。不把琉璃閒照佛，始知
無盡本無燈。

### 次韻定國上元閒遊見寄三首

蘇　轍

棄柳良宵君謂何，清天流月鑑初磨。莫辭病眼羞紅燭，且試

春衫翦薄羅。蓮艷參差明繡户,舞腰輕瘦囀新歌。少年微服天街闊,何處相逢解珮珂。

繁燈厭倦作閒遊,行列僧居院院留。月影隨人深有意,車音爭陌去如流。酒消鑿落寧論小,魚照琉璃定幾頭。過眼繁華真一夢,終宵寂寞未應愁。

燈火熏天處處同,暗遊應避柏臺驄。高情自放喧闐外,勝事偏多淡泊中。平日交遊徒夢想,都留歌吹憶年豐。知君未有南來意,歸去相從先與鴻。

## 上元後一日觀燈寄王四

城頭月減一分圓,城裏人家萬炬然。紫陌羣遊逢酒伍,紅裙醉舞向人妍。且爲行樂終今夕,共道重來便隔年。遥想猖狂夜深處,河沙飛水濕歸轓。

## 上元夜作

司馬光

老去年華祇自驚,又逢嘉節向新城。春凌半夜寒猶重,月到中天色更清。上客風流連宿醉,遊人歌調得新聲。還思鳳闕行時令,紅徹朱欄萬燭明。

## 和次道大慶殿上元迎駕

鳳律年華到尚新,九重氣象已成春。片雲低拂羽林仗,宿雨先清紫陌塵。玉殿鳴鞘傳警蹕,彤庭委珮集簪紳。闕前無復龍魚戲,自有驪遊億萬人。

### 閏正月十五日夜監直對月懷諸同舍二首

霧淨金波溢，天高碧幕空。夜寒雖料峭，春意自冲融。熠熠枝上露，修修竹杪風。暫還林野興，不似畜樊籠。

澹薄春雲散，低昂北斗橫。徹分漢津鴈，静識建章更。濁酒憐虛爵，高文憶友生。前軒空不掩，悵息負孤清。

### 和子淵元夕

神降蕉蔂鬪角齊，銀蟾金影玉繩低。風傳絲管交加發，燈溷星河上下迷。清醴橫飛金鑿落，香塵不染錦障泥。誰知此夕齋祠客，近在宮城槐柳西。

### 上元書懷

老去春無味，年年覺病添。酒因脾積斷，燈爲目疴嫌。勢位不知好，紛華久已厭。唯餘讀書樂，暖日坐前簷。

### 和子華相公上元遊園二首

明月華燈望衆樂，寒梅日榭與公遊。橫霄午枕斸春困，誰擬連宵醉玉甌。

### 和上元日遊南園賞梅花

梅簇荒臺自可羞，相君愛賞戀宵遊。未言美實和羹味，且薦清香泛酒甌。

## 上元戲呈貢父

王安石

車馬紛紛白晝同，萬家燈火暖春風。別開閶闔壺天外，特起蓬萊陸海中。盡取繁華供俠少，只分牢落與衰翁。不知太乙遊何處，定把青藜獨照公。

## 上元從駕集禧觀

照陵持橐從遊人，更見熙寧第四春。寶構中開移玉座，華燈錯出映垂紳。樓前時看新歌舞，仗外還如舊繳巡。投老逢時追往事，却含愁思渡天津。

## 癸卯追感正月十五日事

正月端門夜，金輿縹緲中。傳觴三鼓罷，縱觀萬人同。警蹕聲如在，嬉遊事已空。但令千載後，追詠太平功。

## 上元夜戲作

馬頭乘興尚誰先，曲巷橫街一一穿。會道滿城無國艷，不知春户鎖嬋娟。

## 和孫右司杭州道上過元夕

張無盡

三五皇州夜色鮮，使君方事武陵蠻。華燈邈想端門外，翠輦初臨太一還。月滿九衢聞舜樂，雲開雙闕見堯顏。自憐風雨新城道，陟彼崔嵬我馬艱。

### 平陽道中過上元[①]

張商英

元夕吾何處，吾行次晉郊。樂棚垂葦蓆，燈柱縛松梢。狸婦朱雙臉，村夫赤兩骹。春田誇積雪，酒膽醉仍嘐。

### 上元秭歸溪西社火點燈二首

萬丈遊燈遶石坡，溪西保社事黃魔。草花灼灼迎新福，腰鼓鼕鼕踏舊歌。

溪西燈社寶蓮臺，一點光明遠更開。料得長楊宮裏見，却疑仙仗下雲來。

### 次韻子瞻元夕扈從端門三首

黃庭堅

赭黃繳底望龍章，不斷唯聞寶炬香。一片韶音歸複道，重瞳左右列英皇。

端門魏闕欝崢嶸，燈火成山輦路平。不待上林鶯百囀，教坊先已進春聲。

仗下蕃夷各一羣，機泉如雨自繽紛。諦觀香案傍邊吏，却是茅山大小君。

---

① 過，底本原作"通"，徐本據明抄本校改。又《全宋詩》卷九三四收此詩，詩題中亦作"過"，且作者署"張商英"。茲據校。

## 和宋中道元夕十一韻

梅堯臣

鼓聲闐闐衆戲屯，萬仞太華臨端門。端門兩廂多結綵，公卿嬌女爭交奔。接板連牀坐珠翠，簾疏不隔夭妍存。車駕適從馳道入，燈如徹星天向昏。赭衣已御鳳樓上，露臺室看簇鈿轅。山前絳綃垂露薄，火龍矯矯紅波翻。金吾不飭六街禁，少年追逐乘大宛。呼庖索醑鬮豐美，東市幢幢西市喧。持錢不數買歌咲，玉杓注飲琉璃盆。小而精悍監主簿，夜對經史多討論。比諸豪俠乃自苦，明日苜蓿盈盤殞。

## 正月十五夜出遊

不出只愁感，出遊爲自寬。貴賤依儔匹，心復殊不歡。漸老情易厭，欲之意先闌。却還見兒女，不語鼻辛酸。去年與母出，學母施朱丹。今母歸下泉，垢面衣少完。念爾各尚幼，藏淚不忍看。推燈向壁卧，肺腑百憂攢。

## 和宋中道元夕

結出當衢面九門，華燈滿國月半昏。春泥踏盡遊人繁，鳴畢下天歌吹喧。深坊静曲走半轅，爭前鬮盛忘卑尊。靚粧麗服何柔溫，交觀互視各吐呑。磨肩一過難久存，眼尾獲笑迷精魂。貂裘比比王侯孫，夜闌鞍馬相馳奔。

## 上元從主人登尚書省東樓

閶闔前臨萬歲山，燭龍銜火夜珠還。高樓迥出星辰裏，曲蓋遙瞻紫翠間。轆轆車聲碾明月，參差蓮焰競紅顏。誰教言語如鸚鵡，便著金籠密鎖關。

### 自　和

沉水香焚金博山，杜陵誰復與車還。馬尋綺陌知何曲，人在珠簾第幾間。法部樂聲長滿耳，上樽醇味易酡顏。更貧更賤皆能樂，十二重門不上關。

### 又　和

康莊咫尺有千山，欲問紫姑應已還。人似嫦娥來陌上，燈如明月在雲間。車頭小女雙垂髻，簾裡新妝一破顏。却下玉梯雞已唱，謾言齊客解偷關。

### 和宋中道元夕

春風未解吹殘雪，燈燭迎陽萬戶燃。競看繁星在平地，不妨明月滿中天。赭袍已向端門御，仙曲初聞法部傳。車馬不閒通曙色，康莊時見拾珠鈿。

### 和王景彝正月十四日夜有感

燈光暖熱夜催春，天半樓開飲近臣。馳道橫頭起山岳，露臺周匝簇車輪。隔簾艷色多相照，下馬輕豪各競新。我已暮年殊趣嚮，濃油一盞桉邊身。

### 次韻和景彝元夕雨晴

春雲收莫城，九陌灑然清。星出紫霄下，月從滄海明。車音還似晝，鼓响已知晴。静閉衡門卧，無心學後生。

### 元夕同次道中道平叔如晦賦詩得閒字

金輿在閶闔，簫吹滿人寰。九陌行如晝，千門夜不關。星通河漢上，珠亂里閭間。誰與聯輕騎，宵長月正閒。

### 上元夜雪有感二首

去年昭亭陽，今夜苦風雪。及雪在京城，宵燈亦爲滅。
石花廣袖輕，梅蕋新粧潔。忽忽競迎家，陌上亂車轍。

### 上元雪

春雪如蝴蝶，春燈如百花。漫漫飛不已，愁殺萬千家。我今無復夢，擁被讀《南華》。

### 次韻王景彝正月十六日夜省宿過景靈街

宮街不閉東城月，圓影纔虧夜色春。自躍金覊來宿省，從他錦帳漫誇人。燈光遠近疑爭晝，歌管高低競起塵。我老都無游樂意，似君情況睡侵晨。

### 上元夕有懷子華閣老

一歲老一歲，新年思舊年。東樓嘗共望，九陌聽爭先。白髮更中笑，舞姝應轉妍。追隨都已倦，强對月明前。

### 上元輦下觀燈

韓　維

絳焰凝空照寶臺，月華通夕九門開。倚歌玉笭能高下，銜詔
丹鳧自去來。仙醴沉酣遼海使，風詞雄麗帝王材。爲民祈福年
年事，長對南山托壽杯。

### 辰州上元

王庭珪

留滯遠湘浦，飄如雲水僧。來爲萬里客，又看一年燈。翠幰
褰珠箔，高樓俯玉繩。鰲山今夜月，應上最高層。

### 上元口號

張正己

繡車簫鼓動香街，鐵鎖龜城度曉開。仙鳳傳香留蜀國，夜龍
唧燭上蓬萊。月如流水隨天遠，人似夭桃出洞來。無限風光追
不盡，只驚信馬到瑤臺。

### 和魏衍元夜同登黃樓

陳師道

車馬競清夜，人物秀三楚。望臨得免俗，茲樓豈時睹。同來
兩稚子，冠者亦四五。落落俱可人，頗亦厭歌鼓。山月出未高，
潛鱗動寒渚。檣燈接疏星，奪目粲不數。魏侯轉物手，百好趨就
叙。得句未肯吐，秀氣出眉宇。水净納行影，山空答修語。夜氣
稍侵肌，鳥駭去其侶。清游豈有極，喜事戒多取。投静未免喧，

於今豈非古。永懷寂寞人,南北忘在所。橫嶺限魚鳥,作書欲誰與。情生文自哀,意動足復佇。憑檻共一默,望舒已侵午。

## 和元夜

箾鼓喧燈市,東輿避火城。彭黃爭地勝,汴泗迫人清。梅柳春猶淺,關山月自明。賦詩隨落筆,端復可憐生。

## 上元夜飲值文安君誕辰

張　耒

新正值嘉節,時雨霽良宵。林坰敞梵刹,香煙霾白毛。士女傾都出,夾路輪蹄驕。誰能衡茅下,寂寞守無聊。載御芳蘭饌,無辭玉色醪。況值私庭慶,祝壽比蟠桃。

**壬午正月望夜,赴臨汝,宿襄城古驛。縣有古寺,家人輩夜往焚香。襄城,古邑也,可以眺二室,地爽塏,退之所謂"潁水嵩山豁眼明"者。癸未元夕,謫居齊安,携家遊定惠妙園、承天大雲東禪,蓋出雨夜有感,示秬秸**

江城收燈寒寂歷,里巷閉門不復出。蓬茅數屋逐臣廬,門前樵牛臥斜日。老人擁褐爐前睡,夜冷不眠思往事。去年襄城古驛亭,野一作郵。縣風埃尋古寺。周楚川原氣象存,峴山紫邐秀連雲。地留寶鼎周京貴,山拱泥金神岳尊。齊安江山漁樵市,誰料今年身到此。大江遶郭風濤翻,城中岡壠無平地。青紅剪綵奎影燈,漁夫樵婦來相仍。短簫急鼓聚兒女,叢詞夜半鸗鵒驚。浮生夢境何足計,呼童且閉柴門睡。百年江上誰得知,干木隨身聊一戲。

## 上元日早起贈同遊者

夜長人散殘更月，曉陌空存舊車轍。彩燈城市已春風，枯木人家猶賸雪。強起相逢酒未醒，殘膏宿火尚熒熒。歸來更拂障泥錦，金約黃昏信馬行。

## 上元日思京輦舊遊三首

萬雉春城碧絳霄，上元雕輦盛遊遨。遲遲瑞日低黃繖，爛爛榮光上赭袍。雲捲珠簾開綵雉，山蟠玉闕枕仙鼇。長安一別將華髮，溪竹山松夜寂寥。

九門燈火夜交光，羅綺風來撲鼻香。信馬恣穿深柳巷，隨車偷看隔簾粧。身拘薄宦安知樂，心逐流年暗減狂。留滯山城莫嗟歎，貂蟬從古屬金張。

隨計當年寄玉京，一時交結盡豪英。倒觥零亂迷籌飲，醉帽斜欹並轡行。仕路飛騰輸俊捷，山城留滯感功名。茲辰強酌清樽酒，寒氣蕭蕭月正明。

## 和宋二上元迎駕

拜挹清光咫尺間，雕輿欲度更林班。蓬萊不動鼇頭穩，閶闔未開天上關。老去一官居簡策，春來歸夢滿淮山。自慚衰病猶隨俗，醉逐遊人月下還。

## 上元後步西園

物態欣欣換舊年，收燈城市却蕭然。風光欲到冰霜樹，日月初回雨露天。近水遠山情杳杳，碧雲芳草思綿綿。酬春欲辦千缸酒,灑掃花前作醉眠。

## 上元夜得三絶句

清晨謁帝大明宮,拜賜歸來夜過中。余在秘書近十年,每歲上元,晨趨大慶迎駕,近晚駕回,駐大慶門上,宰相已下,普皆賜茶酒。拜謝過,擇一二同舍,擇勝處縱觀,至夜分醉歸,歲率以爲常。一夢十年身老矣,山城風月作過從。

沽酒壚邊人若市,箄商亭下浪連天。張君官況今如此,豈有功夫作醉眠。

江邊燈火似秋螢,哀怨山歌不忍聽。自怪今春牢落甚,禪房止酒讀騷經。

## 上元阻雪和景方

羨君年少感遊春,顧我無聊似厄陳。東市牛車泥到飲,不勞舉袂障紅塵。

## 正月十八日四絶句

幽人睡足聞春鳥,共喜暉暉日滿籬。里巷收燈人寂寞,隣家夫婦賃春歸。

收燈城市接荒村,翁媪蚨眠日已暾。何事牧童能早起,緩驅白牸出柴門。

道傍蘭若冷於秋,近客開門一比丘。夜久無人風露冷,空廊飢鼠竊膏油。

山下書生業讀書,荻籬葛蔓避人居。最憐無奈窮蚨酒,時遣羸童致一壺。

### 奉和聖製上元夜

晏　殊

蘭燈照夕開南闕，星弁飛樓拱北辰。在鎬正逢全盛日，祝堯皆是太平人。流風舞妙翻成字，積雪歌長廻遠塵。鸞鵠寶函頒睿什，明良賡載想同倫。

### 扈從觀燈

詰旦雕輿下桂宮，盛時爲樂與民同。三千世界笙歌裏，十二都城錦繡中。行漏不能分晝夜，遊人無復辨西東。歸來更坐嶕嶢闕，萬樂錚錚蠟炬紅。

### 奉和聖製上元夜

勾芒司節令，鶉火中星規。廣陌消塵霧，重城集宴嬉。仙韶聞玉琯，寶焰列瓊枝。萬國同嘉會，胥庭即此時。

### 奉和聖製上元三首

協風陽律應，滿砌莢蓂新。絳闕羅千衛，華燈曜百輪。悠悠未央夜，粲粲彼都人。萬寓今無外，登臺共樂春。

鳳掖千門逈，金缸四照然。市闤通夜闢，歌肆與雲連。疊鼓迷清漏，遊車際曉天。泛膏仍潔祀，瀜麥佇登年。

鶉火告中時，皇州盛若茲。九陽同化洽，萬彙得春熙。樓月將收晚，歌雲欲度遲。布和周海域，翾蠕遂攸宜。

### 上元夕次韻答張諫議

歌吹歡娛夕，衡門可屬垣。九城寒漏徹，三市寶燈繁。酒想稣山醉，詩慙淺樂翻。如容陪後乘，那避八驪喧。

### 次韻和天章范待制上元從事會靈觀

春鶯欲滿枝，荷橐從遊時。旭日生華蓋，靈風入羽旗。酒含珥玉淺，香度博山遲。共識天顏近，都忘晝漏移。

### 丁卯上元燈夕 二首

九衢風静燭無煙，寶馬香車往復還。三十二天應降瑞，盡移星斗照人間。

百萬人家户不扃，管絃燈燭沸重城。遊車正滿章臺陌，爲報天鷄莫浪鳴。

### 正月十九日京邑上元收燈之日

星逐綺羅沈曙色，月隨絲管下層臺。千輪萬轂無尋處，祇似華胥一夢廻。

### 元　夕

星粲寶燈連九市，水流香轂渡千門。姮娥有似隨人意，柳際花前月半昏。

### 上元日詣昭應宮分獻凝命殿以憲職不預班健獨歸書事

別殿香三炷，斜廊酒一杯。官閒非侍從，騎馬却歸來。

### 元夕呈冲卿侍郎

范成大

人間勝事不常有，自古年華無重回。半夜飛雲併行月，平明微雨拂輕埃。蓮花正在山頭發，桃樹應從洞裏開。寄語夫君急行束，省闈看是辟書來。

### 上元有感

嶽樹五千仞，蓮花千萬枝。宛然明月夜，非是少年時。已自歡悰少，那堪官緒羈。人言急行樂，何以且遲遲。

### 上元觀燈

萬家羅綺競喧闐，樂事能并在錦川。蘭燭連衢千對爛，冰輪此夕十分圓。喜逢蜀國尋春日，正是摩陀供佛天。人物熙熙醒醉裡，却思風景似當年。

### 和

通宵車馬鬧駢闐，競賞華燈遍蜀川。舞袖有時回雪妙，歌聲到處貫珠圓。銀缸弄影將殘夜，玉魄無輝欲曉天。誰識藩侯與民樂，蚩蚩猶望乞豐年。

### 長安上元

賈崇儀

雍國唯今夜，通衢嘉致新。朱樓萬家月，芳樹一城春。遠近笙簧韻，往來車馬塵。星移天欲曉，猶有未歸人。

## 上元景燈紀事

宋　祁①

　　泛膏聞舊典，秉燭嗣芳辰。霞破初迎月，寒林即讓春。鈞天移帝樂，北斗下城闉。匝地沉香燎，浮空羅轇塵。並珂馳寶仗，分幰鶩雕輪。忽去騰夷路，還來競要津。酒胡矜酌美，梅額銜粧新。誰見甘泉時，昏祠遂至晨。

## 元夜觀正陽賜宴

　　雲端嶢闕下呼鞭，綵樹遥分坐殿前。山戲百層平樂地，佛輪千影瑞陀天。祥風入助銀花麗，寶月來供雉扇圓。獻歲承平多樂事，擊鞭誰美唱唐年。

## 上元日駕幸太乙宮燒香

孫　固

　　金輿晨動暖風微，比屋歡呼望帝暉。天喜宴開祈福地，雲深香滿侍臣衣。九韶鳳舞當雙闕，萬燭龍趨藹六飛。爲與吾民同樂事，月寒猶未下端闈。

## 恭　和

吕公著

　　雪消春動氣清微，夾道都人望帝暉。法部已調絲竹管，御袍初進赭紅衣。康衢彌節嚴三衛，真館焚香降六飛。宴罷瑶池回蹕晚，五雲通夜擁端闈。

---

① 　此詩徐本據明抄本校補作者“宋祁”，兹據之并參《全宋詩》卷二一八校補。

## 恭　和

韓　縝

落落星垣下紫微，亭亭黃繳麗晴暉。清都窈窕琳爲屋，絳節森羅羽作衣。夷樂造庭雙崔舞，華燈填道六龍飛。樓前方象齊傾首，髳髵消垠認帝閽。

## 上元日

劉　筠

漢典久傳祠太一，竺墳亦說會夫人。蟾蜍吐耀祥輪滿，菡萏凝華寶炬新。風轉相竽來帝樂，香焚夾道雜車塵。承平多慶羣歡洽，益見嚴宸奏紫旻。

## 奉和聖製上元

瑞莢盈端月，神燈燦寶輝。執金停橄騎，坐狄敞朝扉。激徵清歌歇，晞陽醉客歸。可封家自樂，不獨在輕肥。

## 奉和御製上元二首[①]

仄鼓遲春漏，千燈晃夕輝。晴塵迷繡轂，嚴鑰敞金扉。笳角歌相續，旗爭醉不歸。多歡逢舜旦，薰唱致民肥。

習習條風上元夕，皇皇盛服彼都人。泛膏寶典吳詞舊，試鼓漁陽稱曲新。金界千輪凝佛火，香街萬室待車塵。初年行樂羣心悅，景福穰穰錫九旻。

---

① 此二詩徐本據明抄本校補作者“楊億”。

## 闕下元夕令領寄大有

張　詠

月華瀟灑始徘徊，時起平津雅宴開。照座玉山皆俊彩，驚人綺句盡仙才。秋風未泛鱸夷檝，浮世皆登郢隗臺。的被隣翁深鄙誚，尚迷繁盛不歸來。

## 元夕感事悼季女之亡

崔正言

簫鼓無聲霧月昏，焚香燒燭爲招魂。空揩老淚窺簾幕，不見吾兒入畫門。

## 上元夕觀燈四絶

韓　駒

百千燈對水晶簾，尚覺遊人意未厭。衰病只思田舍樂，夜歸煙火望茆簷。

玉作芙蓉院院明，博山微度小崢嶸。直言水北人稀到，也有槃珊勃窣聲。《漢書》云婦人行貌。

淡淡新妝帶淺啼，催車只待日平西。驊騮宜自知人意，散入千花了不嘶。

開卷愛公如季益，解言明月逐人來。多情好共春流轉，刻燭催詩又一回。

## 上元喜雪

楊　齊

靈威手擊蒼龍鞭，和風一道飛騰天。天公欲報大有歲，六花助與芳菲榷。紫姑雲輦歸時節，太光碾碎桄榔葉。曉來樓閣萬家春，白玉鴛鴦瓦新疊。壠頭耕父被單褐，望歲欣欣掉歌舌。王孫却恨此宵寒，蘭膏凍黑香輪滑。

## 元夕陪韓史君山前宴飲

安　行[①]

上元燈燭何煌煌，芙蕖萬朵呈春芳。流星幾點墜平地，化作毯燭懸康莊。我公高才作太守，與民快樂歌時康。高結山樓躡雲漢，森列萬象如飛揚。炬盆焰焰輝北斗，黃金點點飛紅光。闐然鼓樂奏雜遝，洞天隱隱聲何長。盛開華筵宴僚屬，妖姬舞妓妍新裝。優俳戲劇盡堪樂，遊人士女如堵墻。休誇蓬萊第一島，只此仙境猶相望。我公欣逢好時節，爛然一舉嚼百觴。佇觀飛詔歸帝鄉，他年遺愛留甘棠。

## 應求上元長葛與同寮出城

清晨出城西，聯騎馳郊疆。平蕪净原野，古木間清黃。春首月方半，微風扇春陽。曉寒輕料峭，暖日曬暉光。馬逸道途平，疾驅無遽遑。捨馳古祠下，杖藜緣高崗。危亭極目界，西眺嵩與印。邑古公事簡，爲僚非怠荒。載酒訪春華，寧辭疾飛觴。興盡相言旋，仰看歸羽翔。予在東袁日，應求寄此二詩來，漫録之。

---

① 此詩徐本據明抄本校正作者名爲"佘安行"。本書中收有"佘安行"部分詩歌，疑"佘"或當作"佘"。又，宋時有詩人車安行，字正路，號韶溪，著有《鏤冰集》，可參《宋元學案》卷六十五。

## 上元至南劍州大雨寄泉州許通判

蔡　襄

路遠溪回不計程，行郵今復宿延平。陰雲藏月不知處，急雨落天無數聲。病起尚疑羣蟻鬥，夢餘初聽一鷄鳴。泉山去歲同遊賞，唯有知君識此情。

## 上元夜復覩御駕時御端闈宣諭臣寮
## 上元觀燈以爲遊賞與萬民同樂[①]

疊聳青峰寶炬森，端闈初晚翠華臨。宸遊不爲三元夕，樂事全歸萬衆心。天上清光開野色，人間和氣却春陰。要知盡作華封祝，四十年來惠化深。

## 上元宋君甫洎諸公同飲[②]

故國逢君憗喜偏，清宵行讌重留連。山樓上火人初合，天漢無雲月自圓。樂色時聞花院裡，春風都在酒旗邊。莫辭徹曙須沉醉，後會還應不計年。

## 和人上元回

沈　遘

情感此宵元切恨，遣懷高唱一聲歌。清澄月滿鋪逵路，炟赫蓮開未綠荷。觥酒滯時追伴侶，袖香凝處想紈羅。更深候望遙腸斷，爽約人歸不我過。

---

① 復覩，徐本據明抄本校作“伏覩”。
② 宋，徐本據明抄本校作“朱”。

# 歲時雜詠卷九

（宋）蒲積中　編

晦　日<sub>古詩</sub>

### 晦日泛舟應詔

盧元明

輕灰吹上管，落蓂飄下蒂。遲遲春色華，婉婉年光麗。

### 同　前

魏　收

裊裊春枝弱，關關新鳥呼。掉唱忽逶迤，菱歌時顧慕。睿賞芳月色，宴言忘日暮。遊豫慰人心，照臨康國步。

### 月　晦

唐太宗

晦魄移中律，凝暄起麗城。罩雲朝蓋上，穿露曉珠呈。笑樹花分色，啼枝鳥合聲。披襟還眺望，極目暢春情。

## 晦日高文學置酒林亭并序①

陳子昂

夫天下良辰美景，園林池觀，古來遊宴歡娛衆矣。然而地或幽偏，未覩皇居之盛；時終交喪，多阻昇平之道。豈如光華啓旦，朝野資歡，有渤海之宗英，是平陽之貴戚。發揮形勝，出鳳臺而嘯侶；幽贊芳辰，指雞川而留宴。列珍羞於綺席，珠翠琅玕；奏絲管於芳園，秦箏趙瑟。冠纓濟濟，多延戚里之賓；鸞鳳鏘鏘，自有文雄之客。撫都畿而寫望，通漢苑之樓臺；控伊洛而斜一，臨神仙之浦淑。則有都人士女，俠客游童，出金市而連鑣，入銅街而結駟。香車繡轂，羅綺生風；寶蓋珥鞍，珠璣耀日。於時律窮太簇，氣淑中京，山河春而霽景華，城闕麗而年光滿。淹留自樂，翫花鳥以忘歸；歡賞不疲，對林泉而獨得。偉矣，信皇州之盛觀也！豈可使晉京才子，惟推洛下之游；魏室羣公，獨擅鄴中之會。盍各言志，以記芳遊；同探一字，以華爲韻。

## 首　賦

高正臣

正月符嘉節，三春翫物華。忘懷寄杯酒，陶性狎山家。柳翠含煙葉，梅芳帶雪花。光陰不相惜，遲遲落景斜。

---

① 林亭，底本原作“外事”，徐本據明抄本及《全唐詩》卷八四校改，兹校從。

又

崔知賢

上月河陽地，芳晨景望華。綿蠻變時鳥，照耀起春霞。柳搖風處色，梅散日前花。淹留洛城晚，歌吹石崇家。

又

陳子昂

尋春遊上路，退宴入山家。主第簪纓滿，皇州景望華。玉池初吐溜，珠樹始開花。歡娛方未極，林閣散餘霞。

又

韓仲宣

欲知行有樂，芳樽對物華。地接安仁縣，園是季倫家。柳處雲疑葉，梅間雪似花。日落歸途遠，留與伴煙霞。

又

王 勔

上序披林館，中京視物華。竹窗低露葉，梅逕起風花。景落春臺霧，池侵舊渚沙。綺筵歌吹晚，暮色泛香車。

又

周彥昭

勝地臨鷄浦，高會偶龍沙。御柳驚春色，仙篁掩月華。門邀千里馭，杯泛九光霞。日落山亭晚，雷送七香車。

# 又

張　錫

雪盡銅馳路，花照石崇家。年光開柳色，池影泛雲華。賞洽情方遠，春歸景未賒。欲知多暇日，罇酒漬澄霞。

# 又

高　球

溫洛年光早，皇州景望華。連鑣尋上路，乘興入山家。輕苔網危石，春水架平沙。賞極林塘暮，處處起煙霞。

# 又

弓嗣初

上序春暉麗，中園物侯華。高才盛文雅，逸興滿煙霞。參差金谷樹，皎鏡碧塘沙。蕭散林亭晚，倒載欲還家。

# 又

高　瑾

試入山亭望，言是石崇家。二月風光起，三春桃李華。鶯來上喬木，雁往息平沙。相看會取醉，寧知還路賒。

# 又

王茂時

勝餞尋良會，乘春翫物華。還隨張放友，來向石崇家。止水分巖鏡，開庭枕浦沙。未極林泉賞，參差落照斜。

## 又

周思鈞[①]

早春驚柳穟,初晦掩蓂華。騎出平陽里,筵開衛尉家。竹影含雲密,池文帶雨斜。重情外亭晚,上路滿煙霞。

## 又

徐　皓

綺筵乘暇景,瓊醑對年華。門多金埒騎,路引璧人車。蘋早猶藏葉,梅殘正落花。藹藹林亭晚,餘興促流霞。

## 又

長孫正隱

晦晚屬煙霞,遨遊重歲華。歌鐘雖戚里,林藪是山家。細雨猶開日,深池不漲沙。淹留迷處所,巖岫幾重花。

## 又

高　紹

嘯侶入山家,臨春翫物華。葛絃調緑水,桂醑酌丹霞。岸柳開新葉,庭梅落早花。興洽林亭晚,方還倒載車。

① 周思鈞,底本原作“周魚鈎”,徐本據明抄本及《全唐詩》卷七二校改,兹校從。

# 又

郎餘令

三春休晦節，九谷泛年華。半晴餘細雨，全晚澹殘霞。樽開疏竹葉，管應落梅花。興闌相顧起，流水送香車。

# 又

陳嘉言

公子申敬愛，携朋玩物華。人是平陽客，地即石崇家。水文生舊浦，風色滿新花。日暮連歸騎，長川照晚霞。

# 又

周彥暉

砌篔收晦魄，津柳競年華。既狎忘筌友，方淹投轄車。綺筵廻舞雪，瓊醑泛流霞。雲低天上晚，絲雨帶風斜。

# 又

解琬

主第簪裾出，王畿春照華。山亭一已眺，城闕帶煙霞。橫堤列錦帳，傍浦駐香車。歡娛屢晦節，酩酊來還家。

# 又

高嶠

飛觀寫春望，開宴坐汀沙。積溜含苔色，晴空蕩日華。歌入平陽第，舞對石崇家。莫慮能騎馬，投轄自停車。

## 又

劉友賢

春來日漸賒，琴酒逐年華。欲向文通徑，先遊武子家。池碧新泉滿，巖紅落照斜。興闌情未極，步步惜風花。

## 正月晦日書事

李　郢

業無家釀致隣翁，得擬新溫引頰紅。准擬片言能悟主，復求一飽定傷弓。詩書奴婢晨占鵲，鹽米妻兒夜送窮。早晚郊原莫零涕，動搖葵麥有春風。

## 正月末再來渡石橋見桃花盛開有感而賦

小桃弄色仍千本，流水飄香又一年。何必人如花灼灼，但教情似水涓涓。

## 晦日重宴九首

高正臣

芳辰重遊衍，乘景共追隨。班荊晤舊識，傾蓋得新知。水葉分蓮沼，風花落柳枝。自符河朔趣，寧羨高陽池。

## 又

周思鈞

綺筵乘晦景，高宴下陽池。濯雨梅花散，含風柳色移。輕塵依扇落，流水入弦危。勿顧林亭晚，方歡雲霧披。

# 又

高　瑾

忽聞鶯響谷，於此命相知。正開彭澤酒，來向高陽池。柳葉風前弱，梅花影處危。賞洽林亭晚，落照下參差。

# 又

陳嘉言

高門引冠蓋，下客抱支離。綺席珍羞滿，文場藻麗摛。賞華彫上月，柳色藹春池。日斜歸戚里，連騎勒金羈。

# 又

韓仲宣

鳳樓先吹晚，龍樓夕照披。陳遵已投轄，山公正坐池。落日催金奏，飛霞送玉卮。此時陪綺席，不醉欲何爲。

# 又

弓嗣初

年華藹芳隰，春溜滿新池。促賞依三友，延歡寄一卮。鳥聲隨管變，柳影逐風移。行樂方無極，淹留惜晚曦。

# 又

陳子昂

公子好追隨，愛客不知疲。象筵開玉饌，翠羽飾金卮。此時高宴所，詎減習家池。循涯倦短翮，何處儷長離。

## 又

高　嶠

駕言尋鳳侶，乘歡俯雁池。班荆逢舊識，斟桂喜深知。紫蘭方出徑，黃鶯未囀枝。別有陶春日，青天雲霧披。

## 又

周彥暉

春華歸柳樹，晦景落蘪枝。置驛銅街右，開筵玉浦陲。林煙含障密，竹雨帶珠危。興闌巾倒戴，山公下習池。

### 和晦日駕行昆明池四首

李　乂

玉輅尋春賞，金堤乘晦遊。川通黑水浸，池泒紫泉流。晃朗扶桑出，綿聯樹把周。鳥疑離海處，人似隔河秋。劫盡灰猶識，年移不故留。汀州歸棹晚，簫鼓雜紛謳。

## 又

蘇　頲

炎歷事邊垂，昆明始鑿池。豫遊光復聖，征戰罷前規。霽色清珍宇，年芳入錦陂。御杯蘭薦葉，仙仗柳交枝。二石分河瀉，雙珠代月移。微臣比翔泳，恩廣自無涯。

## 又

沈佺期

法駕乘春轉，神池象漢迴。雙星移舊石，孤月隱殘灰。戰鷁逢時去，恩魚望幸來。岸花縋騎繞，堤柳幔城開。思逸橫汾唱，歡承宴鎬陪。微臣凋朽質，羞覿豫章材。

## 又

宋之問

春豫靈池會，滄波悵殿開。舟凌石鯨渡，香拂斗牛迴。節晦蓂全落，春遲柳暗催。象溟看浴景，燒刼辨沈灰。鎬飲周文樂，汾歌漢武才。不愁明月盡，自有夜珠來。

### 晦日潭水侍宴應制三首

宗楚客

御輦出明光，乘舟泛羽觴。珠胎隨月減，玉漏與年長。寒盡梅猶白，風遲柳未黃。日斜旌斾轉，休氣滿林塘。

## 又

沈佺期

素滻接宸居，青門盛祓除。摘蘭誼鳳野，浮藻溢龍渠。苑蝶飛殊懶，宮鶯囀未疏。景移天仗入，歌舞向儲胥。

## 又

張　說

千行發御柳，一葉下仙筇。青浦宸遊至，朱城佳氣濃。雲霞交暮色，草樹喜春容。藹藹天旗轉，清笳入九重。

## 晦日詔宴永穆公主亭

望邑山林美，朝思晦日遊。園亭含淑氣，竹樹繞春流。舞席千花騎，歌船五綵樓。羣歡與王澤，歲歲滿皇州。

## 晦　日

晦日嫌春淺，江浦看湔衣。道傍花欲合，枝上鳥猶稀。共憶浮名晚，無人不醉歸。寄書題此日，雁過洛陽飛。

## 晦日宴遊

杜審言

月晦隨蘪莢，春情著杏花。解紳宜就水，張幕會連沙。歌管風輕度，池臺日半斜。更看金谷騎，爭向石崇家。

## 桂州陪王都督晦日宴逍遙樓

宋之問

晦節高樓望，山川一半春。意隨蘪葉盡，愁共柳條新。投刺登龍日，開懷納鳥晨。兀然心似醉，不覺有吾身。

## 晦日湖塘

孫　逖

吉日初成晦，方塘遍是春。落花迎二月，芳樹歷三旬。公子能留客，巫陽好解神。夜還何慮暗，秉燭向城闉。

## 晦日與盧舍人同諸補闕城南林園

芳年正月晦，假日早先迴。欲盡三春賞，還須二阮才。柳迎郊騎入，花近掖庭開。宛是人寰外，真情寓物來。

## 晦日遊大理常卿城南別業四首

王　維

與世淡無事，自然江海人。側聞塵外遊，解驂輙朱輪。平野照暄景，上天垂春雲。張組竟北阜，汎舟過東隣。故鄉信高會，牢醴及佳辰。幸同擊壤樂，心荷堯爲君。

郊居杜陵下，永日同携手。仁里靄川陽，平原見峰首。園廬鳴春鳩，林薄媚新柳。上卿始登席，故老前爲壽。臨當遊南陂，約略執杯酒。歸歟繼微官，惆悵心自咎。

冬中餘雪在，墟上春流駛。風日暢懷抱，山川好天氣。彤胡先晨炊，庖膾亦後至。高情浪海嶽，浮生寄天地。君子外簪纓，埃塵良不啻。所樂衡門中，陶然忘其貴。

高館臨澄陂，曠然蕩心目。澹澹動雲天，玲瓏映墟曲。鵲巢結空林，雉雛嚮幽谷。應接無閒暇，徘徊以躑躅。紆組上春堤，側弁倚喬木。弦望忽已晦，後期洲應綠。

## 晦日尋崔戢李封

杜　甫

朝光入甕牖，宴寢驚敝裘。起行視天宇，春氣漸和柔。興來不暇嬾，今晨梳我頭。出門無所待，徒步覺自由。杖藜復恣意，免值公與侯。晚定崔李交，會心真罕儔。每過得酒喫，二宅可淹留。喜結仁里歡，況因令節求。李生園欲荒，舊竹頗修修。引客看掃除，隨時成獻酬。崔侯初筵色，已畏空罇愁。未知天下士，至性有此不。草芽既青出，蜂聲亦暖遊。思見農器陳，何當甲兵休。上古葛天民，不貽黃綺憂。至今阮籍等，熟醉爲身謀。威鳳高其翔，長鯨吞九州。地軸爲之翻，百川皆亂流。當歌欲一放，淚下恐不收。濁醪有妙理，庶用慰沉浮。

## 陪王閬州晦日泛舟二首

山豁何時斷，江平不肯流。稍知花改岸，始驗鳥隨舟。結束多紅粉，歡娛恨白頭。非君愛人客，晦日更添愁。

有逕金沙軟，無人碧草芳。野畦連蛺蝶，江檻俯鴛鴦。日晚煙花亂，風生錦繡香。不須吹急管，衰老易悲傷。

## 晦日陪侍御泛舟北池得寒字

岑　參

春池滿復寬，晦節耐邀歡。月帶蝦蟇盡，霜隨獬豸寒。水雲低錦席，岸柳拂金盤。日暮舟中散，都人夾道看。

### 晦日在橋池亭作

儲光羲

溫泉作天邑，直北開新州。未有菰蒲生，即開鳧雁遊。六亭
在高岸，數島居中流。晦日望清波，相與期泛浮。西道苦轉轂，
北堤疲行舟。清吟紅木陰，纔可遣我憂。

### 江陵晦日陪諸官泛舟

錢　起

節物堪爲樂，江湖有主人。舟行安更好，山趣久彌新。樽酒
平生意，煙花異國春。城南無夜月，長袖莫留賓。

### 晦日益州北池陪宴

司空曙

臨泛從公日，仙舟翠幕張。七橋通碧沼，雙樹接花塘。玉燭
收寒氣，金波隱夕光。野聞歌管思，水静綺羅香。遊騎縈林遠，
飛橈截岸長。郊原懷瀰漣，陂涘瀉江潢。常侍傳花詔，偏裨問羽
觴。豈今南峴首，千載播餘芳。

### 晦日與苗員外發同遊曲江

李　端

晦日同攜手，臨江一望春。可憐楊柳陌，愁殺故鄉人。

### 和李相公勉晦日蓬池遊宴<sub>同字</sub>

戴叔倫

高會吹臺中，新年月桂空。貂蟬臨野水，旌旆引春風。細草
榮斜岸，纖條出故叢。微文復看獵，寧與解神同。

### 晦日馬鐙曲稍次中流作

常　建

夜寒宿蘆葦，曉色明西林。初日在川上，便澄遊子心。晴天
無纖翳，郊野浮春陰。波靜隨魚釣，舟小綠水深。出浦見千里，
曠然諧遠尋。扣船應漁父，因唱滄浪吟。

### 晦日處士叔園林集讌

韋應物

遶看蕡莢盡，坐闋芳年賞。賴此林下期，清風滌煩想。如萌
動新煦，佳禽發幽響。嵐嶺對高齋，春流灌蔬壤。轉酌遺形跡，
道言屢開獎。幸蒙終夕歡，聊用稅歸鞅。

### 月晦憶去年與親友曲水遊宴

晦賞念前歲，京國結年儔。騎馬宣平里，飲酒曲江流。形影
隔天末，空園傷獨遊。雨歇林光交，塘綠鳥聲幽。凋畦積逋稅，
華鬢雜新愁。誰言戀虎符，終當還故丘。

## 晦日呈諸判官

韓　滉

晦日新晴春日嬌，萬家攀折渡長橋。年年老向江城寺，不覺東風換柳條。

## 奉　和

顧　況

江南無處不聞歌，晦日中軍樂更多。不是風光依柳色，却緣威令動陽和。

## 晦日陪顏使君白蘋洲集東字

釋皎然

南朝分古郡，山水似湘東。堤月吳風在，湔車楚客同。桂寒初結佩，蘋小顧成叢。時晦佳期促，高歌聽未終。

## 晦夜李侍御宅集懷潘成湯衡海上人飲樂得開字

晦夜不生月，琴軒猶未開。墙東隱者在，淇上逸僧來。茗愛傳花領，詩看卷葉裁。風流高此會，晚策屢徘徊。

## 晦日宴遊

嚴　維

晦日湔裾俗，春樓置酒時。出山還已醉，謝客舊能詩。溪柳薰晴淺，巖花待閏遲。爲邦久無事，比屋日熙熙。

### 省試晦日同至昆明池泛舟

朱慶餘[1]

故人同泛處，遠望色中明。靜見沙痕露，凝思月魄生。周迴餘雪在，浩渺暮雲平。戲鳥隨蘭棹，空波盪石鯨。劫灰難問理，島樹偶知名。自省曾追賞，無如此日情。

### 晦日送窮二首

年年到此日，瀝酒向街中。萬戶千門看，無人還送窮。

送窮窮不去，相泥欲何爲。今日官家宅，淹留又幾時。

### 晦日陪辛大夫宴南亭[2]

劉長卿

月晦逢休澣，年光逐宴移。早鶯留客醉，春日爲人遲。萱草全無葉，梅花遍壓枝。政閑風景好，莫比峴山時。

### 正月晦日兒曹送窮以詩留之

唐　庚

世中貧富兩浮去，已著居陶比在陳。就使真能去窮鬼，自量無以致錢神。柳車作別非吾意，竹馬論交只汝親。前此半癡今五十，欲將知命付何人。

---

① 朱慶餘，底本原誤作"朱餘慶"，茲徑正。《新唐書·藝文志》錄其有《朱慶餘詩集》一卷，本書卷三十亦收其《中秋月》詩。

② 此詩及以下兩首，底本皆未見，徐本據明抄本校補，茲據錄。

## 正月末再來渡西橋見桃花盛開有感而賦

小桃弄色仍個本，流水燒看又一年。何必人如花灼灼，但教情似水涓涓。

# 歲時雜詠卷十

（宋）蒲積中　編

中和節<sub>古詩十一首，今詩三首。</sub>

## 中和節日宴百寮二首

德　宗

韶年啓仲序，初吉諧良辰。肇茲中和節，式慶天地春。歡酣朝野同，生德區宇均。雲開灑膏露，草疏芳河津。歲華今載陽，東作方肆勤。慙非薰風唱，曷用慰吾人。

東風變梅柳，萬彙生春光。中和紀月令，方與天地長。耽樂豈予尚，懿茲時景良。庶遂亭育恩，同致寰海康。君臣永終始，交泰符陰陽。曲沼水新碧，華林桃稍芳。勝賞信多歡，戒之在無荒。

## 中和節賜百官讌集，因示所懷

至化恒在宥，保和茲息人。推誠撫諸夏，與物長爲春。仲月風景暖，禁城花柳新。芳時協金奏，錫宴同羣臣。絲竹豈云樂，忠賢惟所親。庶洽朝野意，曠然天下均。

## 奉和聖製中和節曲江宴百寮

李　泌

風俗有時變，中和節惟新。軒車雙闕下，宴會曲江濱。金石何鏗鏘，簪纓亦紛綸。皇恩降自天，品物咸知春。慈惠匝寰瀛，歌詠同君臣。

### 奉和聖製賜百官宴示懷

權德輿

萬方慶嘉節，宴喜皇澤均。曉開羹葉初，景麗星鳥春。藻思貞百度，著明並三辰。物情舒在陽，時令宏至仁。衢酒和樂被，薰絃聲曲新。賡歌武弁側，永荷玄化醇。

### 皇帝移晦日爲中和節

吕　渭

皇心不向晦，改節號中和。淑氣同風景，嘉名別詠謌。湔裙移舊俗，賜尺下新科。曆象千年正，醻釀四海多。花隨春令發，鴻度歲陽過。天地齊休慶，歡聲欲盪波。

### 中和節詔賜公卿尺

陸復禮

春仲令初吉，歡娛樂大中。皇恩貞百度，寶尺賜羣公。欲使方隅法，還令規矩同。捧觀珍質麗，拜受聖恩崇。如荷丘山重，思酬分寸功。從兹度天地，與國慶無窮。

### 又

李　觀

淑節韶光媚，皇明寵錫崇。具寮頒玉尺，成器幸良工。豈止尋常用，將傳度量同。人何不取則，物亦賴其功。紫翰宣殊造，丹誠勵匪躬。奉之無失墜，恩澤自天中。

又

裴　度

陽和行慶賜，尺度及羣公。荷寵承佳節，傾心立大中。短長思合製，遠近貴攸同。共仰裁成德，時酬分寸功。作程施有政，垂範播無窮。願續南山壽，千春奉聖躬。

### 吐蕃外館中和日寄朝中寮舊

呂　温

清時令節千官會，絕域窮山一病夫。遙想滿堂歌笑處，幾人緣我向西隅。

### 二月一日是貞元舊節有感寄寶三盧七

同事先皇立玉墀，中和舊節又支離。今朝各自看花處，萬里遙知掩淚時。

### 奉和御製中和節<small>以下今詩</small>

楊　億

佳節更春晦，長標令甲名。天淵搖綠浪，仙杏吐丹榮。連鼓將驚蟄，高枝已變鶯。雲謠傳下土，漢曲被新聲。

又

劉　筠

載陽臨仲序，初吉協嘉名。國授民時正，天資植物榮。草薰翔澤雉，風暖度林鶯。堯思存稽古，洋洋播頌聲。

## 又

晏　殊

正元崇吉序，寶曆記良辰。營室彤曦轉，勾芒令祀新。堯蓂方告朔，漢時更宜春。菖葉農畦候，如膏灑澤頻。

## 春　分古詩二首，今詩二首。

### 春分投簡明洞天作

元　稹

中分春一半，今日半春徂。老惜光陰甚，慵牽興緒孤。偶成投祕簡，聊得泛平湖。郡邑移仙界，山川展畫圖。旌旗遮嶼浦，士女滿闤闠。似木吳兒勁，如花越女姝。牛儂驚力直，鼉妾笑睢盱。怪我携章甫，嘲人託鵷鶵。閭閻隨地勝，風俗與華殊。跣足沄流婦，丫頭避役奴。雕題雖少有，鷄卜尚多巫。鄉味尤珍蛤，家神愛事烏。舟船通海嶠，田種遶城隅。櫛比千艘合，袈裟萬頃鋪。亥茶闐小市，漁火隔深蘆。日脚斜穿浪，雲根遠曳蒲。歘風花氣度，新雨草芽蘇。粉壞梅辭萼，紅含杏綴珠。耨餘秧漸長，燒後葑猶枯。綠緂高懸柳，青錢密辮榆。馴鷗眠淺瀨，驚雉迸平蕪。水净王餘見，山空謝豹呼。燕狂梢蛺蝶，螟挂集蒲盧。淺碧鶴新卵，深黃鵝嬭雛。邨扉門白板，寺壁耀頳糊。禹廟纔離郭，陳莊恰半途。石帆何峭巘，龍瑞本縈紆。穴爲探符坼，潭因失箭刳。堤形彎熨斗，峰勢擁香爐。幢蓋迎三洞，煙霞貯一壺。桃枝蟠復直，桑樹亞還扶。黿解稱從事，松堪作大夫。榮光飄殿閣，虛籟合笙竽。庭狎仙翁鹿，池游縣令鳬。君心除健羨，扣席入虛無。岡蹋翻星紀，章飛動帝樞。東皇提白日，北斗下玄都。騎吏幘皆紫，科車幰盡朱。地侯鞭社伯，海若跨天吳。霧噴雷公怒，煙揚竈鬼趨。投壺憐玉女，噀飯笑麻姑。果實經千歲，衣裳重六銖。瓊盃傳素液，金匕進雕胡。掌裏乘來露，桮中釣得鱸。菌生悲局促，柯爛覺須臾。稊米休言聖，醯鷄益一作盆。伏愚。鼓鼙催瞑色，簪組縛微軀。遂別真徒侶，還來世路衢。題詩歎城郭，揮手謝妻孥。幸有桃源近，全家肯去無。

## 次　韻

白居易

青春行已半，白日坐將徂。越國强仍大，稽城高且孤。利饒鹽煮海，名勝鏡澄湖。牛斗天垂象，臺明地展圖。天臺、四明二山名。瓌奇填市井，佳麗溢闤闠。勾踐遺風霸，西施舊俗姝。船頭龍夭矯，橋脚獸睢盱。鄉味珍彭越，時鮮貴鷓鴣。語言諸夏異，衣服二方殊。擣練蛾眉婢，鳴榔蛙角奴。江清敵伊洛，山翠勝荆巫。華表雙栖鶴，聯檣幾點烏。煙波分渡口，雲樹接城隅。澗遠松如畫，洲平葑似鋪。綠針秧早稻，紫笋坼新蘆。暖踏沙中藕，香尋石上蒲。雨來萌盡達，雷後蟄全蘇。柳眼黃絲纇，花房絳蠟珠。林風新竹折，野燒老桑枯。帶鞞長條蕙，錢穿短貫榆。暄和生野菜，卑濕長街蕪。女浣紗相伴，兒烹鯉一呼。山魈啼稚子，林狖挂都盧。產業論蠶蟻，孳生計鴨雛。泉岩雪飄灑，苔壁錦漫糊。堰限舟航路，堤通車馬途。耶溪岈迴合，禹廟逕盤紆。洞穴何因鑿，星槎誰與刳。石凹仙藥臼，峯峭佛香鑪。去爲投金簡，來因挈玉壺。貴仍招客宿，健未要人扶。聞望賢丞相，儀形美丈夫。前驅駐旌旃，偏坐列笙竽。刺史旟翻隼，尚書履曳鳬。學禪超後有，觀妙造虛無。髻裡傳僧寶，環中得道樞。登樓詩八韻，置硯賦三都。捧擁羅將綺，趨蹌紫與朱。廟謀藏稷卨，兵略貯孫吳。令下三軍整，風高四海趨。千家得慈母，六郡事嚴姑。重士過三哺，輕財抵一銖。婆娑誰雲他自在，天衣重一銖。送觥歌宛轉，嘲妓笑盧胡。佐飲時炰鱉，蠲醒數繪鱸。醉鄉雖咫尺，樂事亦須臾。若不中賢聖，何由外智愚。伊予一生志，我爾百年軀。江上三千里，城中十二衢。出多無伴侶，歸祇對妻孥。白首青山約，抽身去得無。

## 春分後作以下今詩

沈　邈

中分和煦半分侵，風惡桃枝已不禁。山雨晝昏千里目，野禽誰識一春心。手輪曆日憐時物，自覓詩題遣醉吟。花下潛夫聊自慰，幾人談咲對園林。

## 春分後雪

蘇　軾

雪入春分省見稀，半開桃杏不勝威。應懴落地梅花濕，却作漫天柳絮飛。不分東君專節物，故將新巧發陰機。從今造物尤難料，更暖須留御臈衣。

## 春　社古詩六首，今詩九首。

### 州城西園入齋祠社

陳叔達

外壇預潔祀，詰旦肅分司。違氣風霜積，登光日色遲。農教先八政，陽和秩四時。祈年服乘冕，吉幣動褰帷。瘞地尊餘奠，人天庶有資。椒蘭卒清酌，簋簋徹香其。折俎分歸胙，充庭降受釐。方憑知禮節，況奉化雍熙。

### 社日兼春分端居有懷

權德輿

清晝開簾坐，風光處處生。看花詩思發，對酒客愁輕。社日雙飛燕，春分百囀鶯。所思終不見，還是一含情。

### 社日題華嶽寺 貞元二十年正月二十五日，自洛之京。

二月三日春社，至華嶽寺，憩寶師院。曾未踰月，又復徂東謁寶師，因題四韻。

山前古寺臨長道，來往淹留爲愛山。雙鷰營巢始西別，百花成子又東還。暝馳贏馬頻看候，曉聽鳴鷄欲度關。羞見寶師無外役，竹窗依舊老身閒。

### 嘉興社日

李商隱

消渴天涯寄病身，臨卭知我是何人。今年社日分餘肉，不值陳平又不均。

### 社日早出赴祠祭

令狐楚

滿城人盡閒，惟我早開關。慜被家童問，因何別舊山。

153

### 遭田父泥飲美嚴中丞

杜　甫

步屧隨春風，邨邨自花柳。田翁逼社日，邀我嘗春酒。酒酣
誇新尹，畜眼未見有。迴頭指大男，渠是弓弩手。名在飛騎籍，
長番歲時久。前日放營農，辛苦救衰朽。差科死則已，誓不舉家
走。今年大作社，拾遺能住否。叫婦開大瓶，盆中爲吾取。感此
氣揚揚，須知風化首。語多雖雜亂，說尹終在口。朝來偶然出，
自卯將及酉。久客惜人情，如何拒隣叟。高聲索果栗，欲起時被
肘。指揮過無禮，未覺邨野醜。月出遮我留，仍嗔問升斗。

### 社日寄君庸主簿<small>以下今詩</small>

黃庭堅

花發社公雨，陰寒殊未開。初聞燕子語，似報玉人來。遮眼
使書冊，逃聾欠酒盃。傳聲習主簿，勤爲撥春醅。

### 次韻劉原甫社後對雪

梅堯臣

社日遇羣飲，北風歸馬驕。陽烏雲半晦，來燕翅難調。朝霞
侵花冷，春英到地消。宿醒無酒解，薄被覺寒饒。爐炭重燃獸，
衣裘更御貂。蟄宮虫復閉，時鳥腹將枵。點綴何多思，輕狂不奈
飄。唯知妍可玩，寧恤氣爲妖。剡客偶然奧，海鷗飛次朝。唱高
仍和寡，公又作長謠。

### 次韻奉和永叔社日

玉卯不吞龍嗜肉，鷰子成衣去華屋。老樜半黃田鼓鳴，梅下
宰平誰似玉。茂陵嘗説泣秋風，王母惜傳雙鬢綠。東隣社日思
早歸，長饞不及侏儒腹。積豕新烹白醪熟，奮衣坐地無拘束。驪
山夜寒抗底哭，漫把漆書留冢竹。

### 次韻和長文社日祺祀出城

曉出春風已擺條，應逢社伯馬蹄驕。壇邊宿雨微霑麥，水上
殘冰擁過橋。燕子飛來依舊近，雁行歸去試教調。北扉西掖多
才思，相與飄飄在沇寥。

### 春　社

年年迎社雨，淡淡洗林花。梅下賽田鼓，壇邊伺肉鴉。春醪
朝共飲，野老暮相譁。燕子何時至，長皋點翅斜。

### 五月十七日四鼓，夢與孺人在宮庭謝恩，至尊令小黃門宣諭曰：“今日社卿，喜此佳辰，便可作詩進來。”枕上口占

同謁未央殿，共霑明主恩。冕旒親日月，蹈舞荷乾坤。龍尾
三重峻，螭頭幾級尊。德音欣社日，撫語走黃門。陰會皆如實，
陽開不復存。空餘破窗月，流影到牀根。

### 社　日

欲社先知雨，時歸未見花。那能長作客，夜夜夢還家。

## 奉和聖製社日

晏　殊

天官考曆占元日，浹寅祈農協盛時。芟柞尚傳周室頌，枌榆仍秩漢家祠。三農普遂耕耘樂，萬室均承雨露滋。推策授人敷景化，穰穰喜覘億年期。

## 社　日

山郡多暇日，社時放更歸。坐客獨成悶，行塘閱清輝。春風動高柳，芳園掩夕扉。遥思里中會，心緒悵微微。

# 歲時雜詠卷十一

（宋）蒲積中　編

## 寒　食<sub>上古詩</sub>

### 詠寒食鬭鷄秦王教

杜　淹

寒食東郊道，揚鞲競出籠。花冠初照日，芥羽正生風。顧敵心知勇，先鳴覺氣雄。長翹頻埽陣，利距屢通中。飛毛遍綠野，灑血散芳叢。雖然百戰勝，會自不論功。

### 驩州風景不作寒食

沈佺期

海外無寒食，春來不見餳。洛陽新甲子，何日是清明。花柳爭朝發，軒車滿路迎。帝鄉遙可念，腸斷報親情。

### 寒食還陸渾別業

宋之問

洛陽城裏花如雪，陸渾山中今始發。旦別河橋楊柳風，夕臥伊川桃李月。伊川桃李正芳新，寒食山中酒復春。野老不知堯舜力，酣歌一曲太平人。

## 寒食江州蒲塘驛

去年上巳洛橋邊，今年寒食廬山曲。遙憐鞏樹花應滿，復見吳洲草新綠。吳洲春草蘭桂芳，感物思歸懷故鄉。驛騎明朝宿何處，猿聲今夜斷君腸。

## 初到黃梅臨江驛

馬上逢寒食，愁中屬莫春。可憐江浦望，不見洛橋人。北極懷明主，南溟作逐臣。故園腸斷處，日夜柳條新。

## 和宋十一臨江驛作此首彙函作崔融，後首作胡皓。

春風自淮北，寒食渡江南。忽見潯陽水，疑是宋家潭。明主閽難叫，孤臣逐未堪。遙思故園陌，桃李正醂醂。

## 宋司僉上巳日寒食題臨江驛篇，見而有感，率爾同作

崔　融

聞道山陰會，仍爲火忌辰。途中甘棄日，江上昔傷春。流水翻催淚，寒灰更伴人。丹心終不改，白髮爲誰新。

## 寒食絕句

李崇嗣

普天皆滅焰，匝地盡藏煙。不知何處火，來促客心燃。

## 寒食應制

韋承慶

鳳城春色晚，龍禁早暉通。舊火收槐燧，餘寒入桂宮。鶯啼正隱葉，鷄鬪始開籠。藹藹瑤山滿，仙歌始樂風。

## 初入秦川路逢寒食

明　皇

洛川芳樹映天津，灞岸垂楊窣地新。直爲經過行樂處，不知虛度兩京春。去年有閏今春早，曙色和風著花草。可憐寒食與清明，光輝併在長安道。自從關路入秦川，爭道何人不戲鞭。公子塗中妨蹴踘，佳人馬上廢鞦韆。渭水長橋今欲度，蔥蔥漸見新豐樹。遠看驪岫入雲霄，預想湯池起煙霧。煙霧氛氲水殿開，暫拂香輪歸去來。今歲清明行已晚，明年寒食更相陪。

## 應制奉和

張　説

上陽柳色喚春歸，臨渭桃花拂水飛。總爲朝廷巡幸去，頓教京洛少光輝。昨從分陝山南口，馳道依依漸花柳。入關正投寒食前，還京遂落清明後。路上天心共豫遊，御前恩賜特風流。便幕那能鏤鷄子，行宮善巧帖毛毬。渭橋南渡花如撲，麥隴青青斷人目。漢家行樹置新豐，秦地驪山抱温谷。温谷香池春溜平，預歡浴日照京城。今歲隨宜過寒食，明年倍宴作清明。

## 奉和寒食應制

寒食春過半，花穠鳥復嬌。從來禁火日，會接清明朝。鬭敵雞殊勝，爭毬馬絕調。晴空數雲點，香樹百風搖。改木迎新燧，封田表舊燒。皇情愛嘉節，傳曲與簫韶。

## 襄陽路逢寒食

去年寒食洞庭波，今年寒食襄陽路。不辭看處多山水，祇畏還家落春暮。

## 寒食宴于中舍兄弟宅

蘇　頲

子推山上歌龍罷，定國門前納駟來。始覩元昆鏘玉至，旋聞季子佩刀迴。晴花處處因風起，御柳條條向日開。自有長筵歡不極，還持綵服詠南陔。

## 常州崔使君和寒食夜

孫　逖

聞道清明近，春庭向夕闌。行游晝不厭，風物夜宜看。斗柄更初轉，梅香暗裏殘。無勞秉華燭，清月在南端。

## 和上巳連寒食有懷京洛

天津御柳碧遙遙，軒騎相從半下朝。行樂光輝寒食借，太平歌舞晚春饒。紅粧樓下東郊道，青草洲邊南渡橋。坐見司空掃西第，看君侍從落花朝。

### 寒食汜水山中作

王　維

廣武城邊逢暮春，汶陽歸客淚沾巾。落花寂寂啼山鳥，楊柳青青渡水人。

### 寒食城東即事

清溪一道穿桃李，演漾綠蒲涵白芷。涇上人家凡幾家，落花共落東家水。蹴踘屢過飛鳥上，鞦韆競出垂楊裏。少年分日作遨遊，不用清明兼上巳。

### 寒　食《詩苑春秋》作"寒食懷介之推"。

盧　象

子推言避世，山火遂焚身。四海同寒食，千秋爲一人。深冤何用道，峻跡古無隣。魂魄山河氣，風雷御寓神。光煙榆柳滅，怨曲龍蛇新。可歎文公霸，平生負此臣。

### 寒食即事

王昌齡

晉陽寒食地，風俗舊來傳。雨滅龍蛇火，春生鴻雁天。猶移卿仗出，歌發舞雲旋。西見之推廟，空爲人所憐。

### 寒　食

杜　甫

寒食江村路，風花高下飛。江煙輕冉冉，竹日淨暉暉。田父要皆去,隣家行不違。地偏相識盡,鷄犬亦忘歸。

## 一百五日夜對月

無家對寒食,有淚如金波。斫却月中桂,清光應更多。仳離放紅蕋,想像嚬青蛾。牛女漫愁思,秋期猶渡河。

## 寒食夜蘇二宅

寒食明堪坐,春參夕已垂。好風經柳葉,清月照花枝。客淚聞歌掩,歸心畏酒知。佳辰邀賞遍,忽忽更何爲。

## 寒食日寄李補闕

郭　郞

蘭陵士女滿晴川,郊外行行拜古埏。萬井閭閻皆禁火,九原松栢自生煙。人間後事悲前事,鏡裏今年老去年。介子終知禄不及,王孫誰肯一相憐。

## 寒　食

盧　綸

孤客飄飄箴載華,況逢寒食倍思家。鶯啼遠樹多從柳,人哭荒墳亦有花。濁水秦渠通渭急,黃埃京洛上原斜。驅車西近長安好,宮觀參差半隱霞。

## 舟中寒食

寒食空江曲,孤舟溯水前。鬭鷄沙鳥異,禁火岍花燃。日霽開愁望,波喧警醉眠。因看數莖髮,倍欲惜芳年。

### 寒食日即事

韓翃

春城無處不飛花，寒食東風御柳斜。日暮漢宮傳蠟燭，輕煙散入五侯家。

### 寒　食

韋應物

清明寒食好，春園百卉開。綵繩拂花去，輕毬度閣來。長歌送落日，緩吹逐殘杯。非關無燭罷，良爲羈思催。

### 寒食日寄諸弟

禁火暖佳辰，念離獨傷抱。見此野田花，心思杜陵道。聯騎定何時，予今顏已老。

### 寒食後北樓

園林過新節，風花亂高閣。遙聞擊鼓聲，蹴踘軍中樂。

### 寒　食

雨中禁火空齋冷，江上流鶯獨坐聽。把酒看花想諸弟，杜陵寒食草青青。

### 寒食絕句

孟雲卿

二月江南花滿枝，他鄉寒食遠堪悲。貧居往往無煙火，不獨明朝爲子推。

### 寒食日恩賜火

竇叔向

恩光及小臣，華燭忽驚春。電影隨中使，星輝掛路人。幸因榆柳暖，一照草茅貧。

### 平陵寄居再逢寒食

朱　灣

幾回江上泣途窮，每遇良辰歎轉蓬。火燧知從新節變，灰心還與故人同。莫聽黃鳥愁啼處，自有花開向客中。貧病固應無撓事，但將懷抱醉春風。

### 逼寒節寄崔七湖州崔使君之子

閒庭只是長莓苔，三徑曾無車馬來。旅館尚愁寒食火，羈心嬾向不燃灰。門前下客雖彈鋏，溪畔窮魚且曝腮。他日趨庭應問禮，須言陋巷有顏回。

### 寒食日同陸處士行報德寺宿

釋皎然

古寺章陵下，潛公住幾年。安心生軟草，灌頂引春泉。寂寂傳燈地，寥寥禁火天。世間多暗室，白日爲誰懸。

### 和陳中丞使君長源寒食日作

寒食江天氣最清，庾公晨望動高情。因逢禁火千家靜，更覩行春萬木榮。深淺山容飛雨細，縈紆水態拂雲輕。腰章本郡誰相似，數日臨人政已成。

### 寒食下第通簡長安故人

武元衡

柳挂九衢絲，花飄萬里雪。如何憔悴客，對此芳菲節。寒食都人重勝遊，相如獨自閉門愁。嘗聞婁護因名達，君試將余問五侯。

### 同陳六侍御寒食日遊禪定藏山上人院

年少輕行樂，東城南陌頭。多君寂寞意，共作草堂遊。

### 寒食野望

熊孺登

拜掃無過骨肉親，一年惟此兩三辰。塚頭莫種有花樹，春色不關泉下人。

### 雨中寒食

羊士諤

令節逢煙雨，園亭但掩關。佳人宿粧薄，芳樹綵繩閒。歸思偏消酒，春寒爲近山。花枝不可見，別恨五陵間。

### 寒食宴城北山池即故郡守鄭綱目爲折柳亭

別館青山郭，遊人折柳行。落花經上巳，細雨帶清明。鵁鶄流芳暗，鴛鴦曲水平。歸心何處醉，寶瑟有秦聲。

## 寒食日獻郡守衛使君

伍唐珪

入門堪笑復堪憐，三逕苔封一釣船。慚愧四隣教斷火，不知廚裏久無煙。

## 小寒食舟中作

杜　甫

佳辰强飲食猶寒，隱几蕭條戴鶡冠。春水船如天上坐，老年花似霧中看。娟娟戲蝶過閒幔，片片輕鷗下急湍。雲白山青萬餘里，愁看直北是長安。

## 熟食日示宗文宗武

消渴遊江漢，覉棲尚甲兵。幾年逢熟食，萬里逼清明。松栢邙山路，風花白帝城。汝曹催我老，回首泪縱橫。

## 又示兩兒

令節成吾老，他時見汝心。浮生看物變，爲恨與年深。長葛書難得，江州涕不禁。團圓思弟妹，行坐白頭吟。

## 寒食行

王　建[1]

寒食家家出古城，老人看屋少年行。丘壠年年無舊道，車徒

---

[1]　此詩徐本據《全唐詩》卷二九八校補作者"王建"，兹校從。

散行入衰草。牧童驅牛下塚頭，畏有人家來灑掃。遠人無墳水頭祭，還引婦姑望鄉拜。三日無火燒紙錢，紙錢那得到黃泉。但有壙土無新土，此中白骨應無主。

### 之任武陵寒食日途次寄劉員外

竇　常

杏花榆莢曉風前，雲際離離上峽船。江轉數程淹驛騎，楚曾三戶少人煙。看春又過清明節，筭老重經癸巳年。幸得柱山當郡舍，在朝長咏《卜居》篇。

### 酬竇大員外松陵渡見寄之作

劉禹錫

楚鄉寒食橘花時，野渡臨風駐綵旗。草色連雲人去住，水紋如縠燕參差。朱輪尚憶羣飛雉，青綬初懸左顧龜。非是溢城魚司馬，水曹何事與新詩。

### 竇夔州見寄寒食日憶故姬小紅吹笙，因和之

鸞聲窈窕管參差，清韵初調眾樂隨。幽院粧成花下弄，高樓月好夜深吹。忽驚暮槿飄零盡，唯有朝雲夢想期。聞道今年寒食日，東山舊路獨行遲。

### 寒食夜

元　稹

紅染桃花雪壓梨，玲瓏雞子鬪贏時。今年不是明寒食，暗地鞦韆別有期。

## 寒食日

今年寒食好風流，此日一家同出遊。碧水青山無限思，莫將心道是通州。

## 寒食日毛定路示姪晦及從簡

我昔孩提從我兄，我今衰向爾初成。分明寄取原頭路，百世長須此路行。

## 寒食夜有懷

寒食非短非長夜，春風不熱不寒天。可憐時節堪相憶，何況無燈各早眠。

## 寒食月夜

風香露重梨花濕，草舍無燈愁未入。南郊北里歌吹時，獨倚柴門月中立。

## 寒食江畔

草香河暖水雲晴，風景令人憶帝京。還似往年春氣味，不宜今日病心情。聞鶯樹下沈吟立，信馬江頭取次行。忽見紫桐花悵望，下邽明日是清明。

## 寒食夜

四十九年身老日，一百五夜月明天。抱膝思量何事在，癡男騃女喚鞦韆。

## 途中寒食

許　渾

處處哭聲悲，行人馬亦遲。店閉無火日，村暖斫桑時。泣路同楊子，燒山憶介推。清明明日是，甘負故園期。

# 歲時雜詠卷十二

（宋）蒲積中　編

## 寒　食<sub>古詩</sub>

### 中書連直寒食不歸因懷元九

白居易

去歲清明日，南巴古郡樓。今年寒食夜，西省鳳池頭。併上新人直，難隨舊伴遊。誠知視草貴，未免對花愁。鬢髮莖莖白，光陰寸寸流。經春不同宿，何異在忠州。

### 送李校書趁寒食歸義興山居

大見騰騰詩酒客，不憂生計似君稀。到舍將何作寒食，滿船唯載樹栽歸。

### 寒食洛下宴遊贈馮李二少尹

豐年寒食節，美景洛陽城。三尹皆強健，七日盡清明。東郊踏青草，南園攀紫荊。風拆海榴艷，露墜木蘭英。假開春未老，宴合日屢傾。珠翠混花影，管絃藏水聲。佳會不易得，良辰亦難并。聽吟歌暫輟，看舞杯徐行。米價賤如土，酒味濃於餳。此時不盡醉，但恐負平生。殷勤二曹長，各奉一銀觥。

## 病中多雨逢寒食

水國多陰常懶出，老夫饒病愛閒眠。三旬臥度鶯花月，一半
春消風雨天。薄暮何人吹觱篥，新晴幾處轉鞦韆。絲繩芳樹長
如舊，唯是年年換少年。

## 洛陽寒食日作十韻

上苑風煙好，中橋道路平。蹴毬塵不起，潑火雨新晴。宿醉
頭仍重，晨游眼乍明。老慵雖省事，春誘尚多情。遇客踟躕立，
尋花取次行。連錢嚼金勒，鑿落瀉銀甖。府醞傷教送，官娃喜要
迎。舞腰那及柳，歌舌不如鶯。鄉國真堪戀，光陰可合輕。三年
遇寒食，盡在洛陽城。

## 寒　食

人老何所樂，樂在歸鄉國。我歸故園來，九度逢寒食。故園
在何處，時館東城側。四鄰梨花時，二月伊紅色。豈獨好風土，
仍多舊親戚。出去恣懽遊，歸來聊燕息。有官共祿俸，無事勞心
力。但恐憂隱多，微躬消不得。

### 翫半開花贈皇甫郎中 八年寒食日，池東小樓上作。

忽訝春來晚，無煩花發遲。人憐全盛日，我愛半開時。紫蠟
黏爲蒂，紅酥點作蕤。成都新夾纈，梁漢碎燕支。樹杪真珠顆，
墙頭小女兒。淺深粧駁落，高下火參差。蝶戲爭香朵，鶯啼選穩
枝。好教郎作伴，合共酒相隨。醉翫無勝此，狂嘲更讓誰。猶殘
少年興，未似老人詩。西月憑輕照，東風莫教吹。明朝應爛熳，

後夜更離披。林下遙相憶，樓前暗有期。銜盃嚼蕊思，唯我與君知。

## 寒食日寄楊東川

不知楊六逢寒食，作<sub>音佐</sub>底歡娛過此辰。兜率寺高宜望月，嘉陵江近好遊春。蠻旌似火行隨馬，蜀妓如花坐遶身。不使黔婁夫婦看，誇張富貴向何人。

## 病後寒食

故紗絳帳舊青氈，美酒醺醺引醉眠。抖擻弊袍春晚後，摩挲病脚日陽前。行無筋力尋山水，坐少精神聽管弦。拋擲風光負寒食，曾來未省似今年。

## 寒食日過棗糰店

寒食棗糰店，春堤楊柳枝。酒香留客住，鶯語撩人詩。困立攀花久，慵行上馬遲。若爲將此意，前字與僧期。

## 寒食夜寄姚侍御

張　籍

貧官多寂寞，不異野人居。作酒和山藥，教兒寫道書。五湖歸去遠，百事病來疏。況憶同懷客，寒亭月上初。

## 寒食日内宴<sub>二首</sub>

朝光瑞氣滿宮樓，綵纛魚龍四面稠。廊下御厨分冷食，殿前香騎逐飛毬。千官盡醉猶教坐，百戲皆呈亦未休。共喜拜恩侵夜出，金吾不敢問行由。

城闕沈沈向晚寒，恩當冷節賜餘歡。瑞煙深處開三殿，香雨微時引百官。寶樹樓前分繡幕，綵花廊下映朱欄。空庭戲樂年年別，已得三迴對御看。

### 寒食看花

王　建

早入空門到夜歸，不因寒食少開時。顛狂遶樹猿離鏁，踴躍緣崗馬斷羈。酒污衣裳從客笑，醉饒言語覓花知。老來自喜常無事，仰面西園得詠詩。

### 寒食憶歸

京中曹局無多事，寒食貧兒要在家。遮莫杏園勝別處，亦須歸看傍邠花。

### 寒　食

綠楊枝上五絲繩，枝弱春多顧不勝。惟有一年寒食日，女郎相喚擺階癥。

### 寒食後

田舍清明日，家家出火遲。白衫眠古巷，紅紫搭高枝。紗帶生難結，銅釵重易垂。斬新衣着盡，還似去年時。

### 寒食書事二首

今朝一百五，出戶雨初晴。舞愛雙飛蝶，歌聞數里鶯。江深青草岾，花滿白雲城。爲政多屛懦，應無酷吏名。

出城煙火少，況復是今朝。雨坐將誰語，臨觴只自謠。堦前春蘚偏，衣上落花飄。妓樂州人戲，使君心寂寥。

### 寒食城南即事因訪藍田韋明府竟藩

閒出城南禁火天，路傍騎馬獨搖鞭。青松古墓傷碑碣，紅杏春園羨管絃。徒說鷓鳩膏玉劍，漫誇蚨血點銅錢。世間盡是悠悠事，且飲韋家冷酒眠。

### 建元寺 寺在常州東郭，松扉竹院，各在崗阜。

地甚疏野，郊外無歲，寒食時里人猶埽徑過之。大歷中詩人郭郢曾賦寒食詩贈吏部先是，當時以爲絕唱。嘗在兒童，即聞此詩。非欲和，蓋記事。因書。

江城物候傷心地，遠寺經過禁火辰。芳草壠邊回首客，野花叢裡斷腸人。紫荊繁艷空門畫，紅藥深開古殿春。歎惜光陰催白髮，莫悲風月獨沾巾。

### 寒食後憶山中

遙思寒食後，野老林下醉。月照一山明，風飄百花氣。幽泉與萬籟，髣髴疑簫吹。不待曙華分，已應喧鳥至。

### 寒食日三殿侍宴奉進

宛轉龍歌節，差池燕羽高。風光搖禁柳，霽色暖宮桃。春露明仙掌，晨霞照日袍。雪凝陳組練，林植聳干旄。黃鶴初蹌鳳，神仙欲抃鼇。鳴霞朱鷺起，疊鼓紫騮豪。象舞嚴金鎧，豐歌耀寶刀。不勞孫子法，自得太公韜。已上奉述內樂破陳樂。分席羅玄冕，行觴舉綠醪。殼中時落羽，橦末乍昇猱。瑞景開陰翳，薰風散鬱陶。天顏歡益睟，臣節罄忘勞。楛矢方來貢，雕弓已載櫜。武威揚絕漠，神筭靜臨洮。已上四句奉述北敵欸塞，西域畏威。赤縣陽和布，蒼生雨露膏。野平唯秀麥，田闢久無蒿。祿秩榮三事，功勤乏一毫。寢謀慙汲黯，秉羽媿孫敖。煥若遊玄圃，懽如享太牢。輕生何以報，只自比鴻毛。

### 寒食野望

李　郢

舊墳新隴笑多時，流世都堪幾度飛。烏鳥亂啼人未遠，野風吹散白棠梨。

### 寒食節日寄楚望二首

溫庭筠

芳蘭無意綠，弱柳何窮縷。心斷入淮山，夢長穿楚雨。繁花如二八，好月當三五。愁碧竟平皋，韶紅換幽圃。流鶯隱員樹，乳燕喧餘哺。曠望戀層臺，離憂集環堵。當年不自遣，晚得終何補。鄭谷有樵蘇，歸來要腰斧。

家乏兩千萬，時當一百五。颸颸楊柳風，瀼瀼櫻桃雨。年芳苦沈燎，心事如摧魯。金犢近瀾汀，銅龍接花塢。青蔥建楊宅，隱轔端門鼓。綵索拂庭柯，輕毬落鄰圃。三春謝遊衍，一笑牽規矩。獨有恩澤侯，歸來看楚舞。

### 寒食前有懷

萬物鮮華雨乍晴，春寒寂歷近清明。殘芳荏苒雙飛蝶，曉睡朦朧百囀鶯。舊侶不歸來獨酌，故園雖在有誰耕。悠然更起嚴灘恨，一宿東風蕙草生。

### 寒食日作

紅深緑暗遥相交，抱暖含春披紫袍。綵索平時墻婉娩，輕裘落處脱寥捎。窗中草色妬鷄卵，盤上芹泥憎燕巢。自有玉機芳意在，不能騎馬度煙郊。

### 走筆答評事翁家賜餳粥

李商隱

粥香餳白杏花天，省對流鶯坐綺筵。今日寄來春已老，鳳樓迢遞憶鞦韆。

### 寒食行次冷泉驛

歸途仍近節，旅思倍思家。獨夜三更月，空庭一樹花。介山當驛秀，汾水遶關斜。自怯春寒苦，那堪禁火賒。

### 禁　火

薛　逢

日月冒煙塵，忽忽禁火辰。塞榆關水濕，邊草賊回春。歲月傷行邁，瘡痍念苦辛。沙中看白骨，腸斷故鄉人。

### 寒食夜池上對月懷友

雍　陶

人間多別離，處處是相思。海内無煙夜，天涯有月時。跳魚翻荇葉,驚鳥出花枝。親友皆千里,三更獨遶池。

## 寒　食

趙　嘏

折柳城邊起暮愁,可憐春色獨懷羞。霑襟正歎人間事,回首更懃江上鷗。鶗鴂聲中寒食酒,芙蓉花外夕陽樓。憑高滿眼送清渭,去傍故山山下流。

## 寒食新豐別友

一百五日家未歸,新豐雞犬獨依依。滿樓春色傍人醉,半夜雨聲前計非。繚繞溝塍含綠晚,荒涼樹石向川微。東風吹泪對花落,憔悴故交相見稀。

## 東都居寒食下作

陳　潤

江南寒食早,三月杜鵑鳴。日暖山初綠,春寒雨欲晴。浴蠶看社日,改火待清明。更喜瓜田好,令人憶邵平。

## 寒食遣懷

張　燦

繁花泣清露,悄悄落衣巾。明日逢寒食,春風見故人。病來羞滯楚,西去欲迷秦。憔悴此時夜,青山歸四隣。

## 寒食山館書情

來　鵬①

獨把一盃山館中，每經時節恨飄蓬。侵堦草色連朝雨，滿地愁花昨夜風。蜀魄啼來春寂寞，楚囚吟後月朦朧。分明記得還家夢，徐孺宅前湘水東。

## 越中遇寒食

施肩吾

去歲清明雪溪口，今朝寒食鏡湖西。信知天地心不易，還有子規依舊啼。

## 樊川寒食

喻　鳧

新和抽綠草，古栢翳黃沙。珮珂客驚鳥，綺羅人間花。蹙塵南北馬，碾石去來車。川晚悲風動，墳前碎紙斜。

## 寒食日郊外

雲　表

寒食悲看郭外春，野田無處不傷神。平原纍纍添新塚，總是年來吾哭人。

---

① 此詩徐本據明抄本及《全唐詩》卷六四二校補作者“來鵬”，茲校從。

### 寒食日東陽道中作

方　干

百花香氣傍行人，花底垂鞭日易曛。野火不知寒食節，穿林轉壑自燒雲。

### 寒食日十二時亥時

李宣古

人定朱門尚半開，初星粲粲點昭回。此時寒食無燈燭，花柳蒼蒼月欲來。

### 寒　食

薛　能

美人寒食事春風，折盡青青賞盡紅。夜半無燈還不寐，鞦韆懸在月明中。

### 寒食日曲江

曲江地邊青草岠，春風林下落花杯。都門此日是寒食，人去看多身獨來。

### 寒食日有懷

流落傷寒食，登臨望歲華。邨毬高過索，墳樹綠和花。晉聚應搜火，秦喧定走車。誰知恨榆柳，風景似吾家。

### 新定陪太守一百五夜南館玩月

陸龜蒙

風雨殺春處處傷，一宵雲盡見滄浪。全無片燭侵光彩，只有青灘助雪霜。煙蔽棹歌歸浦溆，露將花影到衣裳。却嫌殷浩南樓夕，一帶秋聲入恨長。

### 洛中寒食二首

皮日休

千門萬户掩斜暉，繡幰金御（街）晚未歸。擊踘王孫如錦地，鬥鷄公子似花衣。嵩雲静對行臺起，浴鳥閒穿上苑飛。唯有路傍無意者，獻書未納問淮湜。

遠近垂楊映鈿車，天涯橋影壓神霞。弄春公子正迴首，趁節行人不到家。洛水萬年雲母竹，漢陵千載野棠花。欲知豪貴堪愁處，請看邙山晚照斜。

### 登第後寒食杏園有宴因寄録事宋垂文同年

雨洗清明萬象鮮，滿城車馬簇紅筵。恩榮雖得陪高會，科禁惟憂犯列仙。當醉不知開火日，正貧那似看花年。總來恐被青娥笑，未納春風一宴錢。

### 次韻酬張補闕俯臨寒食見寄

鄭　谷

柳近清明翠縷長，多情右衮不相忘。開緘雖覩新篇麗，破鼻須聞冷酒香。時態頗隨人上下，花心甘被蝶分張。朝稀旦莫輕春賞，勝事由來在帝鄉。

## 鍾陵寒食日與同年裴顏李先輩鄭校書郊外同遊二首

曹　松

寒節鍾陵香騎隨，同年相命楚江湄。雲間預過秋千女，地上聲喧蹴踘兒。何處寄煙歸草色，誰家送火在花枝。銀瓶冷酒皆傾盡，早臥垂楊自不知。

可憐時節足風情，杏子粥香如冷餳。無奈無風偷舊火，遍教人喚作山櫻。

## 寒食日題杜鵑花

一朵又一朵，併開寒食時。誰家不禁火，總在此花枝。

## 寒食洛陽道

吳　融

路岐無樂處，時節倍思家。綵索颭輕吹，黃鸝啼落花。連軌馳寶馬，歷轆闘香車。紆客騰回首，看看春日斜。

## 寒食夜

韓　偓

惻惻輕寒剪剪風，小桃如雪杏花紅。夜深斜搭秋千索，樓閣朦朧煙雨中。

## 避地寒食

避地淹留已自悲，況逢寒食欲霑衣。濃春孤館人愁坐，斜日空園花亂飛。跡辱漸憂知己薄，時危又與賞心違。一名所繫無窮事，爭敢當年便息機。

### 寒食日沙縣雨中看薔薇

何處遇薔薇，殊鄉冷節時。雨聲籠錦帳，風勢偃羅帷。通體全無力，酡顏不自持。綠疏微露刺，紅密欲藏枝。愜意憑欄久，貪吟放盞遲。官人應見訝，自醉自題詩。

### 鞦　韆 二首

池塘夜歇清明雨，遠院無塵近花塢。五絲繩繫出墻遲，力盡纔瞬見隣圃。下來嬌喘未能調，斜倚朱欄久無語。無語兼動所思愁，轉眼看天一長吐。

鞦韆打困解羅裙，指點醍醐索一樽。見客入來和笑走，手搓梅子映中門。

### 寒食夜有寄

風流大底是倀倀，此際相思必斷腸。雲薄月昏寒食夜，隔簾微雨杏花香。

### 寒食日重遊李氏林亭有懷

往年曾在彎橋上，見倚朱欄詠柳綿。今日獨來香逕裏，更無人跡有苔錢。傷心澗別三千里，屈指思量四五年。料得他鄉遇佳節，亦應懷抱暗淒然。

## 寒　食二首

李山甫

柳帶東風一向斜，春陰澹澹蔽人家。有時三點兩點雨，到處十枝五枝花。萬井樓臺疑彩畫，九原珠翠似煙霞。年年今日誰相問，獨卧長安泣歲華。

風煙放蕩花披猖，秋千女兒飛出牆。繡袍馳馬掇遺翠，錦袖鬭鷄喧廣場。天地氣和融霽色，池臺日暖繞春光。自憐塵土無多事，空脫荷衣泥醉鄉。

## 寒食日早出城東

羅　隱

青門欲曙天，車蓋已喧填。禁柳梳風細，牆花拆露鮮。向誰誇麗景，只此是流年。不得高飛便，迴頭望紙鳶。

## 丙辰年鄜州寒食城外醉吟五首

韋　莊

滿街楊柳綠絲煙，畫出清明二月天。好是隔簾花樹動，女郎撩亂送鞦韆。

淮陰寒食足遊人，金鳳羅衣濕麝燻。腸斷入城芳草路，澹紅香白一羣羣。

開元坡下日初斜，拜埽歸來走鈿車。可惜數枝紅艷好，不知今夜落誰家。

馬驕風疾玉鞭長，過去唯留一陣香。閒客不須燒破眼，好花曾屬富家郎。

雨絲煙柳欲清明，金屋人閒暖鳳笙。永夜迢迢無一事，隔街聞蹴氣毬聲。

### 寒食都門作

胡　曾

二年寒食住金華，寓目春風萬萬家。金絡馬銜原上草，玉釵人折路傍花，軒車競出紅塵合，冠蓋爭回白日斜。誰念都門兩行淚，故園寥落在長沙。

### 樊川寒食 二首

盧延讓

寒食權豪盡出門，一川如畫雨初晴。誰家金絡遊春盛，擔入花間軋軋聲。

鞍馬和花總是塵，歌聲處處有佳人。五陵年少粗于事，栲栳量金買斷春。

### 寒食日戲贈李曉侍御

十二月如市，紅塵咽不開。灑蹄驄馬汗，沒處看花來。

# 歲時雜詠卷十三

（宋）蒲積中　編

## 寒　食 今詩

### 作詩寄王晉卿忽憶前年寒食北城之遊走筆爲此詩

蘇　軾

北城寒食煙火微，落花蝴蝶作團飛。王孫出遊樂忘歸，前門驄馬紫金勒。吹笙帳底煙霏霏，行人舉動誰敢睎。扣門狂客君不麾，更遣傾城出翠幃。書生老眼省見稀，畫圖但覺周昉肥。前來春物已再菲，西望不見紅日圍。何時東山歌采薇，把盞一聽金縷衣。

### 寒食雨 二首

自我來黃州，已過三寒食。年年欲惜春，春去不容惜。今年又苦雨，兩月秋蕭瑟。臥聞海棠花，泥污燕脂雪。暗中偷負去，夜半真有力。何殊病少年，疾起頭已白。

春江欲入户，雨勢來不已。小屋如漁舟，濛濛水雲裏。空庖煮寒菜，破竈燒濕葦。那知是寒食，但見烏銜紙。君門深九重，墳墓在萬里。也擬哭塗窮，死灰吹不起。

### 徐使君分新火

臨皋亭中一危坐，三見清明改新火。溝中枯木應笑人，鑽灼不愁誰似我。黃州使君憐久病，分我五更紅一朵。從來破釜躍江魚，只有清詩嚼飯顆。起攜蠟炬遶空屋，願事烹煎無一可。爲公分作無盡燈，照破十方昏暗鎖。

## 和子由寒食

寒食今年二月晦，樹林深翠已生煙。遶城駿馬誰能借，到處名園意盡便。但掛酒壺那計盞，偶題詩句不須編。忽聞啼鵙驚羈旅，江上何人治廢田。

## 寒食與器之游南塔寺寂照堂

城南鐘鼓鬬清新，端爲投荒洗瘴塵。總是鏡空堂上客，誰爲寂照鏡中人。紅英埽地風驚曉，綠葉成陰雨洗春。記取明年作寒食，杏花曾與此爲隣。

## 和代器之

雨過郊原一番新，尋芳車馬踏無塵。普天冷食聞前古，蕭寺清游屬兩人。不作佺期陽親歷，頗同之問感餘春。明年歸籍藜花上，應會羣姻及四隣。

## 寒食遊湖上 集本作“寒食未明，至湖上，太守未來，兩縣令先在”。

城頭月落尚啼烏，烏傍紅船早滿湖。鼓吹未容迎五馬，水雲先已颺雙鳧。映山黃帽螭頭舫，夾道青煙鵲尾爐。久病逢春只思睡，且求僧榻寄須臾。

### 寒食日答公擇三首

從來蘇李得名雙，只恐全齊笑陋邦。詩似懸河供不辦，故欺張籍隴頭瀧。

簿書蓁鼓不知春，佳句相呼賴故人。寒食德公方上冢，歸來誰主復誰賓。

巡城已困塵埃眯，執扑仍遭蟣虱緣。欲脫布衫携素手，試開病眼點黃連。

### 寒食遊南湖三首

春睡午方覺，隔墻聞樂聲。肩輿試扶病，畫舫聽徐行。適性逢樽酒，開懷憶友生。遊人定相笑，白髮近縱橫。

遶郭春水滿，坡堤新柳黃。官池無禁約，野艇得飛揚。浪泛歌聲遠，花浮酒氣香。晚風歸棹急，細雨濕紅粧。

携手臨池路，時逢賣酒壚。柳斜低繫纜，草綠薦傾壺。波蕩春心遠，風吹酒力無。冠裳強包裹，半醉遣誰扶。

### 寒食前一日寄仇池

寒食明朝一百五，誰家冉冉尚厨煙。桃花開盡葉初綠，燕子飛來體自便。愛客漸能陪痛飲，讀書無思嬾開編。秦川雪盡南山出，思共肩輿看麥田。

### 寒食御筵口號二首

司馬光

雨意沉沉潑水餘，夔龍盛集退朝初。酒聲絡繹來丹禁，冠劍參差下玉除。紫鳳歸飛雲爛熳，黃鸝新囀柳扶疏。麥禾滿野邊烽息，佳節何妨賦樂胥。

聖主褒優賜軸臣，金觴玉醴照青春。萬家煙火朝來静，九陌風光雨後新。飛燕高翻驚紫綬，餘花點綴託朱輪。問牛因得觀民俗，不獨嬉遊惜令辰。

### 次韻和韓子華寒食休沐與諸公會趙令園暮歸馬上偶成

冠蓋連翩陌上來，風光爛漫擁樓臺。玉卮貯酒隨宜飲，綺席尋花解處開。小雨前宵先潑火，季春明日又吹灰。須知勝集人間少，惆悵金羈容易回。

### 寒辰許昌道中寄幕府諸君

原上煙蕪淡復濃，寂寥佳節思無窮。竹林近水半邊緑，桃樹連村一片紅。盡日解鞍山店雨，晚天迴首酒旗風。遥知幕府清明飲，應笑區區羈旅中。

### 寒食南宮夜飲

積旬留省署，容易慶春華。芳草踏青晚，長楸行樂賒。雲疏時送雨，風細闇飛花。直有黃金百，無因過酒家。

### 寒食遊南園獨飲

寒食良辰無賞心，雜花爛漫柳成陰。若非獨酌酬佳景，一日風光直萬金。

## 花山寒食

歐陽修

客路逢寒食，花山不見花。歸心隨北雁，先向洛陽家。

## 寒　食

宋　白

山上杏花飛，階前柳線垂。欲歸歸未得，羞見鴈歸時。

## 壬辰寒食

王安石

寒食似楊柳，春風千萬條。更傾寒食淚，欲漲冶城潮。白髮
雪爭出，朱顏金早凋。未知軒冕樂，但欲老漁樵。

## 湖州寒食日陪太守南園宴

梅堯臣

寒食二月三月交，紅桃破蕋柳染稍。陰晴不定野雲密，默默
鼓聲湖岸坳。使君千騎出南圃，歌吹前導後鳴鐃。是時輒預車
馬末，傾市競觀民業拋。竹亭臨水美可愛，嗑唖草木皆吐苞。遊
人春服靚妝出，笑踏俚歌相與嘲。使君白髮體尤健，自晨及暮奏
酒肴。爾輩少年翻易倦，倚席欠伸誰得教。公雖不責以正禮，我
意未容誠斗筲。逡巡秉燭各分散，小人爭路何呶呶。

## 依韻和禁煙近事之什

狂風暴雨已頻過，近水梨雲著未多。窈窕踏歌相把袂，輕浮

賭勝各飛堉。閒牽白日遊絲颺,細蠆黄金舞帶拖。小苑芳菲花鬭藥,華堂嘲哳燕争窠。西州駿馬頭如駮,南國佳人領似搓。結客追隨傾畫檻,分朋游樂藉青莎。鞦韆競打遺鈿翠,芍藥將開剪纈羅。我病乞求新火炙,無心更聽竹枝歌。

## 寒　食

墳塚徧青山,高低占原谷。向來路已荒,今迷問樵牧。陟水到雲林,隔崗聞近哭。沃酒白楊下,悲風何颸颸。雨止梨園殘,鳩聲在茅屋。

## 依韻和寒食偶書

去歲逢今日,雨寒田舍家。繫驄烏桕樹,燒眼杜鵑花。轉塢泥塍滑,迷村草徑叉。旋挑初出筍,謾摘自生茶。農斧穿粲鬐,牛童綰髻了。鄉園方在遠,看及種胡麻。

## 依韻和李舍人旅中寒食感事

一百五日風雨急,斜飄細濕春郊衣。梨花半殘意思少,客子漸老尋游非。戢戢車徒幾門感,寥寥燭火萬家微。今朝甘自居窮巷,無限墻間得醉歸。

## 何陰中寨寒食

擊柝聲初絶,爲魚夢已殘。幽禽哢清曉,宿雨度餘寒。爨火明千竈,風旗展一竿。歸心慙社燕,自歎此微官。

### 寒食日過荆山

山郵難禁火，嶺樹自生煙。嗚咽同歸櫓，悲哀欲問天。泣親非泣玉，流淚劇流泉。春鱉橫刀膾，何心更食鮮。

### 寒食前一日陪希深遠遊大字院

一百五將近，千門煙火微。閒過少傅宅，喜見老萊衣。曉雨竹間霽，春禽花上飛。禪庭清溜滿，幽興自忘歸。

### 再至洛中寒食

西洛遇寒食，依依似昔年。千門方禁火，九野自生煙。飄泊梨花雨，追隨杏葉韉。遊人莫惜醉，風景滿伊川。

### 宋次道一百五日往鄭拜墓

去不避春雨，泣望松栢門。颭然風悲響，如感泉下魂。沃酹向墳上，空濕陳草根。人歸夜月冷，石馬在九原。

### 一百五日歌

張　耒[①]

山民歲時事莽鹵，猶知拜掃一百五。平明士女出城闈，黃土岡前列樽俎。蔫苞粉餌蒸野蔬，富家烹羊貧薦魚。日暮肩輿踏風雨，江鄉人家無犢車。插花飲酒山邊市，醉後歌聲動隣里。南人聞歌笑相語，一作尋。北人聞歌淚滿襟。

---

① 此詩徐本據明抄本校補作者"張耒"，茲校從。

## 江城寒食近

江城寒食近,風雨作輕寒。花落已可惜,春衣又怯單。畏人成不出,已老自無懽。沽酒金明道,回頭十五年。

## 自二月末苦雨,前一日始晴,視園中花殊不敗,口占

春雲霮霴弄朝暉,清峭餘寒透夾衣。最喜園花渾似舊,十分春色一分歸。

## 十八日寒食

寒食清明人意閒,春城士女出班班。柳黄花自樓臺外,紫翠江南數疊山。

## 雨　中三首

手種堦前樹,今朝亦見花。春陰寒食節,陋巷逐臣家。欲酌消愁酒,先澆破睡茶。游人歸踏雨,里巷晚喧嘩。

節物只自好,客心何颯然。早風清野市,夜雨濕江天。破屋疏茅滴,空厨濕葦煙。政煩一杯酒,相與慶流年。

庭院輕寒春雨過,江城寒食野花飛。故園北望一千里,極目江楓客未歸。

## 寒食後東園游人甚盛因賦二首[①]

芳物忽過半,寒食已闌珊。園静鳴鳥下,花稀新葉繁。焚香

---

①　詩題"後"字後徐本云明抄本尚有"方持齋誦經而"六字。

翻貝葉，謝客掩柴關。止酒方清坐，畦蔬助晚飱。

朝寒却覺春衣薄，禪誦還將酒盞疏。落盡江城千樹雪，門前楊柳已藏烏。

### 黃人謂寒食上冢爲澆山，
### 其祭饌多用蒻燕菜，事已則鳴鉦而歸，因成

携酒澆山去，鳴鉦徹祭歸。青蔬燕裏蒻，白酒市無旗。市多私酤，不立旗望。日暮人皆醉，夜深歌似啼。上冢歸，則路歌還，聲似悲泣。故人書問我，何用久居夷。

### 寒食前一日大雨不止

寒食窮愁嘆陋邦，可憐終日雨淙淙。不妨農畝雲連稼，獨惜園花錦脫粧。最苦繁聲欺陋巷，願看晴色放春江。明朝日出誰能料，已喜燈光照夜窗。

### 寒　食

荒山野水非吾土，寒食清明似去年。楊柳插門人競笑，吳兒不信子推賢。黃有效此方作子推插柳者，人笑之。

### 寒食離白沙二首

莫驚客路已經年，尚有青春一半妍。試上芳堤望春野，萬絲楊柳拂晴天。

花枝裊裊水溶溶，楊柳輕明二月風。景物可憐人寂寞，年年寒食醉眠中。

### 寒食日同婦子輩東園小宴二首

寒食無與樂，携拏宴小園。青春積雨闋，白日萬花繁。
時節悲江國，窮愁滯酒樽。故鄉終在眼，樂事得重論。

### 寒食招和叔遊園

蘇舜欽

異鄉風俗傷嘉節，久客情懷喜友人。共挈一樽諸處賞，誰家
得似故園春。

### 寒食阻風

曾　鞏

畫船齊泊倚青山，正值春風阻往還。江作鼓鼙聲浩渺，樹爲
戎障綠回環。幽花婀娜偏宜眼，啼鳥交加亦解顔。使者文章才
不淺，盡將模楷寄柴關。

### 寒食假中作

宋　祁

九門煙樹蔽春屬，小雨初殘潑火前。草色引開盤馬路，簫聲
催暖賣餳天。縈絲早絮輕無著，弄袖和風細不憐。鼇署侍臣貪
出沐，泯糜珠餡愧頒宣。

### 寒食野外書所見

一雨初回逗曉涼，近郊連帟儼相望。乞漿易醉墦間客，廝養
初閒竈下郎。暖吹未休緣迥野，低煙不散爲垂楊。家家鐘鼓争

行樂，肯信龍蛇是怨章。

### 寒食始長

四海秋風晚，千門夜刻長。桐梧老空井，蟋蟀近人牀。晴燭勤垂燼，離鴻短趁行。生平江海志，耿耿未渠央。

### 寒食日送李公佐歸漢東

有客改南轅，春郊駐祖筵。鑄寒禁火國，風煖浴沂天。茂草年無際，殘花慘更妍。鹿鳴偕計近，簪盍約初年。

### 寒食夜偶題

前庭露氣壓輕埃，風砌花陰聚復開。苦恨浮雲心不淨，月中時污太清來。

### 寒食東城作

晏　殊

王城百五車馬繁，重帷黦幕紛郊原。游人得意惜光景，恣尋複樹登高軒。平蕪遠水知何許，眼入迢迢空處所。梨花澹艷柳絲長，百計撩春作煙雨。歌哭聲中半落暉，珊鞍繡轂尚遲歸。荒田野草人間事，誰向伶玄淚滿衣。

### 寒食遊王氏城東園林因寄王虞部

謝墅林亭汴水濱，偶攜佳客共尋春。看花便擬思君子，對竹何曾問主人。促席正逢羲日暖，酡顏仍有郢醪醇。朝中九列無門暇，願作新詩贈季倫。

### 次韻和參政陳給事寒食杜門感懷二首

班班疏雨欲晴天，迴避春風入醉眠。新火未來絲閣静，砌苔窗樹兩依然。

謝堂新句入清歌，雨箔風簾有燕過。未免芳辰嘆心賞，始知猶患陸才多。

### 渝南寒食

賈宗諒

異地逢寒食，客情誰與儔。心摇隴雲下，身寄楚江頭。落絮絲絲恨，飛花片片愁。東風似相念，終日倚扁舟。

### 禁煙即事

謝景初

時節一百五，疾風收雨天。鳥催青帝馭，人重子推錢。蹴踘逢南陌，鞦韆送晚煙。墻間無限醉，唯我獨蕭然。

### 寒食梨花小飲

蔡　襄

江南寒薄春常早，花卉入春先自老。嗟予衰病不及時，出見園池半青草。縱有餘葩在葉間，行看落片隨風掃。尋春已過索寞歸，重憶歡娛耿懷抱。雖然妖艷難再得，但只逢花須醉倒。二月中央寒食朝，墻隈忽見梨花飄。開門四顧粲然白，傳催翠奕賓朋招。長吟環遶不知數，漸值明月臨清宵。誰翦輕雲成碎藥，天留密雪封枯條。重重盡挂珠瓔珞，簌簌初呈玉步摇。傍花行酒發新唱，滿座例舉黃金瓢。西都姚黃高一尺，揚州寶髻分雙翹。幽香絕艷信尤物，設欲致之千里遙。壁間寫生亦名畫，未免五彩塗鮫綃。莫如此君愜人意，相對一笑開無慘。古來英豪多感激，坐使綠鬢共顏彫。勸君且作梨花飲，慎勿稱量別品流。

## 寒食西湖

山前雨氣曉終收，水際風光醉欲流。盡日旌旗停曲岸，滿潭鉦鼓競飛舟。浮來煙島疑相就，引去沙禽好自由。歸騎不令歌吹歇，萬枝燈燭度花樓。

## 寒食遊公謹園池

二月名園蓊欝清，爲憐佳節此閒行。偶因觸詠心還適，暫離塵埃眼倍明。風靜落花深一寸，日遲啼鳥度千聲。主公高意何須道，芳物於人自有情。

## 寒食樂詞

皇州令節已藏煙，帝渥乘時錫廣筵。和氣去添春色重，恩光來助月華鮮。千聲鳳吹朱門裏，一種花香穀雨前。更喜簪裳嘉宴日，親逢干羽治平年。

## 次韻和柳之寒食 二首

白子儀

良辰今日正寒食，收拾賓檠宜再三。落筆唱醻宜不倦，把花醒醉亦何慙。客來常滿眼無白，人道半痴心所甘。此自謂也。幸是禁煙芳節在，接羅倒戴定能堪。

餘花茂草引醺酣,禮節休言爵止三。芳歲再逢雖强笑,少年相對但多慙。尚驅俗駕終何適,不闢愁門却未甘。難把長繩繫春日,若非觴斝更誰堪。

## 寒食值雨

梁　顥

春波微緑草連門,寒食煙光可斷魂。細雨隔簾煙火滅,落花風動欲黃昏。

## 寒食寓懷

明日一百五,春風餘幾何。愁隨新火出,病憶故人多。草色墻陰合,花香宿雨和。耿懷殊不寐,終夕扣壺歌。

## 奉和聖製寒食五七言各一首

劉　筠

垣禁申嚴日,餘萌盡達初。蹋青游騎遠,浮棗禊波舒。錫市喧簫吹,雞場隘酒車。俗康春更樂,綺榭煥晴虛。

黍盤交薦藏煙日,絲雨微沾解禊辰。家有鞦韆憐月夕,户垂楊柳慶芳春。波浮素卵祥蘭馥,壘戲名肇瑞麥新。千里神畿多勝賞,熙熙胥會可封民。

### 山中寒食二首

林　逋①

方塘波淥杜蘅青，布穀提壺已足聽。有客新嘗寒具罷，據梧慵復散幽陘。

氣象纔過一百五，且持春酒養衰年。中林不是不禁火，其奈山櫻發欲然。

### 禁煙遊園

劉　攽

寒食風光雨斂塵，病餘寒極强頒春。傳呼廣陌雙搖旆，乘興名園一柅輪。列座賓寮皆俊雅，遶池花木盡奇珍。長吟淺醉歸時晚，蠟炬熒煌改火新。

### 許州寒食

灌嬰臺畔路憧憧，寒食追遊喜退公。堤柳媚煙行細綠，野橋橫水陣殘紅。鞦韆冷颺梨花雨，蹴踘高騰燕子風。幾處笙歌幾家哭，却愁迴馬夕陽中。

### 寒　食

魏　野

清明時節出郊原，寂寂山城柳映門。木隔淡煙疏竹寺，路經微雨落花村。天寒酒薄難成醉，地迥臺高易斷魂。回首故人千

---

① 此二詩徐本據明抄本校補作者"林逋"，兹校從。

里外，別離心緒向誰論。

## 同　前

汪元量

年年于此日，未有不傷嗟。何處未歸客，滿頭猶戴花。折碑橫道路，亂葬遠人家。向暮香車散，春風細雨斜。

## 寒食雨

楊　齊

一片春陰一倍寒，萬家春色寂無煙。冷催杜宇朝相咲，寒逼嫦娥夜不圓。添得山房澆藥水，負他公子賞花天。東君欲助之推怨，淚濕垂楊恨不眠。

## 寒食野外

寒食人家事踏青，偶驅羸馬出郊坰。禽聲喚雨嬌相語，天色和春困不醒。芳草碧來絲作毯，好花紅處錦爲屛。回頭畫角江城晚，人倚秋千月半庭。

## 寒食偶成

佘安行

海角逢寒食，春風氣尚寒。異鄉追往事，遠客少情歡。稚子今趨闕，吾身盍掛冠。老來諸事怯，煮冷作朝飡。

## 寒食雨晴書事

趙崇礎

如何夜來雨，欲妒清明天。皎皎日華曉，千門羅管絃。風吹綺襦艷，深入楊柳煙。我與君子意，歸心皆浩然。

## 寒食日見海榴花感懷遣興

沈　邁

東皇六轡不停摦，三月嘉期已及瓜。鳳笙未頹春院玉，海榴驚見夏亭花。年光轉轂真堪惜，恨景循環慢自嘉。壯士不妨頻感慨，騷人風詠正而葩。

## 寒食後雜詠

百歲窗櫺看馬軍，三分春色半分存。人防白髮無靈藥，花到明年有宿根。藥殿角宮蜂鼓吹，土囊襁褓竹兒臨。風流不及芸芸物，勝物都盧只酒樽。

## 寒　食

三月亂花飛，煤煙禁此時。厝家占大火，風土醮之推。故事何勞問，芳辰獨可追。香陰陳熟食，日燠有瑤卮。

## 寒食日蘇林同馬中玉提刑過訪有詩示怊然并余次韻之作

釋道潛

使君薄珪組，富貴良易足。一麾下東南，千里爭拭目。援毫賦山水，詞力瀉溪谷。勝游便杖屨，聒耳厭絲竹。西湖破春冰，曉漲翻暗緑。相將二使輶，遵從還屏逻。後先度巖壑，鶺鳹追鶯鵠。樂事殊未央，酒行宜侷促。風流俄醉舞，客坐嗒頽玉。嵇阮真達生，秦唐漫歌哭。斜陽絶湖去，兩槳凌波速。却尋天然居，隱隱隔喬木。到門呼主人，展畫滿高屋。夕鼓來遠近，雨聲飄斷續。藍輿入城市，夾道鬧燈燭。盛事在餘杭，他年見圖録。

## 寒食二日與王仲聖同會李觀察池上分韻得風字

秦　觀

經春抱病百端慵，偶到平陽舊地中。池籞信爲三輔冠，杯盤真有五陵風。美人賦韻分春色，上客揮毫奪化工。報老漸於花柳薄，但憐流水碧相通。

# 歲時雜詠卷十四

（宋）蒲積中　編

## 清　明

### 清明早赴王門率成

李　嶠

游客趨梁邸，朝光入楚臺。槐煙乘曉散，榆火應春開。日帶晴虹上，花隨早蝶來。雄風乘令節，欲吹拂輕灰。

### 清明日龍門游泛

晴曉國門通，都門藹將發。紛紛洛陽道，南望伊川闕。衍漾乘和風，清明送芬月。林窺二山動，水見千龕越，羅袂冒楊絲，香橈犯苔髮。羣心行樂未，唯恐流芳歇。

### 清明日詔宴寧王山池得菲字

張　說

今日清明宴，佳境惜芳菲。搖揚花雜下，嬌囀鶯亂飛。渌渚傳歌榜，虹橋度舞圻。和風偏應律，細雨不霑衣。

### 清明日宴梅道士房

孟浩然

林臥愁春晝，褰幃覽物華。忽逢青鳥使，邀我赤松家。金竈初開火，仙桃正發花。童顏若可駐，何惜醉流霞。

## 清明即事

帝里重清明，人心自愁思。車聲上路合，柳色東城翠。花落草齊生，鶯飛蝶雙戲。空堂坐相憶，酌茗聊代醉。

## 清　明

杜　甫

此身飄泊苦西東，右臂偏枯半耳聾。寂寂繫舟雙下淚，悠悠伏枕左書空。十年蹴踘將雛遠，萬里鞦韆習俗同。旅雁上雲歸紫塞，家人鑽火用青楓。秦城樓閣煙花裏，漢主山河錦繡中。春去春來洞庭濶，白蘋愁煞白頭翁。

## 清　明二首

著處繁華矜是日，長沙千人萬人出。渡頭翠柳艷明眉，爭道朱蹄驕齧膝。此都好游湘西寺，諸將各自軍中至。馬援征行在眼前，葛强親近同心事。金鐙下山紅粉晚，牙檣捩柂青樓遠。古時喪亂皆可知，人世悲歡暫相遣。弟姪雖存不得書，干戈未息苦離居。逢迎少壯非吾道，況乃今朝更被除。

朝來新火起新煙，湖色春光净客船。繡羽衝花他自得，紅顏騎竹我無緣。胡童結束還難有，楚女腰支亦可憐。不見定王城舊處，長懷賈傅井依然。虛霑焦舉爲寒食，實藉嚴君賣卜錢。鐘鼎山林各天性，濁醪麤飯任吾年。

### 清明日自西午橋至瓜巖村有懷

張　繼

曉霽龍門雨,春生汝穴風。鳥啼官路靜,花發毀垣空。鳴玉慙時輩,垂絲學老翁。舊游今不見,惆悵洛城東。

### 清明後登城眺望

劉長卿[1]

風景清明後,雲山睥睨前。百花如舊日,萬井出清煙。青草無空地,江流合遠天。長安何處是,遙指夕陽邊。

### 清明日青龍寺上方得多字

皇甫冉[2]

上方偏可適,季月況堪過。遠近人都至,東西山色多。夕陽留徑草,新葉變庭柯。已渡清明節,春愁如客何。

### 清明日送鄧芮還鄉

戴叔倫

鐘鼓喧離室,車徒促夜裝。曉廚新出火,輕柳暗飛霜。傳鏡看華髮,持盃話故鄉。每嫌兒女淚,今日自霑裳。

---

[1]　此詩徐本據明抄本校補作者"劉長卿",茲校從。
[2]　此詩底本未署作者,茲據《全唐詩》卷二四九校補作者"皇甫冉"。

## 清明賜公卿新火

史　延

上苑連侯第，清明及暮春。九天初改火，萬井屬良辰。頒賜恩踰洽，承時慶亦均。翠煙和柳嫩，紅焰出花新。寵命尊三老，祥光燭萬人。太平當此日，空腹賀陶鈞。

## 又

韓　濬①

玉騎傳紅燭，天厨賜近臣。火隨黃道見，煙繞白榆新。榮耀分他室，恩光共此辰。更調金鼎膳，還暖玉堂人。灼灼千門暎，輝輝萬井春。應憐聚螢者，瞻望獨無隣。

## 又

王　濯

御火傳香殿，華光及侍臣。星流中使馬，燭耀九衢人。轉影連金屋，分輝麗錦茵。焰迎紅蕋發，煙染綠條春。助律和風早，添鑪暖氣新。誰憐一寒士，猶望照東隣。

## 同顏使君清明日游因送蕭仇香

皎　然

誰知賞佳節，別意忽相和。暮色汀洲遍，春情楊柳多。高城戀旌斾，極浦宿風波。惆悵友山月，今宵不再過。

---

① 此詩徐本據明抄本及《全唐詩》卷二八一校補作者"韓濬"，茲校從。

### 清明日登城春望寄大夫使君

王　表

春城閒望愛晴天，何處風光不眼前。寒食花開千樹雪，清明日出萬家煙。興來促席唯同舍，醉後狂歌盡少年。聞説鶯啼却惆悵，詩成不見謝臨川。

### 清明節郭侍御偶與李侍御、孔校書、王秀才游開化寺，臥病不得同游。賦詩十韻，兼呈馬十八郎丞公得岫字

崔元翰

山色入層城，鐘聲臨複岫。乘閒息邊事，探異憐春候。曲閣下重階，迴廊遙對霤。石間花遍落，草上雲時覆。鑽火見樵人，飲泉逢野獸。道情親法侶，時望登朝右。執憲糾姦邪，刊書正訛謬。茂才當時選，公子生人秀。贈答繼篇章，歡娛重朋舊。垂簾獨衰疾，擊缶酬金奏。

### 自蜀詔還清明日途經百牢關因題石門洞

昔佩兵符去，今持相印還。天光臨井絡，春物度巴山。鳥道青冥外，風泉洞壑間。何慙班定遠，辛苦玉門關。

### 和黃門相公詔還題石門洞

趙宗儒

益部恩輝降，同榮漢相還。韶芳滿歸路，軒騎出重關。望日朝天闕，披雲過蜀山。更題風雅韻，水絕翠巖間。

## 同　前

鄭餘慶

　　紫氛隨馬處，黃閣駐車情。嵌壑驚山勢，淋灘戀水聲。地分三蜀限，關志百牢名。琬琰攀酬郢，徵言鼎飪情。

## 和清明日裴閣老招城南遊覽口號時以疾故有阻追游

權德輿

　　紫禁宿初迴，清明花亂開。相招直城外，遠遠上春臺。諫曹將列宿，幾處期子玉。深竹與清泉，家家桃李鮮。折芳行載酒，勝賞隨君有。愁疾自無悰，臨風一搔首。

## 清明日次弋陽

　　自欲清明在遠鄉，桐花覆水葛溪長。家人定是持新火，點作孤燈照洞房。

## 清明日后土祠送田徹

楊巨源

　　清明千萬家，處處是年華。榆柳芳辰火，梧桐今始花。登祠結雲騎，遊陌擁香車。惆悵田郎去，原迴煙樹斜。

## 洛陽清明日雨霽

李正封

　　曉日清明天，夜來嵩少雨。千門止煙火，九陌無風土。酒淥橋市春，漏閒宮殿午。游人戀芳草，半犯嚴城鼓。

### 清明日漢上憶與樂天輩游

元　稹

當年寒食好風輕，觸處相隨取次行。今日清明漢江上，一身騎馬將官迎。

### 清明日送韋侍御貶虔州

白居易

寂寞清明日，蕭條司馬家。留餳和冷粥，出火煮新茶。欲別能無酒，相留亦有花。南遷更何處，此地已天涯。

### 清明日觀妓舞聽客詩

看舞顏如玉，聽詩韻似金。綺羅從許笑，絃管不妨吟。可惜春光老，無嫌酒盞深。亂花送寒食，併在此時心。

### 清明夜

好風朧月清明夜，碧砌紅軒刺史家。獨向迴廊行復歇，遙聽絃管夜看花。

### 清明日登老君閣望洛城贈道士

風光煙火清明日，歌哭悲歡城市間。何事不隨東洛水，誰家又葬北邙山。中橋車馬長無已，下渡舟航亦不閒。冢墓纍纍人擾擾，遼東悵望鶴飛還。

## 同綿州胡郎中清明日對雨西京讌

張　籍

郡內新開火，高齋雨氣清。惜花邀客賞，勸酒促歌聲。共醉移芳席，留歡閉暮城。政閒方宴語，琴瑟任搖情。

## 清明日題一公禪室

李　郢

山頭蘭若石楠春，山下清明煙火新。此日何窮禮禪客，歸心誰是戀禪人。

## 清明日

溫庭筠

清蛾畫扇中，春樹鬱金紅。出犯繁花露，歸穿弱柳風。馬驕偏避幰，雞駭乍開籠。拓弾何人發，黃鸝隔故宮。

## 禁火日

駘蕩清明日，儲胥小苑東。暖衫萱草綠，春鬢杏花紅。馬轡輕銜雪，車衣弱向風。又愁聞百舌，殘睡正朦朧。

## 清明日園林寄友人

賈　島

今日清明節，園林勝事偏。晴風吹柳絮，新火起廚煙。杜草開三徑，文章憶二賢。幾人能命駕，對酒落花前。

### 湖寺清明夜遣懷

李羣玉

柳暗花香愁不眠，獨凭危檻思悽然。野雲將雨度微月，沙鳥帶聲飛遠天。久爲饑寒拋弟妹，每因時節憶團圓。錫湌冷酒明年在，未定萍逢何處邊。

### 長安清明言懷

顧非熊

明時帝里遇清明，還逐遊人出禁城。九陌芳菲鶯自囀，萬家車馬雨初晴。客中下第逢今日，愁裡看花厭此生。春色來年誰是主，不堪憔悴更無成。

### 清明日與友人游玉粒塘莊

來鵠

幾宿春山逐陸郎，清明時節好煙光。歸穿細荇船頭滑，醉踏殘花屐齒香。風急嶺雲翻迥野，雨餘田水落方塘。不堪吟罷東回首，滿耳蛙聲正夕陽。

### 鄂渚清明日與鄉友登頭陀山寺

冷酒一盃相勸頻，異鄉相遇轉相親。落花風裏數聲笛，秀草煙中無限人。都大此時深悵望，豈堪高境更逡巡。思量費子真仙子，不作頭陀山下塵。

## 清明日江南作

鄭　準

吳山楚馹四年中，一見清明一改容。旅恨共風連夜越，韶光隨酒著人濃。延興門外攀花別，採石江頭帶雨逢。無限歸心何計是，路邊戈甲正重重。

## 清明日赤水谷中寺居[①]

榆火輕煙處處新，旋從閑望到諸鄰。浮生浮世只多事，野水野花娛病身。濁酒不禁雲外景，碧峰猶冷寺前春。蓑衣毳衲誠吾黨，自結村園一社貧。

## 清明日登奉先城樓

羅　袞

年來年去只艱危，春半堯山草尚襄。四海清平耆舊見，五陵寒食小臣悲。煙銷井邑隈樓檻，雪滿川原泥酒卮。拭盡賈生無限涕，一行歸雁遠參差。

## 長安清明

韋　莊

早是傷春夢雨天，可堪風草更芊芊。內官新賜清明火，上相閑分白打錢。紫陌亂嘶紅叱撥，綠楊高映畫秋千。游人寄得承平事，暗喜風光似昔年。

---

①　此詩及以下六首計七首詩，底本皆未見，徐本據明抄本校補，茲據錄。

### 清明日曲江懷友

羅　隱

君與田蘇即舊游，我於交分亦綢繆。二年隔絕重泉下，盡日悲涼曲水頭。鷗鳥似能齊物理，杏花疑猶伴人愁。寡妻稚子應寒食，遙望江陵一淚流。

### 清　明

孫昌胤

清明暮春裏，悵望北山陲。燧火開新燄，桐花發故枝。沈冥慚歲物，歡宴阻朋知。不及林間鳥，遷喬並羽儀。

### 清明宴劉司勳別業

祖　詠

田家復近臣，行樂不違親。霽日林園好，清明煙火新。以文常會友，唯德自成鄰。池照窗陰晚，杯香藥味春。簷前花覆地，竹外鳥窺人。何必桃源裏，深居作隱淪。

### 清明日憶諸弟

韋應物

冷食方多病，開襟一忻然。終令思故郡，煙火滿晴川。杏粥猶堪食，榆羹已稍煎。惟恨乖親宴，坐度此芳年。

# 歲時雜詠卷十五

（宋）蒲積中　編

## 清　明

清明前一日，韓子華以靖節《斜川》詩見招，游李園。既歸，遂苦風雨，三日不能出，窮坐一室。家人輩倒殘壺，得濁酒數杯。泥濁道路無人行，去市又遠，索於篋笥，得枯魚乾鰕數種，強飲疾醉，昏然便寐。既覺索然，因書所見，奉呈聖俞二十五兄

歐陽修

少年喜追隨，老大厭諠譁。慚愧二三子，邀我行看花。花間豈不好，時節亦云嘉。因病既不飲，衆歡獨成嗟。管絃暫過耳，風雨愁還家。三日不出門，堆灰類寒鴉。妻兒強我飲，釘餖果與瓜。濁酒傾殘壺，枯魚雜乾鰕。小婢立我前，赤脚兩髻丫。軋軋弄雙絃，正如槁嘔啞。坐令江湖心，浩蕩思無涯。寵禄不知報，鬢毛今已華。有田清潁間，尚可事桑麻。安得一黄犢，幅巾駕柴車。

### 清明賜新火

魚鑰侵晨放九門，天街一騎走紅塵。桐花應侯催嘉節，榆火推恩畀侍臣。多病正愁餳粥冷，清香俱見蠟煙新。自憐慣識金蓮燭，翰苑曾經七見春。

### 清明輦下懷金陵

王安石

春陰天氣草如煙，時有飛花舞道邊。院落日長人寂寂，池塘風慢鳥翩翩。故園回首三千里，新火傷心六七年。青蓋皂衫無復禁，可能乘興酒家眠。

### 和君貺清明與上巳同日泛舟

司馬光①

繁華兩佳節，邂逅適同時。雅俗共爲樂，風光如有期。曉煙新里巷，春服滿津涯。已散漢宮燭，仍浮洛水卮。占花分設席，愛柳就張帷。華轂爭門出，輕簾夾路垂。一川雲錦爛，四座玉山攲。疊鼓傳遥吹，輕橈破直漪。清談何衮衮，和氣益熙熙。想見周南俗，當年逸少詩。

### 次韻酬文忠公

梅堯臣

春候倏已和，林上鳴鳥譁。前日是清明，驟雨霑梨花。初聞結客游，愛此物景嘉。歌舞未宴夕，日暮各興嗟。所嗟歸路暗，嘶馬自知家。公家八九妹，鬢髮如盤鴉。朱唇白玉膚，參年始破瓜。幾日苦霖淫，當道跳魚鰕。閉門飲濁醪，鞦韆繫樹丫。羣姝莫要劇，爲公歌啞啞。公當是日醉，歡適不可涯。孔氏有高弟，内自戰紛華。我公豈其然，東直異蓬麻。果効歸田去，願從招隱車。

---

① 此詩徐本據明抄本校補作者"司馬光"，兹校從。

## 依韻和三月十四日清明在席呈

太守風流甚，吟牋寫蜀麻。尋春何處客，暎柳阿誰家。蠟炬傳新火，朱欄發舊花。月光將欲滿，特地照鉛華。

## 清明日臥病有感二首

張　耒

支離臥病逢佳節，漂泊西游寄洛城。重帽畏風惟益睡，青笻扶步不禁行。紅飄疏蓂知風惡，綠滿新枝聽鳥聲。不見賈生遺宅處，容留金谷舊園名。悲歌身世驚將老，悵望古今空復情。笑看人家競時節，爭持新火照清明。

## 又

飄萍著處即爲家，伏枕悠悠對物華。處處鞦韆競男女，年年寒食亂風花。藥囊侵坐勞頻檢，酒甕生塵亦可嗟。未若會尋吳市卒，也須學種邵平瓜。雲煙南望羣山會，水樹東浮去路斜。行止此身應有命，不須辛苦問生涯。

## 清明日臥病

鶯花零落一作亂。清明日，巾葛蕭條老病翁。烏鼎相親勤煮藥，素屏深坐怯當風。愛花未免呼兒摘，畏雨還成對客慵。自歎年來怨清鏡，衰顏換盡少年容。

## 近清明二首

斜日去不駐，好風來有情。江城過風雨，花木近清明。水樹閒照影，山禽時引聲。吾年行老矣，淹泊蹇何成。

冉冉春光老，昏昏日復斜。鮮懽常止酒，不睡更烹茶。旛起煙中刹，鷄鳴樹外家。陳王鬭鷄道，風柳不勝斜。

### 清明日船中書事二首

清明不到旅人家，乞火隣船自試茶。弄柳好風低作舞，夾船春浪細浮花。

巢烏噪處綠楊村，寒食人家畫掩門。隴麥晚風收宿潤，煙林午日漲春昏。

### 清明值雨

宋　祁

有潒興芳序，餘寒惜慘悽。遠山沉向盡，雜樹望先迷。天濶都成暝，雲昏本自低。漂灰禁餘火，浮棗被殘溪。檻篠風爭亞，汀梟夜不棲。蓬聲攢釣渚，蓑滴擁煙畦。積潤浸重襬，長巖壓曉鼙。游人盤馬路，獨漉逐春泥。

### 答友人清明雨思

楚雲朝暮蔽前峰，佳節尋芳已半空。三日薰爐沉蕙綠，一星春火迸榆紅。文鱗對擲回塘水，賀燕交飛翠幕風。悵憶沈齊題句罷，碎英無響墜華桐。

### 山中清明

一雨東郊卷夕雲，山中坐對寂寥春。高低桃綏紅相倚，輕重榆錢綠不勻。杯冷羅門拋午案，籩殘□□原闕。(犀槊)晦流塵①。漢鯿漸美關(開)魚禁②，已約溪公下釣緡。

## 清　明

曉日東南欲照梁，藏鴉密柳暗橫塘。行庖束蜜停晨爨，別館薰衣冷夜香。陌上鮮風橫去幰，陽濱翠潋泛行觴。獨嗟楚客流芳晚，淹臥悟悟瞞眼長。

## 清明日集西園

日日西園春思催，携觴結客上高臺。正緣從事青州至，更許書生洛下來。時州醖既美，又命座客賦詩。早葉已成花半落，新巢未定燕千應作初。回。芳辰物物皆堪愛，併作高陽倒載媒。

## 和三司尚書清明

陰岑晚樹飄花外，冷落晨杯擣杏餘。喉舌官崇無晤賞，一軒筠粉伴刊書。

## 途次清明

漠漠輕花著早桐，客甌餳粥對禺中。遥知闕下頒新火，百炬青煙出漢宮。

---

①　"殘"字下底本即注"原闕"二字，兹據體例標作缺字符號。徐本據《全宋詩》校補作"犀槊"二字，兹據補。

②　關，徐本據《全宋詩》卷二一五校作"開"，可從。

### 奉和聖制清明二首

璇杓臨乙位，羲御屆婁初。碧浪桃花湧，珍叢錦段舒。輪蹄晴縹緲，鐘漏夕虛徐。穆穆宣溫殿，披文日有餘。

嶰律調元品彙春，陽青右个啓初辰。庖煙息禁農畎盛，蠶器增修歲務新。遲日東門催柳色，微寒南陌斂車塵。栢梁侍從瞻天什，拜手賡歌軋思頻。

### 清明日獨酌

王禹偁

一郡官閒惟副使，一年冷節是清明。春來春去何時盡，閒恨閒愁觸處生。紫燕黃鸝誇舌健，柳花榆莢鬭身輕。脫衣換得商山酒，笑把離騷得自傾。

### 清明感事三首

無花無酒過清明，興味蕭然似野僧。昨日隣家乞新火，曉窗分與讀書燈。

日轉鞦韆影漸斜，忍聞絲管在隣家。兒童不慣貧滋味，剛拾榆錢索買花。

榆錢零落麥開芒，魂斷南軒蝶影雙。多謝東風相管顧，解將花片入書窗。

### 清明日赴玉津園宴集五首

王安國

清明春律十分回，草色連雲花盡開。禁籞幸隨諸彥入，安車仍賜上師陪。百壺未許都門餞，九奏先從帝所來。魚鑰恩留方賜勸，柳邊遲日莫相催。

又

蔡　襄

春風益益水濺濺，南苑清明雨後天。門外遊人聽玉笀，席間使者勸金船。定須歸路燒紅燭，還有新詩上采牋。舊老戀恩方燕喜，看花應不憶伊川。

又

章　惇

南園高照寵師臣，盛事仍隨節物新。勸餞滿傾仙室酒，<sub>崑崙山下有仙室出酒。</sub>賜花分得漢宮春。三朝注眷優元弼，五福天教萃一身。自昔雲龍如此少，因公感激涕霑巾。

又

韓　維

白髮三公覲禮成，上林花木照清明。金錢賜會當佳節，玉斝流恩異聖情。永日春風延衹樂，千齡熙事屬昇平。叨陪盛集均餘瀝，敢惜歸鞍醉弁傾。

又

安德裕

帝眷三朝輔弼臣，詔頒禁籞燕慈均。已驚貴老恩榮厚，重歎優賢禮意新。使至屢聞天上語，<sub>上屢傳宣令勸語相酒。</sub>酒酣想見洞中春。太平無事忘情久，更接人間事了人。

## 清　明

孫　永

每年每遇清明節，把酒尋花特地忙。今日江頭衰病起，神前新火一爐香。

## 清明日書諤公房

魏　野

城裏爭看城外花，獨來城裏訪僧家。殷勤旋乞新鑽火，爲我親烹岳麓茶。

## 清明連上巳

上巳歡初罷，清明賞又追。閏年侵舊曆，令節併芳時。細雨驚飛重，春風酒到遲。尋花迷白雪，看柳折青絲。淑氣如相待，天和意爲誰。吁嗟名未立，空詠宴游詩。

## 清明闕下寄弟汶①

清明帝城景若何，柔花媚草矜陽和。風塵九陌車逐馬，人事萬態哭與歌。白雲故山杳何在，朱門俗客慵相過。空思吟嘯遂高興，會須灑懇歸煙蘿。

---

① 此詩徐本據明抄本校補作"豹林先生"。

## 清明示弟姪

唐　庚

歲華忽忽又清明，憶與諸生試集英。金鎖掣雷開右掖，紵襴披雪照升平。立班雉尾身疑夢，茂對龍顏目乍驚。百拜起居分左右，十年智臆展縱橫。愧無長策裨千慮，敢昧初心苟一名。三道豈能窺董傅，乙科今復媿匡衡。始吾進取恬無意，看汝光華便是榮。他日當求田二頃，玻璨自足過浮生。

## 清明日許聖傳召飲不赴<sub>二首</sub>

余安行

流年衰老不堪誇，懶向風前共戴花。賴有故人知我意，許教閑處岸烏紗。

清明天氣實堪佳，薄薄春陰蔽日華。多少異花呈國色，未應臨賞醉流霞。

## 清　明<sub>三首</sub>

沈　遘

春色三停鶯兩停，五陽充滿發精英。年光迅速追難及，風景清明畫不成。錦被堆中蝴蝶夢，黃樓子畔鵜鶘聲。眼前蟲蟻皆如意，我輩何愁不稱情。

上隴歸來日未西，滿頭姚魏間荼蘼。盃盤曲水招蘭葉，薵釜清泉蔭柳枝。舉世儻須新火用，寒灰還有再燃時。窮愁海戶填將滿，不負韶光賴有詩。

池館連金谷，盃盤奠栢城。賞心須窈窕，佳景只清明。院落含花氣，風光快珮聲。誰家疏小徑，携手即同行。

### 清明後書事四首

鶯啼夜合花香散，燕語江南柳色鮮。鹽市共娛叢帝魄，火官初換介推煙。半愁半喜闔閭景，輕暖輕寒子弟天。可惜男兒經社力，爲他紅粉送鞦韆。

禱鹽崇廟香煙集，歐癘儺師佩服鮮。池荇牽衣獨曳帶，海榴火樹欲生煙。江花野草離騷景，水榭風亭祓禊天。春女爲憐紅欲落，輕盈不忍動鞦韆。

巴賓舊國江都樂，徵角新腔墨色鮮。趁水酒家春糯碓，順溪園戶焙茶煙。柳陰花影盤桓地，褁帶鞋頭掣拽天。遊罷不知鹽事迫，囈言猶自悅鞦韆。

跳山穀雨大如拳，靜洗林巒畫色鮮。芸戶社開分漏鼓，畬田燒起順風煙。懷沙暮暮朝朝賦，步屧三三兩兩天。遊妓不知簪珥貴，爭高徒伴賭鞦韆。

### 清明日感春

花前曾作探花行，爛熳於今祇自驚。春色將衰猶炫目，人頭向白更多情。鳴禽難喚東君住，飛笭須追野馬傾。但趁生前開口笑，豈圖身後有虛名。

### 清明晚步書懷

暖風寒力退，遲日午陰長。草色迂清步，花香糯醉腸。春非私大信，人自惜流光。俗骨無仙壽，遨遊待鬢黃。

## 清明日湖上呈秦少章

釋道潛

水邊花霧曉氤氲，春入西湖兩岸深。冶葉倡條他自媚，朽株枯木我何心。鞦韆索轉朱樓角，博塞聲喧碧柳陰。年少故人分慷慨，一作概。未應從俗强浮沉。

## 東欄梨花

蘇　軾

梨花淡白柳深青，柳絮飛時花滿城。惆悵東欄一枝雪，人生看得幾清明。

## 清明後二日同諸公飲趙道士東軒以<br>日暮天無雲春風扇微和爲韻得和字

司馬光

寂寥清明後，餘春已無多。閒軒賦佳致，不惜載酒過。水木晚尤秀，風煙晴更和。臨樽不盡醉，奈此芳菲何。

## 清明日道中馬上口占

游　酢①

江上晴沙没馬蹄，梨花樹樹匝江湄。田家誰道無寒食，門外鞦韆簇小兒。

---

① 此詩徐本據明抄本校補作者"游酢"，兹校從。

# 歲時雜詠卷十六

（宋）蒲積中　編

## 上　巳

### 上巳篇

張　華

仁風導和氣，勾芒御吳春。姑洗應時月，元巳啓良辰。良辰蔭朝日，零雨灑微塵。飛軒遊九野，置酒會衆賓。臨川懸廣幕，夾水布長茵。徘徊存往古，慷慨慕先真。朋從自遠至，童冠八九人。追好舞雩庭，擬跡洙泗濱。伶人理新樂，膳夫進時珍。八音硼磕奏，有俎從橫陳。妙舞起齊趙，悲歌出三秦。春體踰九醴，冬清過十旬。盛時不努力，歲暮將何因。勉哉衆君子，茂德景日新。高飛撫鳳翼，輕舉攀龍鱗。

### 太康六年三月三日後園會三首

暮春元日陽，氣清明祁祁。甘雨膏澤流，盈習習祥風。啓滯道生禽，鳥翔逸卉木。滋榮纖條被，綠翠華含英。於皇我后欽，若昊乾順時。省物言觀中，園讌及羣辟。乃命乃延合，樂華池祓濯。清川汎彼龍，舟沂游洪源。

朱幕雲覆，引坐文茵。羽觴波騰，品物備珍。管絃繁會，變用奏新。穆穆我皇，臨下渥仁。訓以慈惠，詢納廣神。好樂無荒，化達無垠。

咨子微臣，荷寵明時。忝思于外，悠悠三朞。天馬惟慕，天實爲之。靈啓其願，邀願在兹。于以表情，爰著斯詩。

## 三日洛水作

潘　尼

暮春春服成，百草敷英蕤。聊爲三日遊，方駕結龍旗。廟廊多豪俊，都邑有艷姿。朱軒蔭蘭皋，翠幕暎洛湄。沉鈎出比目，舉弋落雙飛。羽觴乘波進，素卵隨流歸。

## 三月三日應詔

閭丘沖

暮春之月，春服既成。升陽潤土，冰渙川盈。餘萌濟人，嘉木敷榮。后皇宣遊，既謿且寧。光光華輦，侁侁從臣。上蔭丹幄，下藉文茵。臨池挹與，濯故潔新。俯鏡清流，仰睇天津。藹藹華林，岩岩果陽。葉葉峻宇，奕奕飛梁。垂蔭倒景，若翱若翔。浩浩白水，沉沉龍舟。皇在靈沼，百辟周遊。激櫂清歌，鼓枻行謳。聞樂感和，具醉斯柔。在昔帝虞，德被遐荒。干戚在庭，苗人來王。今我哲后，古聖齊芳。惠既今國，以綏四方。元首既明，股肱惟良。樂只君子，今日惟康。

## 巳　會

阮　修

三春之秀，歲惟嘉時。零雨既濛，風以散之。英華扇耀，翔鳥羣嬉。澄澄綠水，澹澹其波。修崖逶迤，長川相過。聊且逍遥，其樂如何。

# 三　日

鮑　照[①]

氣喧動思心，柳青起春懷。時艷憐花藥，眼淨悅登臺。提觴野中飲，心愛因未開。露色霑春草，泉源潔冰苔。苊苊霑露條，嫋嫋乘風栽。鳬鷖掇苦薺，黃鳥銜櫻梅。解衿欣景預，臨流競覆盃。美人竟何在，浮心空自摧。

## 三日游南苑

採蘋及華月，追節逐芳雲。騰蒨溢林疏，麗日華山文。清潭園翠會，化薄緣綺紋。合樽遽景斜，折榮丟徂芬。

## 應詔曲水作

顏延年

道隱未形，治彰既亂。帝迹懸衡，皇流共貫。惟主創物，永錫洪筭。仁固開周，義高登漢。祚融世哲，業光列聖。太上正位，天臨海鏡。制以化裁，樹之形性。惠浸萌生，信及翔泳。崇虛非徵，積實莫尚。豈伊人和，寔靈所睨。日完其朔，月不掩望。航琛越水，輦賮踰嶂。帝體麗明，儀辰作貳。君彼東朝，金昭玉粹。德有潤身，禮不愆器。柔中淵暎，芳猷蘭祕。昔在文昭，今惟武穆。於赫王宰，方旦居叔。有睟叡蕃，爰履奠牧。寧極和鈞，屏京維服。胐魄雙交，月氣參變。開榮灑澤，舒虹爍電。化

---

① 鮑照，底本原作"鮑昭"，或係"鮑照"之名武周時因避武曌諱改名之沿用，茲回改。下文皆徑回改，不復出。

際無間，皇情爰眷。伊思鎬飲，每惟洛宴。郊餞有壇，君舉有禮。幕帳蘭甸，畫流高陛。分庭荐樂，析波浮醴。豫同夏諺，事兼出濟。仰窺豐施，降惟微物。三妨儲隸，五塵朝黻。途泰命违，恩充報屈。有悔可悛，滯瑕難拂。

### 車駕幸京口三月三日侍游曲阿後湖作

虞風載帝狩，夏諺頌王遊。春方動宸駕，望幸傾五州。山祇蹕嶠路，水若警滄流。神御出瑤軫，天儀降藻舟。萬軸運行衛，千翼泛飛浮。彤雲麗璇蓋，祥飆被綵斿。江南進荊艷，河激獻趙謳。金練照海浦，箾鼓震溟洲。藐盼覿蒼崖，衍漾觀綠疇。人靈騫都野，鱗翰聳淵丘。德禮既普洽，川岳徧懷柔。

### 三月三日侍宴西池

謝靈運

矧乃暮春，時物芳衍。濫觴逶迤，周流蘭殿。禮備朝容，樂闋夕宴。

### 上　巳

謝惠連

四時著半分，三春稟融爍。遲遲和景婉，夭夭園桃灼。携朋適郊野，昧爽辭鄽郭。斐雲興翠嶺，芳飆起華薄。解轡偃崇丘，藉草繞廻壑。際渚羅時萩，託波泛輕爵。

### 爲皇太子侍宴華光殿曲

謝　朓

初吉云巳，芳宴在斯。載留神矚，有睟天儀。龍精已暎，威仰未移。葉依黃鳥，花落春池。高宴弘敞，禁林稠密。青澄崛起，朱樓間出。翠葆隨風，金戈動日。惆悵清管，徘徊輕佾。瀰漼入筵，河淇流阼。海若來往，鱐肴沕泲。歡飲終日，清光欲暮。輕貂廻首，華組徐步。

### 三日侍宴林殿曲水

簡文帝

芳年留帝賞，應物動天襟。挾苑連金陣，分衢度羽林。帷宮對廣抜，層殿邇高岑。風旗爭曳影，亭皐生共陰。樹花初墮蔕，池荷欲吐心。

### 三月三日率爾成詩

芳年多美色，麗景復妖嬈。握蘭唯是旦，采艾亦今朝。廻沙溜水曲，碧袖散桃夭。綺花非一種，風絮亂百條。雲起相思觀，日照飛虹橋。繁華炫姝色，燕趙艷妍妖。金鞍汗血馬，寶鬢珊瑚翹。蘭馨起縠袖，連綿束瓊腰。相看隱綠樹，見人還自嬌。玉牀鳴羅薦，碟椀泛廻潮。洛濱非拾羽，滿握詎貽椒。

### 三日侍皇太子曲水宴

震德叶靈，年芳節淑。濯伊臨霸，蕩心偷目。驤騎晨野，摐金振陸。蕙氣捲旌，神飈擎轂。層岑偃蹇，聳觀岑嶤。煙生翠竹，日照綺寮。銀華晨散，金芝莫搖。綠衣動葉，丹距暎條。顧惟菲薄，徒承恩裕。藝學未優，聲績不樹。豈辨河書，寧摘淮賦。徒偶羣龍，終慙並驅去聲。

## 三日林光殿曲水宴

沈　約

宴鎬鏘玉鑾，游汾舉仙軑。榮光泛采斿，修風動芝蓋。淑氣婉登晨，天行聳雲旆。帳殿臨篿帷，春宮繞芳甸。漸席周羽觴，分墀引廻瀨。穆穆玄化升，濟濟皇階泰。將御遺風軫，遠侍瑤臺會。

## 三日率爾成篇

麗日屬元巳，年芳具在斯。開花已匝樹，流鶯復滿枝。洛陽繁華子，長安輕薄兒。東出千金堰，西臨雁鶩陂。遊絲暎空轉，高柳拂地垂。綠萍文照耀，紫燕光陸離。清晨戲伊水，薄暮宿蘭池。象筵鳴寶瑟，金瓶泛玉巵。寧憶春蠶起，日暮桑欲萎。長袂屢以拂，雕胡方自炊。愛而不可見，宿昔減容儀。早當忘情去，歎息獨何爲。

## 三日侍鳳光殿曲水宴

光遲蕙畝，氣婉椒臺。皇心愛矣，帝曰悠哉。玉鑾銜轡，翠鳳輕廻。別殿廣臨，離宮洞啓。川祇奉壽，河宗相禮。清洛漸延，長伊流陛。洄溠嘉羞，搖漾芳醴。輕歌易繞，弱舞難持。素雲留管，玄鶴停絲。引思爲歲，歲亦陽止。叩服賣身，身亦昌止。徒勤丹漆，終愧文梓。

### 三日侍安成王曲水宴

劉孝綽

匯澤良孔殷，分區屏中縣。跨躡兼流采，襟喉邇封甸。五三
奄酆畢，析珪成羽傳。不資魯俗移，何得齊風變。東山富游士，
北土無遺彥。一言白璧輕，片善黃金賤。餘辰屬元巳，消愁追前
諺。侍此頻豫遊，須展城隅宴。芳州亘千里，遠近光風扇。方歡
厚德重，誰言薄遊倦。

### 三日侍華光殿曲水宴

薰披三陽暮，濯袚元巳初。皇心睠樂飲，帳殿臨春渠。豫遊
高夏諺，豈樂盛周居。復以焚林日，手茸花樹舒。羽觴環階轉，
清瀾傍席疏。妍歌已寥亮，妙舞復行餘。九成變絲竹，百戲動龍
魚。

### 三日侍蘭亭曲水宴

庾肩吾

策星依夜動，鑾駕倏朝遊。旍門臨苑樹，相風出鳳樓。春生
露泥泥，天覆雲油油。桃花生玉洞，柳葉暗金溝。禊川分曲洛，
帳殿掩芳洲。踴躍頹魚醉，參差絳棗浮。百戲俱臨水，千鍾共逐
流。

### 三日侍宴詠曲水中燭影

重燄垂花比芳樹，風吹水動俱難任。春枝拂岈影上來，還杯
繞客光中庭。

## 三日華林園公宴

邢子才

廻鑾自樂野，弭蓋屬瑤池。五水接光景，七度樹風儀。芳春時欲邃，覽物惜將移。新萍已冒沼，餘花尚滿枝。草滋徑蕪没，林長山蔽虧。芳筵羅玉俎，激水漾金卮。歌聲斷且續，舞袖合還離。

## 上巳宴麗暉殿各賦一字十韻

陳後主

芳景滿闉窻，暄光生遠皐。以更登臨趣，還勝平聲。被禊酒。葉照源上桃，風摇城外柳。斷雲仍合霧，輕霞時照牖。小樹帶山高，嬌鶯含響偶。一峯遥落日，數花飛暎綬。度鳥或遛檐，飄絲屢薄藪。言志邃爲樂，置觴方薦壽。文學且迥筵，羅綺令陳後。干戈幸勿用，寧須勞馬首。

## 上巳玄圃宣獻堂禊飲同共八韻

綺殿三春晚，玉燭四時平。藤交近浦暗，花照遠林明。百戲堦庭滿，八音絃調清。鶯喧雜管韻，鐘響帶風生。山高雲氣積，水急溜杯輕。簪纓合盛會，俊乂本多名。羣才盡壯思，文采發雕英。樂是西園日，勸兹南館情。

## 春巳禊辰盡當曲宴各賦十韻

餘春尚芳菲，中園飛桃李。是時乃季月，兹日叶上巳。既有遊伊洛，可以被溱洧。得足性爲娛，堂高聊復擬。高堂亦有趣，

圖繢此芳軌。栖遁稱式驂，善政日馴雉。蘭桂觀往轍，簪裾躡前
趾。啼禽静或喧，花落低還起。水霧遥混雜，山雲遠相似。坐客
聽一言，隨吾祛俗鄙。

### 被禊汎舟春月玄圃各賦七韻

園林多趣賞，被禊樂還尋。春池已渺漫，高枝自縱森。日裏
絲光動，水中花色沉。安流淺易榜，峭壁迥難臨。野鶯添管響，
深岫接鐃音。山遠風煙麗，苔輕激浪侵。置酒來英雅，嘉賢良所
欽。

### 上巳玄圃宣猷嘉辰禊酌各賦六韻

**以次成篇**座有張式、陵瓊、顧野王、陸琢、岑之敬等五人上。

園開簪帶合，亭迥春芳過。鶯度遊絲斷，風馳落花多。峯幽
來鳥囀，洲橫擁浪波。歌聲時出牖，舞影乍侵柯。面玉同釵玉，
衣羅異草蘿。既悦弦筒暢，復次文酒和。

### 三日侍宴宣猷堂曲水

江　總

上巳娛春禊，芳辰喜月離。北宫命簫鼓，南館列旌旗。繡柱
擎飛閣，雕軒傍曲池。醉魚沈遠岫，浮藻漾清漪。落花懸度影，
飛絲不礙枝。樹動紅樓出，山斜翠磴危。禮周羽爵徧，樂闋光陰
移。

## 上巳禊飲

盧思道①

山泉好風日，城市厭囂塵。聊將一樽酒，共尋千里春。晨光下幽桂，夕吹舞青蘋。何時出開後，重有入林人。

## 三月三日宴王明府山亭序附六首

調露二年，暮春三日，同集于王令公之林亭，申交契也。夫尚平遠跡，尋五藥于西山；仲連高蹈，讓千金于東海。遺形却立，終希獨善之資；排患解紛，未洽隨時之義。豈若天地交泰，朝野歡娛，元巳逅辰，季陽司月。列芳林而薦賞，控清洛以開筵。追李郭之佳遊，嗣裴王之故事。遠近送春日，表裏壯皇居。層幹霞騫，燭城陰于翠鸝；浮梁霧絕，寫川態于文虹。樹密如鱗，花繁似霰。魚縱相忘之樂，鶯遷求友之聲。景物載華，心神已至。于是愷佳宴，滌煩襟，沿杯曲水，折中幽徑。流波度曲，自諧中散之絃；舞蝶成行，無忝季倫之妓。而歲不我與，人生若浮。揮魯陽之戈，奔曦可駐；聘山公之騎，餘興方酋。度志陳詩，式紀良會。仍探一字，六韻成章。孫慎行序。

### 詩得魚字

崔知賢

京洛皇居，芳禊春餘。影媚元巳，風和上除。雲開翠帟，水鶩鮮車。林渚縈映，煙霞卷舒。花飄粉蝶，藻躍文魚。沿波式宴，其樂只且。

---

① 盧思道，底本原誤作"户思道"，茲徑改。

### 又得郊字

席元明

日惟上巳，時亨有巢。中罇引桂，芳筵藉茅。書僮橐筆，膳夫行炰。煙霏萬雉，花明四郊。沼蘋白帶，山花紫苞。同人聚飲，千載神交。

### 又得人字

陳子昂

暮春嘉月，上巳芳辰。羣公禊飲，於洛之濱。奕奕車騎，粲粲都人。連帷競野，袨服緣津。青郊樹密，翠渚萍新。今我不樂，含意待申。

### 又得沙字

韓仲宣

河濱上巳，洛汭春華。碧池涵日，翠崿澄霞。溝垂細柳，岸擁平沙。歌鶯響樹，舞蝶驚花。雲浮寶馬，水韻香車。熟紀行樂，淹留景斜。

### 又得哉字

高　瑾

暮春元巳，春服初裁。童冠八九，于洛之隈。河隄草變，鞏樹花開。逸人談發，仙御舟來。間關黃鳥，瀺灂丹腮。樂飲命席，優哉悠哉。

### 又 得煙字

高　球

　　洛城春禊，元巳芳年。季倫園裏，逸少亭前。曲中舉白，談際生玄。陸離軒蓋，淒清管絃。萍疏波蕩，柳弱風牽。未淹歡趣，林溪夕煙。

## 三日流潭篇

萬齊融

　　春潭滉漾接隋宮，宮闕連延潭水東。蘋苔嫩色涵波淥，桃李新花照底紅。垂菱布藻如妝鏡，麗日晴天相皎暎。素影顯顯對蝶飛，金沙礫礫窺魚泳。佳人袚禊賞韶年，傾國傾城併可憐。拾翠總來芳樹下，踏青爭遶淥潭邊。公子王孫恣遊翫，沙場水曲情無厭。禽浮似揖羽觴杯，鱗躍疑投水心劍。金鞭玉勒騁輕肥，落絮紅塵擁路飛。淥水殘霞催席散，畫樓初月待人歸。

## 于長史池三日曲水

陳子昂

　　摘蘭藉芳月，袚宴坐廻汀。泛艷清流滿，葳蕤白芷生。金絃揮趙瑟，玉指弄秦箏。巖嶂風光媚，郊園春樹平。煙花飛御道，羅綺照昆明。日落紅塵暮，車馬亂縱橫。

## 上巳日浮江宴 得遙字

王　勃

　　上巳年光促，中川興緒遙。綠齊山葉滿，紅洩片花銷。泉聲喧後澗，虹影照前橋。遽悲春望遠，江路積波潮。

### 三日曲水侍宴應制

閻朝隱

三月重三日，千春續萬春。聖澤如東海，天文似北辰。荷葉珠盤淨，蓮花寶蓋新。陛下制萬國，臣作水心人。

### 奉和三日祓禊渭濱六首

韋嗣立

乘風祓禊逐風光，扈蹕陪鑾渭渚傍。還笑當時水濱老，衰年八十待文王。

### 又

徐彥伯

晴風麗日滿芳洲，御色春筵祓錦流。皆言侍蹕璜溪謔，暫似乘槎天漢游。

### 又

劉　憲

桃花欲落柳條長，沙頭水上足風光。此時御蹕來遊處，願奉年年祓禊觴。

### 又

沈佺期

寶馬香車清渭濱，紅桃碧柳禊堂春。皇情尚憶垂竿佐，天祚先呈捧劍人。

## 又

李　乂

上林花鳥暮春時，上巳陪遊樂在茲。此日欣逢臨渭賞，昔年空道濟汾詞。

## 又

張　説

青郊上巳艷陽年，紫禁皇遊祓渭川。幸得歡娛承湛露，同心草樹樂春天。

## 三日梨園亭侍宴

沈佺期

九門馳道出，三巳襖堂開。畫鷁中川動，青龍上苑來。野花飄御座，河柳拂天杯。日晚迎祥處，笙鏞下帝臺。

## 三日獨坐驪川思憶舊遊

兩京多節物，三日最遨遊。麗日風徐卷，香塵雨暫收。紅桃初下地，綠柳半垂溝。童子成春服，宮人罷射韝。襖堂通漢宛，解席繞秦樓。束皙言談妙，張華史漢遒。無亭不駐馬，何浦不橫舟。舞篦千門度，帷屏百道流。金丸向鳥落，芳餌接魚投。濯錦鱗清淺，迎祥樂獻酬。靈蒻陳欲棄，神藥曝應休。誰念招魂節，翻爲禦魅囚。朋從天外至，心賞日南求。銅柱威丹徼，朱崖鎮火陬。炎蒸連曉夕，瘴癘滿冬秋。西水何時貨，南方詎可留。無人對鑪酒，寧緩去鄉憂。

## 三月三日侍宴

素湋接宸居，青門盛祓除。摘蘭誼鳳野，浮藻溢龍渠。苑蝶
飛殊懶，宮鶯囀不疏。星移天上入，歌舞向儲胥。

## 桂州三月三日

宋之問

代業京華裹，遠投魑魅鄉。登高望不見，雲海四茫茫。伊昔
承休昈，曾爲人所羨。兩朝賜顏色，二紀陪遊宴。昆明御宿侍龍
媒，伊闕天泉復幾廻。西夏黃河水心劍，東周清洛羽觴杯。苑中
落花掃還合，河畔垂楊撥不開。千春獻壽多行樂，柏梁和歌攀睿
作。賜金分帛駐光輝，風舉雲搖入紫微。晨趨北闕鳴珂至，夜出
南宮把燭歸。載筆儒林多歲月，襆被文昌佐吳越。越中山海高
且深，興來無處不登臨。永和九年刺海郡，暮春三月醉山陰。愚
謂嬉遊長似昔，不言流寓欻成今。始安繁華舊風俗，帳飲傾城沸
江曲。主人絲管清且悲，客子肝腸斷還續。荔浦蘅皋萬里餘，洛
陽音信絕能疏。故園今日應愁思，曲水何能更祓除。作伴唯憐
合浦葉，思歸豈食桂江魚。不求漢使金囊贈，願得佳人錦字書。

## 三月三日登龍山

張九齡

伊川與灞津，今日祓除人。豈似龍山上，還同湘水濱。衰顏
憂更老，淑景望非春。禊飲豈吾事，聊將偶俗塵。

# 歲時雜詠卷十七

（宋）蒲積中　編

## 上　巳

### 舟中和蕭令<sub></sub>潭字

張　說

暮春三月日重三，春水桃花滿禊潭。廣樂逶迤天上下，仙舟搖衍鏡中酣。

### 奉和聖製三日

陳希烈

上巳迂龍駕，中流泛羽觴。酒因朝太子，詩爲樂賢王。錦纜方舟渡，瓊筵大樂張。風搖垂柳色，花發異林香。野老歌無事，朝臣飲歲芳。皇情被羣物，中外洽恩光。

### 和聖製太子諸王三月龍池春禊

王　維

故事修春禊，新宮展豫遊。明君移鳳輦，太子出龍樓。賦掩陳王作，盃如洛水流。金人來捧劍，畫鷁去廻舟。苑樹浮宮闕，天池照冕旒。宸章在雲漢，垂象滿皇州。

### 奉和聖製上巳於望春亭觀褉飲應制

長樂青門外，宜春小苑東。樓開萬戶上，輦過百花中。畫鷁移仙妓，金貂列上公。清歌邀落日，妙舞向春風。渭水明秦甸，黃山入漢宮。君王來祓禊，灞滻亦朝宗。

### 三月三日曲江侍宴應制

萬乘親齋祭，千官喜豫遊。奉迎從上苑，祓禊向中流。草樹連雲衛，山河對冕旒。畫旗搖浦漵，春服滿汀洲。仙籞龍媒下，神皋鳳蹕留。從今億萬歲，天寶紀春秋。

### 三月三日勤政樓侍宴應制

綵仗連宵合，瓊樓拂曙通。年光三月裏，宮殿百花中。不數秦王日，誰將洛水同。酒筵嫌落絮，舞袖怯春風。天保無為德，人歡不戰功。仍臨九衢宴，更達四門聰。

### 上巳洞南期王山人不至

孟浩然

搖艇俟明發，花源弄早春。在山懷綺季，臨穎憶荀陳。上巳期三月，浮杯興十旬。坐歌空有待，行樂恨無隣。日晚蘭亭北，煙花曲水濱。浴池逢婉女，採藥值幽人。石壁堪題序，沙場好醉神。群公望不至，虛擲此芳辰。

### 上巳日洛中寄王十九

卜洛成周地，浮杯上巳筵。鬥鷄寒食下，走馬射堂前。垂柳金堤合,平沙翠幕連。不知王逸少,何處會羣賢。

## 上巳日徐司録園林

杜　甫

鬢毛垂領白,花蕊亞枝紅。欹倒衰年廢,招尋令節同。薄衣臨積水,吹面受和風。有喜留攀桂,無勞問轉蓬。

## 上巳祓禊應制

崔國輔

元巳秦中節,吾君灞上遊。鳴鑾通禁苑,別館遶芳洲。鴛鷺千官列,魚龍百戲浮。桃花春欲盡,穀雨夜來收。慶向堯尊祝,歡從楚棹謳。逸詩何足對,睿作掩東周。

## 上　巳

崔　顥①

巳日帝城春,傾都祓禊辰。停車須傍水,奏樂要驚塵。弱柳障行騎,浮橋擁看人。獨言日早晚,更向九龍神。

## 三月三日自京到華陰於水亭獨酌寄裴六薛八

獨孤及

祗役匪遑息,經時客三秦。還家問節候,知到上巳辰。山縣何所有,高城閉青春。和風不吾欺,桃杏滿四鄰。舊友適遠別,誰當接歡欣。呼兒命長瓢,獨酌湘吳醇。一酌一朗詠,既酣意亦

---

① 　此詩徐本據明抄本及《全唐詩》校補作者"崔顥",茲校從。

申。言筌暫兩忘，霞月祇相新。裴子塵表物，薛侯席上珍。寄言二傲吏，何日同車茵。詎肯使空名，終然羈此身。何年解桎梏，長作海上人。

### 上巳日兩縣寮友會集時主郵不遂馳赴輒題以寄方寸

劉　商

踏青行看共佳期，春水晴山祓禊詞。獨坐郵亭心欲醉，櫻花落盡暮愁時。

### 上巳接清明遊宴

獨孤良弼

上巳歡初罷，清明賞又追。閏年侵舊歷，令節併芳時。細雨鶯飛重，春風酒醒遲。尋花迷白雪，看柳折青絲。淑氣如相待，天和意爲誰。吁嗟名未立，空詠宴遊詩。

### 三月三日義興李明府後亭泛舟

皇甫冉

江南煙景復如何，聞道新亭更可過。處處萩蘭春浦綠，萋萋蘺草遠山多。壺觴須就陶彭澤，風俗猶傳晉永和。更使輕橈徐轉去，微風落日水增波。

### 上巳日越中與鮑侍御泛舟耶溪

劉長卿

蘭橈方轉傍汀沙，應接雲峰到若耶。舊浦滿來移渡口，垂楊深處有人家。永和春色千年在，曲水鄉心萬里賒。君見漁舟時借問，前洲幾路入煙霞。

## 上巳日

耿　湋

共來修禊事，内顧一悲翁。玉鬢風塵下，花林絲管中。故山離水石，舊侶失鵷鴻。不及游魚樂，徘徊蓮葉東。

## 奉陪渾侍中上巳日泛渭河

盧　綸

素舸錦帆開，浮天接上臺。曉鶯和玉笛，春浪動金罍。舟楫方潮海，鯨鯢自曝腮。應憐似萍者，空逐榜人回。

## 上巳日陪齊相公花樓宴

鍾陵暮春月，飛觀延群英。晨霞耀中軒，滿席羅金瓊。持盃凝遠睇，觸物結幽情。樹杪參差綠，湖光潋灩明。禮卑瞻絳帳，恩浹廁華縷。徒記山陰日，被禊乃爲榮。

## 奉和聖製三日書懷因以示百寮

崔元翰

佳節尚元巳，芳時屬暮春。流觴想蘭亭，捧劍傳金人。風輕水初綠，日晴花更新。天文信昭廻，皇道頗敷陳。恭己每從儉，清心常保真。戒茲遊衍樂，書以示羣臣。

### 上巳泛舟 得遲字

張　登

令節推元巳，天涯喜有期。初筵臨泛地，舊俗祓禳時。枉渚潮新上，殘春日正遲。竹枝遊女曲，桃葉渡江詞。風鷁今方退，沙鷗亦不疑。且同山簡醉，倒載莫褰帷。

### 上巳寄常瓘樊宗憲兼呈孟中丞

鮑　防

世間禊事風流處，鏡裏家山若畫屏。今日會稽王內史，好將賓客醉蘭亭。

### 上巳日試院考雜文不遂赴九華觀祓禊之會以二絕句贈內 二首

權德輿

三日韶光處處新，九華仙洞七香輪。老夫留滯何由去，珉玉相和正遶身。時以沽美玉爲詩題。

禊飲尋春興有餘，深情婉婉見雙魚。同心齊體如身到，臨水煩君便祓除。

### 酬樂天三月三日

元　稹

舊年此日花前醉，今日花時病裏銷。獨倚破簾閑悵望，可憐虛度好春朝。

### 三月三日與樂天及河南李尹奉陪令公泛洛禊飲

劉禹錫

洛下今修禊，羣賢勝會稽。盛筵陪玉鉉，通籍盡金閨。波上神仙妓，峴傍桃李蹊。水嬉如鷺振，歌響雜鶯啼。歷覽風光好，泝洄意思迷。櫂歌能儷曲，塵客競分題。翠幄連雲起，香車向道齊。人誇綾步障，馬惜錦障泥。塵暗宮牆外，霞明花樹西。舟形隨鷁轉，橋影與虹低。川色晴猶遠，鳥聲莫欲棲。唯餘踏青伴，待月魏王堤。

### 上巳日恩賜曲江宴會即事

白居易

賜歡仍許醉，此會興如何。翰苑主恩重，曲江春意多。花低羞艷妓，鶯散讓清歌。共道昇平樂，元和勝永和。

### 三月三日庾樓寄庾三十二

春日歡遊辭曲水，二年愁臥在長沙。每登高處長相憶，何況兹樓屬庾家。

### 三月三日懷微之

良時光景長虛擲，壯歲風情已暗銷。忽憶同爲校書日，每年同醉是今朝。

### 三月三日二首

暮春風景初三日，流水光陰半百年。欲作閑遊無好伴，半江惆悵却廻船。

畫堂三月初三日，絮撲紗窗燕拂簷。蓮子數盃嘗冷酒，柘枝一曲試春衫。皆臨池面勝看鏡，户暎花叢當下簾。指點南樓翫新月，玉鉤素手兩纖纖。

### 三月三日宴舟中獻晉公

三月草萋萋，黃鶯歇又啼。柳橋晴有絮，沙路潤無泥。禊事修初畢，遊人到欲齊。金鈿耀桃李，絲管駭鳧鷖。轉岶廻船尾，臨流簇馬蹄。鬧於楊子渡，踏破魏王堤。妓接謝公宴，詩陪荀令題。舟同李膺泛，醴為穆生携。水引芳心蕩，花牽醉眼迷。塵街從鼓動，煙樹任鴉棲。舞急紅腰凝去聲，歌遲翠黛低。夜歸何用燭，新月鳳樓西。

### 奉和裴令公上巳日遊太原龍泉憶去歲禊樂依來體雜言

去歲暮春上巳，共泛洛水中流。今歲暮春上巳，獨立香山上頭。時居易經遊香山寺。風光閑寂寂，旌旆遠悠悠。丞相府歸晉國，太行山礙并州。鵬背負天龜曳尾，雲泥不可得同遊。

### 上巳日憶江南禊事

李德裕

黃河西繞郡城流，上巳應無祓禊遊。爲憶淥江春水色，更隨宵夢向吳洲。

### 奉和上巳憶江南禊事

劉禹錫

白馬津頭春日遲，沙洲歸雁拂旌旗。柳營唯有軍中戲，不似江南三月時。

### 曲江上巳日

趙璜

長堤十里轉香車，南岇煙花錦不如。欲問神仙在何處，紫雲樓閣向空虛。

### 上巳日華下閒步

吳融

十里香塵撲馬飛，碧峰蓮下踏青時。雲鬟照水和花重，羅袖擡風惹絮遲。可便無心邀妘媚，還應有淚憶袁熙。如煙如夢爭尋得，溪柳廻頭萬萬絲。

### 上巳日

本學多情劉武威，尋花傍水看春輝。無端遇著傷心事，贏得淒涼索漠歸。

### 觀競渡

薛逢

三月三日天清明，楊花繞江啼曉鶯。使君未出郡齋內，江上已聞齊和聲。使君出時皆有引，馬前已被紅旗陣。兩岸羅衣破鼻香，銀釵照日如霜刃。鼓聲三下紅旗開，兩龍躍出浮水来。擢影幹波飛萬劍，鼓聲劈浪鳴千雷。雷聲衝急波相近，兩龍望標目如瞬。江上人呼霹靂聲，竿頭綵挂虹霓暈。前船搶水已得標，後船失勢空揮橈。瘡眉血首爭不定，輸岸一朋心似燒。只將標示輸贏賞，兩岸十舟五来往。須臾戲罷各東西，竟脫文身請書上。吾今細觀競渡兒，何殊當路權相持。不思得所各休去，會到摧舟折楫時。

### 上巳日

劉　駕

上巳曲江濱，喧於市朝路。相尋不見者，此地皆相遇。日光去此遠，翠幕張如霧。何事歡娛中，易覺春城暮。物情重此節，不是愛芳樹。明日花更多，何人肯廻顧。

### 上巳日寄韓八

唐彥謙

上巳接寒食，鶯花寥落晨。微微潑火雨，草草踏青人。涼似三秋景，清無九陌塵。伯與同病者，對此合傷神。

### 三月三日曲江遊眺贈郁上人

殷堯藩

三月初三日，千家與萬家。蝶飛秦地草，鶯入漢宮花。鞍馬皆爭麗，笙歌盡鬪奢。吾師無所願，惟願老煙霞。

### 三月三日又贈郁上人

曲水公卿宴，香塵晝滿街。無心修禊事，獨步到禪齋。細草縈愁日，繁花逆旅懷。綺羅人走馬，遺落鳳凰釵。

### 三月三日申王園亭宴集

宋之問

稽亭追往事，睢苑勝前聞。飛閣陵芳樹，華池落采雲。藉草留人酌，銜花鳥赴羣。向來同賞處，惟恨碧林曛。

### 三月三日承恩讌樂遊園

張　說

樂遊形勝絕，表裏望郊宮。北闕連雲嶺，南山對掌中。皇恩貸芳月，旬宴美成功。魚戲芙蓉水，鶯啼楊柳風。春華看欲暮，天澤戀無窮。長袖招斜日，留光待曲終。

### 三月三日承恩遊宮莊池上作

鳳凰樓下帶天泉，鸚鵡洲中雜管絃。舊試平陽佳麗地，今逢上巳盛明年。舟將水動千尋日，幕共林橫兩岸煙。不降王人觀禊飲，誰令醉舞拂賓筵。

### 三月三日登龍山

伊川與灞津，今日袚除人。豈似龍山上，還同湘水濱。衰顏憂更老，淑景望非春。禊飲豈吾事，聊將偶俗人。

## 三月三日寄諸弟懷崔都水

韋應物

莫節看已謝，茲晨愈可惜。風淡意傷春，池寒花斂夕—作色。
對酒始依依，聽人還的的。誰當曲水行，相思尋舊跡。

# 歲時雜詠卷十八

（宋）蒲積中　編

## 上　巳

### 上巳日與二三子携酒出遊，隨所見輒作數句，
### 明日集之爲詩，故詞無倫次

蘇　軾

薄雲霏霏不成雨，杖藜曉入千花塢。柯丘海棠我有詩，獨笑深林誰敢侮。三盃卯酒人徑醉，一枕春睡日亭午。竹間老人不讀書，留我閉門誰教汝。出簹蒙枳十圍大，寫真素壁千蛟舞。東坡作塘今幾尺，攜酒一勞農工苦。却尋流水出東門，壞垣古塹花無主。臥門桃李爲誰妍，對立鶒鶒相媚嫵。開餠籍草勸行路，不惜春衫污泥土。褰裳共過春草亭，扣門却入韓家圃。轆轤繩斷井深碧，鞦韆索挂人何所。暎簾空復小桃枝，乞漿不見鷹門女。南山古臺臨斷岇，雪陣翻空迷仰俯。故人餽我玉葉羹，火冷煙消誰爲煮。崎嶇束薀下荒徑，姹姹隔花聞好語。更隨落景盡餘樽，却傍孤城得僧宇。主人勸我浣足眠，倒床不復聞鐘鼓。明朝門外泥一尺，始悟三更雨如許。平生所向一遂無，兹遊何事天不阻。固知我友不終窮，豈弟君子神所予。

**海南人不作寒食，而以上巳上冢。予携一瓢酒尋諸生，皆往吳，獨老符秀才在，因與飲，至醉。符蓋儋人之安貧守靜者也**

老鴉含肉紙飛灰，萬里家山安在哉。蒼耳林中太白過，鹿門山下德公回。管寧投老終歸去，王式當年本不來。記取城南上巳日，木綿花發刺桐開。

### 三月三日點燈會客

江上東風浪接天，苦寒無賴破春妍。試開雲夢羔兒酒，快瀉錢塘藥玉船。鹽市光陰非故國，馬行燈火記當年。冷煙濕雪梅花在，留得新春作上元。

### 上巳同王魯直泛舟

沈郎清瘦不勝衣，邊老便便帶一圍。蹩躠身輕山上走，歡呼船重醉中歸。舞腰似雪金釵落，談辯如雲玉麈揮。憶昔錢塘正如此，回頭二十四年非。

### 上巳日

歐陽修

一雨初收九陌塵，秉蘭修禊及芳辰。恩深始寵龍池宴，節正須知鳳曆新。紅琥珀傳盃瀲灩，碧琉璃瑩水漪淪。上林未放花齊發，留待鳴稍出紫宸。

### 上巳日赴宴口占

賜飲初逢禊節佳，御溝新漲碧無涯。九門寒食多遊騎，三日春陰正養花。共喜流觴修故事，自憐霜鬢惜年華。鳳城殘照歸鞍晚，禁籞無風柳自斜。

### 上巳日與太學諸同舍飲王都尉園

司馬光

冠蓋鬱相依，名園花未稀。游絲縈復展，狂絮墮還飛。積弩遺風陋，蘭亭舊俗微。何如詠沂水，春服舞雩歸。

### 和劉尉赤岸上巳二首

張無盡

教池天氣不勝情，携手聊同陌上行。洛禊嬉遊修故事，楚歌懽笑集村氓。慕潘珍果盈車擲，挑卓幽琴滿座傾。爲報蘭亭王逸少，且無今日筦絃聲。

秉蘭時節近清明，朝野歡娛值太平。坦率從來如庾亮，窮愁素不學虞卿。三年陽渚成何事，一覺邯鄲悟此生。把酒花前須醉倒，肯教風雨落繁英。

### 上巳艤舟漢口命駕鳳棲成二絕句

上巳嬉遊集漢陽，雲收雨霽日舒光。瑞煙和氣橫寥廓，何用蘭亭祓不祥。

池上澄輝凍已銷，陽和巧思著花梢。殘雲斷靄歸何處，翠幰紅帷遍樂郊。

## 上巳聞苑中樂聲

王安石

苑中誰得從春遊，想見漸臺瓦欲流。御水曲隨花影轉，宮雲低繞樂聲留。年華未破清明節，日莫初回袚禊舟。更覺至尊思慮遠，不應全爲拙倡優。

## 和郭六玉津上巳宴罷見寄

宋　祁

式燕靈琨睠蕙時，袚蘭浮藻惜春輝。回驂並躍都門道，誰識顏王曲水歸。

## 上巳日詔賜花酒休澣日會瓊林苑泛昆明池飲魏國夫人園 二首

秦　觀

宜秋門外曉參尋，豪竹哀絲發妙音。金爵日邊棲壯麗，彩虹天際卧清深。已煩逸少書陳迹，更屬相如賦上林。猶恨真人足官府，不如魚鳥自飛沉。

春溜泱泱初滿地，晨光欲轉萬年枝。樓臺四望煙雲合，簾幕千家錦繡垂。風過忽聞花外笑，日長時奏水中嬉。太平誰爲全無象，寓在羣仙把酒時。

## 帝城上巳

孫　覿

宿霧消神沼，晴曦照碧峰。袚除周故事，環宴楚遺風。畫舸低搖鷁，浮梁冷亘虹。五陵驪羣少，三殿錫鷦公。浪射簪纓潤，花迎劍佩紅。舞遲歌袂穩，飛急酒觴空。淑氣祠軒外，祥光禁籞中。敢賡元首詠，上記帝堯功。

## 奉和聖製上巳日

晏　殊

青陽三巳日，佳氣九城中。洛飲傳周俗，溱詩載鄭風。停輪浮桂醑，解袂泛蘭叢。選勝開慈宴，多歡組綬同。

## 上巳賜宴瓊林與二府諸公浮水心憩于西軒二首

三月楊花飛似雪，內園佳樹綠成陰。何妨寫盡憑高意，十步虹橋徹水心。

咽雲簫鼓傳聲沸，臨水樓臺倒影多。吟繞曲欄無限思，緒風遲日滿煙波。

## 上巳瓊林苑宴二府同遊池上即事口占三首

殿後花枝白間紅，樓前當道綠楊風。橫飛綵檻波光外，倒寫朱橋水影中。

曲榭迴廊手伎喧，綵樓朱舫鼓聲繁。游人已着濃春去，不待歌長舞袖翻。

春留融冶日添長，萬品無涯入醉鄉。誰道人間泛仙境，水心樓殿半斜陽。

## 上巳日午橋石瀨中得雙鱖魚

梅堯臣

修禊洛之濱，湍流得素鱗。多慚折腰米，來作食魚人。水髮粘篙綠，溪毛暎渚春。風沙暫時遠，紫線憶江蓴。

## 上巳日州園東樓

蔡　襄

地上多于枝上花，東樓凝望惜年華。潮頭正對伍員廟，燕子爭歸百姓家。粉籜漸高山徑筍，綠旗初展石巖茶。流風自與人兼老，尊酒相逢莫重嗟。

## 上巳日

孫　永

海內中和日，雲間上巳辰。笙歌九天半，花木十洲春。

## 上巳日永崇里言懷

崔　塗

未敢分明賞物華，十年如見夢中花。遊人過盡衡門掩，獨自憑欄到日斜。

## 上巳日會飲南澗亭

陶崇儀[①]

山城春盡橘花開，袚禊相將上古臺。一片晚雲含落照，數分殘酒伴新梅。談高綺席終無況，詩落金錢漫有才。多謝東亭湖與月，醉中雙送畫船回。

---

[①] 此詩亦被收入《全宋詩》卷四〇七，作者署北宋人陶弼，詩題作"南湖亭"，歸入陶氏"集外詩"部分，蓋亦存疑之意。今仍沿底本，僅出校記明之。

## 上巳至玉津園賜宴

錢　易

被禊摽春巳，歌時慶魯雲。禁園宣密宴，玉饌賜天廚。班序參三殿，衣冠盛兩都。雲罍傾上席，寶馬闐長衢。帝澤恩何事，春風節已徂。歸來白虎殿，微詠共操觚。

## 賀劉伯壽陪潞公禊飲

司馬光

旌幢車騎滿沙頭，鼓吹喧繁畫鷁浮。十里羅紈光照地，千家簾幕遠臨流。觴隨洛水白公事，月暎鳳樓裴相遊。令典久隳今更舉，行聞美俗徧中州。

# 歲時雜詠卷十九

（宋）蒲積中　編

## 春盡日

### 三月晦日郊外送客

雍裕之

野酌亂無巡，送君兼送春。明年春色至，莫作未歸人。

### 春晦日沐髮寄三友韋功曹、李録事、王少府。

戴叔倫

朝沐敞南闈，盤散待日稀。揚梳髮更落，攬鏡意多違。吾友見常少，春風去不歸。登臨取一醉，猶可及芳菲。

### 三月晦日會李員外座中頻以老大不醉見譏因有此贈

令狐楚

三月唯殘一日春，玉山傾倒白鷗馴。不辭便學山公醉，花下無人作主人。

### 望驛臺三月盡

元　稹

可憐三月三旬促，悵望江邊望驛臺。料得孟光今日語，不曾春盡不歸來。

### 三月三十日程氏館餞杜十四歸京

江春今日盡，程館祖筵開。我正南冠縶，君尋北路迴。構身誠太拙，從宦若無媒。處困方明命，遭時不在才。踰年長倚玉，連夜共銜杯。涸溜沾濡末，餘光照死灰。行看鴻欲矯，敢憚酒相催。拍逐飛觥絶，香隨舞袖來。消梨抛五遍，娑葛殢三臺。已許樽前倒，臨風淚莫頹。

### 送春歸<sub></sub>元和十一年三月三十日作

白居易

送春歸三月，盡日日暮時。去年杏園花飛御溝綠，何處送春曲江曲。今年杜鵑花落子規啼，送春何處西江西。帝城送春猶怏怏，天涯送春能不知。惆悵莫惆悵，送春人冗員無替。五年罷應須，准擬再送潯陽春。五任炎涼凡十變，又知此身健不健。好去今年江上春，明年未死還相見。

### 三月三十日題慈恩寺

慈恩春色今朝盡，盡日徘徊倚寺門。惆悵春歸留不得，紫藤花下漸黃昏。

### 酬元員外三月三十日慈恩寺憶見寄

悵望慈恩三月盡，紫桐花落鳥關關。誠知曲水春相憶，其奈長沙老未還。赤嶺猿聲催白首，黃茅瘴色換朱顏。誰言南國無霜雪，盡在愁人鬢髮間。

### 三月三十日別微之於澧上，明年春夜遇微之於峽中，停舟夷陵，三宿而別，言不盡者以詩終之，因賦七言十七韻以贈，且欲記所遇之地與相見之時，爲他年會語張本也

澧水店頭春盡日，送君馬上謫通川。夷陵峽口明月夜，此處逢君是偶然。一別五年方見面，相携三宿未廻船。坐從日暮惟長歎，語到天明竟未眠。齒髮蹉跎將五十，關河迢遞過三千。生涯共寄滄江上，鄉國俱抛白日邊。往事渺茫都似夢，舊游零落半歸泉。醉悲灑淚春杯裏，吟苦支頤曉燭前。莫問龍鍾惡官職，且聽清脆好文篇。微之別來有新詩數百篇，麗絕可愛。別來只有詩成癖，老去何曾更酒顛。各限主程須去住，重開離宴貴留連。黃牛渡北移征棹，白狗崖東卷別筵。黃牛、白狗，皆與微之遇峽中地名，即別之所也。神女臺雲漫繚繞，使君灘水急潺湲。風淒暝色愁楊柳，月弔宵聲哭杜鵑。萬丈赤幢潭底日，一條白練峽中天。君還秦地辭炎徼，我向忠州入瘴煙。未死會應相見在，又知何地復何年。

### 和微之三月三十日四十韻

送春君何在，君在山陰署。憶我蘇杭時，春遊亦多處。爲君歌往事，豈取辭勞慮。莫怪言語狂，須知酬答遽。江南臘月半，冰凍凝如淤。寒景尚蒼茫，和風已吹噓。女牆城似竈，雁齒橋如鋸。魚尾上齋淪，草茅生沮洳。律遲太簇管，日緩羲和馭。布澤木龍催，迎春土牛助。雨師習習灑，雲將飄飄翥。四野萬里晴，千山一時曙。杭土麗且康，蘇民富而庶。善惡有懲勸，剛柔無吐茹。兩衙少辭牒，四境稀書疏。俗以勞俫安，政因閒暇著。仙亭日登眺，虎丘時遊預。望仙亭在杭，虎丘山在蘇。尋幽駐旌軒，選勝廻

賓御。舟移溪鳥避，樂作林猿覻。池古莫耶沉，石奇羅刹踞。<sub>劍</sub>
<sub>池在蘇，羅刹石在杭。</sub>水苗泥易耨，畲粟灰難鋤。紫蕨抽出畦，白蓮埋
在淤。菱花紅帶黯，濕葉黄含菸。<sub>楚詞云：葉菸色而就黄。</sub>鏡動波颭
菱，雪廻風旋絮。手經攀桂馥，齒爲嘗梅楚。坐供船脚欹，行多
馬蹄跙。聖賢清濁醉，水陸鮮肥飫。魚膾芥醬調，冰葵鹽豉絮<sub>絀</sub>
<sub>麗反。</sub>雖微五袴詠，幸免兆人詛。但令樂不荒，何必游無倨。吳
苑僕尋罷，越城公尚據。舊游幾客存，新宴誰人與。莫空文舉
酒，强下何曾箸。江上易優游，城中多毁譽。分應當自盡，事勿
求人恕。我既無子孫，君仍畢婚娶。久爲雲雨别，終擬江湖去。
范蠡有扁舟，陶潛有籃舉。兩心苦相憶，兩口遥相語。最恨十年
春，春來各一處。

## 三月三十日作

今朝三月盡，寂寞春事畢。黄鳥漸無聲，朱櫻新結實。臨風
獨長歎，此歎意非一。半百過九年，艷陽殘一日。隨年減歡笑，
逐日添衰疾。且遣花下歌，送此盃中物。

### 三月晦日日晚聞鳥聲

晚來林鳥語殷勤，似惜風光説向人。遣脱破袍勞報暖，催沽
美酒敢辭貧。聲聲勸醉須應醉，一歲唯殘一日春。

### 春盡日天津橋醉吟偶呈李尹侍郎

宿雨洗天津，無泥未有塵。初晴迎早夏，落照送殘春。興發
詩題口，狂來醉寄身。水邊行嵬峩，橋上立逡巡。疏傅心情老，
吳公政化新。山川徒有主，風景屬閒人。

## 三月晦日[①]

宋　祁

靜彈塵幩照溪流,萍泊春芳向盡頭。早葉乍濃留客坐,晚花猶在索人愁。最憐幽草能縈帶,已覺浮雲解映樓。玉髮未多須劇飲,赢輸寧屬阿戎籌。

## 春晦寓目

春序倏雲晚,高臺芳意多。花成風地纈,鳥作暝林歌。樹氣薰繁喔,池文疊細波。夾城歸騎散,煙絮徧銅駝。春意都無幾,還持歡緒歸。遊蜂抱蕊去,驚燕失泥飛。風下幡幡影,霞留暝暝霏。既知瑤席恨,不減猷沾衣。

## 三月晦日與客小酌

張　耒

天教老景變芳菲,晨起衰翁換夾□。盡日綠陰鶯懶囀,有時芳草蝶爭飛。最憐永日閑無事,所歡佳時客未歸。雖老清狂猶未減,憑春說與故園知。

## 立夏日憶京師諸子

韋應物

改序念芳辰,煩襟倦日永。夏木已成陰,公門晝恒静。長風

---

①　自《三月晦日》詩至卷末計十一首詩,底本皆未見,徐本據明抄本校補,兹據録。

始飄閣，疊雲才吐嶺。坐想離居人，還當惜徂景。

## 四月十三日立夏呈安之

司馬光

留春春不住，昨夜的然歸。歡趣何妨少，閒遊勿怪稀。林鶯欣有托，叢蝶悵無依。窗下忘懷客，高眠正掩扉。陶潛嘗言夏月虛閑，高臥北窗下，清風颯立，自謂羲皇上人。

## 立夏奉祀太一宮五言十韻

劉　筠

朱駕開炎序，瓊科舉舊儀。恭承宣室詔，肅奉列真祠。地接籠蔥氣，人多綽約姿。珍叢羅寶械，嘉樹蔭文楄。仙饌豐青餛，齋房飾紫帷。潔誠專在祀，將事竚迎禧。谷應空歌韻，神聽祀册辭。蘭蒸芬静品，桂醑灩華彝。煙達徐梵幣，風靈自轉旗。雲衣才半解，鳴鳳遡晨曦。

## 立夏奉祀太一宮

舜柏森森拂絳霄，薰風瑟瑟動雲璈。琳房遍設沉榆席，金榮齊燃綠桂膏。秘册十行開鳳檢，靈輝三燭駐霓旄。香飄員嶠空歌歇，北斗欄干月殿高。

## 天禧戊午歲立夏奉祀太一宮齋宿有感

七年綸掖濫敷言，八奉齋祠蔭寶軒。上士半同猿鶴老，病身猶與螻蛄存。飯蔬力弱防冠墜，枕祉神寧嘉席溫。櫻序清和芳意歇，淡然畢竟絕朝喧。

### 和人首泉池上雨中聞笛

錢　易

朱華始沈泉，池塘恰雨天。鷺頭飄雪暗，荷腹蕩珠圓。風遞誰家笛，聲沖幾里煙。拂波輕重起，隔樹往來傳。瀝瀝雖侵漢，遥遥已雜□。天龍吟轉樂，石韻更相連。謾讀襄王賦，虛誇子晉仙。寧同向散騎，腸斷向漪漣。

### 初夏病中

抱病經清暑，空庭掃紫苔。花籬妨蝶過，桐井引禽來。徒有文園渴，更有漳浦才。可憐餘滯骨，無復動心灰。

### 立夏後大熱偶書

白子儀

朱輅初聞建赤斾，綠楊猶囀舊黃鸝。和風駘蕩無三月，立夏在三月二十七日。炎氣憑陵又一時。飄去餘香花襯屐，履來濃蔭葉成帷。秋光只在前山裏，不日涼襟却共披。

# 歲時雜詠卷二十

（宋）蒲積中　編

端　午古詩

## 五日望採拾

王　筠

裁縫逗早夏，點畫守初晨。綃紈既妍媚，脂粉亦香新。長絲衣良節，命縷應嘉辰。結蘆同楚客，採艾異詩人。折花競鮮彩，拭露染芳津。含嬌起斜昑，歛笑動微嚬。獻璫繫洛浦，懷珮似江濱。須待恩光接，中夜奉衣巾。

## 五　日

魏　收

麥涼殊未畢，蜩鳴早欲聞。喧林尚黃鳥，浮天已白雲。辟兵書鬼字，神印題靈文。因想蒼梧郡，茲日祀陳君。

## 端午武成殿宴羣臣

唐玄宗

端午臨中夏，時清日復良。鹽梅已佐鼎，麴糵且傳觴。事古人留跡，年深縷續長。當軒知槿茂，向水覺蘆香。億兆同歸壽，羣公共保昌。忠貞如不替，貽厥後昆芳。

### 端午三殿宴羣臣并序

律中蕤賓，獻酬之象著；火在盛德，文明之義煇。故以式宴陳詩，上和下暢者也。朕宵衣旰食，緝聲教于萬方；卜戰行師，總兵鈐于四海。勤貪日結，憂忘心勞。聞蟬鳴而悟物變，見槿花而驚候改。所以賴濟濟朝廷，視成鵷鷺；桓桓邊塞，責辦熊羆。喜麥秋之有登，玩梅夏之無事。時雨近霽，西郊霢霂而一色；炎雲作峰，南山嵯峨而異勢。正當召儒雅、宴高明，廣殿肅而清陰生，列樓深而長風至。厨人嘗散熱之饌，酒正供陶暑之飲。庖捐惡鳥，俎獻肥龜，新筒聚練，香蘆角黍。恭儉之儀有序，慈惠之意溥洽。諷味黃老，致息心于真妙；抑揚游夏，滌煩想于詩書。超然玄覽，自足爲樂。何止栢枕桃門，驗方術於經記；綵花命縷，覿問遺于風俗。感婆娑之孝女，憫枯槁之忠臣而已哉！歎節氣之循環，美羣臣之相樂。凡百在會，咸可賦詩，五言紀其日端，七韻成其火數。豈獨漢武之殿，盛朝士之連章；魏文之臺，壯詞人之並作云爾。

五日符天數，五音調夏鈞。舊來傳五日，無事不稱神。穴枕通靈氣，長絲續命人。四時花競巧，九子糭爭新。方殿臨華節，圓宮宴雅臣。進對一言重，遒文六義陳。股肱良足詠，風化可還淳。

### 端午三殿侍宴應制探得魚字

張　說

小暑夏弦應，微陰商管初。願齊長命縷，來續大恩餘。三殿褰珠箔，羣官上玉除。助陽嘗麥麭，順節進龜魚。甘露垂天酒，芝花捧御書。合丹同蝘蜓,灰骨共蟾蜍。今日傷蚰蜒意,銜珠遂闕如。

張相公出鎮荆州,尋除太子詹事。余時流夜郎,
行至江夏,與張相公千里。公因太府丞王昔使車寄
羅衣二事及五月五日贈予,予答以此詩

李　白

張衡殊不樂,應有《四愁》詩。慭君錦繡段,贈我慰相思。鴻
鵠復矯翼,鳳凰憶故池。榮樂一如此,商山老紫芝。

## 端午日賜衣

杜　甫

宮衣亦有名,端午被恩榮。細葛含風軟,香羅疊雪輕。自天
題處濕,當暑著來清。意內稱長短,終身荷聖情。

## 端午日恩賜百寮

竇叔向

仙宮長命縷,端午降殊私。事盛蛟龍見,恩深犬馬知。餘生
儻可續,終冀答明時。

## 端午日禮部宿齋宿中有衣服綵結之貺以詩代書用申還答

權德輿

良辰當五日,偕老祝千年。綵縷同心麗,輕裾暎體鮮。寂寥
齋畫省,欸曲擘香牋。更想傳觴處,孫孩偏目前。

**競渡曲** 競渡始武陵，至今舉檝；相和之音，咸呼云何在，斯招屈原之義。事見《圖經》。

劉禹錫

沅江五月平堤流，邑人相將浮綵舟。靈均何年歌已矣，哀謠振楫從此起。揚枹擊節雷闐闐，亂流齊進聲轟然。蛟龍得雨鬐鬣動，螮蝀飲河形影聯。刺史臨流褰翠幃，揭竿命爵分雄雌。先鳴餘力爭鼓舞，未至銜枚顏色沮。百勝本自有前期，一飛由來無定所。風俗如狂重此時，縱觀雲委江之湄。綵旗夾岸照蛟室，羅襪凌波呈水嬉。曲終人散空愁暮，招屈亭前水東注。

### 端午日伏蒙内侍賜晨服

楊巨源

綵縷纖仍麗，凌風卷復開。方應五日至，應自九天來。在笥清光發，當軒暑氣廻。遥知及時節，刀尺火雲催。

### 端　午

文　秀

節分端午本誰言，萬古相聞爲屈原。堪笑楚江空浩浩，不能洗得直臣冤。

### 五日觀妓

萬　楚

西施漫道浣春沙，碧玉今時鬭麗華。眉黛奪將萱草色，紅裙妬殺石榴花。新歌一曲令人艷，醉舞雙眸斂鬢斜。誰道五絲能續命，却令今日死君家。

# 歲時雜詠卷二十一

（宋）蒲積中　編

## 端　午

### 端午游真如遲适遠從舍弟在酒局

蘇　軾

一與子由別，却數七端午。身隨綵絲繁，心與昌歜苦。今年
疋馬來，佳節日夜數。兒童喜我至，典衣具雞黍。水餅既懷香，
飯筒仍愍楚。謂言必一醉，快作西川語。寧知是官身，糟麴困薰
煮。獨携一子出，古刹訪禪祖。高談付梁羅，詩律到阿虎。歸來
一調笑，慰此長齟齬。梁羅，遲适小名。

### 皇帝閣端午貼子六首

盛德初融後，潛陰天姤時。侍臣占易象，明作兩重離。

採秀擷芳羣，爭儲百藥良。太醫初荐父，庶草驗蕃昌。

微涼生殿閣，習習滿皇都。試問吾民慍，南風爲解無。

西檻新來玉宇風，侍臣茗盌得雍容。庭槐似識天顔喜，舞破
清陰作雨龍。

講餘交翟轉回廊，始覺深宮夏日長。楊子江心空百鍊，只將
無逸鑑興亡。

一扇清風灑向寒，應緣飛白在冰紈。坐知四海蒙膏澤，沐浴
君王德似蘭。

## 太皇太后閣六首

漸臺通翠浪，暑殿轉清風。簾捲東潮散，金烏未邊中。

日永蠶收簇，風高麥上場。朝來藉田令，菰黍獻時芳。

舞羽諸羌伏，銷兵萬彙蘇。只應黃紙誥，便是世靈符。

令節陳詩歲歲新，從君何以壽吾君。願儲醫國三年艾，不作沉湘九辯人。

忠臣諒節令千歲，孝女孤風滿四方。不復巫陽占郢夢，空餘仲御扣河章。

長養恩深動植均，只憂貪吏尚殘民。外廷已拜梟羹賜，應助吾君去不仁。

## 皇太后閣六首

露簟琴書冷，琱盤飾餌新。深宮猶畏日，應念暑耘人。

萬壽昌蒲酒，千金琥珀盃。年年行樂處，新月掛池臺。

翠筒初窒楝，菰黍復纏菰。水殿開冰鑑，瓊漿凍玉壺。

祕殿扶疏夏木深，雨餘初有一蟬吟。應將嬴女乘鸞扇，更助南風長棘心。

上林珍木暗池臺，蜀產吳包萬里來。不獨盤中見盧橘，時於粽裏得楊梅。

閔古遺風萬古情，湘沉舊俗到金明。翠輿黃繖何時幸，畫鷁飛鳧盡日橫。

## 皇太妃閣五首

午景簾櫳静，春風草木醺。誰知恭儉德，綵縷出親蠶。

雨灑方梅夏，風高已麥秋。應憐百花盡，緑葉暗紅榴。

辟兵已佩靈符小，續命仍縈綵縷長。不爲祈禳得天助，要隨風俗樂時康。

玉盆沉李艷清泉，金鴨噓空裊細煙。自有梧楸郭畏日，仍欣姜黍報豐年。

良辰樂事古難同，繡罿采絲奉兩宮。仁孝自應穰百沴，艾人桃印本無功。

### 夫人閣四首

蕭蕭槐庭午，沉沉玉漏稀。皇恩樂佳節，鬭草得珠璣。

節物荆吳舊，嬉游禁掖閒。仙風隨畫屧，拜賜落人間。

五綵縈筒秫稻香，千門結艾髩髶張。旋開寔典尋風物，要反靈辰共袚禳。

欲曉銅缾下井欄，鏗鍠金殿發清寒。似聞人世南風熱，日上墻東問幾竿。

### 皇帝閣四首

楚國因讒逐屈原，終身無復入君門。願因角黍詞遺俗，可鑒前王感巧言。

喜辰共喜沐蘭湯，毒沴何須採艾禳。但得皋夔調鼎鼐，自然灾祲變休祥。

香菰黏米著佳名，古俗相傳豈足矜。天子明堂遵月令，含桃初薦黍新登。

聖主憂勤政治平，仁風惠澤被群生。自然四海歸文德，何用靈符號避兵。

### 郡王閣五首

風光細細飄香轉，綠葉陰陰覆檻涼。雲物鮮明時節麗，水精宮殿侍君王。

蓬萊仙闕綵雲中，端午欣逢歲歲同。皎潔霜紈空詠扇，空沉玉宇自生風。

古今風俗記佳辰，樂事深宮日日新。巧女金盤絲五色，皇家玉曆壽千春。

涼生玉宇來風細，日永金徒報漏稀。皎潔冰壺清水殿，三千爭捧赭黃衣。

仙盤冷泛銀河露，細扇香搖綠蕙風。禁掖自應無暑氣，瑤臺金闕水精宮。

### 皇帝閣六首

天清槐露泛，歲熟麥風涼。五日標佳節，千齡獻壽觴。

午位星標正，人間令節同。四時和玉燭，萬物被薰風。

舜舞來遐俗，堯仁浹九區。五兵消以德，何用赤靈符。

天容清永晝，風色秀含薰。五日逢佳節，千齡奉聖君。

綵索盤中結，楊梅粽裏紅。宮闈九重樂，風俗萬方同。

寶曲摽靈日，明離正午方。五行當火德，萬壽續天長。

### 太皇太后閣五首

漸臺通翠浪，暑殿轉清風。簾捲東朝散，金烏未遽中。

密葉花成子，新巢燕引雛。君心多感舊，誰獻辟兵符。

旭日映簾生，流暉槿艷明。紅顏易零落，何異此花榮。

香黍筒爲糉，靈苗艾作人。芳音邈已遠，節物自常新。

珠箔涼颸入，金壺晝刻長。鸞臺塵不動，銷盡故時香。

## 皇后閣四首

畫扇催迎暑，靈符喜辟邪。風光麗宮禁，時節重仙家。

椒塗承茂渥，嬪壺範柔儀。更以親蠶璽，紉爲續命絲。

繭館覆萊桑，新絲引更長。紉爲五色縷，續壽獻君王。

槐綠陰初合，榴繁艷欲燃。翠筒傳角黍，嘉節慶年年。

## 夫人閣五首

梅黄初過雨，麥實已登秋。避暑多佳賞，皇歡奏豫遊。

鳴蠅驚早夏，鬥草及良辰。共獻菖蒲酒，君王壽萬春。

楚俗傳筒黍，江人喜競船。深宮亦行樂，綵索續長年。

冰壺凝皓綵，水殿漾輕漣。繡繭誇新巧，縈絲喜續年。

黄金仙杏粉，赤玉海榴芳。共鬥今朝勝，盈襜百草香。

## 皇帝閣十三首

夏　竦

續命朱絲登繭館，長生金籙獻琳宮。百靈拱衛天居峻，萬國歡康帝業隆。

命縷開辰分五色，長絲獻壽祝千年。垂衣日月承嘉慶，真祖飈游正在天。

仙園採藥回雕輦，禁殿迎祥啓鳳闈。四海樂康民富壽，穆清無事永垂衣。

采絲祝壽芳辰啓，紫禁凝旒瑞日長。億兆歸仁天祐德，綿綿真蔭永無疆。

絳臺月筆書金籙，紫殿瑶箱獻巧衣。億載延鴻資睿筭，百祥重沓擁宸闈。

太官角黍迎嘉節，正聖齋居襲美祥。金闕鑒觀真緒遠，永延鴻慶庇多方。

尚方綬帶迎嘉節，中禁彤闈納美祥。疇德珍符方瑞聖，後宮宸筭永無疆。

太官角黍初晨啓，法座垂衣介福隆。億載昌期方奕奕，九天真蔭永延鴻。

賜羹佳序傳青簡，續壽長絲獻紫宸。帝祉灝彰符盛德，聖心勤恤爲生民。

五色綵絲初獻壽，九重嘉氣頌長生。庇民精志方虔鞏，垂拱仁風更穆清。

浴蘭襲芷良辰啓，握紀無爲聖道尊。天啓嘉祥充紫禁，冲融和氣徧千門。

八龍焜燿長生籙，五色葳蕤續命絲。億載延長資睿筭，萬區康樂邁昌期。

歲時節令多休宴，風俗靈辰重祓禳。肅穆皇居百神衛，滌邪寧待浴蘭湯。

### 皇太后閤十四首

迎祥近獻雙條達，續壽初纏五色絲。共仰齋莊隆內訓，永觀蕃衍茂仙枝。

羣治水嬉飛隼渡，瑶箱命縷采絲新。親蠶禮畢無餘事，風佩瑶璜奉紫宸。

千門朱索迎嘉祉，九禁椒塗納美祥。虔奉繡帷承渥惠，永聞彤史播聲芳。

六宮點畫呈新巧，中壼齋明順吉辰。德邁河洲芳訓茂，慶隆祲石美祥新。

千門襲吉縈朱索，九禁開晨鬪紫闈。宮漏正長天睠重，永宣芳訓率三妃。

日記采蘭追楚俗，化孚流荇調周詩。肅恭懿德垂彤琯，九御歸心百福宜。

中闈正肅鳴環節，吉日爰逢采朮時。億載繁禧同聖壽，百男鴻慶茂仙枝。

點畫諸宮初獻巧，裁逢中禁久迎祥。周南永播河洲化，仰佐鴻明燭萬方。

覆檻午陰黃鳥囀，烘簾曉日絳榴繁。六宮綵縷爭新巧，共續千年奉至尊。

紫蘭淅淅風光轉，綠葉陰陰禁院涼。天子萬幾多暇日，喜逢佳節奉瑤觴。

五色雙絲獻女功，多因荊楚記遺風。聖君照物同天鑒，不用江心百鍊銅。

煙含玉樹風生細，日永宮花漏出遲。深殿未嘗知暑氣，水精簾拂碧琉璃。

玉壺冰彩映寒光，避暑宸遊樂未央。採艾不須禳毒沴，塗椒自已馥清香。

蘭苕擢秀迎風紫，槿艷繁開照日紅。嘉節相望傳有舊，深宮行樂自無窮。

### 溫成皇后閣四首

綵縷誰云能續命，玉奩空自瑣遺香。白頭舊監悲時節，珠閣無人夏日長。

依依節物舊年光，人去花開益可傷。聖主聰明無色惑，不須西國返魂香。

聞説仙家事杳微，世傳真僞豈能知。遥思海上三山樂，寧記人間五日時。

雲散風流歲月遷，君恩曾不減當年。非因掩面留遺愛，自爲難忘窈窕賢。

### 淑妃閣四首

蕤賓布序逢良月，條達延祥紀令辰。仰奉椒塗宣內治，永昭芳譽冠虞嬪。

芳園踏草迎嘉節，紫掖鳴環奉鞠衣。渥惠日新鴻慶遠，永隆徽序耀層闈。

萬寓清和當聖日，千門採拾達良辰。上真鴻緒宜蕃衍，從此高禖美應新。

宴寢奉闕鳴來玉，良辰襲慶裊長絲。仰窺中壺垂芳裕，永播周南逮遠詞。

### 郡王閣四首

對小惠心時共仰，沐蘭嘉節慶長絲。仰承中緒隆天愛，永奉祥祺襲太熙。

彤闈永奉千年慶，金策將封一字王。佇向景風承異渥，豫從佳節納多祥。

五色綵絲頒禁殿，千齡嘉慶集藩房。玉堂弦誦依真館，日日靈心降美祥。

崑山瑞玉題真篆，閬苑蟠桃刻印文。竚獻春閨延美慶，億年喜氣永氤氳。

### 御　閣聖旨進

晏　殊

沐浴蘭湯在此辰，內園仙境物華新。輕絲五綵纏金縷，共祝堯年壽萬春。

初垂彩仗迎新節，復結香茅致百祥。就日望雲皆善祝，聖人洪筭與天長。

獻壽競爲長命縷，迎祥還佩赤靈符。端門漏永晨曦上，颯颯秋風遶帝梧。

雕盤角黍競時宜，組繡風華奉紫闈。海日乍昇丹禁曉，文人晴影照金扉。

### 內　廷四首

百草鬭餘欣令月，五絲縈後祝遐年。洞房風暖垂靈艾，神沼波深競綵船。

披風別殿地無塵，辟惡靈符字有神。九子粽香仙醴熟，共瞻宸極祝千春。

由來佳節載南荊，一浴蘭湯萬慮清。仙苑此時收百藥，鍊丹飛石保長生。

一一雕盤分楚粽，重重團扇畫秦娥。宮闈百福逢嘉序，萬戶千門喜氣多。

### 昇　閣二首

朱邸沫蘭逢令節，丹廷祝壽喜嘉辰。兩宮榮養延多慶，百福潛隨命縷新。

織組文繒載舊儀，晨朝丹宸奏天慈。六齋清素來多福，歲歲今辰侍宴私。

### 御　閣四首

五綵絲長繫臂初，萬年芳樹影扶疏。豈勞方士摽神篆，自有真靈衛帝居。

九子粽新傳楚俗，赤靈符驗出新方。漢宮盡祝如天壽，鵲尾爐煙起瑞香。

乍結香茅祈福壽，更纏金縷貢芳新。丹臺素有延生籙，歲歲迎祥在此辰。

仙家既有靈符術，越俗兼爲競渡遊。三十六宮遲日永，綺牕朱戶彩雲浮。

### 東宮閣二首

楊子波心鑄鑑成，俗傳茲日最摽靈。宣猷視學通文史，問膳多歡奉帝廷。

百藥初收味最良，玉函仍啓太清方。扇裁葵葉風頻度，漏轉金門日更長。

## 端午作

汨渚沉沉不可追，楚人猶自弔湘纍。靈均未免爭瓊糈，却道蛟龍畏色絲。

## 端午日帖子詞

### 皇帝閣六首

孫　覿

薰琴應律南風暖，漏箭添籌晝刻長。誰識廣寒天上景，銅烏未午送微涼。

炎日曈曈照殿楹，幅員萬里塞氛清。漢家自有安邊術，不是靈符解辟兵。

方更仲律清和節，正是南訛化育時。無限元元齊歌舞，恤刑新詔下天墀。

露畹擷蘭苕，金波麗碧霄。早聞彤輦降，還待紫宸朝。

內苑屬嘉辰，初收百藥新。預知氛癘息，天意在生民。

淺囿含桃老，雕盤角黍香。九重端扆處，星火正離方。

### 皇后閣五首

蟠桃映砌晨煙薄，紫桂凌霄晝露晞。宧窱漢宮三十六，齊將綵縷祝坤闈。

暑服初頒五柞宮，內墀佳氣鬱葱葱。須知海宇昇平事，半是關雎輔佐功。

方均寶笈千齡藥，又賜金盤五色。從此仙源深福遠，綿綿不獨頌周家。

浴蘭同故事，戲草楚遺風。不是天家意，勤勞念女紅。

洞户花陰淺，天階日景遲。糭成八九子，縷結就千絲。

### 夫人閣五首

杳杳畫梁巍架杏，沉沉香壁静塗椒。宮前夜祝君王壽，日上黃爐炷未消。

交飛壽斝長生殿，競泛仙舟太液池。不似世間多暑氣，天風淅淅萬年枝。

辟惡何須荆楚艾，蠲炎不待邵平瓜。仙飈昨夜來閶闔，玉宇清涼大帝家。

畫閣方裁扇，寒塘又鑿冰。蓬壺山四徹，何處是炎蒸。

仙宇賜符時，仙蕡葉尚稀。曉來金屋静，同侍玉皇歸。

### 端午日三首

梅堯臣

有酒不病飲，況無菖蒲根。空懷楚風俗，角黍弔沉魂。

佳人五色縷，道士絳囊符。瘦臂不中繫，百邪何用驅。

百草堪爲藥，舟行不及收。岸傍蕭與艾，從聽到寒休。

### 五月五日

屈氏已沉死，楚人哀不容。何當奈讒謗，徒欲却蛟龍。未泯生前眼，而追没後踪。沅湘碧潭水，應自照千峯。

## 重五觀競渡

南方多競渡，多在屈平祠。簫鼓滿流水，風煙生畫旗。千橈速飛鳥，兩舸刻靈螭。盡日來江畔，誰知輕薄兒。

## 午日與陳直卿飲

午日逢南國，三年別舊都。招魂傳楚客，撫節見靈巫。蒿艾因時末，蛟龍爲俗驅。清樽與鵝炙，忻此故人俱。

## 端午前保之太傅遺水墨扇及酒

畫扇雙酒壺，置前兵吏立。言將國匠奇，重以風義執。樹石水上看，山河月中入。使持菖蒲飲，不畏青蠅及。

## 端午晚得菖蒲

薄暮得菖蒲，猶勝竟日無。我焉能免俗，三揖向尊壺。

## 端午同子宣平嵐榭晚酌望南山而有作

張無盡

相見長嗟相聚稀，平嵐色榭對清暉。牛羊遍野草初綠，槐柳成陰春已歸。頂上茹生麋角解，嘴邊黃盡燕雛飛。白頭共作天涯客，幾向南山詠式微。

## 端午獻扇

紈扇新成獻廼翁，草堂虛寂起清風。欲知妙用真無有，不離而今掌握中。

### 端午偶題

孤忠不屈赴湘流，甘與龍逢地下遊。若共蛟龍爭口食，何如附會楚王休。

### 端午觀競渡題北榭

龍舟鼓笛和吳歌，綵索纏筒弔汨羅。交腿千人齊舉棹，豈知河海有風波。

### 重午晚登縣城，景氣殊異，忽如曉光，覆暎海色，而停雲積藹，點綴其間，皆成物象，天地之奇變也

崔正言

頹雲歛夕陰，落日送歸鳥。初愁山河暝，忽見海光曉。長洲帶清淺，翠阜環深渺。綿綿沙樹遠，點點浮巒小。起我天際意，便欲凌浩渺。風蒲掛色遠，鴻鵠共輕矯。十年墮塵土，爪髮今已稿。妙物本無心，何乃調此老。驚呼初未定，散滅俄稍稍。亦以觀我生，惆悵下城杪。

### 端午書事

白子儀

火雲方熾又風薰，誰柅天邊午日輪。靖郭所生為貴子，靈均以死作忠臣。朝衣恥立雞爭地，賓帷難量狗盜人。休語前書憂喜事，浴蘭角黍是良辰。

## 端午日無菖蒲

余安行

端午日已過,更吟端午詩。人間好時節,寂寞强追惟。有酒無菖蒲,青粽謾纍纍。昔人固所嗜,我今莫薦之。薄物尚如此,翻思淚交垂。

## 謝張仲謀端午送巧作

黄魯直

君家玉女從小見,聞道如今畫不成。剪裁似借天女手,萱草石榴偏眼明。

# 歲時雜詠卷二十二

（宋）蒲積中　編

## 夏　至

### 夏至避暑北池

韋應物

晝晷已云極，宵漏自此長。未及施政教，所憂變炎涼。公門日多暇，是月農稍忙。高居念田里，苦熱安可當。亭午息羣物，獨遊愛方塘。門閉陰寂寂，城高樹蒼蒼。綠筠尚含粉，圓荷始散芳。於焉灑煩抱，可以對華觴。

### 夏至日作

權德輿

璿極無停運，四序相錯行。寄言赫曦景，今旦一陰生。

### 夏至日衡陽郡齋書懷

令狐楚

一來江城守，七見江月圓。齒髮將六十，鄉關越三千。褰帷罕游觀，閉閣多沉眠。新節還復至，故交盡相捐。何時�閶闔，上訴高高天。

## 和夢得夏至憶蘇州呈盧賓客

白居易

憶在蘇州日,常詣夏至筵。粽香筒竹嫩,炙脆子鵝鮮。水國多臺榭,吳風尚管絃。每家皆有酒,無處不過船。交印君相次,褰帷我在前。此鄉俱老矣,東望共依然。予與劉、盧三人,前後相次典蘇州,今同分司老於洛下。洛下麥秋月,江南梅雨天。齊雲樓上事,已上十三年。

## 夏至

張　耒

長養功已極,大運忽云遷。人間漫未知,微陰生水泉。生殺忽更柄,寒暑遂成年。崔嵬千雲樹,安能保芳鮮。幾微物所忽,漸進理必然。躐哉觀化子,默坐付忘言。

## 伏　日

### 懷　縣

潘　岳

南陸迎修景,朱明送未垂。初伏啓新節,隆暑方赫曦。朝想慶雲興,夕遲白日移。揮汗辭中宇,登城臨清池。涼飆自遠集,輕禁隨風吹。靈圃曜華果,通衢列高椅。

### 伏　日

程　曉①

平生三伏時,道路無行車。閉門避暑臥,出入不相過。今世

---

① 　此詩徐本據明抄本校補作者"程曉",茲校從。

態攡子，按："態"字，一本作"態"，一本作"悲"，皆所未詳。觸熱到人家。主人聞客來，嚬噈奈此何。謂當行起去，安坐正跘跨。所說無一急，嗜唅一何多。疲倦向之久，甫問君極那。搖扇髀中疼，流汗正滂沱。莫謂此小事，亦是人一瑕。傳誠諸高明，熱行宜見歌。

### 和長孫秘監伏日苦熱

任希古

玉署三時曉，金羈五日歸。北林開逸徑，東閤敞閑扉。池鏡分天色，雲峯減日輝。游鱗映荷聚，驚翰繞林飛。披襟揚子宅，舒嘯仰重闈。

### 同李吏部伏日呈元庶子路中丞

包佶①

火炎逢六月，金伏過三庚。幾度衣裳澣，誰家枕簟清。頒冰無下位，裁扇有高名。吏部選開甕，勤勤二客卿。

### 廣州王園寺伏日即事寄北中親友

王言史

南越逢初伏，東林度一朝。曲池煎畏景，高殿絕微飆。竹簟移先灑，蒲葵破復搖。地偏茅瘴近，山毒火威饒。裛汗絺如濯，親床枕竝燒。墮枝傷翠羽，萎葉惜紅蕉。且困流金燧，難成獨酌謠。望霖窺潤礎，思吹候纖條。旅恨生烏滸，鄉心繫浴橋。誰憐在炎客，一夕壯容銷。

---

① 此詩徐本據明抄本及《全唐詩》卷二〇五校補作者"包佶"，茲校從。

### 伏日就楊評事湖上避暑

皎　然

大火方礫石，停雲晝所收。從容賞心膂，畏景難遠游。擁几若炎火，出門望汀洲。廻溪照軒宇，廣陌臨梧楸。釋悶命雅瑟，放情思亂流。更將無生論，可以清煩憂。

### 和潞公伏日讌府園示坐客

司馬光

盛陽金氣伏，華宇玉樽開。真率際煩禮，耆英集上才。炎蒸疑遠避，流景忘西頹。幸忝後遊竝，仍慙右席陪。蒲葵參執扇，冰果侑傳杯。相國方留客，如何務早回。

### 初伏休沐

宋　祁

伏日詔休偃，閉門謝朋儕。羲和挾升陽，曉氣紅崔嵬。炎林鬱歊霧，焦原橫赭埃。怒甚崒崒雲，見始隆隆雷。況我庇茨宇，煩襟安得開。因拘訴巾幘，仇怨避酒杯。湯沐未及具，返爲襟蝨咍。北風殊杳嘿，羲人安在哉。

### 中伏日永叔遺冰

梅堯臣

日色若炎火，正當三伏時。盤冰賜近臣，絡繹中使馳。瑩澈消冰玉，凜氣侵人肌。近日多故友，分貺能者誰。信都顧貧賤，物物義不遺。念我老且病，赤疿生枯皮。巨塊置我前，凝結造化

移。畏冷不敢食，有類夏虫疑。雖然已快意，何必咀嚼爲。天子
厚於公，不使熾毒欺。公亦厚於我，將恐煎熬隨。我有舐犢愛，
自憐小子龜。

### 太尉相公中伏日池亭宴會得山字

何言避徂暑，清晏水軒閑。竹氣陰池鳳，雲峯照衮山。玳簪
方暎座，綵服亦承顏。樂奏寒波上，杯香緑荶間。瓜浮五色爛，
簾捲半鈎彎。今日賓裾盛，袁劉豈足攀。

### 和中道伏日次韻

伏日每苦熱，古來亡事侵。嘗聞東方朔，割肉漢庭陰。百職
當早罷，將畏赫日臨。我無歸遺人，懷念空霑襟。

### 中伏日陪二通判妙覺寺避暑 時有僧鼓琴于座上

紺宇迎涼日，方牀御絲衣。清談停玉麈，雅曲弄金徽。高樹
秋聲早，長廊暑氣微。不須河朔飲，煮茗自忘歸。

### 伏日暑甚七月八日 立秋是日風作

張　耒

西風吹淡白，窗户含凄清。炎涼一朝變，徂暑逝不停。山堂
曉瀟灑，病更衣褐輕。平時齊雲樹，芳草亦復零。苦熱逢三秋，
西風颼然起。金行入草木，傷夷從此始。盛極衰從之，循環固其
理。老翁復何事，新涼欣酒美。

## 初伏大雨呈無咎

初伏炎炎坐湯釜，長安行人汗沾土。誰傾江海作清涼，玄雲駕風橫白雨。補陁真人揮露手，能使闕乏厭膏乳。且欲當風展簟眠，敢辭避漏移床苦。清貧學士卧陶齋，壁上墨君淡無語。翰林但解嘲苜蓿，彭宣不得窺歌舞。聯詩得句笑出省，策馬涉泥歸閉户。床頭餘榼定何嫌，窗外石榴堪薦俎。

## 入伏後一日

老火熾而焰，端能流弱金。清秋有微警，西風生薄陰。日中無停暉，俛仰忽已沉。齊紈不足玩，流景逝駸駸。盛衰寧獨行，中吳密相尋。蓬茅有佳處，亦足慰人心。

## 出伏寄潘十

伏盡熱隨盡，古語當有憑。淮南歲苦旱，秋暑欝方蒸。老火熾而焰，弱金融未凝。火雲大江沸，烈日羣山頹。平生白羽扇，揮拂何功能。蓬頭卧永晝，起冠汗沾纓。柯山屢空子，貧病復相仍。衡茅未可詣，作詩問寢興。

## 出伏後風雨頓涼有感三首，時已立秋

西風振秋曉，萬境一凄清。幽草蟲鳴急，高葉露華凝。戢翼鳥尚宿，引吭雞屢鳴。淹留變華歲，悵然難為情。

三伏如湯釜，熏煮理亦足。西風半夜雨，窗户一清肅。那能惜摇落，可喜過炎燠。老人亦晨起，稍進杯中醁。

殘暑肩中盡，清涼枕上歸。微雲起平遠，空碧上朝晞。稍感夏衣薄，漸傷高葉稀。來鴻飛集喜，卒歲稻粱肥。

### 伏暑日唯食粥一甌，盡屏人事，頗逍遥，効皮陸體

烈日炎風鼓大鑪，藤床瓦枕閉門居。屏書居士持齋日，掛壁
禪僧問法圖。鄰汲滿携泉似乳，新舂旋羅米如珠。飽飱饘粥消
長夏，況值饑年不敢餘。

### 末伏日五更小涼

幽人短夢不終宵，起步星河望寂寥。缺月掛簷雞一唱，露華
秋色滿芭蕉。

### 山中伏日

蕭然水曲與山根，洗鍊丹靈絶垢痕。世上炎炎三伏熱，難教
熱到不争門。

### 初伏後偶書呈抑之

白子儀

炎天三伏經初伏，火烈石焚疑此時。鈎帶已逢瓜入座，扶疏
還愛樹成帷。良田廣宅富家事，萬壑千巖逋客期。顧念宿心俱
未適，但慙種種鬢絲垂。

### 暑伏偶書呈端祖仰之

歲時三伏每相承，雨汗居人困不勝。況是五絃均長養，何須
六幕苦炎蒸。中乾願沃仙盤露，上賜堪加凌室冰。安得天風破
煩溽，釋然羣動返清澄。

# 歲時雜詠卷二十三

（宋）蒲積中　編

## 立　秋

### 立秋日題安昌寺北山亭

孫　逖

樓觀倚長霄，登攀及霽朝。高如石門頂，勝擬赤城標。天路雲虹近，人寰氣象遥。山圍伯禹廟，江落伍員潮。徂暑迎秋薄，涼風是日飄。果林餘苦李，萍水覆甘蕉。覽古嗟夷漫，凌空愛沆寥。更聞金刹下，鐘鼓晚蕭蕭。

### 同諸公立秋日登琴臺

高　適

古跡使人感，琴臺空寂寥。静然顧遺塵，千載如昨朝。臨眺自兹始，羣賢久相邀。德與形神高，孰知天地遥。四時何倏忽，六月鳴秋蜩。萬象歸白帝，平川橫赤霄。猶是對夏伏，幾時有涼飇。鷙雀滿簷楹，鴻鵠將扶摇。物性各自得，我心在漁樵。兀然還復醉，尚握尊中瓢。

### 立秋日雨院中有作

杜　甫

山雲行絶塞，大火復西流。飛雨動華屋，蕭蕭梁棟秋。窮途愧知己，暮齒借前籌。已費清晨謁，那成長者謀。解衣開北戶，高枕對南樓。樹濕風涼進，江喧水氣浮。禮寬心有適，節爽病微瘳。主將歸調鼎，吾還訪舊丘。

### 立秋後題

日月不相饒，節序昨夜隔。玄蟬無停號，秋燕已如客。平生獨往願，惆悵年半百。罷官亦由人，何事拘形役。

### 立秋日

劉言史

商風動葉初，蕭索一貧居。老性容茶少，羸肌與簟疏。舊醅難重漉，新菜未勝鋤。才薄無潘興，便便晝偃廬。

### 立　秋

茲晨戒流火，商颸早已驚。雲天收夏色，木葉動秋聲。

### 立秋日

司空曙

律變新秋至，蕭條自此初。花酣蓮報謝，葉在柳呈疏。澹日非雲暎，清風似雨餘。卷簾涼暗度，迎扇暑先除。草靜多翻燕，波澄乍露魚。今朝散騎省，作賦興何如。

### 王太常立秋日即事

秋宜何處看，試問白雲官。暗入蟬鳴樹，微侵蝶繞蘭。向風涼稍動，近日暑猶殘。九陌浮埃滅，千峯爽氣攢。換衣防竹暮，沈果訝泉寒。宮響傳花杵，天清出露盤。高禽當側弁，遊鮪對憑欄。一奏招商曲，空令繼唱難。

又

盧　綸

山高雲日明，潘岳賦初成。籬槿花無色，階桐葉有聲。絳紗垂篘静，白羽拂衣輕。鴻雁悲天遠，龜魚覺水清。別絃添楚思，牧馬動邊情。田雨農官問，林風苑吏驚。松篁餘盛茂，蓬艾自衰榮。遥仰憑軒夕，惟應善宋生。

### 立秋日與陸三原於縣界送鄒十八

武元衡

風入宜陽池館秋，片雲孤鶴兩難留。明朝獨向青山郭，唯有蟬聲催白頭。

### 立秋日悲懷

令狐楚

清曉上高臺，秋風今日來。又添新節恨，猶抱故年哀。淚豈揮能盡，泉終閉不開。更傷春月過，私服示無緦。

### 立秋日

平日本多恨，新秋偏易悲。燕詞如惜別，柳意已呈衰。事國終無補，還家未有期。心中舊氣味，若校去年時。

### 立秋日曲江憶元九

白居易

下馬柳陰下，獨上堤上行。故人千萬里，新蟬三兩聲。城中江曲水，江上江陵城。兩地新愁思，應同此日情。

### 立秋日登樂游原

獨行獨語曲江頭，迴馬遲遲上樂游。蕭颯涼風與衰鬢，誰教同會一時秋。

### 立秋夕有懷夢得

露簟荻竹清，風扇蒲葵輕。一與故人別，再見新蟬鳴。是夕涼飇起，閒境入幽情。迴燈見棲鶴，隔樹聞吹笙。夜茶一兩杓，秋吟三數聲。所思渺千里，雲外長洲城。

### 立秋夕涼風忽至，炎暑稍清，即事詠懷，寄汴州節度使李二十尚書

嫋嫋簷樹動，好風西南來。紅釭霏微滅，碧幌飄颻開。披襟有餘涼，拂簟無纖埃。但喜煩暑退，不惜光陰催。河秋稍清淺，月午方徘徊。或行或坐臥，體適心悠哉。美人在浚都，旌旗繞樓臺。雖非滄溟阻，難見如蓬萊。蟬迎節又換，雁送書未迴。君位日寵重，我年日摧頹。無因風月下，一共平生盃。

## 奉酬樂天立秋日有懷見寄

李　紳

深夜星漢靜，秋風初報涼。楷篁淅瀝響，露葉參差光。冰兔半升魄，銅壺微滴長。薄帷乍飄卷，襟帶輕搖颺。此際昏夢清，斜月滿軒房。屣履步前楹，劍戟森在行。重城宵正分，號鼓互相望。獨坐有所思，夫君鸞鳳章。天津落星河，一葦安可航。龍泉白玉首，魚服黃金裝。報國未知効，惟鶺徒在梁。徘徊顧戎旃，顥氣生東方。衰葉滿欄草，斑毛盈鏡霜。羸牛未脫轅，老馬強騰驤。吟君白雪唱，慙愧巴人腸。

## 華州周侍郎立秋日奉詔祭嶽，聊寄是詩，以申誠恐

李景讓

關河廓靜曉雲開，承詔秋祠太守來。山霽蓮花添翠黛，路陰桐葉少塵埃。朱幡入廟威儀肅，玉佩升壇步武回。往歲今朝幾時事，謝君非重我非才。

## 酬李常侍立秋日奉詔祭嶽見寄

周　墀

秋祠靈嶽奉樽罍，風過深林古陌開。蓮掌月高珪幣列，金天羽衛鬼神陪。質明三獻雖終禮，祈壽千年別上杯。豈是瑣才能祀事，弘農太守主張來。

### 立秋後自京歸家

李　郢

籬落秋歸見豆花，竹門當水岼橫槎。松風一雨宜清簟，小閣孤燈對絳紗。盡日抱愁跧似鼠，移時不動懶於蛇。西江近有鱸魚否，張翰扁舟始到家。

# 歲時雜詠卷二十四

（宋）蒲積中　編

## 立　秋

### 立秋日禱雨宿靈隱寺同周徐二令

蘇　軾

百重堆案掣身閒，一葉秋聲對榻眠。床上雪霜侵户月，枕中琴筑落堦泉。崎嶇世味嘗應遍，寂寞山栖老漸便。惟有憫農心尚在，起占雲漢更茫然。

### 自立秋後便涼詩示秬等

張　耒

暑别齊紈知有日，秋生簟竹果如期。月明半夜似相覓，角怨五更知爲誰。風露滿天河轉後，江山千里雁來時。短檠莫倦親燈火，又見槐花黄滿枝。

### 立秋日二絕

西風嫋嫋水颼颼，身在湖湘北岸舟。自古楚人詞賦好，爲君重賦竟陵秋。

對酒聊同楚人醉，我詩惟聽越吟聲。洞庭北岸孤城下，落日西風聽晚鶯。

### 六月二十三日立秋夜行泊林篁港口

淅淅晚風起，孤舟秋思生。蓬窗一螢過，岸草亂蛩鳴。老大憐爲客，風波難計程。人家夜深語，應念客猶征。

吳楚封疆接，東南澤國寬。江流秋日淨，山霽暮雲閒。囊有離騷賦，頭餘騎省斑。新秋聊把酒，一笑且開顏。

### 立秋日書懷

王景彝

一歲中分氣序平，夫何猶有感秋情。已饒健鶻凌空翮，肯作寒蜩抱樹聲。桐葉旋愁經雨墜，桂枝還喜得風生。夜涼頻惬山居興，天澹銀河徹曉清。

### 山中立秋

宋　祁

峰雲曉影破孱顏，萬里風生結早寒。人在兜零煙外走，歲從鳲鳩口中殘。槽花併滴添新酎，筍月兼輪掩故紈。白髮光陰誠可惜，五年搔首問長安。

### 立秋會監司

張無盡

桐葉飛空忽報秋，玉醅浮蟻恰新篘。相逢昂飲聊乘興，萬事從他一日休。

## 立秋後有感

楊　齊

　　一雨助涼天氣醒，夜來殘葉報秋聲。人歌曼倩書同發，客笑相如賦不成。驚破鶴心霄露重，送他鴻翼晚風清。功名未了男兒事，爭遣心頭繫得旌。

## 立秋書懷

沈　邁

　　立秋通夕雨如繩，一霎微寒犯葛衾。金氣凄涼悲肺腑，樹聲蕭瑟帶商音。稻田在處雲連野，楸葉何人鬢可簪。自惜茂陵多病客，感陰惆悵盡孤吟。

# 歲時雜詠卷二十五

（宋）蒲積中　編

## 七　夕

### 七　夕

閼　名

迢迢牽牛星，皎皎河漢女。纖纖擢素手，札札弄機杼。終日
不成章，泣涕零如雨。河漢清且淺，相去復幾許。盈盈一水間，
脈脈不得語。

### 七月七日

李　充

日朗垂玄景，河漢截昊蒼。牽牛難牽牛，織女守空箱。河廣
尚可越，怨此漢無梁。

### 九　詠

曹　植

乘迴風兮浮漢渚，目牽牛兮眺織女。交有際兮會有期，嗟痛
吾子兮來不時。

### 七月七日侍皇太子宴玄圃園

潘　尼

商風初授，辰火微流。朱明送夏，少昊迎秋。嘉禾茂園，芳草被疇。於時我后，以豫以游。

### 七夕觀織女

王　鑒

牽牛悲殊館，織女悼離家。一稔期一宵，此期良可嘉。赫奕玄門開，飛閣鬱嵯峨。隱隱驅千乘，闐闐越星河。六龍奮瑤轡，文螭負瓊車。火丹秉瑰燭，素女執瓊華。絳旗若吐電，朱蓋如振霞。雲韶何嘈嗷，靈鼓鳴相和。停軒紆高昤，眷予在嵳峨。澤因芳露沾，恩附蘭風加。朝發相從游，翩翩鸞鷟羅。同游不同觀，念子憂怨多。敬因三祝末，以爾屬皇娥。

### 七夕詠織女

蘇　彥

火流涼風至，少昊協素藏。織女思北征，牽牛歎南陽。時來嘉慶集，整駕巾玉箱。瓊珮垂藻蕤，露結雲霓裳。金翠耀華輈，軿轅散流芳。釋轡紫微庭，解衿琳碧堂。欣言未及究，晨暉照扶桑。仙童唱清道，盤螭起騰驤。悵悵三宵促，遲遲別日長。

### 七夕

宋孝武

開庭鏡天路，餘光不可臨。泬風被弱縷，迎輝貫玄鍼。斯藝誠無取，時務聊可尋。

## 又

白日傾曉照，弦月升初光。泫泫葉露滿，肅肅庭風揚。瞻言媚天漢，幽期濟河梁。服箱從奔蹈，紝綺闕成章。解帶遽迴軫，去誰秋夜長。愛聚雙情欵，念離兩心傷。

## 七夕詠牛女

南平王

秋動清風扇，火移炎氣歇。廣簷含夜陰，高軒通夕月。安步巡芳林，傾望極雲闕。組幕縈漢陳，龍駕凌霄發。誰云長河遙，頗覺促筵悅。來對眇難期，今歡自茲沒。

## 代織女贈牽牛

顏延之

嫠女儷經星，姮娥棲飛月。慙無二媛靈，託身侍天闕。閶闔殊未暉，咸池豈沐髮。漢陰不夕張，長河為誰越。雖有促讌期，方須涼風發。虛計雙曜周，空遲三星沒。非怨杼軸勞，但念芳菲歇。

## 七夕詠牛女

謝惠連

落日隱簷楹，升月照簾櫳。團團滿葉露，淅淅振條風。蹀足循廣除，瞬目曬層穹。雲漢有靈匹，彌年闕相從。遐川阻昵愛，修渚曠清容。弄杼不成藻，聳轡騖前踪。昔離秋已兩，今聚夕無雙。傾河易迴斡，欸情難久憕。沃若靈駕旋，寂寞雲幄空。留情顧華寢，遙心逐奔龍。沈吟爲爾感，情深意彌重。

## 七夕月下

王僧達

遠山歛氛祲，廣庭揚月波。氣往風集隙，秋還露泫柯。節期既已屡，中宵振綺羅。來歡詎終夕，收淚泣分河。

## 七夕詠牛女

火逝首秋節，新明弦月夕。月絃光照户，秋首風入隙。凌峯步層崖，憑雲肆遥脈。徙倚西北庭，疏踊東南覯。紖綺無報章，河漢看駿軛。

## 和王義興七夕

鮑　照

宵月向掩夜，雲霧牎當白。寒機思孀婦，秋堂泣征客。疋命無單年，偶影照雙夕。暫交金石心，須臾雲滿隔。

## 七夕詠牛女應詔

謝　莊

輟機起春莫，停箱動秋襟。旋車照漢右，芝駕肅河陰。珠殿紅未殊，瑤庭露已深。夜清豈掩拂，弦暉無久臨。

### 望織女

梁武帝

盈盈一水邊，夜夜空自憐。不辭精衛苦，河流未可填。寸情百重結，一心萬處懸。願作雙清鳥，共舒明鏡前。

### 七　夕

白露月下團，秋風枝上鮮。瑤臺涵碧霧，瓊幕生紫煙。妙會非綺節，佳期乃良年。玉壺承夜急，蘭膏依曉煎。昔悲漢難越，今傷河易旋。怨咽雙念斷，悽別兩情懸。

### 又

梁簡文

秋期此時浹，長夜徙河靈。紫煙凌鳳羽，紅光乘玉軿。洛陽疑劍氣，城都怪客星。天梭織來久，方逢今夜停。

### 七夕穿針

憐從帳裏出，想見夜窗開。針欹疑月暗，縷散恨風來。

### 七夕詠穿針

柳　惲

代馬秋不歸，緇紈無復緒。迎寒理衣縫，映月抽纖縷。的礰愁睇光，連娟思眉聚。清露下羅衣，秋風吹玉柱。流陰稍已多，餘光欲誰與。一作"流景對秋夕，餘光欲難取。"

## 答唐娘餉七夕穿針

徐　悱

倡人助漢女，靚粧臨月華。連針學並蒂，縈縷作開花。嫵閨
浥羅綺，攬贈自傷嗟。雖言未相識，聞道出良家。曾停霍君騎，
經過柳惠車。無由一共語，暫看日升霞。

## 七夕感逝

宋務先

生代日何短，徂遷歲欲莽。始聞春鳥思，溢見涼雲滋。皎皎
河漢匹，三秋會有期。嗟嗟琴瑟偶，一去無還時。晴壁看遺挂，
虛簀想步縶。流芳行處歇，空色夢中疑。昔有秦嘉贈，今爲潘岳
詩。百憂人自老，玄髮自成絲。

## 七　夕

庾　信

牽牛遥映水，織女正登車。星橋通漢使，機石逐仙槎。隔河
相望近，經秋離別賒。愁將今夕恨，復著明年花。

## 七夕穿針

劉　遵

步月如有意，情來不自禁。向花抽一縷，舉袖弄雙針。

## 四時行生曲

三月三日咄泉水，七月七日芍陂塘。鳳靨蛾眉粧玉面，朱簾繡戶映新粧。

## 七夕穿針

劉孝威

縷亂恐風來，衫輕羞指見。故穿雙眼針，持縫合歡扇。

## 織女贈牽牛

沈　約

紅粧與明鏡，二物本相親。用持施點畫，不照離居人。往秋雖一照，一照復還塵。塵生不復拂，蓬首對河津。冬夜寒如是，寧遽道陽春。初商忽云至，暫得奉衣巾。施衿已如故，每恥輟如新。

## 牽牛答織女

王　筠

新知與生別，由來值相似。豈如寸心中，一宵懷兩事。歡娛未繾綣，倏忽成離異。終日遙相望，祇益生愁思。猶想今春悲，尚有故年淚。忽遇長河轉，獨喜涼飆至。奔精翼鳳軨，鐵阿驚龍轡。

## 詠織女

劉孝威

金鈿已照曜，白日未蹉跎。欲待黃昏至，含嬌渡淺河。

## 七　夕

何　遜

仙車駐七襄，鳳駕出天潢。月映九微火，風吹百和香。逢歡暫巧笑，還淚已啼粧。依稀猶洛汭，倏忽似高唐。別離不得語，河漢漸湯湯。

## 又

庾肩吾

玉匣卷懸衣，高樓開夜扉。姮娥隨月落，織女逐星移。離前看促夜，別後對空機。倩語雕陵鵲，填河未可飛。

## 七夕宴宣猷堂，各賦一韻詠五物目足爲十并牛女一首，五韻物次第用得帳、屏風、案、壺、履<sub>座有陸瓊、傅縡、陸瑜、姚察等四人</sub>

陳後主

錦作明玳床，繡垂光粉壁。帶日芙蓉照，因吹芳風拆。<small>帳</small>

織成如繢采，琉璃畏風擊。秦宮得絕超，漢座殊班敵。<small>屏風</small>

已羅七俎滿，兼逢百品易。張陳答贈言，梁室齊眉席。<small>案</small>

蘊仙此還異，掌漏翻非役。侍臣乃執捧，良賓乃投擲。<small>唾壺</small>

賢舍觀穴踵，瓜田觀躡迹。矩步今有儀，用此前嘉客。<small>履</small>

**七夕宴重詠牛女，各爲五詠**座有劉㘉、安遠侯方華、

張式、陸瓊、顧野王、褚玠、謝佖、周填、傅緯、陸瑜、柳莊、王瑳等十三人上。

明月照高臺，仙駕忽徘徊。雷徙聞車度，霞上見妝開。房移
看動馬，斗轉望斟杯。靨色隨星女，鬟影雜雲來。更覺今宵短，
只遽日輪催。

### 同管記陸琛七夕五韻

亭亭秋月明，團團夕露輕。鳳駕今時度，霓騎此宵迎。疏上
采霞動，粉外白雲生。故嬌隔分別，新歡起舊情。含笑不終夜，
香風空自停。

### 同管記陸瑜七夕四韻陸瑜、王瓊等二人上和

河漢言清淺，相望限煙霄。雲生劍氣没，槎還客宿遥。月上
仍爲鏡，星連可代橋。唯當有今夕，一夜不迢迢。

### 初伏七夕已覺微涼，既引應徐且命燕趙清風朗月以望七襄之駕，置酒陳樂，各賦四韻之篇
座有張式、陸瓊、顧野王、傅絳、陸瑜等五人上

廣席多才俊，重合引珠妍。管絃檐外響，羅綺樹中鮮。舉針
還向月，上儛復依筵。度河□闕。將殿①，相看併是仙。

---

① 底本"河"字下書有一小字"闕"以示此處佚一字，茲據體例標作缺字符號。

**七夕宴樂修殿，各賦六韻**座有張式、陸瓊、褚玠、王溪、傅絳、陸瑜、姚察等七人。

秋初芰荷殿，寶帳芙蓉開。玉笛隨絃上，金鈿逐照迴。釵光搖玳瑁，柱色輕玫瑰。笑靨人前歛，衣香動處來。非同七襄駕，詎隔一春梅。神仙定不及，寧用流霞盃。

**七夕宴玄圃，各賦五韻**座有顧野王、陸琢、姚察等四人上。

殿深炎氣少，日落夜風清。月小看針暗，雲開見縷明。絲調聽魚出，吹響間埠（磔）聲①。度更銀燭盡，陶暑玉巵盈。星津雖可望，詎得似人情。

<h2 style="text-align:center">七　夕</h2>

江　總

漢曲天榆冷，河邊月桂秋。婉孌期今夕，飄颻渡淺流。輪隨列宿動，蹢逐綵雲浮。橫波翻瀉淚，束素反緘愁。此時機杼息，獨向紅妝羞。

<h2 style="text-align:center">又二首</h2>

王　眘

天河橫欲曉，車駕儼應飛。落月移妝鏡，浮雲動別衣。歡逐今宵盡，愁隨還路歸。猶將宿昔淚，更上去年機。

終年恒弄杼，今夕始停梭。郤鏡看斜月，移車渡淺河。長裾動星佩，輕帳掩雲羅。舊愁雖暫止，新愁還復多。

---

① “間”下一字，底本作埠，乃“磔”之俗寫，可參《龍龕手鑑・土部》。

## 又

唐高宗

羽蓋飛天漢，鳳駕越層巒。俱歡三秋阻，共叙一宵歡。潢虧夜月落，靨碎曉星殘。誰能重操杼，纖手濯清瀾。

## 奉和七夕應制

許敬宗

牛閨臨淺漢，鸞馭涉秋河。兩懷縈別緒，一宿慶停梭。星模鈿裏靨，月瀉黛中娥。奈許今宵度，長嬰離恨多。

## 七 夕

唐高宗

霓裳轉雲路，鳳駕儼天潢。虧星凋夜靨，殘月落朝黃。促歡今夕促，長離別後長。輕梭聊駐織，掩淚獨悲傷。

## 奉和七夕應制

許敬宗

婺閨期今夕，蛾輪泛淺潢。迎秋伴暮雨，待暝合神光。薦寢低雲鬢，呈態解霓裳。喜中愁漏促，別後怨天長。

## 七夕賦詠成篇 四首

何仲宣

日日思歸勤理鬢，朝朝佇望嬾調梭。凌風寶扇遙臨月，映水仙車遠渡河。歷歷珠星疑拖佩，冉冉雲衣似曳羅。通宵道憶終無盡，向曉離愁已復多。

又

沈叔安

皎皎霄月麗秋光，耿耿天津橫復長。停梭且復留殘緯，拂鏡及早更新妝。彩鳳齊駕初成輦，雕鵲填河已作梁。雖喜得同今夜枕，還愁重空明日床。

又

陸　敬

夙駕鳴鸞啓閨闈，霓裳遥裔儼天津。五明霜紈開月扇，百和香車動畫輪。婉孌夜分明幾許，靚妝冶服爲誰新。片時歡娛自有極，已復長望隔年人。

又

許敬宗

一年愁緒嗟長別，七夕含態始言歸。飄飄羅襪光天步，灼灼新妝鑒月輝。情催巧笑開星靨，不惜呈露解雲衣。所歎却隨更漏盡，掩泣還弄昨宵機。

和東觀羣賢七夕臨泛昆明池

任希古

秋風始搖落，秋水正澄鮮。飛眺牽牛渚，激賞鏤鯨川。岸珠淪曉魄，池灰斂曙煙。泛瀉分槎漢，儀星別構天。雲光波處動，日影浪中懸。驚鴻絓蒲弋，游鯉入莊筌。萍葉疑江上，菱花似鏡前。長林代輕幄，細草即芳筵。文峯開翠澈，筆海控清漣。不挹蘭尊聖，空仰桂舟仙。

### 和長孫秘監七夕

三秋叶神媛，七夕望仙妃。影照河陽伎，色麗平津闈。鵲橋波裏出，龍車霄外飛。露泫低珠佩，雲移薦錦衣。更深黃月落，夜久曆星稀。空接靈臺下，方恡辨支機。

### 七　夕

權德輿

佳期人不見，天上喜新秋。玉佩霑清露，香車渡淺流。東西一水隔，迢遞兩年愁。別有穿針處，微明月映樓。

### 又

李　賀

別浦今朝暗，羅帷午夜愁。鵲辭穿線月，花入曝衣樓。天上分金鏡，人間望玉鈎。錢塘蘇小小，更值一年秋。

# 歲時雜詠卷二十六

（宋）蒲積中　編

## 七　夕

### 和李公七夕謝惠連體

任希古

落日照高牖，涼風起庭樹。悠悠天宇平，昭昭月華度。開軒
卷綃幕，延首睎雲路。層漢有靈妃，仙居無與晤。履化悲流易，
臨川怨遲暮。昔從九春徂，方此三秋遇。瑤駕越星河，羽蓋凝珠
露。便妍耀井色，窈窕凌波步。始閱故人新，俄見新人故。掩淚
收機石，銜啼襞紈素。惆悵傷何已，徘徊勞永慕。無由西北歸，
空自東南顧。

### 七　夕

張文恭

鳳律驚秋氣，龍梭靜夜機。星橋百枝動，雲路七香飛。暎月
迴雕扇，凌霞曳綺衣。含情向華帳，流態入重闈。歡餘夕漏盡，
怨結曉驂歸。誰念分河漢，還憶兩心違。

### 又

杜審言

白露含明月，青霞斷絳河。天街七襄轉，關道二神過。祕服

鏘環佩，香筵拂綺羅。年年今夜盡，機杼別情多。

## 七夕侍宴應制

一年銜別怨，七夕始言歸。斂涕開星靨，微步動雲衣。天迴兔欲落，河曠鵲停飛。那堪盡今夜，復往弄殘機。

## 七夕泛舟并序

盧照隣

諸公迹寓市朝，心遊江海。訪奇交於千里，恨良辰於寸陰。常恐辜負琴書，荒涼山水，於是脫屣人事，鳴棹川隅，言追挂犢之才，用卜牽牛之賞。邊生經笥，送炎氣以濯纓；郝氏書囊，臨秋光而曝背。似遇緱山之客，還疑星漢之游。願駐景於高天，想乘霓於縮地。繁絲亂響，涼酎時斟。狎戲羽於生沙，釣潛鰓於曲浦。乘流則逝，不覺忘歸。咸使賦詩探韻，成作云爾。

汀葭蕭莫暑，江樹起初涼。水疑通織室，舟似泛仙潢。連橈渡急響，鳴棹下浮光。日晚菱歌唱，風煙滿夕陽。

鳳杼秋期至，鳧舟野望開。微吟翠塘側，延想白雲隈。石似支機罷，槎疑犯宿來。天潢殊漫漫，日暮獨悠哉。

## 又

梁　鍠

雲端有靈匹，掩映拂妝臺。夜久應瑤佩，天高響不來。片雲秋始展，殘夢曉翻催。却怨填河鵲，留橋又不迴。

# 牛　女

沈佺期

粉席秋期緩，針樓別怨多。奔龍爭度日，飛鵲亂填河。失喜先臨鏡，含羞未解羅。誰能留夜色，來夕倍還梭。

## 曝衣篇并序

按王子陽《園苑疏》：太液池邊有武帝曝衣閣，帝至七月七日夜，宮女出后衣登樓曝之。因賦《曝衣篇》。

君不見昔日宜春太液邊，披香畫閣與天連。燈光灼爍九微映，香氣氛氳百和然。此夜星繁河正白，人傳織女牽牛客。宮中擾擾曝衣樓，天上娥娥紅粉席。曝衣何許曬半黃，宮中綵衣提玉箱。珠履奔騰上蘭砌，金梯宛轉出梅梁。絳河裏，碧煙上。雙花伏兔歙屏風，七子盤龍擎斗帳。舒羅散縠雲霧開，綴玉垂珠星漢迴。朝霞散綵著衣架，曉月分光劣鏡臺。上有仙人長命綹，中有玉女迎歡繡。玳瑁簾中別作春，珊瑚窗裏翻成畫。椒房金屋寵新流，意氣驕奢不自由。漢文宜惜露臺費，晉武須焚前殿裘。

# 七　夕

秋近雁行稀，天高鵲夜飛。妝成應嬾織，今夕渡河歸。月皎宜穿線，風輕得曝衣。來時不可覺，神驗有光輝。

## 同賦山居七夕

李　嶠

明月青山夜，高天白露秋。花庭開粉席，雲岫敞針樓。石類支機影，池似泛槎流。暫驚河女鵲，終狎野人鷗。

### 七夕應制

靈匹三秋會，仙期七夕過。槎來人泛海，橋度鵲填河。帝輦昇銀閣，天機罷玉梭。誰言七襄詠，重入五絃歌。

### 又

趙彥昭

青女三秋節，黃姑七日期。星橋渡玉佩，雲閣掩羅帷。河氣通仙掖，天文入睿詞。今宵望靈漢，應得見蛾眉。

### 又

劉　憲

秋吹過雙闕，星仙動二靈。更深移月鏡，河淺渡雲軿。殿上徵方朔，人間失武丁。天文茲夜裏，光映紫微庭。

### 又

李　乂

桂宮明月夜，蘭殿起秋風。雲漢彌年阻，星筵此夕同。倏來疑有處，旋去已成空。睿作鈞天響，魂飛在夢中。

### 七　夕

宋之問

傳道仙星媛，年年會水隅。停梭借蟋蟀，留巧付蜘蛛。去畫從雲請，歸輪竚日輪。莫言相見濶，天上日應殊。

## 奉和聖製七夕應制

蘇　頲

靈媛乘秋發，仙裝警夜催。月光窺欲度，河色辨應來。機石天文寫，針樓御賞開。竊觀棲烏至，疑向鵲橋迴。

## 閏月七日織女

王　灣

耿耿曙河微，神仙此日稀。今年七月閏，應得兩迴歸。

## 牽牛織女

杜　甫

牽牛出河西，織女處其東。萬古永相望，七夕誰見同。神仙意難候，此事終朦朧。颯然精靈合，何必秋遂通。亭亭新妝立，龍駕且層空。世人亦爲爾，祈請走兒童。稱家隨豐儉，白屋達公宮。膳夫翊堂殿，鳴玉凄房櫳。曝衣遍天下，曳月揚微風。蛛絲小人態，曲掇瓜果中。初筵湆重露，日出惟所終。嗟汝未嫁女，秉心鬱忡忡。防身動如律，竭力機杼中。雖無姑舅事，敢昧織作功。明明君臣契，咫尺或未容。義無棄禮法，恩始夫婦恭。小大有佳期，戒之在至公。方圓苟齟齬，丈夫多英雄。

## 他鄉七夕

孟浩然

他鄉逢七夕，旅館益羈愁。不見穿針婦，空懷故國樓。涼風初減熱，新月始含秋。誰忍窺河漢，迢迢望女牛。

## 七　夕

崔國輔

太守仙潢族，含情七夕多。扇風生玉漏，置水寫銀河。閣下陳書籍，閨中曝綺羅。遙思漢武殿，青鳥幾時過。

## 又

韋應物

人世拘形迹，別去間山川。豈意靈仙偶，相望亦彌年。夕衣清露濕，晨駕秋風前。臨歡定不住，當爲何所牽。

## 又

楊　衡

漢浦常多別，星橋忽重遊。望雲迎翠輦，當月拜珠旒。寢幌凝宵態，妝盒閉曉愁。不堪鳴杼日，空對白榆秋。

# 又

盧　綸①

涼風吹玉露，河漢有幽期。星彩光仍隱，雲容掩復離。良宵驚曙早，閏歲怨秋遲。何事金閨子，空傳得網絲。

# 又

祥光若可求，閨女夜登樓。月露浩方下，河雲凝不流。鉛華潛警曙，機杼暗傳秋。迴想斂餘睞，人天俱是愁。

# 又

祖　詠

閨女求天女，更闌意未闌。玉庭開粉席，羅袖捧金盤。向月穿針易，臨風整線難。不知誰得巧，明旦試相看。

# 七夕歌

劉言史

星寥寥兮月細輪，佳期可想兮不可親。雲衣香薄妝態新，彩軿悠悠度天津。玉幌相逢夜將極，妖紅慘黛生愁色。寂寞低容入舊機，歇着金梭思往夕。人間不見因誰知，萬家閨艷求此時。碧空露重彩盤濕，花上乞得蛛蜘絲。

---

① 此詩徐本據明抄本及《全唐詩》卷二七七校補作者"盧綸"，茲校從。

## 七　夕

清　江

七夕景迢迢，相逢只一宵。月爲開帳燭，雲作渡河橋。映水金冠動，當風玉佩搖。預愁更漏促，離別在明朝。

## 又

長安城中月如練，家家此夜持針線。仙裾玉佩空自知，天上人間不相見。長信深陰夜轉幽，玉堦金閣數螢流。班姬此夕愁無限，河漢三更看斗牛。

## 又

劉德輿

今夕雲輧渡鵲橋，應非脈脈與迢迢。佳人競喜開妝鏡，月下穿針拜九霄。

## 七夕見諸兒孫題乞巧文

外孫爭乞巧，內子共題文。隱映花簾對，參差綺席分。鵲橋臨片月，河鼓掩輕雲。羨此嬰兒輩，歡呼徹曙聞。

## 七夕曲

王　建

河邊獨自對星宿，夜織天絲難接續。抛梭振躡動明璫，爲有秋期眠不足。遙愁今夜河水隔，龍駕車轅鵲填石。流蘇翠帳星渚間，環珮無聲燈寂寂。兩情纏綿忽如故，復畏秋風生曉露。幸迴郎意且斯須，一年中別今始初。明星未出少停車。

## 七夕寄懷

竇　常

露盤花水望三星，髣髴虛無降匹靈。斜漢没時人不寐，幾條蛛網下風庭。

## 七　夕二首

劉禹錫

河鼓靈旗動，嫦娥破鏡斜。滿空天是幕，徐轉斗爲車。機罷猶安石，橋成不礙槎。誰知觀津女，終日望雲涯。

天衢啓雲帳，神馭上星橋。初喜渡河漢，頻驚轉斗杓。餘霞張錦幔，輕電閃紅綃。非是人間世，還悲後會遥。

## 又

白居易

煙霄微月澹長空，銀漢秋期萬古同。幾許歡情與離恨，年年併在此宵中。

## 又

温庭筠

鵲歸燕去兩悠悠，青瑣西南月似鈎。天上歲時星右轉，世間離別水東流。金風入樹千門夜，銀漢橫空萬象秋。蘇小錢塘通桂楫，未應清淺隔牽牛。

## 七夕歌

鳴機軋軋停金梭，芙蓉澹蕩秋水波。夜軒紅粉陳香羅，風輕蟬薄愁雙蛾。微光奕奕凌曙河，鶯咽鶴唳飄颻歌。彎橋銷盡奈愁何，天風澹蕩雲陂陁。平明花水有秋意，露濕綵盤蛛網多。

## 七　夕

李商隱

鸞扇斜分鳳幄開，星橋橫過鵲飛迴。爭將世上無期別，換得年年一度來。

## 辛未七夕

恐是仙家好別離，故教迢遞作佳期。由來碧落銀河畔，可要金風玉露時。清漏漸移相望久，微雲未接過來遲。豈能無意酬烏鵲，唯與蜘蛛乞巧絲。

## 壬申七夕

已駕七香車，心心待曉霞。風輕唯響佩，日薄不嫣花。桂嫩傳香遠，榆高送影斜。成都過卜肆，曾妒識雲槎。

## 壬申閏秋題贈烏鵲

繞樹無依月正高，鄞城新涘濺雲袍。幾年始得逢秋閏，兩度填河莫苦勞。

## 七夕偶題

寶嫠摇珠佩，嫦娥照玉輪。靈歸天上匹，巧遺世間人。花果香千户，笙竽溢四隣。明朝曬犢鼻，方信阮郎貧。

## 題七夕圖

趙　璜

帝子吹簫上翠微，秋風一曲鳳凰歸。明年七月重相見，依舊高懸織女機。

## 七　夕

烏鵲橋頭雙扇開，年年一度過河來。莫嫌天上稀相見，猶勝人間去不回。欲減煙花饒俗世，暫煩明月掩妝臺。別時舊路長清淺，豈肯離心似死灰。

## 七夕寄張氏兄弟

李　郢

新秋牛女會佳期，紅粉筵開玉饌時。好與檀郎記花朵，莫教清曉羨蛛絲。

## 七　夕

劉　威

烏鵲橋成上界通，千年靈會此宵同。雲收喜氣星樓曉，香拂輕塵玉殿空。翠輦不行青草路，金鑾從候白榆風。綵盤花閣無窮意，只在浮生一縷中。

## 又

唐彥謙

露白風清夜向晨，小星垂佩月埋輪。絳河浪淺休相隔，滄海波深尚作塵。天外鳳凰何寂寞，世間烏鵲漫辛勤。猗蘭殿北斜樓上，多少通宵不寐人。

## 又

曹　松①

牛女相期七夕秋，相逢俱喜鵲橫流。涼風縹緲迴金輅，明月嬋娟掛玉鈎。鳥語幾曾添別恨，花容終不更含羞。更殘便是分襟處，曉箭東來射翠樓。

## 又

羅　隱

月帳星房次第開，兩情唯恐曙光催。時人休用金針待，没得心情送巧來。

---

① 　此詩徐本據明抄本及《全唐詩》卷七一七校補作者"曹松"，兹校從。

# 歲時雜詠卷二十七

（宋）蒲積中　編

## 七　夕

### 和公達過潘樓觀七夕市

司馬光

織女雖七襄，不能成報章。無巧可乞汝，世人空自狂。帝城秋色新，滿市翠帟張。僞物踰百種，爛漫侵數坊。誰家油壁車，金璧照面光。土偶長尺餘，買之珠一囊。安知杼柚勞，何物爲蠶桑。紛華不足悅，浮侈真可傷。

### 七　夕三首

宋　祁

西南新月玉成鈎，奕奕神光渡飲牛。素彩空浮承露掌，清香不散曝衣樓。天邊華幄催雲卷，星外橫橋伴客愁。莫使銀河到滄海，人間溝水易東流。

開秋七夕到佳辰，里俗爭誇節物新。烏鵲橋頭已涼夜，黃姑渚畔暫歸人。裴回月御斜光斂，宛轉蛛絲巧意真。卜肆沈冥誰復問，年年槎路上天津。

烏鵲橋頭羽蓋移，秋風常有隔年期。七襄終日難成報，不是星娥織作遲。

### 七月六日絕句

積雨古牆生綠衣，幽光點點弄秋姿。黃昏樓角看新月，還是年年牛女時。

### 七夕歌

張　耒

人間一葉梧桐飄，蓐收行秋回斗杓。神官召集設靈鵲，直渡銀河雲作橋。河東美人天帝子，機杼年年勞玉指。織成雲霧紫真衣，辛苦無歡容不理。帝憐獨居無與娛，河西嫁與牽牛夫。自從嫁後廢織紝，綠鬢雲鬟朝暮梳。貪歡不歸天帝怒，謫歸却踏來時路。但令一歲一相逢，七月七日河邊渡。別長會少知奈何，却悔從前歡不多。忽忽萬事説未盡，燭龍已駕隨羲和。河邊靈官曉催發，令嚴不管輕離別。空將淚眼濕帝車，淚痕有盡愁無歇。我言織女君勿歎，天地無窮會相見。猶勝姮娥不嫁人，夜夜孤眠廣寒殿。

### 七日晚步園中見落葉如積有感而作

東園久不到，落葉曲池平。搖落遽如許，歲時真可驚。衡茅忘故里，漁釣寄餘生。放逐逢艱歲，藜羹未敢輕。

### 七月六日成二絕句

月落暗蟲啼不休，五更白露曉悠悠。西風是處皆搖落，可是梧桐獨報秋。

## 七　夕

晏　殊

百子池深漲緑苔，九光燈迴緑浮埃。天孫寶駕何年駐，阿母颷輪此夜來。空外粉筵和露濕，静中珠幌徹明開。秋河不斷長相望，豈獨人間事可哀。

## 七夕詠懷

梅堯臣

織女無恥羞，年年嫁牽牛。牽牛苦娶婦，娶婦不解留。來往一夕光，奕奕河漢秋。輕傳人世巧，未知何時休。喜鵲頭無毛，截雲駕車輈。老鴉少斟酌，死欲同造舟。明月不到曉，是夜曲如鈎。天意與物理，注錯將何求。嘗聞阮家兒，犢鼻竹竿頭。人生自有分，豈愧曝衣樓。

## 七　夕

古來傳織女，七夕渡明河。巧意世爭乞，神光誰見過。隔年期已拙，舊俗驗方訛。五色金盤果，蛛絲浪作窠。

### 七夕永叔内翰遺鄭州新酒言直内不暇相邀

詰朝持鄭醖，向夕望星津。俗意願添巧，古心思變淳。予窮少陵老，公似謫仙人。獨對金鑾月，宮詞付小臣。

### 七夕有感

去年此夕肝腸絶，歲月淒涼百事非。一逝九泉無處問，又看牛女渡河歸。

### 和黃預七夕

陳師道

盈盈一水不斯須，經歲相過自怨疏。坐待翔禽報佳會，徑須
飛雨洗香車。超騰水部陳篇上，收拾愚溪作賦餘。信有神仙足
官府，□□□□□□□原闕。（我寧辛苦守殘書）①。

### 跋胡德林七夕

張無盡

鼓盆新恨度良宵，悵望仙娥未見邀。會取天河離合意，何曾
靈鵲久成橋。

### 七　夕 二首

范祖禹

可憐風俗重秋期，紅錦花香極所思。乞巧樓中成底事，平明
祇得玩蛛絲。

少年重此夕，漸老何所爲。與子思故鄉，置酒同賦詩。坐來
霜露淡，夜久星斗稀。王宮直北里，天外橫歌期。

### 七夕作

錢　易②

天上人間重此宵，新情舊恨兩迢迢。漢宮露密罘罳冷，秦殿

---

① 　“府”字下底本標有“原闕”二字以示殘佚，茲據體例標作七字缺字符；徐本據
《全宋詩》校補此處缺字作“我寧辛苦守殘書”，茲從之。

② 　此詩徐本據明抄本校補作者“錢易”，茲校從。

燈深羯鼓焦。香粉溟濛篩綺席，蛛絲千萬絡煙霄。牽牛何事勞神鵲，不使虹蜺駕作橋。

## 七　夕

宋　白

纖吹浮雲薦，非因散巧樓。靈儔不可覿，仙漢淡悠悠。

## 又

楊　億

天開翠帟暮氛消，盤蕙朱煤惜易飄。月出南樓蟾桂長，笙來北里鳳簧調。巧蛛露濕千絲網，倦鵲波橫一夕橋。曬腹曝衣傳故俗，阮庭布犢若爲標。

### 七夕會飲呈郡僚

陶崇儀

嘉節惟今夕，無辭酒滿觴。短更侵永晝，殘暑化微涼。檀燧移新火，桐絲發少商。魁罡高北極，河漢入南方。世俗談容易，天家事渺茫。支機安用石，渡水不須梁。異説深無取，羣疑久未忘。一朝傳者誤，千載習爲常。客去朱門鎖，賓來翠幄張。洗樽除舊味，剪燭出新光。玉漏傾寒滴，金爐曳暗香。綵樓星底下，巧縷月中央。笑感神仙語，羞爲兒女狂。晨鐘掩殘醵，留得菊花黃。

### 七夕日宿長江

李　新

去歲龍城樂事多，樓頭乞巧傍青蛾。今年織女知何處，不見星郎夜渡河。

### 七夕有感

沈　遘

匹婦投梭壻挽牛，思量乃是拙之尤。謀身未解離耕織，送巧爭能應禱求。世路果如針孔隘，月華安藉網虫游。吾儕利鈍教誰辨，曷若哺糟枕豹丘。

### 七夕暮雨後小霽

喜事何人不願隨，清塵灑道贊心期。暮雲乍歇楚臺雨，新月初彎京兆眉。一夜光陰須愛惜，千門樓殿自妝褫。寰中風物知多少，異日陰晴不我知。

### 七夕暮雨

萬事求全即少全，真工豈是不周旋。莫嫌無月無星夜，正是爲雲爲雨天。上界未能無齟齬，到頭終不礙因緣。明年檥取銀潢棹，百幅綃帆謁海仙。

### 七夕臥病二首

瀕秋暑更敲，病客坐無聊。飲伎惟烹藥，靈妃亦渡橋。餘生憂白髮，幾度枉良宵。寄語陰陽寇，閒居可借饒。

明日涼風至，今宵暑氣賒。嫦娥知客病，半夜儘雲遮。遇景不能賞，憂生徒自嗟。何當逃世事，移榻近煙霞。

### 七夕罷後作二首

世罷天人共，明河上下通。流風隨漢水，新巧試房櫳。遇邸捐芻狗，香囊秘網蟲。明朝敲户問，勝拙是誰工。

翠煙生錦帳，零落上香山。喜網蛛新布，仙橋鵲罷還。壺觴闌月下，雲雨散人間。莫吝終殘斝，秋風老醉顏。

### 七　夕四首

風吹北斗向西橫，月暎林梢只半明。野鵲到天羌有分，銀河瀉地悄無聲。泛槎仙客今何在，連理佳人卒改盟。牛女盡歆寰海酹，幾人心事是圓成。

人事不相兼，公違愛與嫌。送窮貧自若，乞巧拙彌添。世態規求甚，天孫付與廉。得多惟宦路，賕賄奉權閹。

經年天上怨參商，未抵人間一日長。暫有生離無死別，一年一度儘何妨。

千里河橋雉扇開，雲爲車騎月爲媒。莫陪夫壻矜高義，曾嫁人間董允來。

# 歲時雜詠卷二十八

（宋）蒲積中　編

## 中　元

### 七月十五日題章敬寺

唐德宗

招提邇皇邑，複道連重城。法筵會早秋，駕言訪禪扃。嘗聞大仙教，清浄宗無生。七江匪吾寶，萬行先求成。名相既雙寂，繁華奚所榮。金風扇微涼，遠煙凝翠晶。松院静苔色，竹房深磬聲。境幽真慮恬，道勝外物輕。意適本非説，含毫空復情。

### 奉和聖製中元日題章敬寺

崔元翰

妙道本非説，殊途或異名。聖人得其要，俱以化羣生。鳳吹從上苑，龍宮連外城。花鬘列廣殿，雲車駐前庭。松竹含新秋，軒窗有餘清。緬懷崆峒事，須繼簫管聲。離相境都寂，忘言理更精。域中信稱大，天下乃爲輕。屈己由濟物，堯心豈所榮。

### 中元日鮑端公宅遇吳天師聯句

道流爲柱史，教戒下真仙。<sub>嚴維</sub>共契中元會，初修内景篇。<sub>鮑防</sub>游方依地僻，卜室喜墙連。<sub>謝良輔</sub>寶笥開金籙，華池漱玉泉。<sub>杜奕</sub>怪龍隨羽翼，青節降雲煙。<sub>李清</sub>昔去遺丹竈，今來變海田。<sub>劉蕃</sub>養形奔二景，練骨度千年。<sub>謝良弼</sub>騎竹投陂裏，携壺在牖邊。<sub>鄭樂</sub>洞中嘗入靜，河上舊談玄。<sub>陳允初</sub>伊洛笙歌遠，蓬壺日月偏。<sub>樊珣</sub>青驃爾訓引，白犬伯陽牽。<sub>丘丹</sub>法受相君後，心存象帝先。<sub>吕渭</sub>道成能縮地，功滿欲昇天。<sub>范掩</sub>何意迷孤往，含情戀數賢。<sub>吳筠</sub>

## 開元觀陪杜大夫中元日觀樂

戎　昱

今朝歡稱玉京天，况值關東俗理年。舞態疑廻紫陽女，歌聲似過綵雲仙。盤空雙鶴驚丸劍，灑砌三花度管絃。落日香街塵擁騎，好風油幕動高煙。

## 中元日觀法事

盧　拱

四孟逢秋序，三元得氣中。雲迎碧落步，章奏玉皇宫。壇滴槐花露，香飄栢子風。羽衣凌縹緲，瑶轂輾虛空。久慕殮霞客，常悲習蓼蟲。青囊如可授，從此訪鴻濛。

## 中元夜

李　郢

江南水寺中元夜，金粟欄邊見月娥。紅燭影廻仙態近，翠鬟光動看人多。香飄彩殿凝蘭麝，霧繞輕衣雜綺羅。湘水夜空巫峽遠，不知歸路欲如何。

### 酬蘇少尹中元夜追懷去年此夕鄙人與
### 故李諫議郭員外見訪感時思舊之作

令狐楚

直繼先朝衛與英，能移孝友作忠貞。劍門失險曾縛虎，淮水安流緣斬鯨。黃閣碧幢惟是儉，三公二伯未爲榮。惠連忽贈池塘句，又遣羸師破膽驚。

### 中元日贈張尊師

偶來人世值中元，不獻玄都永日門。寂寂焚香在仙觀，知師遙禮玉京山。

### 中元作

李商隱

絳節飄颻宮國來，中元朝拜上清廻。羊權雖得金條脫，溫嶠終虛玉鏡臺。曾省驚眠聞雨過，不知迷路爲花開。有娀未抵瀛洲遠，青雀如何鴆鳥媒。

### 中元夜寄道侶二首

陸龜蒙

學餌霜茸骨未輕，每逢真夕夢還清。丁寧獨受金妃約，許與親題玉篆名。月苦撼殘臨水佩，風微飄斷繫雲纓。須臾枕上桐窗曉，露壓千枝滴滴聲。

橘齋風露已清餘，東郭先生病未除。孤枕易爲蛩破夢，短簪難得燕傳書。廣雲披日君應近，倒景栽花我尚疏。惟羨羽人襟似水，平持旄節步空虛。

## 即事中元甲子

羅　隱

三秦流血已成川，塞上黃雲戰馬閒。只有羸兵填渭水，終無奇士出商山。田園已沒紅塵內，弟姪相逢白刃間。惆悵翠華猶未返，淚痕空滴劍文斑。

## 中元夜看月

朦朧南溟月，洶湧出雲濤。下射長鯨眼，遙分玉兔豪。勢來牛斗動，路越廣寒高。竟夕瞻光彩，昂頭把白醪。

## 中元夜泊淮口

木葉廻飄水面平，偶停孤棹已三更。秋涼霧露侵燈下，夜靜魚龍逼岸行。敧枕正牽題柱思，隔樓誰轉遶梁聲。錦帆天子狂魂魄，應過揚州看月明。

## 中元夜百花洲作

范仲淹

南陽太守清狂發，未到中秋先賞月。百花洲裏夜忘歸，綠梧無聲露光滑。天高碧海吐明珠，寒輝射空星斗疏。西樓下看人間世，瑩然都在清玉壺。從來酷暑不可避，今夕涼生豈天意。一笛吹銷萬里雲，主人高歌客大醉。客醉起舞逐我歌，弗舞弗歌如老何。

### 苦雨既久中元小晴見月

沈　遘

中秋在後圓，呈樣始中元。向晚愁霖歇，當空夕露繁。玉盤敲不響，金餅柏成幡。此景應希遇，褰簾酌一樽。

### 七夕纔過見家人潔供具以備中元因有感

七夕星妃退，中元又復還。踵來頻令節，隙過惜朱顏。雨水催盆草，香煙吐博山。抱憂年亦邁，寬飲慰貧閒。

### 中　元

潦退魚頭重，風高雁翅回。竹林殘暑退，荷葉晚香来。高興乘秋動，清樽揖月開。鳴蛙看欲盡，猶自聒池臺。

### 壬子中元朝同應求之小水院過毛田山覯稻田

余安行

曉行新露重，金氣肅山谷。翛然穿翠林，滿目清可掬。晚苗秀堪殖，早稻實已熟。行歌代老農，相慶足嘉穀。

## 秋　分

### 監祠夕月壇書事

劉禹錫

西白司分晝夜平，羲和亭午太陰生。鏘鏘揖讓秋光裏，觀者如雲出鳳城。

# 秋　社

## 社日崇讓園宴

蘇　頲

鳴爵三農稔，勾龍百代神。運昌叨輔弼，時報喜黎民。樹缺池光近，雲開日影新。生全應有地，長願樂交親。

## 社　日二首

杜　甫

秋豐成德業，百祀發光輝。報効神如在，馨香舊不違。南翁巴曲醉，北雁塞聲微。尚想東方朔，恢諧割肉歸。

陳平亦分肉，太史竟論功。今日江南老，他時渭水童。歡娛看絕塞，涕淚落秋風。鴛鷺回金闕，誰憐病峽中。

## 社日關路作

白居易

晚景函關路，涼風社日天。青巖新有鷰，紅樹欲無蟬。愁立駟樓上，厭行官堠前。蕭條秋興苦，漸近二毛年。

## 祭社宵興燈前偶作

城頭傳鼓角，燈下整衣冠。夜鏡藏鬚白，秋泉漱齒寒。欲將閒送老，須着病辭官。更待年終後，支持歸計看。

## 循州社日留題館壁

裴夷直

浪花如雪疊江風，社過高秋萬恨中。明日便隨江燕去，依依
俱是故巢空。

## 社日遊開元觀時當水荒之後

薛　逢

松柏當軒蔓挂蘿，古壇衰草暮風吹。荒涼院宇無人到，寂寞
煙霞只自知。浪浸法堂餘像没，水存虛殿半科儀。因求天寶年
中夢，故事分明載折碑。

## 社　後

韓　偓

社後重陽近，雲天澹泊間。目隨棊客静，心共睡僧閒。歸鳥
城銜日，殘虹雨隔山。寂寥思晤語，何夕欵柴關。

## 華下社日寄鄉中

司空圖

社會見鄉情，鄰家起未明。樂和豐歲久，笑認老人聲。獨恨
門猶掩，仍無酒可傾。交親誰可念，一水隔歸程。

# 今　詩

## 秋　社

### 社日飲永叔家

梅堯臣

雨未雨濛濛,野田擊鼓賽社翁。折條跨馬社翁去,醉叟卧倒梨葉紅。鼇頭主人邀客飲,玉酒新賜蓬莱宫。彭宣不預後堂會,康成一舉三百鍾。更邀明月出海底,爛醉等是歸蒿蓬。

### 社日與鹽院徐屯田臺直李大傅小飲于西園

御酒初頒醹酘醇,盍簪仍是服中人。蕭條月榭携觴徧,瑣碎秋花插帽新。簾幕晚風催燕别,園林宵露入梨津。何須巧作治聾醉,自有清談命釂頻。

### 奉和社日聖製七言四韻

劉　筠

美報斯勤驗國經,里民单出慶秋成。時羞饜飫盤中味,神鼓喧闐野水聲。爽氣方高疏雨霽,清暉微動遠波平。堯章濬發由庚詠,京庾連雲萬億盈。

### 社日戲題呈任副樞

晏　殊

開樽幸有治聾醖,把葉能無送燕章。所惜司停近飲會,近年二府以秋宴近不賜社宴。不如村叟醉秋光。

# 歲時雜詠卷二十九

（宋）蒲積中　編

## 中　秋

### 中秋夜月二首

杜　甫

滿目飛明鏡，歸心折大刀。轉蓬行地遠，攀桂仰天高。水路
疑霜雪，林棲見羽毛。此時瞻白兔，直欲數秋毫。

稍下巫山峽，猶銜白帝城。氣沈全浦暗，輪仄半樓明。刁斗
皆催曉，蟾蜍且自傾。張弓倚殘魄，不獨漢家營。

### 十六夜翫月

舊挹金波爽，皆傳玉露秋。關山隨地闊，河漢近人流。谷口
樵歸唱，孤城笛起愁。巴童渾又寢，半夜有行舟。

### 十七夜對月

秋月仍圓夜，江村獨老身。卷簾還照客，倚杖更隨人。光射
潛虯動，明翻宿鳥頻。茅茨依橘柚，清切露華新。

### 中秋夜翫月

唐彥謙

一夜高樓萬景奇，碧天無際水無涯。只留皎月當層漢，並送

浮雲出四維。霧静不容玄豹隱，冰生唯恐夏蟲疑。坐来離思憂將曉，争得嫦娥子細知。

## 八月十六夜月色轉佳

斷腸佳賞固難期，昨夜消魂更不疑。丹桂影空蟬有露，緑槐陰在鵲無枝。懶將吟咏撩惆悵，早是疏頑耐别離。堪恨賈生曾慟哭，不緣清景爲憂時。

## 八月十六夜月

盧延讓

十六勝三五，中天照大荒。只訛些子緣，應耗没多光。桂老猶全在，蟾深未煞忙。難期一年事，到曉泥詩章。

## 八月十七夜書懷

令狐楚

三五既不留，二八又還過。金蟾著未出，玉樹悲稍破。誰向西園遊，空歸北堂卧。佳期信難得，永夕無可奈。撫枕獨高歌，煩君爲予和。

## 中秋懷感

戎　昱

八月更漏長，愁人起常早。閉門寂無事，滿院生秋草。昨宵北窗夢，夢入荆南道。遠客歸去来，在家貧亦好。

### 中秋夜登樓望月寄人

西樓見月似江城，脈脈悠悠倚檻情。萬里此情同皎潔，一年今日最分明。初驚桂子從天落，稍誤蘆花帶雪平。知稱玉人臨水見，可憐光彩有餘清。

### 中秋與空上人同宿華嚴寺

冷朝陽

掃榻相逢宿，論詩舊梵宮。磬聲迎皷盡，月色過山窮。庭簇安禪草，牕飛帶火蟲。一宵何惜別，迴首隔秋風。

### 中秋夜臨鏡湖望月

陳　羽

鏡裏秋宵望，湖平月彩深。圓明珠入浦，浮照鵲驚林。澹蕩光還碎，嬋娟影不沈。遠時生岸曲，空處落波心。迴徹輪初滿，孤明魄未侵。桂枝如可折，何惜夜登臨。

### 和崔中丞中秋夜翫月

張南史

秋夜月偏明，西樓獨有情。千家看露濕，萬里覺天清。映水金波動，銜山桂樹生。不知飛鵲意，何用此時驚。

### 中秋夜與諸公錦樓望月

武元衡

玉輪初滿空，迥出錦城東。相向秦樓鏡，分飛碣石鴻。桂香隨窈窕，珠綴隔玲瓏。不及前秋見，圓明鳳沼中。

### 奉和相公錦樓翫月 得清字

王良會

德星搖此夜，珥月滿重城。香藹煙雲色，飄颻砧杵聲。令行秋氣爽，樂感素風輕。共賞千年聖，長歌四海清。

### 又得濃字

柳公綽

此夜年年月，偏宜此地逢。近看江水淺，遥辨雪山重。萬井金風肅，千林玉露濃。不唯樓上思，飛蓋亦陪從。

### 又得蒼字

張正壹

高秋金夜月，皓色正蒼蒼。遠水澄如練，孤鴻迥帶霜。旅人方積思，繁宿稍沈光。朱檻叨陪賞，尤宜清漏長。

### 又得来字

徐　放

玉露中秋夜，金波碧落開。鵲驚初泛濫，鴻思共徘徊。遠月清光徧，高空爽氣来。此時陪遠望，更得上燕臺。

### 又得前字

崔　備

清景同千里，寒光盡一年。竟天多雁過，通夕少人眠。照別江樓上，添愁野帳前。隨侯恩未報，猶感夜珠圓。

### 又得秋字

四時皆有月，一夜獨當秋。照耀初含露，徘徊正滿樓。遙連雪山净，迥入錦江流。願以清光末，年年許從遊。

### 酬太祝兄中秋夜望月見懷

武元衡

坐愛圓景滿，況兹秋夜長。寒光生露草，夕韻出風篁。地遠驚金奏，天高失雁行。如何北樓望，不得共池塘。一作不及在池塘。

### 中秋夜聽歌有贈

此夕来奔月，何時去上天。偤雲鬟方自照，玉腕更呈鮮。度嬾婉人間意，飄飄物外緣。公綽上相公詩裁明月扇，歌索想夫憐。元衡奉盧侍御暗染苟香久，長隨楚夢偏。放會當来彩鳳，髣髴逐神仙。士政

### 訓劉公中秋夜對月見懷

權德輿

涼夜清秋半，空庭皓月圓。動摇隨積水，皎潔滿晴天。多病佳期阻，深情麗曲傳。偏懷賞心處，同望庾楼前。

### 中秋夜瑶臺寺對月絕句

嬴女乘鸞已上天，仁祠空在鼎湖邊。涼風遥夜清秋半，一望金波照粉田。

## 太原和嚴長官中秋夜西山童子上方玩月寄嚴中丞少尹

歐陽詹

西寺碧雲端，東溟白月團。年来一夜玩，君在半天看。素魄當懷上，清光在下寒。宜裁濟江什，有阻惠連歡。

## 中秋夜臥疾思陸太祝崔法曹登鄭評事涉西樓因寄

熊孺登

一年祇有今宵月，盡上江樓獨病眠。寂寞竹窗閒不閉，夜深斜影到床前。

## 中秋夜贈張功曹

韓　愈

纖雲四卷天無河，清風吹空月舒波。沙平水息聲影絶，一杯相屬君當歌。君歌聲酸辭且苦，不能聽終淚如雨。洞庭連天九疑高，蛟龍出没猩鼯號。十生九死到官所，幽居默默如藏逃。下床畏蛇食畏藥，海氣濕蟄熏腥臊。昨者州前搥大皷，嗣皇繼聖登夔皋。赦書一日行萬里，罪徒大辟皆除徙。遷者追廻流者還，滌瑕蕩垢清朝班。州家申名吏家抑，坎軻只得移荆蠻。判司卑官不堪説，未免捶楚塵埃間。同時輩流多上道，天路幽險難追攀。君歌且休聽我歌，我歌與君同一科。一年月明今宵多，人生由命非由佗，有酒不飲奈月何。

## 和崔舍人詠月二十韻

三秋端正月，今夜出東溟。對日猶分勢，騰天漸吐靈。未高

烝遠氣，半上霽孤形。赫日當躔次，虛徐度杳冥。長河晴散霧，
列宿曙分螢。浩蕩英華溢，蕭疏物象泠。池邊臨倒照，簷際送橫
經。花樹參差見，皋禽斷續聆。牖光窺寂寞，砧影伴娉婷。幽坐
看侵戶，閒吟愛滿庭。輝斜通壁練，秋碎射沙星。清潔雲間路，
空涼水上亭。淨堪分顧兔，細得數飄萍。山翠相凝綠，林煙共幕
青。過隙驚桂側，當午覺輪停。屬思摛霞錦，追歡罄縹瓶。郡樓
何處望，隴笛此時聽。右掖連臺坐，重門限禁扃。風臺觀混漾，
金砌步青熒。獨有虞庠客，無由拾落蓂。

### 中秋夜望月寄杜郎中<sub>時會琴客</sub>時會琴客

王　建

中庭地白樹棲鴉，冷露無聲濕桂花。今夜月明人盡望，不知
秋思屬<sub>一作在。</sub>一作在。誰家。

### 和元郎中從八月十一至十五夜五首

半秋初入中旬夜，已向階前守月明。從未圓時看却好，一分
一見傍輪生。

亂雲遮却臺東月，不許交依次第看。莫謂詩家先見鏡，被它
籠與作艱難。

今夜月明勝昨夜，新添桂樹近東枝。立多地濕昇床坐，看過
墻西寸寸遲。

月似圓來色漸凝，玉盤盛水欲侵稜。夜深盡放佳人醉，直到
天明不炷燈。

合望月時長望月，分明不得似今年。仰頭五夜風中立，從未
團圓直到圓。

### 中秋夜獨遊安國寺山亭院步月李十兄遲明至寺中乘興聯句

九重城接千花界，三五秋分一夜風。行聽漏聲雲散後，遙聞天雨月明中。廣宣含涼閣近通仙掖，承露盤高出上宮。誰問獨愁園萬里，清談不與此宵同。李益

### 八月十五夜桃源翫月

劉禹錫

塵中見月心亦閑，況是清秋仙府間。凝光悠悠寒欲墜，此時立在最高山。碧空無雲風不起，山上長松山下水。羣物僢然一境中，天高地平千萬里。少君引我昇玉壇，禮空遙請真仙官。雲軿欲下星斗動，天樂一聲肌骨寒。朝霞昕昕漸東上，輪欹影促猶頻望。絕境良時難再并，他年此夕應惆悵。

### 中秋夜半雲開然後玩月書一時之境寄樂天

半夜碧雲收，中天素月流。開城邀好客，置酒賞清秋。影透衣香潤，光凝歌黛愁。斜暉猶可玩，移宴上西樓。西樓，白君常賦詩之所也。

### 中秋日夜翫月

天將今夜月，一遍洗寰瀛。暑退九霄净，秋澄萬景清。星辰讓光彩，風露發晶英。能變人間世，僢然是玉京。

### 和中書崔舍人中秋夜翫月二十韻

暮景中秋爽，陰靈既望圓。騰精浮碧海，分照接虞淵。迴見

孤輪出，高從倚蓋旋。二儀含皎潔，萬象共澄鮮。整御當西陸，舒光麗上玄。從星變風雨，順日助陶甄。遠近同時望，晶瑩此夜偏。運行調玉燭，潔白應金天。曲沼疑瑤鑑，通衢若象筵。逢人盡冰雪，遇境即神仙。引素吞銀漢，凝清洗綠煙。皋禽驚露下，鄰杵思風前。水是還珠浦，山成種玉田。劍沈三尺影，燈罷九枝燃。象外行無跡，寰中影自遷。稍當雲闕正，未映斗城懸。静對揮宸翰，閒吟擘彩牋。境同牛渚上，宿在鳳池邊。興掩尋安道，詞勝命仲宣。從今紙貴後，不復詠陳篇。

### 酬樂天中秋夜禁中翫月見寄

元　稹

一年秋半月偏深，況就青霄極賞心。金鳳樓前波漾漾，玉鈎簾下影沈沈。宴移明處清蘭路，歌待新詞促翰林。何意枚皋正承詔，瞥然塵念到江陰。

### 八月十四夜翫月

猶欠一宵輪未滿，紫霞紅襯碧雲端。誰能喚得姮娥下，引向堂前子細看。

### 華陽觀中秋夜招友玩月

白居易

人道秋中明月好，欲邀同賞意如何。華陽洞裡秋壇上，今夜清光此處多。

## 中秋夜禁中獨直對月憶元九

銀臺金闕夕沈沈，獨宿相思在翰林。三五夜中新月色，一千里外故人心。渚宫東面煙波冷，浴殿西頭鐘漏深。猶恐清光不同見，江陵卑濕足秋陰。

## 中秋夜聞崔大員外翰林獨直對酒玩月因懷禁中清景偶題

秋月高懸空碧外，仙郎静玩禁闈間。歲中唯有今宵好，海内無如此地間。皓色分明雙闕牓，清光深到九門關。遥聞獨醉還惆悵，不見金波照玉山。

# 歲時雜詠卷三十

（宋）蒲積中　編

## 中　秋

### 中秋月

白居易

萬里清光不可思，添愁益恨遠天涯。誰人隴外久征戍，何處庭前新別離。失寵故姬歸院夜，沒蕃老將上樓時。照他幾許人腸斷，玉兔銀蟾總<small>一作遠</small>。不知。

### 中秋夜溢亭翫月

昔年八月十五夜，曲江池畔杏園邊。今年八月十五夜，溢浦沙頭水館前。西北望鄉何處是，東南見月幾回圓。臨風一歎無人會，今夜清光似往年。

### 荅夢得中秋翫月見寄

南國碧雲客，東京白首翁。松江初有月，伊水正無風。遠思兩鄉斷，清光千里同。不知娃館上，何似石樓中。<small>其夜余在龍門石樓上望月。</small>

### 中秋夜同諸客玩月

月好共傳唯此夜，境閒皆道是東都。嵩山表裏千重雪，洛水高低兩顆珠。清景難逢宜愛惜，白頭相勸強歡娛。誠知亦有来年會，保得清明強健無。

## 次　韻

光彩遍空輪欲滿，青霄映出皎雲端。縱饒喚得姮娥下，引向堂前子細看。

### 秋暮憶中秋夜與王璠侍御賞月因愴遠離聊以奉寄

鮑　防

前月月明夜，美人同遠光。清塵一以間，今夕坐相忘。風落芙蓉露，疑餘繡被香。

### 中秋夜月

裴夷直

去年此夜在商州，還爲清光上馹樓。宛是依依舊顏色，自憐人換幾般愁。

### 同樂天中秋夜洛河翫月二首

清洛半秋懸璧月，綵船當夕泛銀河。蒼龍頷底珠皆没，白帝心邊鏡乍磨。海上幾時霜雪積，人間此夜管絃多。須知天地爲鑪意，盡取黃金鑄作波。

不熱不寒三五夕，晴川明月正相臨。千珠競没蒼龍頷，一鏡高懸白帝心。幾處凄涼緣地遠，有時惆悵值雲陰。何如清洛如青晝，共見初升又見沈。

### 中秋夜君山臺望月

李　涉

大堤花裏錦江前，詩酒同游四十年。不料中秋最明夜，洞庭湖上見當天。

### 中秋夜玩月

姚　合

亭亭千萬里，三五復秋中。此夕光應絕，當時思不同。九霄微有露，四海静無風。惆悵逡巡別，誰能看碧空。

### 中秋夜洞庭圓月

素月閒秋景，騷人汎洞庭。滄波正澄霽，涼葉未飄零。練彩凝葭莢，霜容静杳冥。曉棲河畔鶴，宵映渚邊螢。圓彩含珠魄，微飈發桂馨。誰憐採蘋客，此夜宿孤汀。

### 中秋玩月

張　祐

碧落桂含姿，清秋是素期。一年逢好夜，萬里見明時。絕域行應久，高城上更遲。人間繫情事，何處不相思。

### 中秋夜杭州翫月

萬古太陰精，中秋海上生。鬼愁緣辟照，人愛爲高明。歷歷華星遠，霏霏薄暈縈。影流江不盡，輪曳谷無聲。似鏡當樓曉，如珠出浦盈。岸沙全借白，山木半含清。小檻循環看，長堤踢陣行。殷勤未歸客，煙水夜來情。

## 中秋夜翫月

許　渾

待月東陵月正圓，廣庭無樹草無煙。中秋雲静出滄海，半夜露寒當碧天。輪影漸移金殿外，鏡光猶挂玉樓前。莫辭達旦一作曙。殷勤望，一墮西岩又隔年。

## 中秋夜寄大梁劉尚書

汴人迎拜洛人留，虎豹旌旗擁碧油。刁斗嚴更軍耳目，戈鋋長控國咽喉。柳營出號風生纛，蓮幕題詩月上樓。應念散郎千里外，去年今夜醉蘭舟。

## 中秋夜對月

馬　戴

陰魄出海上，望之增苦吟。冷搜驪頷重，寒徹蚌胎深。皓氣籠諸夏，清光射萬岑。悠然天地内，皎潔一般心。

## 中秋月

朱慶餘

自古分功定，唯應缺又盈。一宵當皎潔，四海盡澄清。静覺風微起，寒過雪乍傾。孤高稀此遇，吟賞倍牽情。

## 中秋翫月

無　可

蟾蜍天地静，三五對楷戔。照耀超諸夜，光芒掩衆星。影寒池更澈，露冷樹銷青。枉直中秋半，長乖宿洞庭。

## 中秋夜隴州徐常侍座中詠月

隴城秋月滿，太守待停歌。典鶴来松杪，開煙出海波。氣籠星欲盡，光滿露初多。若遣山僧説，高明不可過。

## 中秋江驛示韋益

莫惜三更坐，難銷萬里情。同看一片月，俱在廣州城。淚逐金波滿，魂隨夜鵲驚。支頤鄉思斷，無語到鷄鳴。

## 中秋越臺看月

海雨洗煙埃，月從空碧来。水光籠草樹，練影挂樓臺。皓耀迷鯨口，晶燄失蚌胎。宵分凭欄望，應合見蓬莱。

## 中秋月彩如畫寄上南海從翁侍御

海静天高景氣殊，鯨睛失彩蚌潛珠。不知今夜越臺上，望見瀛州萬丈無。

## 中秋夜君山脚下看月

洶湧吹蒼霧，朦朧吐玉盤。雨師清滓穢，川后掃波瀾。氣射繁星滅，光籠八表寒。来驅雲漲晚，路上碧霄寛。熠燿遊何在，蟾蜍食漸難。棹飛銀電碎，林映白虹攢。水魄連空合，霜輝壓樹乾。夜深高不動，天下仰頭看。

## 中秋夜南樓寄友人

海月出白浪，湖光射高樓。朗吟無綠酒，賤價買清秋。氣冷魚龍寂，輪高星漢幽。他鄉此夜客，對酌幾多愁。

## 中秋翫月

劉得仁

塵裏兼塵外，皆期此月明。一年唯一度，長恐有雲生。露洗微埃盡，光濡是物清。朗吟看正好，惆悵又西傾。

## 中秋宿鄧逸人居

偶與山人宿，吟詩坐到明。夜涼眈月色，秋渴漱泉聲。碅木如竿簹，窗雲作片生。白衣門自貴，不揖漢公卿。

## 中秋旅懷

尚　能

所蓄惟騷雅，兼能得固窮。望鄉連北斗，聽雨帶西風。稼穡村坊遠，煙波路徑通。宜搜清絕句，恰似有神工。

## 中秋夜月

栖　白

尋常三五夕，不是不嬋娟。及到中秋半，還勝別夜圓。清光應有露，皓色更無煙。自古人皆翫，年来又一年。

### 中秋夜寄李溟

薛　能

滿魄斷埃氛，牽吟並舍聞。一年唯此夜，到曉願無雲。待賞
從初出，看行過二分。嚴城亦已閉，悔不預期君。

### 中秋旅舍書懷

卷盡庭雲月逗空，一方秋色草鳴蟲。是時兄弟正南北，黃葉
滿堦來去風。

### 中秋夜翫月

劉　滄

中秋朗月靜天河，烏鵲南飛客恨多。寒色滿窗明枕簟，清光
凝露拂煙蘿。桂枝斜漢流靈魄，蘋葉微風動細波。此夜空亭聞
木葉，兼葭霜磧雁初過。

### 中秋夜不見月

元　凜

蟾輪何事色全微，賺得佳人出繡幃。四野霧凝空寂寞，九霄
雲鎖絕光輝。吟時得句翻停筆，玩處臨樽却掩扉。公子倚闌猶
更望，懶尋紅燭草堂歸。

### 中秋月直禁院

鄭　畋

禁署方懷忝，綸闈已再加。蹔来西掖路，還整上清槎。恍惚

歸丹地，深岩宿絳霞。幽襟聊自適，閒弄紫薇花。

### 荆渚中秋夜值雨寄李峴

鄭　谷

共待輝光灼，翻成暗淡秋。正宜清路望，潛起滴堦愁。棹倚袁宏渚，簾垂庾亮樓。桂無香實落，蘭有露花休。玉漏添蕭索，金樽阻獻酬。明年佳景在，相約會神洲。

### 中秋夜思鄭延美有作

孫　緯

中秋中秒月，世說懵妖精。顧兔雲初蔽，長蚘誰與勍。未追良友酨，安用玉輪盈。此意人誰喻，裁詩寄禁城。

### 天竺寺中秋夜桂子

皮日休

玉顆珊珊月下輪，殿前拾得露華新。至今不會天中事，應是姮娥擲與人。

### 次　韻

陸龜蒙

霜實常聞秋半夜，天臺天竺墮雲岑。<sub>垂拱中，天臺桂子落，一十餘日方止。</sub>如何兩地無人種，却是湘灘是桂林。

### 中秋夜寄友生

秋來一度滿，重見色難齊。獨坐猶過午，同吟不到西。疏芒唯斗在，殘白合河迷。更憶前年望，孤舟泊大溪。

## 中秋待月

轉缺霜輪上轉遲，好風偏似送佳期。簾斜樹隔情無限，燭暗花殘坐不辭。最愛笙調聞比里，漸看星淡失南箕。何人爲校清涼力，未似初圓欲午時。

## 中秋夜禁直偶書寄同職

吳　融

中秋好月竟相尋，獨入非煙宿禁林。曾恨人間千里隔，更看天上九門深。明涵太液魚龍定，靜瑣圓靈象緯沈。目斷枚皋何處在，欄干十二憶登臨。

## 中秋夜陪熙周學士禁中翫月

月圓年十二，秋半每逢陰。此夕無纖靄，同君直禁林。未高知海濶，當午見雲深。衣似繁霜透，身疑積水沈。遭逢陪視草，歸去憶抽簪。太液池南畔，相期到曉吟。

## 中秋禁直

韓　偓

星斗疏明禁漏殘，紫泥封後獨憑欄。露和玉屑金盤冷，月射珠光貝闕寒。天襯樓臺籠苑外，風吹歌管下雲端。長卿只爲長門賦，未識君臣際會難。

## 中秋夜月

李　頻

陰盛此宵中，多爲雨與風。坐無風雨至，共看雪霜同。抱濕離邊海，傾寒向迥空。年年如可值，還似道難通。

## 中秋對月

秋分一夜月，陰魄最晶熒。好是生滄海，徐看歷杳冥。層空疑洗色，萬怪想潛形。他夕無相類，晨鷄不可聽。

## 中秋月

李　洞[①]

四十五秋宵，月分千里毫。冷沉中嶽短，光溢大河高。不寐清人眼，移栖濕鶴毛。露華臺上立，愁望一年勞。

## 中秋對月

曹　松

無雲世界秋三五，共看蟾盤上海涯。直到天頭天盡處，不曾私照一人家。

## 中秋月

九十日秋色，今秋已十分。孤光吞列宿，四面絶微雲。衆木排疏影，寒流疊細紋。遥遥望丹桂，心緒更紛紛。

---

①　此詩徐本據明抄本及《全唐詩》卷七二一校補作者"李洞"，兹校從。

### 中秋夜同知己看月

秦韜玉

常時月好賴新晴，不似年年此夜生。初出海濤疑尚濕，漸来雲路覺偏清。寒光入夜虬龍起，静色均天鬼魅驚。豈特坐中堪仰望，孤高應待鳳池明。

### 中秋月

裴　説

一歲幾盈虧，當盈重此期。幸無偏照處，剛有不明時。色净雲歸早，光寒鶴睡遲。相看吟未足，皎皎下疏籬。

### 中秋夜月酬顧道流

孫　蜀

不那此身偏愛月，等閒看月即更深。仙翁每被姮娥使，一度逢圓一度吟。

### 中秋夜有懷

許　郴

趨馳早晚休，一歲又殘秋。若只如今日，何難致白頭。滄波歸處遠，旅食向邊愁。賴見前賢説，窮通不自由。

### 中秋夜不見月

羅　隱

陰雲薄暮上空虛，此夕清光已破除。只恐異時開霽後，玉輪依舊養蟾蜍。

# 中　秋

司空圖[①]

閒吟清景外，萬事覺悠悠。此際若無月，一年虚過秋。

---

① 此詩徐本據明抄本及《全唐詩》卷六三二校補作者"司空圖"，兹校從。

# 歲時雜詠卷三十一

（宋）蒲積中　編

## 中秋<sub>今詩</sub>中秋今詩

### 中秋見月寄東坡

蘇　轍

西風吹涼天益高，明月耿耿分秋毫。彭城閉門青嶂合，臥聽百步鳴飛濤。使君攜客登燕子，月色着人冷如水。筵前不設鼓與鐘，處處笛聲相應起。浮雲卷盡流金丸，戲馬臺西山鬱蟠。杯中綠酒一時盡，衣上白露三更寒。扁舟明日浮古汴，回首遶巡陵谷變。河吞巨野入長淮，城浸黃流只三版。明年築城城似山，伐木爲堤堤更堅。黃樓未成河已退，空有遺蹟令人看。城頭見月應更好，河流深處今生草。<sub>州人行樂黃樓道。</sub>子孫幸免魚鼈食，歌舞聊寬使君老。南都從事老更貧，羞見青天月照人。飛鶴投籠不能出，曾是彭城坐中客。

### 和黃門韻

蘇　軾

明月未出羣山高，瑞光萬丈生白毫。一杯未盡銀闕涌，亂雲脫壞如奔濤。誰爲天公洗眸子，應費明河千斛水。遂令冷看世間人，照我湛然心不起。西南大星如彈丸，角尾奕奕蒼龍蟠。今宵注眼看不見，更許螢火爭清寒。何人蟻舟臨古汴，千燈夜作魚龍變。曲折無心逐浪花，低昂赴節隨歌板。是夜賈客舟中放水燈。青螢滅没轉前山，浪颭風廻豈復堅。明月易低人易散，歸来呼酒更重看。堂前月色愈清好，咽咽寒螿鳴露草。捲簾推户寂無人，窗下咿啞惟楚老。近有一孫名楚老。南都從事莫羞貧，對月題詩有幾人。明朝人事隨日出，恍然一夢瑤臺客。

## 和中秋月三首

殷勤去年月，瀲灔古城東。憔悴去年月，卧病破窗中。徘徊巧相覓，窈窕穿房櫳。月豈知我病，但見歌樓空。撫枕三歎息，扶杖起相從。天風不相哀，吹我落瓊宫。白露入肺肝，夜吟如秋蟲。坐令太白豪，翻爲東野窮。余年知幾何，佳月豈屢逢。寒魚亦不睡，竟夕相嗋喁。

六年逢此月，五年照離別。中秋有月凡六年，唯去歲與舍弟曾會於此。歌君別時曲，滿坐爲凄咽。留都信繁麗，此會豈輕擲。鎔銀百頃湖，挂鏡千尋闕。三更歌吹罷，人影亂清樾。歸來北堂下，寒光翻露葉。唤酒與婦飲，念我向兒説。豈知衰病後，空盞對梨栗。但見古河東，蕎麥如鋪雪。欲和去年曲，復恐心斷絶。

舒子在汶上，閉門相對清。舒焕試舉人鄆州。鄭子向河朔，鄭僅赴北京北曹。孤舟連夜行。頓子雖咫尺，兀如在牢扃。頓起來徐試舉人。趙子寄書來，水調有餘聲。今日得趙果卿書，猶記余在東武中秋所作《水調歌頭》。悠哉四子心，共此千里明。明月不解老，良辰難合并。回頭坐上人，聚散如流萍。嘗聞此宵月，萬里同陰晴。旅人史生爲余言，嘗見海賈，云中秋有月，則是歲珠多而圓。賈人常以此候之。雖相去萬里，他日會合相問，陰晴無不同者。天公自著意，此會那可輕。明年各相望，俯仰今古情。

## 八月十七日天竺山送桂花分贈元素

月缺霜濃細蕊乾，此花元屬桂堂仙。鷲峰子落鷲前夜，蟾窟枝空記昔年。破衲老僧憐耿介，練裙溪女鬭清妍。願公採擷紉幽佩，莫遣孤芳老澗邊。

### 中秋次周翰感舊并序

孔周翰嘗爲仙源令，中秋夜以事留於東武官舍。時陳君榮古、任君建中皆在郡。其後十七年中秋，周翰持節過郡，而二君已亡，感時懷舊，留詩於壁。又其後五年中秋，軾與客飲於超然臺上，聞周翰乞此郡，客有誦其詩者。乃次其韵二篇，以爲他日一笑。

壞壁題詩已五年，故人風物兩依然。定知來歲中秋月，又照先生枕麴眠。

又邀明月説明年，記取孤高孟浩然。此去宦遊如傳舍，揀枝驚鵲幾時眠。

### 中　秋并序

予十八年前中秋，與子由觀月彭城作此詩，以陽關歌之。今復過此，夜宿於贛上，方遷嶺表，獨歌此曲，復書之以識一時之事。雖未覺有今夕之悲，但懸知爲他日之喜也。

暮雲收盡溢清寒，銀漢無聲轉玉盤。此生此夜不長好，明月明年何處看。

## 八月十五日看潮

定知玉兔十分圓，已作霜風九月寒。寄語重門休上鑰，夜潮留向月中看。

## 和世弼中秋月下詠懷

黄庭堅

一年中秋最明月，也照貧家門户来。清光適從人意滿，壺觴正爲詩社開。秋空高明萬物静，此時乃見天地性。廣文官舍非吏曹，況得數子發嘉興。千古風流有詩在，百憂坐忘知酒聖。露華侵衣寒耿耿，絶勝永夏處深甌。人生此歡良獨難，夜如何其看斗柄。王生俊氣横九州，樽前爲予商聲謳。松煙灑落成珠玉，溪藤卷舒爛銀鈎。北門樓櫓地險壯，金堤濁河天上流。離宮殿閣礙飛鳥，霸業池臺連秃鶩。當日西園湛清夜，冠蓋追隨皆貴游。使臣詞句高突兀，慷慨悲壯如曹劉。我於人間觸事懶，身世江湖一白鷗。空餘詩酒興不淺，尚能呻吟卧糟丘。偶然青衫五斗米，奪至黄柑千户侯。永懷丹楓樹微脱，洞庭瀟湘晚風休。晴波上下挂明鏡，棹歌放船空際浮。不須乞靈向沈謝，清興自與耳目謀，江山於人端有助。君不見，至今宋玉傳悲秋，期君異時明月夜，把酒岳陽黄鶴樓。

## 和舍弟中秋月

高秋摇落四十五，清都早霜凋桂叢。纖塵不隔四維净，寒光獨照萬象中。少年氣與節物競，詩家酒聖難争鋒。值伊老驥四千里，尚能三弄當秋風。廣文陋儒嬾於事，浩歌不眠倚梧桐。百憂生火作内熱，何時心與此月同。後生晚出不勉學，從漢至今無揚雄。天馬權奇大宛種，吾家阿態風骨聳。言詩已出靈運前，後身未聞孟軻勇。明窗文字不取讀，蜘蛛絲網塵堆壅。少壯幾時夏已秋，待而成人吾木拱。憐汝起予秋月篇，我衰安得筆如椽。但使樽中常有酒，不辭坐客更無氈。把書問字爲汝説，便當侯家歌舞筵。

## 八月十四日夜刀坑口對月奉寄子

**難子聞適用** 閩郡中數月未嘗有燕游，因寄。

去年對月廬陵郡，醉留歌舞踏金沙。今年今夕千峰下，新磨古鑒動菱花。寒藤老木被光景，深山大澤皆龍虵。西風爲我奏萬籟，落葉起舞驚棲鴉。遥憐城中二三友，風流慣醉玉釵斜。今夕傳杯定何處，應無二十四琵琶。

## 中秋日池亭宴集呈席上諸公

歐陽修

樽前逢佳節，簪纓奉宴居。林光拂衣冷，雲影入池虚。酒色風前綠，蓮香水上疏。飛談交玉塵，聽曲躍文魚。粉籜春苞解，紅榴夏實初。睢園多美物，罷賦謝相如。

## 伏承寵示八月十五日齋居對月嘉篇謹依韵和

皓月三川静，晴氛萬里銷。靈光望日滿，寒色入波摇。浩氣成山霧，浮雲蔽隴苗。廟荒陰燐出，苑廢露雲飄。齋宿心方寂，秋成夜已遥。清談對元亮，瓊彩映蕭蕭。

### 八月十五日宿南園懷君貺

司馬光

昔公在洛師，未嘗棄嘉節。今宵秋半分，空羨西園月。天色湛澄清，風聲冷騷屑。笑言不可親，引領望金闕。賴有篋中詩，端居數披閱。

### 謝君貺中秋見招不及赴

不侍庾公宴，月華虛四秋。幸逢東閣開，又阻西園遊。清輝散廣坐，孤影隨行舟。蓑衣如未歸，忠願終可酬。

### 八月十五日夜陪留守宣徽登西樓值雨待月久不見

經歲待佳節，無如陰靄何。果然時雨足，安用月華多。未克銀缸進，空聞玉漏過。庾公興不淺，久爲駐鳴珂。

### 和楊卿中秋月

秋氣平分夜，沉陰乍散天。窺林初淡薄，照席忽孤圓。吟入詩毫健，光浮醉弁偏。嘉賓勿輕去，桂影正娟娟。

### 八月十五日夜寄友人

故人音信絕，對月動相思。清露滴紅葉，此懷當告誰。秋風廣陵郭，正是望濤時。

### 中秋陪張龍圖讌射堂初夕陰雲酒行頓解喜而成詠

飛蓋共徘徊，西園高宴開。秋雲惜明月，留待庾公來。

### 陪友人中秋夕賞月

王安石

海霧看如洗，秋陽望却昏。光明疑不夜，清瑩欲無坤。掃掠風前坐，留連露下樽。苦吟應到曉，況有我思存。

### 中秋夕寄平甫兄弟

浮雲欲盡数秋毫，燼燼金波滿酒醪。千里得君詩挑戰，夜壇誰敢將風騷。

### 八月十五夜有懷

梅堯臣

天爲水蒼玉，月挖潭面冰。萬里絶瑕玷，百丈已澄凝。山河了然在，星斗光莫增。借問九州内，豈無陰雲興。緬懷去年秋，是夜客廣陵。太守歐陽公，預邀三四朋。乃值連連雨，共飲陳華燈。既醉公有詠，屬和予未能。強賦石屏物，固慭無所稱。今来宛溪上，聊以故歲徵。晶明正若此，霡霂且何曾。美景信難并，康寧語足憑。

### 中秋月下懷永叔

有朋無明月，秉燭光強致。有月無樂朋，獨酌顏易醉。往年過廣陵，公欣来我值。期玩秋蟾圓，静掃庭下地。復邀高陽公，臕作詩准備。特特乃多違，後池風雨至。一夜看石屏，怛吟無逸氣。今宵皓如畫，千里嗟離異。固知理難并，把酒遥相寄。<sub>當時出石屏同詠。</sub>

## 八月十五日夜東軒

隔竹已見月，清光度溪来。移影上素壁，與我相徘徊。是夜正中秋，天地霧露開。人疑玉兔出，藥杵不生埃。姮娥倚冰輪，艷色若自媒。它夕豈不好，物意爲之摧。

## 依韻和歐陽永叔中秋邀許發運

看取主人無俗調，風前喜御采衣涼。競邀三五最團魄，知比尋常特地光。艷曲旋教應可聽，秋花雖種未能香。曾非惡少休防准，衆寡而今不易當。

## 和永叔中秋夜會不見月酬王舍人

主人待月敞南樓，淮雨西来斗變秋。自有嬋娟待賓客，不須迢遞望刀頭。池魚暗聽歌聲躍，蓮蒂明傳酒令優。更愛西園舊詞客，共將詩興壓曹劉。

## 中秋新霽濠水初滿自城東隅泛舟廻謝公命賦<sub></sub>時余將赴襄城去

齋舫談經後，官池載酒行。斜陽鳥外落，新月樹端生。演漾思江浦，夷猶繞郡城。東轅有遺恨，日日物華清。

## 中秋與希深別後月下寄

薄霧生寒水，寥寥艤畫船。人傷千里別，桂吐十分圓。把酒非前夕，追歡憶去年。南樓足佳興，好在謝臨川。

### 依韻和通判八月十五日夜翫月二章五首

尋常圓魄豈不好，競爱今宵分外明。明極只知無隔礙，誰言桂樹向中生。

一年一見最堪惜，百歲百夕能幾多。縱有明年似今夕，明年同會復如何。

### 中秋不見月

天嫌物兼美，而使密雲藏。已向石屏見，何須照席光。

### 中秋前十日作詩戲呈希古年兄

張　耒

放逐江湖一釣舟，蕭條故國又逢秋。炎涼有信來如舊，歲月相催逝不留。日落千蚕喧戶牖，風高一雁下汀州。池無積潦蟾華好，誰買新醅作夜遊。

### 近中秋

姮娥藥熟桂華新，滿貯清光待出雲。徐御冰輪行碧落，世間多少感秋人。

### 十五夜月

陳師道

向老逢清節，歸懷託素暉。飛螢流夕照，重露已霑衣。稍稍孤光動，沈沈眾籟微。不應明白髮，似欲勸人歸。

### 中秋夜東刹贈仁公

盈盈秋月不徐分，葉露懸光可數塵。此地正須煩一笑，要令排户問東鄰。

### 依韻和伯鎮中秋見月九日遇雨之作

蘇舜欽

衆皆愛春發枯荄，我知惟動兒女懷。天地昏酣醉夢裡，人有爽思皆沈埋。豈如秋風勁利劇刀劍，刮破天膜清光開。衰根危蒂掃除盡，辨別松竹并蒿莱。青娥供霜洗夜月，兼以皓露驅塵埃。常年此夕或陰晦，今歲澄澈特快哉！是時呼賓賞此景，漸見照我白玉盃。清輝向人若有意，經歷窗户猶徘徊。放歌狂飲不知曉，爛漫酌客山嶽頹。時節飄流晦朔轉，已覺九日来相催。北窗隙地破蒼蘚，帶花移得黄金栽。倒冠露頂坐狂客，擷香咀蘂浮新醅。最憐小雨灑疏竹，爽籟颭颭吹醉頠。君時傳詩頗精麗，意若泥淖不得来。開緘文采自飛動，欲和但媿頑無才。久之黽勉強爲答，嫌春愛秋真可咍。

### 中秋夜吴江亭上對月懷前宰張子野及寄君謨蔡丈

獨坐對月心悠悠，故人不見使我愁。古今共傳惜今夕，況在松江亭上頭。可憐節物會人意，十日陰雨此夜收。不唯人間重此月，天亦有意於中秋。長空無瑕露表裹，拂拂漸上寒光流。江平萬頃正碧色，上下清澈雙璧浮。自視直欲見筋脈，無所逃遁魚龍憂。不疑身世在地上，祇恐槎去觸斗牛。景清境勝返不足，嘆息此際無交遊。心魂冷烈曉不寝，勉爲筆此傳中州。

## 中秋松江新橋對月和柳令之什

月晃長江上下同，畫橋橫截冷光中。雲頭艷艷開金餅，水面沈沈臥綵虹。佛氏解爲銀色界，仙家多住玉華宮。地雄景勝言不盡，但欲追隨乘曉風。

## 中秋月二首

葛次仲集句

玉露中秋夜，徐放亭亭月正圓。錢起一宵當皎潔，朱慶餘萬象共澄鮮。劉禹錫送別高臺上，皇甫冉添愁野帳前。崔備無因駐清景，武元衡欹午又明年。司空圖

涼夜清秋半，權德輿嫦娥照玉輪。李商隱九霄微有露，姚合萬里正無塵。貫休氣射繁星滅，李群玉明翻宿鳥頻。杜甫寥寥天地內，曹松風景一時新。白居易

## 次韻八月十七玩月

李　新

中秋偶誤團圓月，坐恨陰霾障天闕。作詩問月月無言，欻放清輝似相合。十五夜無月，嘗作《問月篇》。輪間桂影豈梅林，一見胡爲便忘渴。嬋娟姿態自姝好，安事鉛華鏡奩匣。引起登臨無限人，庾公樓下紛車轍。沉沉夜色凝寒水，蕩散纖雲無一髮。因思漢帝感秋風，欲喚郢人歌白雪。俊賞佳期莫輕負，人生出處多回沈。舉杯邀月醉則已，萬斛牢愁憑血刷。起看蟾華轉玉盤，摩空隱隱何輕滑。影落澄江一萬尋，魚龍無處逃清澈。誰言暗魄損光暈，就欠毫分亦奇絕。況我年來百慮消，世味久諳如嚼蠟。是

非巧吻禁不動,名利癡心會求歇。人言滿面凜風霜,自覺寸心堅石鐵。頗知大道有真趣,不用炎炎熾言説。安能効彼兒女情,告對姮娥論圓缺。由来衰盛各有理,萬變不妨隨曲折。吾生斷定已如此,肯使傍人譏作輟。龍臺夫子筆如椽,親自杜 □□□□ 闕。(傳妙訣。昨宵遺我明月篇,開讀端如錐解結。誓將置之白玉床,更指霜輪話皪潔。經時不見魯山面,今朝復作河梁別。旋搜鄙句答清吟,翕合辭源驚易竭。莫嗟形影暫揮散,終許心情暗投合。重陽待得歸來乎,共訪柴桑陶靖節。)①

### 八月望夜不見月有感二首

素波涼暈淡層城,怊悵三年此夜清。在淮南二年,逢中秋,俱不見月色。獨捲疏帷成默坐,暗蟲相命作秋聲。

九旻含爽助清輝,萬里重陰誤賞期。正恨浮雲無意緒,世間偏惱最明時。

### 八月十四夜月

范仲淹

光華豈不盛,賞宴尚遲遲。天意將圓夜,人心待滿時。已知千里共,猶覺一分虧。来夕如澄霽,清風不負期。

### 依韻酬葉道卿中秋對月二首

天遣今宵無寸雲,故開秋碧挂冰輪。詩人不悔衣霑露,爲惜清光豈易親。

---

① "杜"字下底本注一"闕"字以示其下已佚,徐本已據明抄本校補如上,兹從之。

孤光千里與君逢，最愛無雲四望通。處處樓臺競歌宴，的能愛月幾人同。

## 中秋口號

秦　觀

雲山簷楯接低空，公宴初開氣鬱葱。照海旌幢秋色裡，激天鼓吹月明中。香槽旋滴珠千顆，歌扇驚圍玉一叢。二十四橋人望處，群仙正在廣寒宮。

## 丙寅中秋詠月

晏　殊

玉簫秋初半，冰輪歲有期。苦吟含翰久，清宴下樓遲。雁怯波光動，蛩愁葉影危。烘簾頻捲押，溫酎旋凝澌。皎外蟾生滴，寒中桂有枝。星文藏熠燿，露彩見華滋。菀靜疏螢濕，巢空驚鶴移。漸穿鳴瑟幌，偏鑒讀書帷。濛谷徒催曉，纖阿莫放窺。陳王收妙舞，疑待仲宣辭。

## 次韻和王校勘中秋月

廣寒仙署愜心期，秋半梧臺木葉稀。有客正吟星北共，何人重賦鵲南飛。光含綺席傳三雅，影逗蘭房撤九微。趨府逸才過鮑掾，不辭終夕賞清暉。

**中秋月**與通判徐仲謀、譙縣李宗易、將作監主簿張彭同賦。

三十六旬內，此時心賞并。中分九秋夜，占斷百宵明。冷照蘭閨澈，光含綺席清。誰知滄海曲，珠蚌最盈盈。

## 中秋月

一輪霜影轉庭梧，此夕羈人獨向隅。未必素娥無悵恨，玉蟾清冷桂華孤。

## 同　前

天時與人意，齟齬舊無疑。坐久翻遺恨，光来已後期。行雲凝黛色，見跋費金枝。況復輪来夜，笙歌繼夕曦。

## 次韻師白中秋會飲且餞余北行

韓　駒

樓高應在日輪邊，目盡西山萬里天。擬見謫仙歸貝闕，翻愁快馬踏瓊田。詞鋒易破孤虛陣，酒令難期賞罰權。放盞成空君勿歎，明年千里共嬋娟。

# 歲時雜詠卷三十二

（宋）蒲積中　編

## 中　秋 <sub>今詩</sub>

### 中秋月 二首

王禹偁

何處見清輝，登樓正午時。莫辭終夕看，動是隔年期。冷濕流螢草，光凝宿鶴枝。不禁雞唱曉，輕別下天涯。

明可鑑秋毫，供吟屬我曹。隔年方得見，終夕敢辭勞。冷向天心白，清臨露掌高。霜臺相照處，寒色滿藍袍。

### 中秋待月夜分乃見

范百祿

十二周流數，經行自不遲。長圓非物理，暫晦亦天時。人欲終宵玩，雲纔逐簇移。祇應逢此景，無足累心期。

### 中秋月夜

林光朝

玉露金風滿桂枝，清光因此更華滋。一年月色最明夜，千里人心共賞時。萬古傳爲新景象，幾人能出舊歌詩。吟觀莫厭終遙夜，來歲如今再一期。

## 中秋不見月

戴復古

誰上青冥掃晦霾，桂華遼望獨徘徊。停杯試問杳無所，對景欲歌終不來。肅氣乍浮三五夜，騷人枉費幾多才。明年會有清輝在，猶此遲疑徧繞苔。

## 中秋月

六幕淨如水，空騰海上波。輝增金氣至，圍肖玉規多。極滿秖如此，將傾誰奈何。向明若霜皎，今古暗消磨。

## 中秋待月通夕陰晦偶書

吳　淑

待月西樓上，平秋氣象分。輝光唯此夜，遮掩奈浮雲。紅燭燈交爛，清香篆自薰。明年好景在，何處更多聞。

## 中秋待月同賦

何宗正

金波未見吐雲端，已覺蕭森夜氣寒。桂子人間空杳杳，冰輪天外想團團。宮袍詞客方裁詠，錦瑟佳人且侑歡。不減風流庾公興，登樓誰復畏盤跚。

## 中秋月

楊　繪

素月玉寒空，乾坤灝氣通。光華一夕滿，節候九秋中。萬里天衢峻，四方人望同。妖邪無匿處，方顯照臨功。

### 中秋感懷 二首

宋　白①

去年今夜此堂前，人正清歌月正圓。今夜愁來人且散，不如雲霧蔽青天。

雪彩冰光似去年，去年人月兩嬋娟。今霄不辨連明坐，拼醉抽身黑處眠。

### 中秋夜醉

醉過中秋夜，慵招七步才。月華翻有意，自入小窗來。

### 中秋月

陶崇儀

四時三五月皆圓，誰道孤光此夜偏。涼樹暖光清雪上，素娥姿質不嬋娟。

### 中　秋

錢　易

天慘嚴霜厚，神清宿雨微。枝空蟬擬脫，巢冷燕謀歸。白日蓮塘夢，紅紗水國衣。錦書知未了，軋軋弄鳴機。

---

① 此詩徐本據明抄本校補作者“宋白”，兹校從。

### 中秋夜守讓南廳廳玩月

秋氣元清切，明蟾千里心。金盤上河側，玉水浸樓陰。閨怨有消歇，客愁無淺深。關山今夜裏，星斗共沈沈。

### 中秋館宿

劉　筠

餘歡驚社過，是月命社。獨直奈宵長。月向蓬山滿，風來桂殿涼。睡輕同警鶴，吟苦伴啼螿。耿耿迷遙思，殘星下建章。

### 中秋夜不見月

孫　復

長記去年中秋玩月出草堂，冰輪直可鑑毫芒。是時家釀又新熟，呼童開席羅清觴。纖埃不起零露下，對此陶陶樂未央。自顧時逢堯舜世，上下清明無穢荒。吁嗟今夕何不幸，正逢屏翳恣猖狂。浮雲左右爭擁蔽，愛而不見涕沾裳。嫦娥無語縮頭何處坐，胡不開口走訴上帝旁，立召飛廉舉其職，驅除擁蔽揚清光。瑩然高照遙天外，免教萬國如瞽空悵悵。

### 中秋歌

明月一歲中，影圓十二回。如何今夕裏，爭賞羅樽罍。既愛盈盈色，更上高高臺。人心莫如此，試爲君言哉。月者水之精，秋者金之氣。金水性相生，五行分其事。則知天地間，相感各以類。水得金還盛，月因秋更清。氣類使之然，人誰不有情。可憐別夜色，一一皆銷聲。自昔詩家流，吟皆不到此。徒能狀光彩，豈解原終始。冥搜詎有得，燥吻真何以。請看退翁歌，其的能中矣。

### 中秋月

度度思真賞，幽期邈始還。金行分此夜，桂子落何山。座席清風裹，人家灝氣間。飲懷與吟興，徹曙兩非閒。

### 同范秘閣賦八月十四日夜月

銀漢無聲露暗垂，玉蟾初上月圓時。清樽素瑟宜先賞，明夜陰晴未可知。

### 又賦十五夜月

清賞年年恐失期，人人不覺望中衰。素娥須信多靈藥，長見嬋娟似舊時。

### 中秋月

十二度圓皆好看，就中圓極在中秋。前峰獨上還吟翫，高興多於庾亮樓。

### 中秋月夜席上作

李建中

宴張東閣賓方盛，雨過西樓晚覺寒。涼夜清輝雲乍斂，中秋嘉氣月初圓。誰人解飲千鍾酒，開口能談數刻歡。但外形骸求醉倒，任他紅粉笑蹣跚。

## 同　前

張左藏

夜長蟋蟀青燈苦，歲晚蒹葭白露寒。陶令齋中新酒熟，庾公樓上舊蟾圓。不知客在誰同樂，無奈漳濱獨湛歡。此夕任他紅粉道，深藏辟笑足盤跚。

## 中秋月八首

許　棠

月月勢自圓，中秋朗最偏。萬方同一夕，到曉是經年。影蔽星芒耀，光分物狀全。唯因吟苦者，目斷向瑤天。

## 同　前

潘　緯

古今逢此夜，共異沇寥明。豈是月華別，祇應秋氣清。影當中土正，輪對八荒平。尋客徒留望，璿璣自有程。

## 同　前

釋可明

登樓仍喜此宵晴，圓魄纔觀思便清。海面乍浮猶隱映，天心高挂最分明。片雲想有神仙出，迥野應無鬼魅行。曾向洞庭湖上看，君山半露水初平。

## 同　前

李堯夫

棲禽疑盡向空飛，林麓虛明月照扉。萬國仰瞻當此夕，片雲爭合閉清輝。羣妖始覺神通小，列宿應慚照耀微。達曙何人最關念，庾公樓上獨忘機。

## 同　前

許　晝

應是蟾宮別有情，每逢秋半倍澄清。清光不向此中見，白髮爭教何處生。閒地占將真可惜，幽窗分得始爲明。殷勤好長年來桂，莫遣平人道不平。

## 同　前

釋齊己

空碧無雲露濕衣，衆星光外湧清規。東樓莫礙漸高勢，四海待看當午時。還許分明吟皓魄，肯教幽暗取丹枝。可憐半夜嬋娟影，正對五侯殘酒池。

## 同　前

高河瑟瑟轉金盤，歇露吹光逆凭欄。四海魚龍精魄壯，五山鸞鶴骨毛寒。今宵盡向圓時望，後夜誰當缺處看。何事清光與蟾兔，却教天下少留難。

## 同　前

方　干①

涼宵煙靄外，三五玉蟾秋。列野星辰正，當空鬼魅愁。泉澄寒魄瑩，露滴冷光幽。未折青青桂，吟看不忍休。

## 中秋遇雨感懷呈世澤彦直

唐　庚

初遊東都年二十，清歡趁得中秋及。高陽會中酒徒集，惠和坊裏繡鞍入。蟹螯嘗新左手執，雞頭未光搓玉粒。盃行到手不待揖，明月清風供一吸。纏頭不惜傾箱給，倚賴決科如俯拾。誰知得官反拘縶，此景此歡那復緝。今歲中秋雨如泣，窮山牢落秋光濕。孤燈熒熒照書笈，屈指流年如箭急。

## 八月十五夜月

應緣人望望，故爾出遲遲。幾歲一相見，浮雲幸別時。吟餘雞膒膊，玩覺兔迷離。此夕登樓興，非關有所思。

## 次韻張子文中秋夜月

韓　駒

平湖下明月，湛如奩濕銀。遥憐鍾陵客，卧看繁臺雲。我欲故山去，向來車已巾。淹留屬中秋，顧影愁單身。停盃問青天，誰駕此玉輪。分光到蓬屋，慇懃月夫人。張郎嗜讀書，呫嗶聞比

---

① 此詩徐本據明抄本及《全唐詩》卷六四九校補作者"方干"，兹校從。

隣。胡爲歎今夕，長歌擊匏尊。似君豈終窮，努力逢休辰。他年
此唱和，寄我東南濱。

## 八月十四日夜作

三更欲眠燈挂壁，被冷何曾雙脚直。西風一雁枕中鳴，令我
下牀三歎息。君莫悲秋且自悲，朱顔白髮來相隨。天公造作悲
懽事，要令百歲如狂癡。達人大觀無不可，豈合坐受天公欺。我
慙無處看明月，一掌荒庭秋草没。去年憶上黄公臺，笑看萬里清
光發。

## 八月十五日夜小雨同二弟作

去年看月思君處，醉後狂歌和影舞。今年與君待月時，金樽
未盡雨催詩。樂事良辰難並有，一生費詩仍費酒。君不見，綠幕
朱簾蠟炬香，何須拂地覓孤光。

## 次韻至完中秋日泛湖五首

崔正言

西湖八月稻花繁，孤鳥冥冥下水天。臥聽金盤鳴玉子，不知
風雨到漁船。<small>世美中孺下基。</small>

西北樓高清澳邊，一篙秋水淨如天。鴛鴦見客移深渚，蛺蝶
尋香入畫船。

半空虛閣閒看鳥，百頃平湖下瞰天。今夜使君歌舞歇，箇中
不禁野人船。<small>是日持國私忌，不宴湖中。</small>

孤花照晚紅欹水，萬竹舒空翠拂天。欲問西湖分月色，莫教
風浪打篷船。

彩鷁逶迤過竹西，文魴尾尾透清漪。一年一夜中秋好，應月停盃問月時。

## 清暑堂中秋夜月

蔡　襄

江國初涼夕漏均，青天無翳地無塵。蓮花剪綵燈煌合，蕉葉傾金酒味新。時節暗遷應不用，懽娛難得莫辭頻。明年今夜中庭月，依舊寒光照別人。

## 中秋獨坐望月

萬里凄凝魄，幽深在處通。清流河漢盡，寒入水雲空。踰久方全白，彌高適正中。開書還自捲，把酒復誰同。泣葉傳霄露，吹衣變暑風。更看庭樹影，漸過粉牆東。

## 中秋寄姪世材[①]

林葉響金風，半黃復半紅。微涼蕩殘暑，塵氛净高空。翛然天氣清，況復當其中。金盤上雲際，燄燄飛林東。蟾彩照清轉，玉露凝蘭叢。念汝縈半禄，三事嗟何窮。大河隔驚波，海水無來鴻。此夕各千里，惟將風月同。

## 八月十五夜清溪舟次

張舜民[②]

清溪水底月團團，因見中秋憶去年。旱海五更霜透甲，郴江

---

① 此詩徐本據明抄本校補作者“張詠”。
② 此詩徐本據明抄本校補作者“張舜民”，兹校從。

萬里桂隨船。昔看故國光常滿，今望天涯勢似偏。祇恐玉娥能笑我，還將隻影對嬋娟。

### 和中秋對月

楊　齊

素籥中分漏箭遲，玉盤飛上絳河涯。自緣人意誇今夜，豈是蟾光勝舊時。千里放開天地景，一輪題盡古今詩。吳剛樹下遙相許，來歲秋風此處期。

### 中秋不見月

八月露沈天氣秋，霜輪何事苦淹留。一宵老兔不成魄，幾處詩人却下樓。水部堦前聞細雨，袁宏渚上見歸舟。明年未必無仙桂，何用厭厭此夜愁。

### 西歸中秋夜宿三泉寄仙芝公南

白子儀

日涉征途信馬前，鴻飛時節幾懷賢。青山漸向故園近，皓月更臨歸驛圓。四乘光榮慙太子，一簞窮陋本顏淵。江皋上客紅蓮幕，猶荷明恩未棄捐。

### 景孫八月十四日惠酒

金甖蘭英見睍時，桂輪猶惜一分虧。未知望夜誰同賞，先喜醉鄉今有期。飛蓋正懷曹子建，登樓何待庾元規。薄帷長簟忘秋興，且洗清塵舉綠卮。

## 寅卯二年中秋夜皆不見月

趙崇蟠

萬里不自照,清光隨雨休。可堪幽魄死,還似去年秋。有笛悲遥夜,無人在遠樓。共誰高枕卧,相與夢滄州。

## 玄雲蔽月行

李　新

惆悵中秋不見月,太陰垂雲兔藏窟。我欲上天掃玄雲,桂露團團漬冰闕。中天放出千里光,層樓翠閣遥相望。一盃一盃重相勸,今年償汝中秋願。上天高高末由到,玄雲愈濃不可掃。空庭蠟炬落寒光,宮裘起舞秋風老。

## 中秋夜宿穆陵關

羈旅情懷不自禁,清霜岐路馬駸駸。一年明月最圓夜,千里故人長別心。幸有酒沽除是醉,更無人賞又如陰。寒蛩似識風騷意,伴我凄凄到晚吟。

## 八月十五日過逢谿書净戒寺

瓦冷雲埋殿,燈長墨暗紗。藥靈閒草木,壁走古龍蛇。石佛隨山老,松梯轉路賒。門前谿水淺,無處問仙槎。

## 中秋月

沈　遘

陽饒陰乏亦常情,平日蟾光每忌盈。節到陰中今夜等,月乘時正一宵明。數成地表羣形足，二、四、六、八、十，陰數也，故屬地而成物。物阜人間市價平。朱戶只知觀賞樂，不知休戚係蒼生。

### 中秋無月

月在青霄久矣夫，十年今夕九年無。也知天把良宵晦，貴使人知此景殊。畫燭有光終是俗，浮雲無限不勝誅。只饒疏散田文客，掌上唯私照乘珠。

### 中秋書事

紅葉秋容動，殘蟬暑氣歸。朝箱收故扇，熨斗帖寒衣。籬寶撑捎補，蔬畦角屑肥。斗筲貪活計，詩史老光輝。

### 中秋望月

余安行

冰輪今夕是圓時，雲掩清輝照我遲。賴有金風一披拂，須臾蟾影浸瓊巵。

### 中秋三夕對月

三夕月俱好，清光唯望多。風應落桂子，露恐減金波。念昔歡娛極，如今羇旅何。窮居不相棄，夜夜伴吟哦。

### 和解生中秋月

不爲人間意，居然節物清。銀塘通夜白，金餅隔林明。醉客樽前倒，棲烏露下驚。悲歡今古事，寂寂墮荒城。

## 中秋夜寄克道運使

張無盡

不見柯山客，中秋月又圓。夜分清滴露，天末淡收煙。念遠情非俗，凌虛骨欲仙。素琴明此恨，相與對嬋娟。

## 中秋望夕不見月

宋　祁

異時涼月好，常爾惜嚴更。此夜浮雲惡，胡然溷太清。狂歌王粲牘，業對景山鎗。海蚌猶能滿，城烏更不驚。裴回循北牖，暗澹倚西楹。蛩杼逢時急，缸花得暗明。桂高應自秀，蟾遠太無情。坐想瑤輪轉，孤懷悵未平。

## 中山中秋對月

圓期壓秋半，飛影破雲端。明極翻無夜，清餘遂作寒。桂繁團露濕，輪馳度河乾。且置窮邊思，何殊故國看。

## 中秋夜不見月

天上浮雲不肯歸，憑軒坐惜桂華西。一年此夕無窮恨，只是城鴉得穩棲。

萬里重陰晦玉輪，兔孤蟾遠託霄垠。世間未必皆同恨，亦有居心不靜人。

## 中秋前二日

游　酢①

一歲中秋只一迴，年前曾記共銜盃。蟾光是夕知人意，雲腳多情爲我開。隔澗幾番經晦朔，笑談三月阻樽罍。佳期屈指無多日，清賞應須許再陪。

## 中秋不見月

浮雲四合暮秋天，萬里丹霄頓黯然。渡口袁宏舟未纜，樓頭庾亮眼將穿。桂華已負經年約，鑑影虛沉半夜圓。自是嫦娥懶粧束，捲簾空只待嬋娟。

## 中秋月

貫　休②

噀雪噴香滿玉虛，王孫公子覷相呼。從來天匠爲輪定，自是人心此夜殊。靜入萬家危露滴，清埋衆象叫鴻孤。坐來唯覺情無極，何況三湖與五湖。

---

① 此詩徐本據明抄本校補作者“游酢”，茲校從。

② 此詩徐本據明抄本及《全唐詩》卷八三六校補作者“貫休”，茲校從。

# 歲時雜詠卷三十三

（宋）蒲積中　編

## 重　陽

### 九日作并序

陶　潛

余愛重陽之名，秋菊盈園，而持醪靡由，空服九華，寄懷於詩。

世短意恒多，斯人樂人生。日月依辰至，舉俗愛其名。露淒炎風息，氣結天象明。往燕無遺影，來雁有餘聲。酒能袪百慮，菊解製頹齡。如何蓬廬士，空視時運傾。塵爵恥虛罍，寒花徒自榮。斂衿獨閒謠，緬焉起深情。棲遲固多娛，淹留豈無成。

### 己酉歲九月九日作

靡靡秋已夕，淒淒風露調。蔓草不復盛，園林空自凋。清風澄餘澤，遙然天界高。哀蟬無歸響，叢雁鳴雲霄。萬化相尋異，民生豈不勞。自古皆有沒，念之使心憔。何以報我情，濁酒且自陶。千載非所知，聊以永今朝。

### 九日從宋公戲馬臺送孔令

謝　瞻

風至授寒服，霜降休百工。繁林收陽彩，密苑解華叢。巢幕無留鷲，遵渚有歸鴻。輕霞冠秋日，迅商薄清穹。聖心眷佳節，揚鑾戻行宮。四筵霜芳醴，中堂起絲桐。扶光迫西泥音似，餘歡宴有窮。逝矣將歸客，養素克有終。臨流怨莫從，歡心歎飛蓬。

### 又

謝靈運

季秋邊朔苦，旅雁違霜雪。淒淒陽卉腓，皎皎寒潭潔。良辰感聖心，雲旗興暮節。鳴葭戻朱宮，蘭卮獻時折。餞宴光有孚，和樂信所缺。在宥天下理，吹萬羣芳悅。歸客遂海隅，脫冠謝朝列。弭棹薄枉渚，指景待樂闋。河流有急瀾，浮驂無緩轍。豈伊川途念，宿心愧將別。彼美丘園道，喟焉傷薄劣。

### 侍皇太子九日玄圃宴四言

王　儉

秋日在房，鴻雁來翔。寥寥清景，藹藹微霜。草木搖落，幽蘭獨芳。眷言淄苑，尚想濠梁。既暢旨酒，亦飽徽猷。有近斯悅，無遠不柔。

### 九日賦韻

梁簡文

是節協陽數，高秋氣已精。蟾芝逐月啓，帷風依夜清。遠燭成歌黛，斜橋聞履聲。梁塵下未息，共愛賞年并。

### 九日侍宴樂遊苑正陽堂

劉 苞

上郡良家子,幽并遊俠兒。立乘争飲羽,側騎競紛馳。明珂飾華眊,金袍映玉羈。膳羞殫海陸,和齊視秋宜。雲飛雅琴奏,風起洞簫吹。曲終高宴罷,景落樹陰移。微薄烝嘉惠,飲德良不貲。取效績無紀,感恩心自知。

### 九 日

王修己

霜威始落翠,寒氣初入堂。隋珠爛似燭,縣黎疑夜光。

### 九日酌菊花酒

劉孝威

霜花疑始摘,羅衣似適薰。餘杯度不取,欲持嬌向君。

### 九日侍宴樂遊苑爲西臺侯作

何 遜

皇德無餘讓,重規襲帝勛。垂衣化比屋,眷顧慎爲君。翾飛悅有道,卉木荷平分。神襟動時豫,歲序屬涼氛。城霞朝晃朗,槐霧曉氲氳。鸞輿和八襲,鳳駕啓千羣。羽觴歡湛露,佾舞奏承雲。禁林終晚宴,華池物色曛。疏樹翻高葉,寒流聚細文。日斜迢遞雨,風起嵳峩雲。運偶參侯服,恩洽厠朝聞。於焉藉多幸,歲暮仰遊汾。晴軒連瑞氣,飛甍御香芬。

### 九日宴樂遊苑應令

庾肩吾

轍迹光周頌，巡遊盛夏功。鈎陳萬騎轉，閶闔九關通。秋輝逐行漏，朔氣繞相風。獻壽重陽節，迴鸞上苑中。疏山開輦道，閒樹出離宮。玉醴吹花菊，銀床落井桐。御梨寒更紫，仙桃秋轉紅。飲羽山西射，浮雲冀北驄。塵飛金埒滿，葉破柳條空。騰猶疑矯箭，驚雁避虛弓。雕盤濫杞梓，花綬接鶺鴒。媿乏天庭藻，徒參文雅雄。

### 九日從駕

王　褒

黃山獵地廣，青門官路長。律改三秋節，氣應九鍾霜。射馬垂雙帶，豐貂佩兩璜。苑寒梨樹紫，山秋菊葉黃。華露霏霏冷，輕飆颯颯傷。終慙屬車對，空假侍中郎。

### 五言同管記陸瑜九日觀馬射

陳後主

晴朝麗早霜，秋景照堂皇。榦慘風威切，荷彫池望荒。樓高看雁下，葉散覺山涼。歇霧含空翠，新花濕露黃。飛禽接即影，度日轉鈹光。連翩北幽騎，馳射西園傍。勒移瑪瑙色，鞭起珊瑚揚。已同過隙遠，更異良弓藏。且觀千里汗，仍瞻百步楊。非爲從逸賞，方追塞外羌。

## 衡州九日

江　總

秋日正淒淒，茅茨復蕭瑟。姬人薦初醞，幼子問殘疾。園菊抱黃華，庭欄剖朱實。昨以著書情，暫遣他鄉日。

## 奉和九月九日

賀　敳

商飇凝素籥，玄覽賁黃圖。曉霜驚斷雁，晨吹結相烏。寒花低岠菊，涼葉下庭梧。澤宮申舊典，相圃叶前模。玉砌分雕戟，金溝轉鏤衢。帶星飛夏箭，映月上軒弧。慶展簪裾洽，恩融雨露濡。天文發丹篆，寶思掩玄珠。承歡徒聳忭，負弛竊忘軀。

### 九月九日贈崔使君善爲

王　績

野人迷節候，端坐隔簾埃。忽見黃花吐，方知素序迴。映岩千蕊發，臨浦萬株開。香氣徒盈把，無人送酒來。

## 又

崔善爲

秋來菊花氣，深山客重尋。露葉疑涵玉，風花似散金。摘來還泛酒，獨坐即徐斟。王弘貪自醉，無復覓楊林。

## 九月九日

九日重陽節，三秋季月殘。菊花催晚氣，茱房避早寒。霜濃鷹擊遠,霧重雁飛難。誰憶龍山外,蕭條邊興闌。

## 又

唐高宗

端居臨玉扆,初律啓金商。鳳闕澄秋色,龍闈引夕涼。野淨山氣斂,林疏風露長。砌蘭戲半影,岩桂發全香。滿蓋荷彫翠,圓花菊散黃。揮鞭爭電烈,飛羽亂星光。柳空穿石碎,弓虛側月張。怯猿啼落岫,驚雁斷分行。斜輪低夕景,歸斾擁通莊。

## 奉和九月九日應制

許敬宗

爽氣申時豫,臨秋肆武功。太液朝光發,層城佳氣融。繁霄寒暑麗,黃山極望通。講藝遵先軌,覩德暢宸衷。鷲嶺飛夏服,娥魄亂雕弓。汗浹鑣流赭,塵生垾散紅。飲羽驚開石,中葉遽凋叢。雁殫雲路靜,烏墜日輪空。九流參廣宴,萬寓扲恩隆。

## 江令於長安歸還揚州九月九日行微山亭賦江韻

心逐南雲遊,形隨北雁來。故鄉籬下菊,今日幾花開。

## 擬江令

本逐征蓬去,還隨落葉來。菊花應未滿,許待詩人開。

## 又　擬

遊人倦蓬轉,鄉思逐鴻來。偏想臨潭菊,芳藥對誰開。

### 九日懷封元寂

王　勃

九日郊原望,平野遍霜成。蘭氣添新酌,花香染別衣。九秋良會少,千里故人稀。今日龍山外,當憶雁書歸。

### 蜀中九日

九月九日望鄉臺,他席他鄉送客懷。人今已厭南中苦,鳴雁那從北地來。

### 九　日

九日重陽節,門門有菊花。不知來送酒,若箇是陶家。

### 九月九日登玄武山旅眺

邵大震

九月九日望遙空,秋水秋天生夕風。寒雁一向南飛遠,遊人幾度菊花叢。

### 又

盧照隣

九月九日眺山川,歸心歸望積風煙。他鄉共酌金花酒,萬里同悲鴻雁天。

### 和九月九日登慈恩寺浮圖應制

張　錫

　九秋霜景净，千門曉望通。仙遊光御路，瑞塔迥凌空。菊彩
揚堯日，萸香遶舜風。天文麗辰象，竊抃仰層穹。

### 又

蕭至忠

　天蹕三乘啓，星輿六轡行。登高臨寶塔（塔），目極遍王城。
神衛虛中遠，仙歌雲外清。重陽千萬壽，率土頌昇平。

### 又

解琬

　瑞塔臨初地，金輿幸上方。空邊有清净，覺處無馨香。雨霽
微塵斂，風秋定水涼。兹辰採仙菊，薦壽慶重陽。

### 同　前①

李迥秀

　沙界天王塔，金繩梵帝遊。言從祇樹賞，行玩菊叢秋。御酒
調甘露，天花亂彩旒。堯年持佛日，同此慶時休。

---

①　自此詩至下李乂"清蹕幸禪樓"詩，底本皆未見，徐本據明抄本校補，兹據録。

## 同　前

劉　憲

香塔層霄半，仙鑣净境遊。登臨憑季月，寥廓見中州。御酒新寒退，天文寶氣浮。却邪將獻壽，兹日奉千秋。

## 同　前

麴　瞻

扈蹕遊玄地，陪仙瞰紫微。似邁鉢衣劫，將同羽化飛。雕戈秋日麗，寶劍曉霜飛。獻觴乘菊序，長願奉天暉。

## 同　前

樊　忱

净境重陽節，仙遊萬乘來。插萸登鷲嶺，把菊坐蜂台。十地祥煙合，三天瑞景開。秋風詞更遠，竊抃樂唐哉。

## 同　前

孫　佺

應節萸房滿，初寒菊浦新。龍旗焕宸極，鳳輦儼香闉。蓮井偏疑夏，梅梁更若春。一忻陪應塔，還似得天身。

## 同　前

崔　湜

帝里重陽節，香園萬乘來。却邪萸結珮，獻壽菊傳杯。塔類承天湧，門疑待佛開。睿詞懸日月，長得仰昭回。

## 同　前

岑　羲

寶台聳天外，玉輦步雲端。日麗重陽景，風搖季月寒。梵堂遙集雁，帝樂近翔鸞。願獻延齡酒，長承湛露歡。

## 同　前

李從遠

九月從時豫，三乘爲法開。中霄日天子，半座寶如來。摘果珠盤獻，攀茰玉輦回。願將塵露點，遙奉光明台。

## 同　前

趙彥昭

御辯乘秋節，登高出梵宮。皇心滿塵界，佛跡現虛空。日月宜長壽，人天得大通。喜聞題寶偈，受記莫由同。

## 同　前

崔日用

紫宸歡每洽，紺殿法初隆。菊泛延齡酒，蘭吹解慍風。咸英調正樂，香梵遍秋空。臨幸符天瑞，重陽日再中。

## 同　前

李　適

鳳輦乘朝霽，鸚林對晚秋。天文貝葉寫，聖澤菊花浮。塔似神功偏，龕疑佛影留。幸陪清漢蹕，欣奉淨居遊。

## 同　前

馬懷素

香月啓重陽，金輿陟寶坊。御旗橫日道，仙塔儼雲莊。帝蹕千官從，乾詞七耀光。顧慚文墨職，無以頌時康。

## 同　前

李乂

踴塔臨玄地，高層瞰紫微。鳴鸞陪帝出，攀撩翊天飛。慶洽重陽壽，文含列象輝。小臣叨載筆，欣此頌巍巍。

## 同　前

盧藏用

化塔龍山起，中天鳳輦迁。彩旒牽畫刹，雜珮冒香荑。寶葉擎千座，金英漬百盂。秋雲飄聖藻，霄極捧連珠。

## 同　前

周利用

出豫乘金節，飛文煥日宮。荑房開聖酒，奈苑被玄功。塔向三天迥，池收八解空。叨恩奉蘭藉，終愧洽薰風。

## 同　前

楊庶

萬乘臨真境，重陽眺遠空。慈雲浮雁塔，定水映龍宮。寶鐸含飆響，仙輪帶日紅。天文將瑞色，輝煥滿寰中。

## 同 前

薛 稷

寶宮星宿劫，香塔鬼神功。王游盛塵外，睿覽出區中。日字開初景，天詞掩大風。微臣謝時菊，薄采入芳叢。

## 同 前

張景源

飛塔淩霄起，宸遊一屆焉。金壺新泛菊，寶座即披蓮。就日搖香輦，憑雲出梵天。祥氣與佳色，相伴雜爐煙。

## 同 前

李 恒

寶地鄰丹掖，香台瞰碧雲。關山江外出，城闕樹中分。睿藻蘭英秀，仙杯菊蕊薰。願將今日樂，長奉聖明君。

## 同 前

畢乾泰

鷲林化塔啓，鳳輦順時遊。重九昭皇慶，大千揚帝休。奢闍妙法闡，玉舍眷文流。至德覃無極，小臣歌詎酬。

## 同 前

辛替否

洪慈鈞動植，至德俯深玄。出豫從初地，登高適梵天。白雲飛御藻，慧日曖皇編。別有秋原藿，長傾雨露緣。

## 同　前

王　景

玉輦移中禁，珠梯覽四禪。重階清漢接，飛竇紫霄懸。綴葉披天藻，吹花飲御筵。無因鑾辟暇，俱舞鶴林前。

## 九日登高并序

中　宗

粵以景龍三年，賓鴻九月，乘紫機之餘暇，歷翠御以宣遊。爾乃氣肅商郊，風驚兌野。波收玄灞，澄霽色於林塘；雲斂黃山，藹晴輝於原隰。銜蘆送響，疑傳蘇武之書；化草翻光，似臨車徹之帙。於時招懿戚，命朝賢，屬重陽之吉辰，呈九皋之嘉瑞。茱房薦馥，辟邪之術爰彰；菊蕊含芬，延年之驗攸著。醉之以酒，屬見覆於金杯；文在茲乎，蓋各飛於玉藻。陶潛盈把，既浮九醖之觀；畢卓持螯，須盡一生之興。人題四韻，同賦五言。其最後成，罰之引滿。

### 韻得秋字

九日正乘秋，三杯興已周。泛桂迎樽滿，吹花向酒浮。長房茱早熟，彭澤菊初收。何藉龍沙上，方得恣淹留。

### 九日侍寒應制得枝字

韋安石

重陽開秋節，得一動宸儀。金風飄菊蕊，玉露泫茱枝。睿覽八弦外，天文七曜披。臨深應在即，居高豈忘危。

### 同　前 得暉字

蘇　瓌

重陽早露晞，睿賞瞰秋磯。菊氣先薰酒，萸香更襲衣。清切
絲桐會，縱橫文雅飛。恩深答效淺，留醉奉宸輝。

### 同　前 得歡字

李　嶠

令節三秋晚，重陽九日歡。仙杯還泛菊，寶饌且調蘭。御氣
雲霄近，乘高宇宙寬。今朝萬壽引，宜向曲中殫。

### 同　前 得餘字

蕭至忠

望幸三秋暮，登高九日初。朱旗巡漢苑，翠帟俯秦墟。寵極
萸房遍，恩深菊酎余。承驩何以答，萬億奉宸居。

### 同　前 得明字

竇希玠

鑾輿巡上苑，鳳駕瞰層城。御座丹烏麗，宸居白鶴驚。玉旗
縈桂葉，金杯泛菊英。九晨陪聖膳，萬歲奉承明。

### 同　前 得深字

韋嗣立

層觀遠沈沈，鑾旗九日臨。帷宮壓水岸，步輦入煙岑。枝上
萸新采，樽中菊始斟。願陪歡樂事，長與歲時深。

## 同　前得風字

李遹秀

重九臨商節，登高出漢宮。正逢茱實滿，還對菊花叢。霽雲開就日，仙藻麗秋風。微臣預在鎬，竊抃遂無窮。

## 同　前得花字

趙彥伯

九日報仙家，三秋轉翠華。呼鷹下鳥路，戲馬出龍沙。簪掛丹茱蘂，杯涵紫菊花。所願同微物，年年共辟邪。

## 同　前得亭字

楊廉

古日瞰秦坰，重陽坐灞亭。既開黃菊酒，還降紫微星。簫鼓諧仙曲，山河入畫屏。幸兹陪宴喜，無以效丹青。

## 同　前得涘字

岑曦

重九開科曆，千齡逢聖紀。爰豫矚秦坰，升高臨灞涘。玉醴浮仙菊，瓊筵藉芳芷。一聞帝舜歌，歡娛良未已。

## 同　前得開字

盧藏用

上月重陽滿，中天萬乘來。茱依佩里發，菊向酒邊開。聖澤煙雲動，宸文象緯回。小臣無以答，願奉億千杯。

### 同　前得直字

李　咸

重陽乘令序，四野開晴色。日月數初並，乾坤聖登極。菊黃
迎酒泛，松翠淩霜直。遊海難爲深，負山徒倦力。

### 同　前得筵字

閻朝隱

九九侍神仙，高高坐半天。文章二曜動，氣色五星連。簪紱
趨皇極，笙歌接御筵。願因吹菊酒，相守百千年。

### 同　前得長字

沈佺期

御氣幸金方，憑高薦羽觴。魏文頌菊蕊，漢武賜萸房。去鶴
留笙吹，歸鴻識舞行。臣歡重九慶，日月奉天長。

### 同　前得曆字

薛稷

暮節乘原野，宸遊俯崖壁。秋登華實滿，氣嚴鷹隼擊。仙菊
含霜泛，聖藻臨雲錫。願陪九九辰，長奉千千曆。

### 同　前得時字

蘇須

並數登高日，延齡命賞時。宸遊天上轉，秋物雨來滋。降鶴
承仙馭，吹花入睿詞。微臣復何幸，長得奉恩私。

## 同　前得濃字

李　乂

望幸紆千乘，登高自九重。台疑臨戲焉，殿似接疏龍。捧篚
萸香遍，稱觴菊氣濃。更看仙鶴舞，來此慶時雍。

## 同　前得酒字

馬懷素

睿賞叶通三，宸遊契重九。蘭將葉布席，菊用香浮酒。落日
下乘楡，秋風歇楊柳。幸齊東户慶，希薦南山壽。

## 同　前得臣字

陸景初

九秋光順豫，重節霽良辰。登高識漢苑，問道侍軒臣。菊花
浮秬鬯，萸房插縉紳。化謐邊庭静，長洲鴻雁賓。

## 同　前得月字

韋　元

雲物開千里，天行乘九月。絲言丹鳳池，旆轉蒼龍闕。灞水
歡娱地，秦京遊俠窟。忻承解愠詞，聖酒黄花發。

## 同　前得高字

李　適

禁苑秋光入，宸遊霽色高。萸房頒彩笥，菊蕊薦香醪。後騎
縈堤柳，前旌拂御桃。王枚俱侍從，才淺愧飛毫。

### 同　前<sub>得日字</sub>

鄭南金

重陽玉律應，萬乘金輿出。風起韻虞弦，雲開吐堯日。菊花浮聖酒，茱香掛衰質。欲知恩煦多，順動觀秋實。

### 同　前<sub>得摶字</sub>

千經野

御氣三秋節，登高九曲門。桂筵羅玉俎，菊醴溢芳樽。遵渚歸鴻度，承雲舞鶴騫。微臣濫陪賞，空荷聖明恩。

### 同　前<sub>得還字</sub>

盧懷慎

時和素秋節，宸豫紫機閑。鶴似聞琴至，人疑宴鎬還。曠望對平野，潺湲俯暝灣。無因酬大德，空此愧崇班。

## 和九月九日登慈恩寺浮圖應制

李　嶠

瑞塔千尋起，仙輿九日來。茰房陳寶席，菊蕊散花台。御氣雕霄近，升高鳳野開。天歌將梵樂，空裏共徘徊。

### 同　前<sub>重出</sub>

趙彥昭

出豫乘嘉節，憑高陟梵宮。皇心滿塵界，佛跡現虛空。日月宜長壽，天人得大通。喜聞題寶偈，受記莫由同。

## 同　前

鄭　愔

湧霄開化塔，倒景駐仙輿。雁子成堂處，龍王啓藏初。秋風聖主曲，佳氣史官書。願獻重陽壽，承歡萬歲餘。

## 重陽從幸慈恩寺應制

宋之問

鳳刹尋雲半，虹旌倚日邊。散花多寶塔，張樂布金田。時菊芳仙醞，秋蘭動睿篇。香街稍欲晚，清蹕扈歸天。

## 和聖制閏九月九日登莊嚴總持一寺閣

閏月在重陽，仙輿歷寶坊。帝歌雲稍白，御酒菊猶黃。風鐸喧行漏，天花拂舞行。豫游多景福，梵宇日生光。

## 九月九日幸臨渭事應制

趙彥昭

秋豫疑仙覽，宸游轉翠華。呼鷹下鳥路，戲馬出龍沙。紫菊宜新壽，丹萸辟舊邪。願陪長久宴，歲歲奉吹花。

## 同　前

劉　憲

重陽登閏序，上界叶時巡。駐輦煙花落，開筵妓樂陳。城端刹柱見，雲表露盤新。臨眺光輝滿，飛文動睿神。

## 同　前

李　乂

清蹕幸禪樓，前駈歷御溝。還秋九日豫，更想六年遊。聖藻輝瓔珞，仙花綴冕旒。所忻延億載，寧只慶重秋。

## 九月九日宴江陰

杜審言

蟋蟀歸期晚，茱萸節候新。降霜青女月，送酒白衣人。高興要長壽，卑棲隔近臣。龍沙即此地，舊俗坐爲隣。

## 湘州九日城北亭子

張　說

西楚茱萸節，南淮戲馬臺。寧知沅水上，復有菊花杯。亭帳憑高出，親游自遠來。短歌將急景，同使興情催。

## 九日陪登高陰行先

重陽初啓節，無射正飛灰。寂寞風蟬去，聯翩霜雁來。山棠紅葉下，岅菊紫花開。今日桓溫座，空媿孟嘉才。

## 岳州九日宴道觀西閣

搖落長年歎，蹉跎遠宦心。北風嘶代馬，南浦宿陽禽。佳此黃花酌，酣餘白首吟。涼雲霾楚望，濛雨蔽荊岑。登眺思清景，誰將眷濁陰。釣歌出江霧，樵唱入山林。魚以嘉名採，木爲美材侵。大道由中悟，逍遥匪外尋。參佐多君子，詞華妙賞音。淹留洞庭觀，望古意何深。

### 九日進茱萸山詩五絕五言

家居洛城下，舉目見嵩山。刻作茱萸節，情生造化間。

黃花宜泛酒，青岳好登高。稽首明庭内，心爲天下勞。

菊酒攜山客，萸囊繫牧童。路疑尋大塊，人似問鴻濛。

九日重陽數，三秋萬寶成。時來謁軒后，罷去坐蓬瀛。

晚節歡重九，高山上五千。醉中知遇聖，夢裡見尋仙。

### 九日侍宴賦得時字

蘇　頲

嘉會宜長日，高游順動時。曉光雲半洗，晴色雨餘滋。降鶴因韶德，吹花入御詞。願陪陽數節，億萬九秋期。

### 九月九日望蜀臺

蜀王望蜀舊臺前，九日分明見一川。北料鄉關方自此，南辭城郭復依然。青松繫馬攢岩畔，黃菊留人籍道邊。自昔登臨湮滅盡，獨聞忠孝兩能傳。

### 九月九日登龍山

張九齡

郡庭常窘束，涼野求昭曠。楚客凜秋時，桓公舊臺上。清風明日好，歷落江山望。極遠何蕭條，中留坐惆悵。東彌夏首濶，西拒荆門壯。夷險雖異時，古今豈殊狀。先賢渺不接，故老猶可訪。披弔傷昔人，揮斤感前匠。自惟本疏散，未始忘幽尚。際會非有欲，往來是无妄。爲邦復多幸，去國殊遷放。且泛籬下菊，還令郢中唱。灌園亦何爲，於陵乃逃相。

# 歲時雜詠卷三十四

（宋）蒲積中　編

## 重　陽

### 奉和聖製重陽節宰臣及羣官上壽

王　維

四海方無事，三秋大有年。百生逢此日，萬壽願齊天。芍藥
和金鼎，茱萸插玳筵。玉堂開右个，天樂動宮懸。御柳疏秋景，
城鴉拂曙煙。無窮菊花節，長奉栢梁篇。

### 九月九日憶山東兄弟 時年十七

獨在異鄉爲異客，每逢嘉節倍思親。遥知兄弟登高處，遍插
茱萸少一人。

### 九　日

孟浩然

初九未成旬，重陽即此晨。登高聞古事，載酒訪幽人。落帽
恣歡飲，授衣同試新。茱萸正可佩，折取寄情親。

### 九日龍沙寄劉大眘虚

龍沙豫章北，九日挂帆過。風俗因時見，湖山發興多。客中
誰送酒，櫂裏自成歌。歌竟乘流去，滔滔任夕波。

### 途中九日懷襄陽

去國已如昨，倏然經杪秋。峴山杳不見，風景令人愁。誰採籬下菊，應閒池上樓。宜城多美醞，歸與葛彊遊。

### 和盧明府九月九日峴山宴馬使君崔員外

宇宙誰開闢，江山此鬱盤。登臨今古用，風俗歲時觀。地理荊州分，天涯楚塞寬。百城今刺史，華省舊郎官。共美重陽節，俱懷落帽歡。酒邀彭澤載，琴輟武城彈。獻壽先浮菊，尋山或藉蘭。煙虹鋪藻翰，松竹挂衣冠。叔子神如在，山公興欲闌。常聞騎馬醉，還向習池看。

### 九月九日登峴山寄張容

北山白雲裏，隱者自怡悅。相望試登高，心隨飛鳥滅。愁因薄暮起，思是清秋發。時見歸村人，沙行渡頭歇。天邊樹若薺，江畔舟如月。何當載酒來，共醉重陽節。

### 九日陪潤州邵使君登北固山

張子容

五馬向山椒，重陽出麗譙。徐州帶淥水，楚國在青霄。張幕連江樹，開筵接海潮。凌雲詞客語，迴雪舞人嬌。梅福懋仙吏，羊公賞下僚。新豐酒舊美，況是菊花朝。

## 重陽日陪元魯山德秀登北城矚對新霽
## 因以贈別時元兄屢有挂冠之意

蕭穎士

山縣遠古堞，悠悠快登望。雨餘秋天高，目盡無隱狀。
綿連漲川迴，杳渺鴉路深。彭澤興不淺，臨風動歸心。
賴茲鳴琴暇，傲睨傾菊酒。人和歲已登，從政復何有。
遠山十里並，一道銜長雲。青霞半落日，混合疑晴曛。
漸聞驚栖羽，坐歎清夜月。中歡愴有違，行子念明發。
僅能泯寵辱，未免傷別離。江湖不可忘，風雨勞相思。
明時當盛才，短伎安所設。何日謝百里，從君漢之澨。

## 宣城九日聞崔侍御宇文太守游敬亭
## 余時登響山不同此賞醉寄崔侍御二首

李　白

九日茱萸熟，插鬢傷早白。登高望山海，滿目悲古昔。遠訪
投沙人，因爲逃名客。故交竟誰在，獨有崔亭伯。重陽不相知，
載酒任所適。手持一枝菊，調笑二千石。日暮岠嶂歸，傳呼溢阡
陌。彤襜雙白鹿，賓從何輝赫。夫子在其間，遂成雲霄隔。良辰
與美景，兩地方虛擲。晚從雨霽歸，蘿月下水壁。却登郡樓望，
松色寒轉碧。咫尺不可親，棄我如遺舄。

九卿天上落，五馬道傍來。列戟朱門曉，褰帷碧嶂開。登高
望遠海，召客得英才。紫綬歡情洽，黃花逸興催。山從圖上見，
溪即鏡中迴。遙羨重陽作，應過戲馬臺。

### 九日登巴陵置酒望洞庭水軍 時賊逼華容縣

九日天氣清，登高無片雲。造化闢川岳，了然楚漢分。長風鼓橫波，合沓蹙龍文。憶昔傳遊豫，樓船壯橫汾。今茲討鯨鯢，旌旆何繽紛。白羽落酒樽，洞庭羅三軍。黃花不掇手，戰鼓遙相聞。劍舞轉頹陽，當時日停曛。酣歌激壯士，可以摧妖氛。龌龊東籬下，泉明不足羣。

### 九日龍山飲

九日龍山飲，黃花笑逐臣。醉看風落帽，舞愛月留人。

### 九　日

今日雲景好，水緑秋山明。攜壺酌流霞，搴菊泛寒榮。地遠松石古，風揚絲管清。窺觴照歡顏，獨笑還自傾。落帽醉山月，空歌懷友生。

### 九日登山

淵明歸去後，不與世相逐。爲無杯中物，遂偶本州牧。因招白衣人，笑酌黃花菊。我來不得意，虛過重陽時。題輿何駿發，遂結城南期。築土接響山，俯臨遠水湄。胡月吹玉笛，越女彈霜絲。自作英王胄，斯樂不可窺。赤鯉湧琴高，白龜道冰夷。靈仙如髣髴，奠酹遙相知。古來登高人，今復幾人在。滄洲違宿諾，明日猶可待。連山似驚波，合沓出溟海。揚袂揮四座，酩酊安所知。齊歌送清觴，起舞亂參差。賓隨落葉散，帽逐秋風吹。別後登此臺，願言長相思。

## 九日藍田崔氏莊

杜　甫

老去悲秋强自寬，興來今日盡君歡。羞將短髮還吹帽，笑倩傍人爲正冠。藍水遠從千澗落，玉山高並兩峰寒。明年此會知誰健，更把茱萸子細看。

## 九日楊奉先會白水崔明府

今日潘懷縣，同時陸浚儀。坐開桑落酒，來把菊花枝。天宇清霜净，公堂宿霧披。晚酣留客舞，鳧鳥共差池。

## 九日曲江①

綴席茱萸好，浮舟菡萏衰。季秋特欲半，九日意兼悲。江水清源曲，荆門此路疑。晚來高興盡，摇蕩菊花期。

## 九日登梓州城

伊昔黄花酒，如今白髮翁。追歡筋力異，望遠歲時同。弟妹悲歌裏，朝廷醉眼中。兵戈與關塞，此日意無窮。

## 九日奉寄嚴大夫

九日應愁思，經時冒險艱。不眠持漢節，何路出巴山。小驛香醪嫩，重岩細菊班。遥知簇鞍馬，回首白雲間。

---

　　①　自此詩至盧綸《九日奉陪渾侍中登白樓》詩，底本皆未見，徐本據明抄本校補，兹據録。

### 九日寄岑參

出門復入門，兩脚但如舊。所向泥活活，思君令人瘦。沉吟坐西軒，飲食錯昏晝。寸步曲江頭，難爲一相就。吁嗟乎蒼生，稼穡不可救。安得誅雲師，疇能補天漏。大明韜日月，曠野號禽獸。君子強逶迤，小人困馳驟。維南有崇山，恐與川侵溜。是節東籬菊，紛披爲誰秀。岑生多新詩，性亦嗜醇酎。采采黃金花，何由滿衣袖。

### 重陽何氏書齋

山雨樽前在，沉沙榻未移。犬迎曾宿客，鴉護落巢兒。雲薄翠微寺，天清皇子陂。向來幽興極，步履過東籬。

### 九 日四首

重陽獨酌杯中酒，抱病起登江上臺。竹葉於人既無分，菊花從此不須開。殊方日落玄猿哭，舊國霜前白雁來。弟妹蕭條各何往，干戈衰謝兩相催。

舊日重陽日，傳杯不放杯。即今蓬髮改，但愧菊花開。北闕心長戀，西江首獨回。茱萸賜朝士，難得一枝來。

舊與蘇司業，兼隨鄭廣文。採花香泛泛，坐客醉紛紛。野樹歌還倚，秋砧醒却聞。歡娛兩冥寞，西北有孤雲。

故里樊川菊，登高素滻源。他時一笑後，今日幾人存？巫峽蟠江路，終南對國門。系舟身萬里，伏枕淚雙痕。爲客裁烏帽，從兒具淥樽。佳辰對群盜，愁絕更堪論。

### 登高日諸人集幹林

九日明朝是，相要舊俗非。老翁難早出，賢客幸知歸。舊採黃花剩，新梳白髮微。漫看年少樂，忍淚已沾衣。

### 九　日

去年登高鄭縣北，今日重在涪江濱。苦遭白髮不相放，羞見黃花無數新。世亂郁郁久爲客，路難悠悠常傍人。酒闌却憶十年事，腸斷驪山清路塵。

### 九日使君席奉餞衛中丞赴長安

岑　參

節使橫行東出師，鳴弓擐甲羽林兒。臺上霜威凌黃樹，軍中殺氣傍旌旗。預知漢將宣威日，正是胡塵欲滅時。爲報使君多泛菊，更將絲管醉東籬。

### 奉陪封大夫九日登高 得雲字

九日黃菊酒，登高曾昔聞。霜威逐亞相，殺氣傍中軍。橫笛驚胡雁，嬌歌落塞雲。邊頭幸無事，醉舞荷吾君。

### 行軍九日思長安故園 時未收長安

強欲登高去，無人送酒來。遙憐故園菊，應傍戰場開。

## 九　日

張　謂

秋天林下不知春，一種佳遊事也均。絳草從朝飛著夜，黃花開日未成句。絳葉柏樹頻驚馬，半醉歸途數問人。城遠登高並九日，茱萸凡作幾年新。

## 九日巴丘登離

張　均

客心驚暮序，賓雁下襄洲。共賞重陽節，言尋戲馬遊。湖風秋戍柳，江雨暗山樓。且酌東籬菊，聊祛南國憂。

## 九　日

崔國輔

江邊楓落菊花黃，少長登高一望鄉。九日陶家誰載酒，三年楚客已沾裳。

## 九日宴

運偶千年聖，時傳九日神。堯尊列鐘鼓，漢闕辟鈎陳。金篆三清降，瓊筵五日巡。始驚蘭洲出，復詠柏梁新。雲雁樓前晚，霜花酒裏春。歡餘無限極，書劍太平人。

## 九日登高

崔　曙

漢文皇帝有高臺，此日登臨曙色開。三晉雲山皆北向，二陵風雨自東來。開門令尹誰能識,河上仙公去不回。且欲近尋彭澤宰,陶然共醉菊花杯。

### 九日作

王　縉

莫將邊地比京都,八月嚴霜草已枯。今日登高樽酒裏,不知能有菊花無。

### 觀衛尚書九日對中使射破的

戎　昱

盛宴傾黃菊,殊私降紫泥。月營開射圃,霜斾拂晴霓。出將三朝貴,彎弓五善齊。腕回金鏃滿,的破綠弦低。勇氣干牛斗,歡聲震鼓鼙。忠臣思報國,更欲取關西。

### 九日賈明府見訪

獨掩衡門秋景閑,洛陽才子訪紫關。莫嫌濁酒君須醉,雖是貧家菊也班。同人願得長攜手,久客深思一破顏。却笑孟嘉吹帽落,登高何必上龍山。

### 九日登青山

朱　灣

昔人惆悵地,繫馬又登臨。舊處煙霞在,多時草木深。水將空合色,雲共我無心。想見龍山會,良辰亦似今。

### 重陽日陪韋卿宴

何必龍山好，南亭賞不睽。清規沈侯事，雅興謝公題。入座青峰近，當軒遠樹齊。仙家自有月，莫歎夕陽西。

### 九日陪劉中丞宴昌樂寺送梁廷評

朱　放

獨坐三臺妙，重陽百越間。水心觀遠俗，霜氣入秋山。不棄遺簪舊，寧辭落帽還。仍聞西上客，咫尺謁天顏。

### 九日與楊凝崔淑期登江上山會有故不得往因贈之

欲從攜手登高去，一到門前意已無。那得更將頭上發，學他年少插茱萸。

### 九月九日李蘇州東樓宴

獨孤及

是菊開花日，當君乘興秋。風前孟嘉帽，月下庾公樓。酒解留征客，歌能破別愁。醉歸無以贈，只奉萬年酬。

### 九日灃上作寄崔主簿倬二季

韋應物

淒淒感時節，望望臨灃涘。翠嶺明華秋，高天澄遙滓。川寒流逾迅，霜交物方委。林葉索已空，晨禽迎飆起。時菊乃盈泛，濁醪自為美。良遊雖可娛，殷念在之子。人生不可省，營欲無終已。孰能同一酌，陶然冥斯理。

# 九　日

今朝把酒復惆悵，憶在杜陵田舍時。明年九日知何處，世難還家未有期。

## 重九登滁城樓憶前歲九日歸澧上赴崔都水及諸弟宴集淒然懷舊

今日重九宴，去歲在京師。聊迴出省步，一赴郊園期。佳節始云邁，周辰已及茲。秋山滿清景，當賞屬垂離。凋散民里闊，摧翳衆木衰。樓中一長嘯，惻愴起涼飆。

## 故人重九日求橘書中戲贈

憐君獨臥思新橘，始摘猶酸亦未黃。書後欲題三百顆，洞庭須待滿林香。

## 奉和御制重陽宴百僚

聖心憂萬國，端居在穆清。玄功致海晏，錫宴表文明。恩屬重陽節，雨應此時晴。寒菊生池苑，高樹出宮城。捧藻千官處，垂戒百王程。復睹開元日，臣愚獻頌聲。

## 重陽日鄖城樓送屈突司直

劉長卿

登高復送遠，惆悵洞庭秋。風景同前古，雲山滿上游。蒼蒼來暮雨，淼淼逐寒流。今日關中事，蕭何共爾憂。

### 九日李明府北樓

九日登高望，蒼蒼遠樹低。人煙湖草裏，山翠縣樓西。霜降鴻聲切，秋深客思迷。無勞白衣酒，陶令自相攜。

### 九日岳陽侍黃遂張渙

別君頗已久，離念與時積。楚水空秋煙，江樓望鄉客。徘徊下佇想，仿佛如暫覿。心目徒自親，風波尚相隔。

青林泊舟處，猿鳥愁孤驛。遙見郭外山，蒼然雨中夕。季膺久疏曠，叔度早疇昔。返棹來何遲，黃花候君摘。

### 九日題蔡國公主樓

主第人何在，重陽客暫尋。水餘龍鏡色，雲罷鳳簫音。暗牖藏昏旦，蒼苔換古今。晴山卷幔出，秋草閉門深。籬菊仍新吐，庭槐尚舊陰。年年畫梁燕，來去獨無心。

### 九日與陸處士賞茶

皎　然

九日山僧院，東籬菊也黃。俗人泛英酒，誰解助茶香。

### 九日同盧使君吳興郊外集送李司倉赴選

重陽千騎出，送客爲踟躕。曠野多搖落，寒山滿路隅。晴空懸舊斾，秋色起淩湖。幾日登司會，楊才盛五都。

### 九日和于使君思上京親故

霽景滿水國，我心望江城。碧山與黃花，爛熳多秋情。搖落見松柏，歲寒比忠貞。歡娱在鴻都，是日思朝英。

### 九日阻雨簡高侍御<small>時與高公近鄰</small>

江上重雲起，何曾裹□塵。不能成落帽，翻欲更摧巾。素髮閑依枕，黃花暗待人。且應攜卞價，芒屨就諸鄰。

### 九日寄鄭豐

皇甫冉

重陽秋已晚，千里信仍稀。何處登高望，知君正憶歸。還當採時菊，定未授寒衣。欲識離居恨，郊原晝掩扉。

### 重陽日酬李觀

不見白衣來送酒，但令黃菊自開花。愁看日晚良辰過，步步行尋陶令家。

### 九日登高

王昌齡

青山遠近帶皇州，霽景重陽上北樓。雨歇亭皋仙菊潤，霜飛天苑御梨秋。茱萸插鬢花宜壽，翡翠橫釵舞作愁。謾説陶潛籬下醉，何曾得見此風流。

### 九日閑居寄登高數子

錢　起

初服棲窮巷，重陽憶舊遊。門閑謝病日，心醉授衣秋。酒盡寒花笑，庭空瞑雀愁。今朝落帽客，幾處管弦留。

### 九　日

今日山家野興偏，東籬黃菊滿秋田。浮雲瞑鳥稍飛去，始愛平林新月前。

### 九月九日劉十八東堂集

李　頎

風俗尚九日，此誠安可忘。菊花辟惡酒，湯餅茱萸香。雲入授衣假，風吹閑宇涼。主人盡歡樂，林景晝微茫。清切晚砧動，東西歸鳥行。淹留悵爲別，日醉秋雲光。

### 九日落東亭

司空曙

風息斜陽盡，遊人曲落間。採花因覆酒，行草轉看山。柳散新霜下，天晴早雁還。傷秋非騎省，玄髮白成班。

### 九日送人

送人冠獬豸，值節佩茱萸。均賦征三壤，登車出五湖。水風淒落日，岸葉颯衰蕪。自恨塵中使，何因在路隅。

## 同　前

劉春虛

海上正搖落，客中還別離。同舟去未已，遠送新相知。流水意何極，滿樽徒爾爲。從來菊花節，早已醉東籬。

## 同　前

孫昌徹

京邑歎離群，江樓喜遇君。開筵當九日，泛菊外浮雲。朗詠山川霽，酣歌物色曛。看看酒中意，未肯喪斯文。

## 九日陪崔部中北山宴

嚴　維

上客南臺至，重陽此會文。菊芳寒露洗，杯翠夕陽曛。務簡人同醉，溪閑鳥自鮮。府中官最小，唯有孟參軍。

## 九日登高

詩家九日憐芳菊，遲客高齋瞰浙江。漢浦浪花搖素壁，西陵樹色入雲窗。木奴向熟懸金實，桑落新開瀉玉釭。四子醉時爭講德，笑論黃霸屈爲邦。

## 九　日

李嘉祐

惆悵重陽日，空山野菊新。兼葭百戰地，江海十年人。歎老看衰柳，傷秋對白蘋。孤樓聞石磬，塘路向城闉。

## 九日送人

晴景應重陽,高臺愴遠鄉。水澄千室倒,霧卷四山長。受節人逾老,驚寒菊半黃。席前愁此別,未別已沾裳。

## 答泉州薛播使君重陽日贈酒

欲強登高無力也,籬邊黃菊爲誰開。並知不是潯陽郡,那得王弘送酒來。

## 重陽日寄上饒李明府

劉　商

重陽秋雁未銜蘆,始覺他鄉節候殊。旅館但知聞蟋蟀,郵童不解獻茱萸。陶潛何處登高醉,倦客停橈一事無。來歲公田多種黍,莫教黃菊笑楊朱。

## 九日陪皇甫使君泛江宴赤岸亭

暢　當

羈旅逢佳節,追遙忽見招。同傾菊花酒,緩棹木蘭橈。平楚堪愁思,長江去寂寥。猿啼不離峽,灘沸鎮如潮。舉目關山異,傷心鄉國遙。徒言歡滿坐,誰覓客魂銷。

## 九日送洛陽李丞之任

戴叔倫

爲文通絕境,從宦及良辰。洛下知名早,腰邊結綬新。且傾浮菊酒,聊拂染衣塵。獨恨滄波侶,秋來別故人。

### 奉陪李大夫九日宴龍沙

邦君采菊地，近接旅人居。一命招衰疾，清光照里閭。去官慚比謝，下榻貴同徐。莫笑沙邊倒，偏沾杯酌餘。

### 九日與敬處士左學士同賦采菊上東山便爲首句

采菊上東山，山高路非遠。江湖乍遼夐，城郭亦在眼。晝日市井喧，閏年禾稼晚。開樽會嘉客，長嘯臨絕巘。戲鶴唳且閑，斷雲輕不捲。鄉心各萬里，醉話各一展。喬木列遙天，殘陽貫平阪。徒憂征車重，自笑謀慮淺。却顧郡齋中，寄傲與君同。

### 登高回醉中乘月與崔法曹尋楚僧方外各賦一絕

插鬢朱萸來未盡，共隨明月下沙堆。高緇寂寂不相問，醉客無端入定來。

### 九日奉陪渾侍中登白樓

盧　綸

碧霄孤鶴發清音，上宰因添望闕心。睥睨三層連步障，茱萸一朵映華簪。紅霞似綺何如帶，白露團珠菊散金。此日相從何所問，儼然冠劍擁成林。

### 九日陪淳侍中宴白樓

露白菊氤氳，西樓盛襲文。玉筵秋令節，金鉞漢元勳。說劍風生坐，拍琴鶴遠雲。護儒無以答，願得備前軍。

### 九日奉陪侍中宴後亭

玉堂傾菊酒，一顧得淹留。綵筆徵枚叟，花筵舞莫愁。管絃能駐景，松桂不停秋。爲謝蓬蒿輩，如何霜霰稠。

### 九日奉陪令公登白樓同詠菊

瓊轉有仙菊，可以獻留侯。願此三花秀，非同百卉秋。金英分蘂細，玉露結房稠。黃雀知恩在，銜飛亦上樓。

### 九日同司直九叔崔侍御登寶鷄南樓

把菊歎將老，上樓悲未還。短長新白髮，稠疊舊青山。霜氣清衿袖，琴聲引醉闌。竹林唯七友，何幸亦登攀。

### 和趙端公九日登石亭上和州家兄

洛浦想江津，悲歡共此晨。採花湖岸菊，望國舊樓人。雁別聲偏苦，松寒色轉新。傳書問漁叟，借寇爾何因。

### 九日奉寄嚴大夫

九日應愁思，經時冒險艱。不眠持漢節，何路出巴山。小驛香醪嫩，重巖細菊斑。遙知簇鞍馬，迴首白雲間。

### 九日贈司空曙

李　　端

我有惆悵調，待君醉時說。長來逢九日，難與菊花別。摘却正開花，暫言花未發。

## 重陽宴集<sub>同用寒字</sub>

張　登

錫宴逢佳節，窮荒亦共歡。恩深百日澤，雨借九秋寒。望歲人謠洽，臨風客況難。座移山色在，杯盡菊香殘。欲識投醪遍，應從落帽看。還宵須命燭，舉手謝三官。

## 九日宴集

唐德宗

朕在位行將十載，實賴忠賢左右，克致小康。是以擇三令節，錫茲宴賞，俾大夫卿士得同歡洽也。夫共其感者同其歡榮，有其初者貴其終始。資爾羣寮，順朕不暇，樂而能節，職司其憂。咸若時則，庶乎理矣。因重陽之會，聊示所懷。

早衣對庭燎，躬化勤意誠。時此萬機暇，適與佳節并。曲池潔寒流，芳菊舒金英。乾坤爽氣澄，臺殿秋光清。朝野慶年豐，高會多歡聲。永懷無荒戒，良士同斯情。

## 重陽日中外同歡以詩言志因示羣官

爽節在重九，物華新雨餘。清秋黃葉下，菊散金潭初。萬寶行就稔，百工欣所如。歡心暢遐邇，殊俗同車書。至化自敦睦，佳辰宜宴胥。鏘鏘間絲竹，濟濟羅簪裾。此樂匪足躭，此誠期永孚。

## 重陽日即事

令節曉澄霽，四郊煙靄空。天清白露潔，菊散黃金叢。寡德

荷玄貺，順時休百工。豈懷歌鐘樂，思與君臣同。至化在亭育，
相成資始終。未知康衢詠，所仰惟年豐。

## 豐年多慶九日示懷

爽氣肅時令，早衣聞朔鴻。重陽有佳節，具物欣年豐。皎潔
暮潭色，芬敷新菊叢。芳樽滿衢室，繁吹凝煙空。惠洽信吾道，
保和惟爾同。推誠致玄化，天下期爲公。

## 九日絕句

禁苑秋來爽氣多，昆明風動起滄波。中流簫鼓誠堪賞，詎假
橫汾發棹歌。

## 奉和聖製重陽會聊示所懷

李　泌

大唐造昌運，品物荷時成。乘秋適令節，錫宴歡羣情。俯臨
秦山川，高會漢公卿。□□闕一韻。赤松子，且泛黃菊英。賡歌聖
人作，海内同休明。

## 奉和聖製重陽日百寮曲江宴示懷

崔元翰

偶聖睹昌期，受恩慙弱質。幸逢良宴會，況是清秋日。遠岫
對壺觴，澄瀾映簪紱。臇羔備豐膳，集鳳調鳴律。薄劣厠英豪，
歡娛忘衰疾。平皋行雁下，曲渚雙鳧出。沙嶼菊開花，霜枝果垂
實。天文見成象，帝念資勤恤。探道得玄珠，齋心居特室。豈如
橫汾唱，其事徒驕逸。

## 奉和聖製九日言懷賜百僚

權德輿

令節在豐歲，皇情喜乂安。絲竹調六律，簪裾列千官。煙霜莫景清，水木秋光寒。筵開曲池上，望盡終南端。天文麗慶霄，墨妙驚飛鸞。願言黃花酒，永奉今日歡。

## 奉和聖製重陽日中外同歡以詩言志示羣臣

玉醴宴佳節，拜恩歡有餘。煌煌菊花秀，馥馥萸房舒。白露秋稼熟，清風天籟虛。和聲度簫韶，瑞氣深儲胥。百辟皆醉止，萬方今晏如。宸衷在化成，藻思煥瓊琚。微臣徒竊抃，豈足歌唐虞。

## 奉和聖製重陽日即事

佳節在陽數，至歡朝野同。恩隨千鍾洽，慶屬五稼豐。時菊洗露華，秋池涵霽空。金絲響仙樂，劍舄羅宗公。天道光下濟，睿詞敷大中。多慚擊壤曲，何以答堯聰。

## 奉和聖製豐年多慶九日示懷

寒露應秋杪，清光澄曙空。澤均行葦厚，年慶華黍豐。聲明暢八表，宴喜陶九功。文麗日月合，樂和天地同。聖言在推誠，臣職惟匪躬。瑣細何以報，翾飛淳化中。

## 嘉興九日寄丹陽親故

窮年岐路客，西望思茫茫。積水曾南渡，浮雲失舊鄉。海邊尋別墅，愁裡見重陽。草露荷衣冷，山風菊酒香。獨謠看墜葉，遠目遍秋光。更羨登攀處，煙花滿練塘。

## 九日北樓宴集

蕭颯秋聲樓上聞，霜峰漠漠起陰雲。不見觴王太守，空思落帽孟參軍。風吟蟋蟀寒猶急，酒泛茱萸晚易曛。心憶舊山何日見，併將愁淚共紛紛。

# 歲時雜詠卷三十五

（宋）蒲積中　編

## 重　陽

### 奉陪李大夫九日龍沙宴會 遲字

權德輿

龍沙重九會，千騎駐旌旗。水木秋光净，絲桐雅奏遲。煙蕪斂暝色，霜菊發寒枝。今日從公醉，全勝落帽時。

### 酬九日

重九共嬉娛，秋光景氣殊。他時頭似雪，還對插茱萸。

### 和九日從楊氏姊遊宴

秋光風露天，令節慶初筵。易象家人吉，閨門女士賢。招邀菊酒會，屬和柳花篇。今日同心賞，全勝落帽年。

### 奉和聖製重陽日即事

武元衡

玉燭降寒露，我皇歌大風。重陽德澤展，萬國歡娛同。綺羅擁行騎，香塵凝曉空。神都自靄靄，佳氣助葱葱。律呂金石暢，景光天地通。徒然被鴻霈，無以報玄功。

### 奉和聖製豐年多慶九日示懷

令節寰宇泰，神都佳氣濃。賡歌禹功盛，擊壤堯年豐。九奏碧霄裏，千官皇澤中。南山澹凝黛，曲水清涵空。金玉美王度，歡康謠國風。睿文垂日月，永與天無窮。

### 九日小園獨謠

李吉甫

小園休沐暇，暫與故山期。樹杪懸丹棗，苔陰落紫梨。滿叢新菊徧，繞樹古藤垂。受露紅蘭晚，迎霜白薤肥。上公留鳳詔，冠劍俟清祠。應念端居者，長懃補袞詩。

### 奉酬中書相公九日小園獨謠以元衡致齋禁省見寄六韻

武元衡①

齋沐限中禁，家山傳勝遊。露寒潘省夜，木落庾園秋。蘭菊回幽步，壺觴絕舊儔。位高天祿閣，詞異畔牢愁。孤思琴先覺，馳暉水共流。明朝不見客，清祀在圓丘。

### 奉和相公省中宿齋酬李相公見寄

鄭 絪

高閣安仁省，名園廣武廬。沐蘭朝太乙，種竹詠華胥。禁靜疏鐘徹，庭開爽韻虛。洪鈞齊萬物，縹帙整羣書。寒露滋新菊，秋風落故蕖。同懷不同賞，幽意竟何如。

---

① 此詩徐本據《全唐詩》卷三一七校補作者"武元衡"，茲校從。

## 九日廣陵同陳五先輩登高

歐陽詹

客路重陽日，登高寄上樓。風煙今令節，臺閣古雄州。泛菊聊斟酒，持萸嬾插頭。情人共惆悵，良友不同游。

## 九日廣陵登高懷邵二先輩

簪萸泛菊俯平阡，飲過三杯却惘然。十歲此辰同醉友，登高各處已三年。

## 九　　日

皎　然

重陽荆楚尚，高會此難陪。偶見登龍客，同遊戲馬臺。風文回水疊，雲態擁歌迴。持菊煩相問，含情愧不來。

## 九日菊花詠應制

廣　宣

可訝東籬菊，能知節候芳。細枝青玉潤，繁葉碎金香。爽氣浮朝露，濃姿帶夜霜。泛杯傳壽酒，應共樂時康。

## 重陽夜集蘭陵居與宣供奉聯句

蟋蟀催寒服，茱萸滴露房。酒巡明刻燭，籬菊暗尋芳。李益新月知秋露，繁星混夜霜。登高今夕事，九九是天長。廣宣

## 九日黃白二菊花盛開對懷劉二十八

西花雖未謝，二菊又初芳。鬢雪徒云白，腰金未是黃。曙光凌露彩，宵艷射星芒。日正開偏足，風清發更香。山椒應散亂，籬下倍熒煌。泛酒遙相憶，何由共醉狂。

## 奉和相公九日對黃白二菊見懷

劉禹錫

素蕚迎寒秀，金英帶露香。繁華照旌鉞，榮盛對銀黃。琮璧交輝映，衣裳雜彩章。晴雲遙蓋覆，秋蝶近悠揚。空想逢九日，何由陪一觴。滿叢佳氣在，未肯委嚴霜。

## 九日言懷

令狐楚

二九即重陽，天清野菊黃。近來逢此日，多是在他鄉。晚色霞千片，秋聲雁一行。不能高處望，恐斷老人腸。

## 奉和嚴司空重陽日同崔常侍崔郎中及諸公登龍山落帽臺佳宴

謝公秋思渺天涯，蠟屐登高為菊花。貴重近臣光綺席，笑憐從事落烏紗。萸房暗綻紅珠朵，茗碗寒供白露芽。詠碎龍山歸出號，馬奔流電妓奔車。

## 九月九日登高

劉禹錫

世路山河險，君門煙霧深。年年上高處，未省不傷心。

### 九日登西原宴望<sub>同諸兄弟作</sub>

白居易

病愛枕席涼，日高眠未輟。弟兄呼我起，今日重陽節。起登西原望，懷抱同一豁。移座就菊叢，餚酒前羅列。雖無絲與竹，歌笑隨情發。白日未及傾，顏酡耳已熱。酒酣四面望，六合何空濶。天地自久長，斯人幾時活。請看原下村，村人死不歇。一村四十家，哭葬無虛月。指此各相勉，良辰且歡悅。

### 九日登巴臺

黍香酒初熟，菊暖花未開。閒聽竹枝曲，淺酌茱萸杯。去年重陽日，漂泊溢城隈。今歲重陽日，蕭條巴子臺。旅鬢尋已白，鄉書久不來。臨觴一搔首，座客亦徘徊。

### 禁中九日對菊花酒憶元九<sub>元九詩曰：“不是花中唯愛菊，此花開盡更無花。”</sub>

賜酒盈杯誰共持，宮花滿把獨相思。相思祇傍花邊立，盡日吟君詠菊詩。

### 九日寄行簡

摘得菊花攜得酒，遠村騎馬思悠悠。下邽田地平如掌，何處登高望梓州。

## 九日醉吟①

有恨頭還白，無情菊自黃。一爲州司馬，三見歲重陽。劍匣塵埃滿，籠禽日月長。身從魚父笑，門任雀羅張。問疾因留客，聽吟偶置觴。歡時論倚伏，懷舊數存亡。奈老應無計，治愁或有方。無過學王勣，唯以醉爲鄉。

## 九日思塗溪

蕃草廣鋪楓葉岸，竹枝歌送菊花杯。明年尚作南賓守，或可重陽更一來。

## 九日宴集醉題郡樓兼呈周殷二判官

前年九月杭州郡，呼賓命宴虛白堂。去年九日到東洛，今年九日來吳鄉。兩邊蓬鬢一時白，三處菊花同色黃。一日日知添老病，一年年覺惜重陽。江南九日未搖落，柳青蒲綠稻穗香。姑蘇臺榭倚蒼靄，太湖山水含清光。可憐暇日好天色，公門吏静風景涼。榜舟鞭馬取賓客，掃樓拂席排壺觴。胡琴錚樅指撥剌，吳娃美麗眉眼長。笙歌一曲思凝絶，金鈿再拜光低昂。日腳欲落備燈燭，風頭漸高加酒漿。舥盞灩翻菡萏葉，舞鬟擺落茱萸房。半酣憑檻起四顧，七堰八門六十坊。遠近高低寺間出，東西南北橋相望。水道脈分棹鱗次，里閭棊布城册方。人煙樹色無隙罅，十里一片青茫茫。自問有何才與政，高廳大館居中央。銅魚今乃澤國節，刺史是古吳都王。郊無戎馬郡無事，門有榮戟腰有

---

① 自此詩至高適《九月九日酬顏少府》詩，底本皆未見，徐本據明抄本校補，玆據録。

章。盛時儻來合慚愧，壯歲忽去還感傷。從事醒歸應不可，使君醉倒亦何妨。諸君停杯聽我語，此語真實非虛狂。五句已過不爲夭，七十爲期蓋是常。須知菊酒登高會，從此多無二十場。

## 九日代羅樊二妓招舒著作齊梁格

羅敷斂雙袂，樊姬獻一杯。不見舒員外，秋菊爲誰開。

## 九日思杭州舊游寄周判官及諸客

忽憶郡南山頂上，昔時同醉是今晨。笙歌委曲聲延耳，金翠動搖光照身。風景不隨宮相去，歡娛應逐使君新。江山賓客皆如舊，唯是當筵換主人。

## 九日寄微之

眼暗頭風事事妨，繞籬新菊爲誰黃。閒遊日久心慵倦，痛飲年深肺損傷。吳郡兩回逢九月，越州四度見重陽。怕飛杯酒多分數，厭聽笙歌舊曲章。蟋蟀聲寒初過雨，茱萸色淺未經霜。去秋共數登高會，又被今年減一場。

## 閏九月九日獨飲

黃花叢畔絲樽前，獨有些些舊管弦。偶閏遇秋重九日，東籬獨酌一陶然。自從九月持齋戒，不醉重陽十五年。

## 重陽席上賦白菊

滿園菊花鬱金黃，中有孤叢色拒霜。還似今朝歌酒席，白頭強入少年場。

### 九日憶襄陽

孟浩然

去國如昨日，倏然經杪秋。峴陽望不見，風景令人愁。誰採籬下菊，應閑池上樓。宜城多美酒，歸與葛強遊。

### 九日登叢臺

王　建

平原池閣在誰家，雙塔叢臺野菊花。零落故宮無入路，西來磵水繞城斜。

### 九日和于使君思上京親故

靈　徹

清晨有高會，賓從出東方。楚俗風煙古，汀洲水木涼。山清來遠思，菊意在重陽。心憶華池上，從容鵷鷺行。

### 九月九日李都尉在蕃中得蘇屬國書

降虜意何如，窮荒九月初。三秋異鄉客，一紙故人書。對酒情無恨，開緘思有餘。感時空寂寞，懷舊幾躊躇。雁盡平沙迥，煙銷大漠虛。登臺南望處，掩淚對雙魚。

### 和邢郎中病中重陽強遊樂遊原

裴夷直

嘉晨令節共陶陶，風景牽情並不勞。曉日整冠蘭室靜，秋原騎馬菊花高。晴光一一呈金剎，詩思侵侵逼水曹。何必銷憂憑外物,只將清韻敵春醪。

### 奉和大梁相公重九日軍中宴會之什

今古同嘉節,歡娛但異名。陶公緣綠醑,謝傅爲蒼生。酒泛金英麗,詩通玉律清。何言辭物累,方繫萬人情。

### 奉和大梁相公同張員外重九日宴集

重九思嘉節,追歡從謝公。酒清欺玉露,菊盛愧金風。不待秋蟾白,須沉落照紅。更將門下客,酬和管弦中。

### 癸卯歲毗陵登高會中貽同志

章　碣

流落常蹉勝會稀,故人相遇菊花時。鳳笙龍笛數巡酒,紅樹碧山無限詩。塵土十分歸舉子,乾坤太半屬偷兒。長揚羽獵須留本,開濟重爲闕下期。

### 九日送別

王之渙

蘇庭蕭瑟故人稀,何處登高且送歸。今日暫同芳菊酒,明朝應作斷蓬飛。

### 重陽日至峽邊

張　籍

無限高山行已盡,回看忽覺遠離家。逢高欲飲重陽酒,山菊今朝未有花。

## 九 日

楊　衡

黃菊紫菊傍籬落，摘菊泛酒愛芳新。不看今日望鄉意，強插茱萸隨眾人。

## 九日送錢可復

姚　合

數杯黃菊酒，千里百雲天。綺陌人銷得，鄰州客惕顛。靜愁唯憶酒，閑走不勝眠。須念東門別，相逢知幾年。

## 陪江州李使君重陽宴百花亭

朱慶餘

閑攜九日酒，共對百花亭。醉裏求詩境，回看島嶼青。

## 旅中遇重陽

一歲重陽至，羈遊在異鄉。登高思舊友，滿目是窮荒。草除飛雲片，天涯落雁行。故山籬畔菊，今日爲誰黃。

## 奉和池川杜員外重陽日齊山登高

張　祜

秋溪南岸菊霏霏，急管繁弦對落暉。紅葉樹深山徑斷，碧雲江靜浦帆稀。不慚孫盛嘲時笑，願送王弘醉夜歸。流浪正憐芳意在，砧聲徒促授寒衣。

## 九日齊山登高

杜　牧

江涵秋景雁初飛，與客攜壺上翠微。塵世難逢開口笑，菊花須插滿頭歸。但將酩酊酬佳節，不用登臨恨落暉。古往今來［衹］①如此，牛山何必獨沾衣。

## 九　日

金英繁亂拂欄香，明府辭官酒滿缸。還有玉樓輕薄女，笑他寒燕一雙雙。

## 九　日

李商隱

曾共山翁把酒巵，霜天白菊繞階墀。十年泉下無消息，九日樽前有所思。不學漢臣栽苜蓿，空教楚客詠江蘺。郎君官貴施行馬，東閣無因再得窺。

## 九日登樟亭驛樓

許　渾

鱸鱠與蓴羹，西風片席輕。潮回孤島晚，雲散衆山晴。丹葉下高閣，黃花垂古城。因秋倍多感，鄉樹接咸京。

---

① "衹"字據《全唐詩》卷五二二校補。

### 重陽日上渚宮楊漢宮尚書

李群玉

落帽臺邊菊半黃，行人惆悵對重陽。荆州一見桓宣武，爲趁悲秋入帝鄉。

### 長沙九日東樓觀舞二首

南國有佳人，輕盈綠腰舞。華筵九秋暮，飛袂拂雲雨。緩如祥煙泛，宛若游龍翬。越豔罷前溪，吳娃停白紵。

曼態不能窮，繁姿曲向終。低徊蓮簸浪，凌亂雪縈風。墮珥時流聘，修裾欲遡空。唯愁捉不住，飛去逐驚鴻。

### 九日陪崔大夫宴清河亭

玉醴浮金菊，雲亭敞玳筵。晴山低畫浦，敘雁遠書天。謝朓離都日，殷公出守年。不如瑤水宴，誰和白雲篇。

### 九日巴陵楊公宴集

淒淒霜日上高臺，水淺秋深客思哀。萬疊銀山寒浪起，一行斜字早鴻來。誰家搗練孤城暮，何處題衣遠信來。江漢路長身不定，菊花三笑旅萍開。

### 九日越臺

旭日高山上，秋天大海隅。黃花羅秬□，絳實摭茱萸。病久歡情薄，鄉遙客思孤。無心同落帽，天際望鄉途。

# 九　日

年年羞見菊花開，十度悲秋上楚臺。半嶺殘陽銜樹落，一行斜雁向人來。行人永絕襄王夢，野水偏傷宋玉才。絲管闌珊歸客盡，黃昏獨自詠詩回。

## 重　陽

趙　嘏

節逢重九海門外，家在五湖煙水東。還望秋山覓詩句，伴憎吟入菊花風。

### 重陽日越中陪元相公宴龜山亭

佳辰何處泛花游，丞相筵開水上頭。雙影旆搖山雨霽，一聲歌動寺雲秋。林光盡帶高城晚，水色寒分半檻流。共賀萬家逢此節，可憐風物滿荊州。

### 吳門重陽日示舍弟

多少鄉心入酒杯，野塘今日菊花開。新霜何處雁初下，故國窮秋首正回。漸老向人空感激，一生駈馬傍塵埃。侯門無路提攜爾，虛共扁舟萬里來。

### 重陽日即事

病久堅辭楚席春，菊花元伴水邊身。由來舉止非閒雅，不是龍山落帽人。

## 重陽日在病中寄草舍人

節過重陽菊屢塵，江邊病起杖扶身。不知此日龍山會，誰是風流落帽人。

## 重陽日寄浙東諸從事

李　郢

野人多病門長掩，荒圃重陽菊自開。愁裏又聞清笛怨，望中難見白衣來。元瑜正及從軍樂，寧戚誰憐叩角哀。紅旆紛紛碧江暮，知君醉下望鄉臺。

## 奉陪裴相公重陽日游宴樂池亭

絳霄輕靄翅三臺，嵇阮襟情管樂才。蓮沼昔爲王儉府，菊籬今作孟家臺。寧知北闕元勳在，漢賜蕭何北闕大第。却引東山舊客來。自笑吐茵還酩酊，日斜空從絳衣回。

## 九日曲池游眺

薛　逢

陌上秋光動酒旗，江頭絲竹競相追。正當海晏河清日，便是修文偃武時。繡轂盡爲行樂伴，豔歌皆屬太平時。微臣幸忝頒堯曆，一望郊原愜所思。

## 九日郡齋有感

白日貪長夜更長，百般無意只思鄉。三冬不見秦中雪，九日唯添鬢伴霜。霞泛水文沉暮色，樹淩金氣發秋光。樓前野菊無多少，一雨重開一番黃。

### 九日嘉州發軍亭即事

三江分注界平沙，何處雲山是我家。舞鶴洲中翻白浪，掬金灘上拆黃花。不愁故國歸無日，却恨浮名若有涯。向暮酒酣賓客散，水天狼籍變餘霞。

### 九日雨中言懷

糕果盈前益自愁，那堪風雨滯刀州。單床冷席他鄉夢，紫掇黃花故國秋。萬里音書何寂寂，百年生計甚悠悠。潛將滿眼思家淚，灑寄長江東北流。

### 重陽日次荆南路經武寧驛

崔　櫓

茱萸冷吹溪口香，菊花倒繞山脚黃。家山去此強百里，弟妹待我醉重陽。風健早鴻高曉景，露清圓碧照秋光。莫看時節年年好，暗送搔頭逐手霜。

### 重陽阻雨

虞玄機

滿懷黃菊籬邊拆，兩朵茱萸鏡裏開。落帽臺前風雨隔，不知何處醉金杯。

### 九日對酒

嘉辰復遇登高臺，良朋笑語傾金罍。煙攤秋色正堪玩，風惹

菊香無限來。未保亂離今日後，且謀歡洽玉山頹。誰知靖節當
時事，空學狂歌倒醉回。

### 九月九日

周　賀

雲木疏橫秋滿川，茱萸風裏一樽前。幾回爲客逢佳節，曾見
何人再少年。霜報征衣冷斜指，雁驚幽夢泣雲泉。古來醉樂皆
難得，留取窮通委上天。

### 重陽夜旅懷

鄭　谷

強插黃花三兩枝，還圖一醉浸愁眉。半床斜月酒醒後，惆悵
多於未醉時。

### 重陽日訪元秀上人

紅葉黃花秋景寬，醉吟朝夕在樊川。却嫌今日登山俗，且共
高僧對榻眠。別畫長懷吳寺壁，宜茶偏賞霅溪泉。歸來童稚爭
相笑，何事無人與酒船。

### 九日偶懷寄左省張起居

令節爭歡我獨閑，荒臺盡日向晴山。渾無酒泛金英菊，謾道
官趨玉筍班。深愧青莎迎野步，不堪紅葉照衰顏。羨君官重多
吟興，醉帶朱陂落照還。

### 重陽日荊州作

吳　融

萬里投荒已自哀，高秋寓目更徘徊。濁醪任泛難辭醉，黃菊因暄却未開。上國莫歸戎馬亂，故人何處朔鴻來。驚時感事俱無奈，不待殘陽下楚臺。

### 重九日衛使君筵上作

武　瓘

佳晨登賞喜還鄉，謝守開筵逸興長。滿眼黃花初泛酒，隔煙紅樹欲迎霜。千家門户笙歌發，十里江山白鳥翔。共賀安人豐樂歲，幸陪珠履侍銀章。

### 重　陽 三首

司空圖

簷前減燕菊添芳，燕盡庭前菊已荒。老大比他年少少，每逢佳節更悲傷。

青娥懶唱無衣換，黃菊新開乞酒難。長有長亭惆悵事，隔河砧杵對憑欄。

白鬢霜寒梳更懶，黃花晴日照初開。籬頭應是蝶相報，已被鄰家攜酒來。

### 重陽阻雨

重陽阻雨獨銜杯，移得家山菊未開。猶勝登高閑望斷，孤煙殘照馬嘶回。

## 浙上重陽

登高唯北望，菊耶可□明。離恨初逢節，貧居只喜晴。好文時可見，學稼老無成。莫歎關山阻，何當不阻兵。

## 華下重陽

菊開猶阻雨，蝶意切於人。亦應知暮節，不比惜殘春。

## 中元乙巳歲愚春秋四十九辭疾拜章將免左掖重陽獨登上方

雪鬢不禁鑷，知非又此年。退居還有旨，榮路免妨賢。落葉鳴蛩鳥，晴霞度雁天。自無佳節興，依舊菊籬邊。

## 喜王駕小儀重陽相訪

白菊初開臥內明，聞君相訪病身輕。樽前且撥傷心事，溪上還隨覓句行。幽鶴傍人疑舊識，殘蟬向閣噪新晴。擬將寂寞留同住，且勸匡時立大名。

## 重陽山居 二首

詩人自古恨難窮，暮節登臨且喜同。四坐交親兵亂後，一川風物笛聲中。菊殘深處回幽蝶，陂動晴光下早鴻。明日更期來此醉，不堪寂寞對衰翁。

此身逃難入鄉關，八度重陽在舊山。籬菊亂來成爛熳，家僮長得解登攀。年隨曆日三分盡，醉伴浮生一片閑。滿目秋光還似鏡，殷勤爲我照衰顏。

## 旅中重陽

乘時爭路只危身，經亂登高有幾人。今歲節唯南至在，舊交墳向北邙新。當歌共惜初筵樂，且建無辭後會頻。莫道中冬猶有閏，蟬聲才盡即青春。

## 丁巳重陽

重陽未到已登臨，探得黃花且獨斟。客舍喜逢連日雨，家山似響隔河砧。亂來已失耕桑計，病後休論濟活心。自賀逢時能自棄，歸鞭唯拍馬韀吟。

## 客中重九

楚老相逢淚滿衣，片名薄宦已知非。他鄉不似人間路，應共東流更不歸。

## 重陽作

杜荀鶴

一爲重陽上右台，亂時誰見菊花開。偷擡白髮真堪笑，牢鎖黃金更可哀。是個少年皆老去，爭知荒塚不榮來。大家拍手高聲唱，日未沉西且莫回。

## 重九日廣陵道中

羅　隱

秋山抱病何處登，前時韋曲今廣陵。廣陵大醉不解悶，韋曲舊遊堪拊膺。佳節縱饒隨分過，流年無奈得人憎。却驅羸馬向南去,牢落路歧非所能。

### 九月九日酬顏少府

高　適

籬前白日應可惜,籬下黃花爲誰有。行子迎霜未授衣,主人得錢始沽酒。蘇秦憔悴時多歌,蔡澤棲遲世看醜。縱使登高只斷腸,不如獨座空搔首。

### 同崔員外綦母檢九日宴京兆府

今日好相見,羣賢仍廢曹。晚晴催翰墨,秋興引風騷。絳葉擁虛砌,黃花隨濁醪。閉門無不可,何事更登高。

### 九月八日酬皇甫十見贈

君方對酒綴詩章,我正持齋坐道場。處處追遊雖不去,時時吟咏亦無妨。霜蓬舊鬢三分白,露菊新花一半黃。惆悵東籬不同醉,陶家明日是重陽。

### 九月八日

司空圖

已是人間寂寞花,解憐寂寞傍貧家。老來不待登高看,更堪殘春惜歲華。

### 九月十日即事

李　白

昨日登高罷,今朝更舉觴。菊花何太苦,遭此兩重陽。

### 九月八日送蕭少府歸洪州

皎　然

明日重陽今日歸，布帆微雨望霏霏。行過鶴渚知堪住，家在龍沙意有違。

### 九月十日

愛寄柴桑隱，名溪近訟庭。掃沙開野步，搖舸出閒汀。宿簡邀詩伴，餘花在酒瓶。悠然南望意，自有峴山青。

### 九月十日即事

嚴　維

貧家惟種竹，時幸故人看。菊度重陽少，林經閏月寒。宿醒猶落帽，華髮强扶冠。美景良難得，今朝更盡歡。

### 又

陳　羽

漢江天外東流去，巴塞連山萬里秋。節過重陽人病起，一枝殘菊不勝愁。

### 九月十日郡樓獨酌

羊士諤

掾吏當授衣，郡中稀物役。嘉辰悵已失，殘菊誰爲惜。櫺軒一樽泛，天景洞虛碧。暮節猶賞心，寒江鳴湍石。歸期北州里，舊友東山客。飄蕩雲海深，相思桂花白。

# 歲時雜詠卷三十六

(宋)蒲積中　編

## 重　陽

### 九日次定國韻

蘇　軾

朝菌無晦朔，蟪蛄疑春秋。南柯已一世，我眠未轉頭。仙人視吾曹，何異蜂螳稠。不知蠻觸氏，自有兩國憂。我觀去來今，未始一念留。奔馳竟何得，而起無窮羞。王郎誤涉世，屢獻久不酬。黃金散行樂，清詩出窮愁。俛仰四十年，始知此生浮。軒裳陳道路，往往兒童收。封侯起大第，或是君家騶。似聞負販人，中有第一流。炯然徑寸珠，藏此百結裘。意行無車馬，倏忽略九州。邂逅獨見之，天與非人謀。笑我方醉夢，衣冠戲沐猴。力盡病騏驥，技窮老伶優。北山有靈根，寸田自可耰。會當無何鄉，同作逍遥遊。歸來城郭是，空有纍纍丘。

### 九日黃樓作

去年重陽不可說，南城夜半千漚發。水穿城下作雷鳴，泥滿城頭飛雨滑。黃花白酒無人問，日暮歸來洗靴韈。豈知還復有今年，把盞對花容一呷。莫嫌酒薄紅粉陋，終勝泥中千柄插。黃樓新成壁未乾，青荷已落霜初殺。朝來白露如細雨，南山不見千尋刹。樓前便作海茫茫，樓下空聞櫓鴉軋。薄寒中人老可畏，熱

酒澆腸氣先壓。煙消日出見漁村，遠水鱗鱗山齾齾。詩人猛士
雜龍虎，<small>坐客三十餘人，皆知名之士。</small>楚舞吳歌亂鵞鴨。一杯相屬君勿
辭，此境何殊泛清霅。

### 丙子重九

窮途不擇友，過眼如亂雲。餘子誰復數，坐閱兩使君。共飲
去年堂，俯看秋水紋。此人與此水，相追兩沄沄。老去各休息，
造物嗟長勤。佳哉此令節，不惜與子分。何以娛我客，遊魚在清
濆。水師三百指，鐵網欲掩羣。獲多雖一快，買放尤可欣①。此
樂真不朽，明年我歸耘。

### 九　日

三年瘴海上，越嶠真我家。登山作重九，蠻菊秋未花。惟有
黃茅根，堆壠生拗宾。蜑酒蘗衆毒，酸甜如梨查。何以侑一樽，
鄰翁餽黿蚆。亦復强取醉，歡謠雜悲嗟。今年吁惡歲，僵仆如亂
麻。此會我雖健，狂風卷朝霞。使我如霜月，孤光挂天涯。西湖
不欲往，暮樹號寒鴉。

### 九日，湖上尋周李二君不見，君亦見尋於湖上，
### 以詩見寄，明日乃次其韻

湖上野芙蓉，含思愁脉脉。娟然如靜女，不肯傍阡陌。詩人
杳未來，嫵艷冷難宅。君行逐鷗鷺，出處浩莫測。葦間聞挐音，
雲表已飛屐。使我終日尋，逢花不忍摘。人生如朝露，要作百年

---

①　尤，一作跛羲，音烏光切；另同"尤"，乃其本字，見《正字通》。此處當作後者。

客。喟彼終歲勞，幸茲一日澤。願言竟不遂，人事多乖隔。悟此知有命，沈幽傷魂魄。

### 和陶淵明九日閒居并序

明日重九，雨甚，輾轉不能寐，起索酒，和淵明一篇，醉熟昏然，殆不能佳也。

九日獨何日，欣然愜平生。四時靡不佳，樂此古所名。龍山憶孟子，栗里懷淵明。鮮鮮霜菊艷，溜溜糟牀聲。閒居知令節，樂事滿餘齡。登高望雲海，醉覺三山傾。長歌振清商，起舞帶索縈。坎軻識天意，淹留見人情。但願飽杭稌，年年樂秋成。

### 和陶淵明己酉歲九月九日并序

十月初吉，菊始開，乃與客作重九，因次韻淵明己酉歲九月九日一首。胡廣飲菊潭水而壽，然《李固傳》贊云，其視胡廣、趙戒猶糞土也。

今日我重九，誰謂秋冬交。黃花與我期，草中實後彫。香餘白露乾，色映青松高。悵望南陽野，古潭霏慶霄。伯始真糞土，平生夏畦勞。飲此亦何益，內熱中自焦。持我萬家春，一酹五柳陶。夕英幸可掇，繼此木蘭朝。

### 九日尋臻闍梨遂泛小舟至勤師院二首

白髮常嫌歲月侵，病眸兼怕酒杯深。南屏老宿閒相過，東閣郎君懶重尋。試碾露芽烹白雪，休拈霜蕊嚼黃金。扁舟又截平湖去，欲訪孤山支遁林。

湖上清山翠作堆，葱葱鬱鬱氣佳哉。笙歌叢裏抽身出，雲水

光中洗眼來。白足赤鬚迎我笑，拒霜黄菊爲誰開。明年桑苧煎
茶處，憶著先公首重回。<small>皎然有《重九日與陸羽煎茶》詩，羽自稱"桑苧翁"。</small>

### 王鞏屢約重九見訪既而不至以詩送將官梁
### 交且見寄次韻答之<small>交頗文雅，不類武人，家有侍者，甚慧麗。</small>

知君月下見傾城，破恨懸知酒有兵。老守無何惟日飲，將軍
競病自詩鳴。花枝不共秋敧帽，筆陣空來夜斫營。愛惜微官將
底用，他年只好寫銘旌。

### 九日邀仲屯田爲大水所隔以詩見寄次其韻

無復龍山對孟嘉，西來河伯意雄夸。霜風可使吹黄帽，<small>舟人黄</small>
<small>帽，土勝水也。</small>樽酒那能泛浪花。謾遣鯉魚傳尺素，却將燕石報瓊
華。何時得見悲秋老，醉裏題詩字半斜。

### 明日重九亦以病不赴述古會再用前韻

月入秋帷病枕涼，霜飛夜簟故衾香。可憐吹帽狂司馬，空對
親春老孟光。不作雍容傾坐上，翻成骯髒倚門旁。人間此會論
今古，細看茱萸感歎長。

### 次韻王廷老和張十七九日見寄

霜葉投空雀啅籬，上樓筋力强扶持。對花把酒未甘老，膏面
染鬚聊自欺。無事亦知君好飲，多才終恐世相麇。請看平日銜
杯口，會有金椎爲控頤。

## 再次韻

千戈萬槊擁筶籬，九日清樽豈復持。是日南都勑使按兵。官事無窮何日了，菊花有信不吾欺。逍遥瓊館真堪羨，取次塵纓未可縻。迨此暇時須痛飲，他年長劍拄君頤。

## 次韻蘇伯固主簿重九

雲間朱袖拂雲和，知是長松挂女蘿。鬢重不嫌黃菊滿，手香新喜綠橙搓。墨翻衫袖吾方醉，紙落雲煙子患多。只有黃雞與白日，玲瓏應識使君歌。

## 九日袁公濟有詩次其韻

古來静治得清閒，我貴真常也一班。舉酒東榮挹江海，回罇落日見湖山。平生傾蓋悲歡裏，早晚收身簿領間。笑指西南是歸路，倦飛羽翼久知還。

## 九日次定國韻

我醉歌時君罷休，已教從事向青州。鬢霜饒我三千尺，詩律輸君一百籌。聞道郎君閉東閣，且容老子上南樓。相逢不用空歸去，明日黃花蝶也愁。

## 次韻定國九日詩

東坡在彭門與定國爲九日黃樓之會，今復以是日相遇於宋，凡十五年矣！憂樂出處，有不可勝言者。而定國學道有得，百念灰冷，而顏益壯。顧予衰病，心形俱瘁，感之作詩。

菊盞茱囊自古傳，長房寧復是臞仙。應從漢武橫汾日，數到劉公戲馬年。對玉山人今老矣，見恒河性故依然。王郎九日詩千首，今賦黃樓第二篇。

### 壬寅重九不預會獨遊普門寺僧閣有懷舍弟[①]

花開酒美盞不醉，來看南山冷翠微。憶弟淚如雲不散，望鄉心與雁南飛。明年縱健人應老，昨日追歡意已遲。不向秋風強吹帽，北人不笑楚人譏。

### 和晁同年九日見寄

仰看鸞鶴刺天飛，富貴功名老不思。病馬已無千里志，騷人長負一愁悲。古來重九皆如此，別後西湖付與誰？遣子窮愁天有意，吳中山水要清詩。

### 和述古舍人九日登高二首

雙蓮高卧正淒涼，應檢雲偏閲舊香。桃葉樽前生悵望，菊花籬下減精光。雲山入眼屏千疊，翠木分庭幄兩傍。得酒且歡君強起，雲霄歸去路歧長。

山頭高會喜初涼，翠石排銜夾徑香。原憲杖藜空有病，陶生漉酒且和光。江潮帶月來雲外，天籟和琴歷耳旁。小妓不知君倦起，歌眉猶作遠山長。

---

① 自此詩至下文《九日永叔長文原甫景仁鄰幾持國過飲》詩，底本皆未見，徐本據明抄本校補，兹據録。

### 九日舟中望有美堂上魯少卿飲處以詩戲之 二首

指點雲間數點紅，笙歌正擁紫髯翁。誰知愛酒龍山客，却在漁舟一葉中。

西閣珠簾卷落暉，水沉煙斷佩聲微。遥知通德淒涼甚，擁髻無言怨未歸。

### 次韻定國九日同送莘老黃門

頭上黃花記別時，樽中緑酒慰清悲。畫船牽挽故不發，紅粉留連可便離。小雨無端添別淚，遥山有意助顰眉。十分酒盞從教勸，堆案文書自此辭。

### 次韻厚之九日寄仇池定國

無限黃花簇短籬，濁醪霜蟹正堪持。坐曹更任誇勤瘁，割肉何妨誚詆欺。世外樽罍終自放，俗間簿領漫相縻。茱萸插遍知人少，談笑須君一解頤。

### 戲用厚之九日韻寄定國

白馬貂裘錦幕籬，離觴瀲灩手親持。頭風欲待歌詞愈，肺病甘從酒力欺。不分歸心太忽草，更憐人事若縈縻。相逢借問空長歎，便舍靈龜看朵頤。

### 次韻公擇九日見約以疾不至

他年逢九日，杯酒逐英豪。漸老經秋病，獨醒何處高。床頭添藥裏，坐上減牛毛。寂寞知誰問，煩公置濁醪。

## 同韻和元明兄知命節九日相憶

黃庭堅

革囊南渡傳詩句,摹寫相思意象真。元日黃花傾壽酒,幾回青眼望歸程。早爲學問文章悮,晚作東西南北人。安得田源可溫飽,長抛簪綬裹封巾。

萬水千山厭問津,芭蕉林裏自觀身。邙田雞黍留熊□,風雨關河走阿秦。鴻雁池邊照雙影,鶺鴒原上憶三人。年年慶壽須歡喜,白髮黃花映角巾。

## 孫不愚索飲九日酒已盡戲答一篇

滿眼黃花慰素貧,可憐風物逐時新。花丹出後塵生釜,郭泰歸來雨折巾。偶有清尊供壽母,遂無餘瀝及他人。年豐酒價應須賤,爲子明春作好春。

## 九日對菊有懷粹老在河上四首,後二首爲琵琶女奴作。

月邀棋約屢登臺,學省公廳只對街。九日菊花孤痛飯,百端人事可安排。

黃花節晚猶可惜,青眼故人殊未來。金蕊飛觴無計共,香鈿滿田始應回。

憶得舊時重九日,紫萸黃菊厭金釵。寒花有意催垂淚,喜鵲無端屢下階。

碧窗閑殺春風手,古柳堤灣幾日回。縱有黃花堪對酒,應無紅袖與傳杯。

### 和河陽王宣徽九日平嵩閣宴集<sub></sub>祺辰字君貺

#### 司馬光

九日英僚集，千秋勝賞同。飛橋貫河渚，危閣厭霜風。金散黃花泛，雷驚疊鼓通。百尋高鳥外，萬里寸眸中。檻底臨丹葉，杯中倒碧嵩。來雲伍拂座，去雁遠沉空。吹帽陪遊阻，搖旌結想叢。風流免湮滅，鄒湛倚羊公。

### 和留守相公九月八日與潞公宴趙令園有懷去年與景仁秉國遊賞

今歲台星聚洛中，甘棠前後兩陰濃。英辭唱和詩千首，高宴游陪禄萬鐘。木末霜繁花未落，雲間字小雁相從。西湖在望親朋遠，節物那堪處處逢。

### 和王少卿十日與留臺國子監崇福宮諸官赴王尹賞菊

儒衣武弁聚華軒，盡是西都冷落官。莫歎黃花過佳節，且將素髮共清歡。紅牙板急歌聲咽，白玉舟橫酒量寬。青眼主公情不薄，一如省闥要人看。

### 和明叔九日

不奈衰鬢白，羞看朝鑒明。聊憑佳節酒，強作少年情。雨冷弊裘薄，風高醉帽傾。如何不行樂，況復值秋成。

### 九日懷聶之美<sub></sub>二首

錢塘江裏扁舟上，別後籬花幾度黃。憂患縈心何繚繞，風光滿目盡淒涼。誰同鑒落杯中酒，獨系茱萸肘後囊。可復無書道情素,雲間空有雁南翔。

太室橫山蔽千里,相思空復上高臺。甕頭白酒行當熟,籬下黃花稍復開。陶令不無同醉興,孟君況有解嘲才。欲憑西北高風勢,飛度輾轅勸一杯。

### 重九憶菊

節物都何晚,佳辰容易過。黃花不足念,當奈酒杯何。

### 九日登麻蘭坡

客路逢佳節,無歡更益愁。前山造雲日,登陟不因遊。

### 九　日二首

九日無歡可得追,飄然適意歷山陂。蔣陵西曲風煙慘,也有黃花一兩枝。

北山朝氣淡高秋,欲往愁沽獨少留。散策沿岡初見日,興隨雲盡復中休。

### 九日次韻南朝九日壽安孫陵曲丁旁去吾園尺數百步

孫陵西曲岸烏紗,知汝淒涼正憚家。人世豈能無聚散,亦逢佳節且吹花。

### 答仲源太傅八日遺酒

梅聖俞

陶潛九月九,無酒望白衣。何言先一日,雙榼忽我歸。借問遺酒誰,天宗分日暉。明當酌大斗,黃菊羔醅肥。李賀諸王孫,作詩字欲飛。聞多錦囊句，將報慚才微。

### 九日擷芳園會呈晏相公

今日始見菊，雖見未全開。猶勝昔無酒，望特白衣來。破顙浮金英，雜蟻已盈杯。何必採丹萸，結佩上高臺。自不愧佳節，安聽飛鴻哀。

### 九日訪京東馬殿院會疊嶂樓

誰言天去遠，山上有樓臺。峰光引溪色，共入茱萸杯。行當登太山，雲掃日月開。柏烏與城烏，兩處休鳴哀。

### 九日永叔長文原甫景仁鄰幾持國過飲

秋堂雨更靜，佳菊粲粲芳。置酒延群公，掇英浮新黃。心猶慕淵明，歸來醉柴桑。莫問車馬之，去跡亂康莊。

### 八日就湖上會飲呈晏相公

明當是重九，黃菊還開不。先將掇其英，秋逕未能有。頹齡無以駐，但不負此酒。紅頰誰使歌，公憐牛馬走。

### 九日次壽州

昔人把菊望青楷，今我持酒無黃花。自催屋裏紅鱗膾，不彈牆頭白項鴉。壽春城高枕淮水，綠蒲疏疏暮帆起。登臨不學孟參軍，帽墜山風費嘲紙。

### 依韻和楊直講九日有感

也持黃菊蘂，時望白衣人。苜蓿從來厭，茱萸却乍親。護霜雲不散，吹帽客何貧。莫要悲搖落，秋花更勝春。

### 次韻李晉裕教授九日見贈

張　耒

滿酌聊酬菊蘂黃，登高仍在泰山陽。笑談嘉節賓朋集，樽酒清驩興味長。倦客得閒惟欲飲，老人雖醉不成狂。先生莫歎虀鹽久，行見高才穎出囊。

### 九日懷道孚

吾甥頗似魏家舒，新罷推囚却著書。顧我獨傾陶令酒，思君同膾季鷹鱸。蒼茫雲物秋將晚，寂寞山城誰與娛。儵忽風光行老矣，躊躇不去獨何歟。

### 和彥昭九日西湖會飲

故人憐寂寞，九日共登臨。天地客行遠，山河秋已深。狂來能醉舞，興罷獨悲吟。莫怪凄涼甚，多憂損壯心。

### 九月十日園菊爛開書絕句

蕭條秋圃風飛葉，却有黃花照眼明。已過重陽慵采擷，自嫌亦作世人情。

### 九月九日夜雨留智叔

陳師道

騎臺九日登臨處，只有歸人醉扶路。千年二謝孰可代，我每苦留君只去。花粗且爲前人惜，曲誤不解丞卿怒。只消著帽受西風，不待風流到新句。

### 九日與智叔鵩堂宴集夜歸

鵩堂從昔有惡客，酒盡不去仍復索。欲留歌舞盡客意，風雨和更作三厄。佳辰難得客更難，我窮無酒爲君歡。只欲泥行過白下，萬一簾疏見一班。

### 九日寄秦觀

疾風回雨水明霞，沙步叢祠欲莫鴉。九日清樽欺白髮，十年爲客負黃花。登高懷遠心如在，向老逢人意有加。淮海少年天下士，獨能無地落烏紗。

### 次韻李節推九日登南山

平林廣野騎臺荒，山寺鳴鐘報夕陽。人事自生今日意，寒花只作去年香。巾欹更覺霜侵鬢，語妙何妨石作腸。落木無邊江不盡，此身此日更須忙。

### 九日不出魏衍見過

九日登臨迫閉藏，老懷無限自凄涼。山頭落帽風流絕，壁面稱詩語笑香。南山有二謝詩石。衝雨肯來尋此老，拂床聊待熟黃粱。

獨無樽酒爲君壽，正使秋花未肯黃。是日無菊。

## 九月九日魏衍見過

節裏能相過，談閒可解憂。致疏君未肯，得此我何由。語到
君房妙，詩同客子游。一經從白首，萬里有封侯。

## 懷安官舍病起九日作

蘇易簡

籬菊今年拆最繁，繞叢新折上雕盤。病知嘉節霜風冷，喜對
高堂骨肉懽。久廢笑歌慵飲酒，只聞兒女勸加餐。如何猛下藜
床去，又逐鴛鴻振羽翰。

## 十日菊

寂寞東籬下，凝煙簇簇芳。無人賞幽艷，有蝶戀清香。不伴
茱萸飲，空教蟋蟀藏。重陽雖已過，來歲可能忘。

## 重陽述懷

游　酢[1]

屋頭寒雀作飢聲，老大都因節物驚。九日縱拼經夕飲，百年
能病幾番醒。白衣於我似無舊，黃菊對人偏有情。醉裏高歌開
口笑，世間名利一毫輕。

---

[1]　此詩徐本據明抄本校補作者"游酢"，茲校從。

# 歲時雜詠卷三十七

（宋）蒲積中　編

## 重　陽

### 九日藥市作

宋　祁

陽九恊嘉辰，斯人始多暇。五藥會廣廛，游肩鬧相駕。靈品羅賈區，仙芬冒闤舍。擷露來山阿，屬煙去巖罅。係道雜提攜，盈襜更薦藉。乘時物無賤，投乏利能射。饗苓互作王，參薺交相假音架。曹植謹雁令，韓康無二價。西南歲多癘，卑濕連春夏。佳劑止刀圭，千金厚相謝。刺史主求瘼，萬室繫吾化。顧賴藥石功，捫衿重憖喑。

### 九日侍宴太清樓

洀九標佳節，中天駐翠輿。晨光清複道，秋色徧儲胥。畦稻霜成後，宮橙露飽初。省收紆步玉，拜賜儼華裾。皇帝臨視刈稻，宣許從臣同觀，又令觀燈訖並賜粳稻新米。曼衍來長樂，鷗夷下屬車。帝韶儀瑞鷗，玉藻躍恩魚。霽霧供披拂，涼風助掃除。高陽穿葉外，仙菊汎花餘。寒入弓聲厲，觀留酒算徐。神池元不浪，溫樹未曾疏。帝眷憑秋稼，臣心仰夏渠。承平將樂事，併入史臣書。

## 九日宴射

佳節憑高駐綵旗，亭皋霧罷轉晨曦。珊間羽集號猿後，臺外塵飛戲馬時。芳菊治痾爭汎蘂，丹萸辟惡徧傳枝。明年此會知何處，醉玉頹山不用辭。

## 和晏相公九日郡筵

令序凝秋籥，歡游駐使軒。行觴酒籌密，踏節舞鞾翻。榴熟丹房解，萸香紫粒繁。風頭獵輕憯，日脚送斜暄。鏤管新篇逸，轉運學士即席賦詩。吹花舊俗存。請爲丞相壽，長久慶調元。

## 十日宴江瀆亭

節去歡猶在，賓來賞更延。悠揚初短日，凄緊乍寒天。霽沼元非漲，秋花自少妍。蟻留新獻酎，蕙續不殘煙。河鰛衝餘藻，游龜避折蓮。流芳真可惜，從此遂凋年。

## 九日食糕有詠

飇館輕霜拂曙袍，糗餈花飲鬭分曹。劉郎不敢題糕字，虛負詩中一世豪。夢得嘗作《九日》詩，欲用"糕"字，思五經中無之，輒不復爲。又白樂天呼爲"詩豪"。

## 九日置酒

秋晚佳辰重物華，高臺悵飲駐鳴笳。邀歡任落風前帽，促飲爭吹酒上花。溪態澄明初畢雨，日痕清淡不成霞。白頭太守真愚甚，滿插茱萸望辟邪。

## 九　日

商館憑高爽氣濃，露萸千穗拂枝紅。餅食交遺嘉籩上，蘂菊爭吹壽斝中。擊隼勵威平隰潤，戲騎沈響故臺空。何人盛繼龍山集，醉帽須防穀鬱風。

### 閏九月九日登高有感

隔霜雲葉繞天愁，閏節重來續舊遊。賦客豈辭聊暇日，楚人無奈剩悲秋。寒萸實老猶薰佩，晚菊香殘不占甌。悵憶故園歸信斷，渚鴻川鯉兩悠悠。

## 九　日

帝京蒙福近，相國倔藩初。瓮熟中齊酒，厨鮮上客魚。高懷日蕭散，外物久驅除。犀首無妨飲，宣尼或飯蔬。林凋疑野潤，荷罷似池虛。此樂憑誰辨，須煩藻思餘。

### 九日至衛南

良辰獨據鞍，節物強相干。酒駐衰顏淺，風欺客帽寒。暫吟非有屬，倦曲不成歡。多謝黃金意，還如故國看。

### 偶思桓景登高故事

桓景全家遂得仙，佩萸吹菊對陶然。汝南雞犬緣何事，不似淮王許上天。

### 重陽不見菊二首

戲馬佳辰菊未黃，有人惆悵獨持觴。心知不作匆匆意，故欲凌寒走早霜。

蜀地秋高未擬寒，翠苞如粒露方乾。重陽已過君休恨，留取金英日日看。

### 九日憑高有感

把酒憑高念歲華，此身流滯屬天涯。故園叢菊無人賞，露壓風欺只自花。

### 九　日

長愛鴨陂頭，平波澹不流。相君時獨汎，准擬五湖舟。

### 次韻和司空相公閏秋重九中書對菊

晏　殊

兩掖儀臺峻，珍叢應序黃。積分迴令節，伏檻賞幽芳。昧谷重延律，仙州剩借霜。冒寒知蕙苦，逾分得荃香。漢幄羣生遂，虞廷萬事康。與人同所樂，留翫屬澄觴。

### 九日北郡登高見寄

前日登高泛玉巵，擊銅賡唱有新辭。如何偶作銷魂別，又復重吟把菊詩。上苑盍簪延景刻，北都投轄盛官儀。煩君見想懵言者，可奈衡門絕貢綦。近日諫臣請二府罷接賓以專國論，執政奏許休務日見客，常日則門無車馬矣。

### 九日宴集和徐通判韻

散插黃花兩佩萸，粉餌蓬餌醹觴初。清歌咽後雲生袂，妙舞翻時雪滿裾。上客采香逢木蜜，佳人投釣得王餘。秋光屈指猶三七，莫向賓朋綺宴疏。

### 次韻和史館呂相公九日偶成時史館充大內修葺使，罷重陽苑宴。

鳳閣千門制不奢，上公精意在朝家。重陽蜜餌承班詔，西苑璆樽輟泛花。蕭相未央功已半，漢皇宣室宴非賒。由來位極妨行樂，目斷黃壚酒斾斜。

### 八日菊是日與集賢彭祕書承、集賢王寺丞琪、良水富監丞弼、王進士許西園會飲，同賦此題，泊酒胡一章。薄暮，王殿中軫見訪，因亦與會。

瑞蕚才半拆，金藥已爭妍。幸得重陽近，貪爲一日先。登高謀宿約，泛酒試芳筵。詰旦尋餘馥，明知賞愛偏。

### 重陽夕內宿

把菊醒陶酒，揚鞭入漢闈。聚蚊秋未息，獨鳥暮先歸。世有涼暄隔，人無今昨非。悠然倒館佩，頻夢北山薇。

### 九月八日游渦徐通判、李譙縣、楊察監丞、朱從道縣尉同之。

黃花夾逕疑無路，紅葉臨流巧勝春。前去重陽猶一日，不辭傾盡蟻醪醇。

## 閏九月九日

閏秋重九再佳辰,猶見黃花裛露新。更作登高亦何害,恨無彭澤苦吟人。

## 重陽日會有美堂南望

蔡　襄

越邑吳封此地分,高堂繁吹半空聞。山峰高下抽青笋,江水東西卧白雲。菊蘂芬芳初應節,松枝照曜欲迎曛。州人不見歸時醉,未擬風流待使君。

## 北園登高即事呈諸同僚

江雲寒薄不成霜,九日登高菊未黃。飛鏑有聲弓已力,小槽分溜酒初嘗。秋容行見丹楓老,客意難勝紫陌長。曾是禁園風物好,故鄉時節可能忘。

## 九日許當世以詩見率登高

霜雲明凈海山隈,一歲登臨始北回。堂上壽觴淋浪滿,欄邊叢菊似疑開。故鄉情味人生好,今日恩榮使節来。正是秋風洗煩暑,力將衰颷上高臺。

## 九日分題<small>得湖字</small>

張無盡

十里澄波接縣郛,曲江勝餞號東湖。園林晚境歸無盡,道德遺風想吉夫。九日昔人傳落帽,一時吾輩共攜壺。丹青國手微加意，未必姑蘇有此圖。

### 同　前<sub>得臺字</sub>

楚郊極目望蓬萊，地勢高高獨此臺。豈爲登臨邀爾飲，應教意思廓然開。太虛蕩蕩觀無極，俗賞區區勞數杯。多謝紅茱與甘菊，應時納祐亦奇哉。

### 九日赴宴不及簡館中同寮

劉　筠

野趣風流屬此辰，帝臺高會敞重茵。絳囊爲佩仙萸密，綠醞飛觴壽菊新。籩豆豐盈堯篚饌，雅歌清壯漢營人。年來多病歡遊阻，溫玉蒼葭豈易親。

### 黔中重九①

澤國秋殘已可傷，佳辰愈是覺淒涼。鏡中謾歎頭都白，籬下那堪菊未黃。老去情深多感舊，登高心緒只思鄉。臨風莫使陶陶醉，酒欲醒時更斷腸。

### 九日登屏嶂山

屏嶂山頭酒百鍾，年年清景屬山翁。催人白髮落何處，勸客黃花開數叢。入峽路盤深地底，出瀧船下半天中。仕途巇嶮時情薄，莫愛嘉魚鱠縷紅。

---

① 此詩徐本據明抄本校補作者“賈崇儀”。

### 次韻和縣樓九日[①]

紅葉青峰輆目圍，茱萸香重菊花肥。已邀結駟共傾蓋，不聽賓鴻催授衣。漳浦亦攀風御起，龍山還競羽觴飛。但知歲歲佳辰在，莫歎人間有是非。

### 九日戢山戒珠寺作[②]

秦望山前曉鴈斜，戢山雲入看黃花。誰能蒂芥關心緒，且種茱萸伴物華。歲計簿書寧有盡，日生公事了無涯。樽前況有兵厨酒，不待兵厨酒亦賒。

### 九　日[③]

節物驚心兩鬢華，東籬空遶未開花。百年將半仕三已，五畝就荒天一涯。豈有白衣来剥啄，亦從烏帽自欹斜。真成獨坐空搔首，門柳蕭蕭噪晚鴉。

### 九日汴中[④]

旅棹出江湖，漂然出更孤。風波數破膽，時事一長吁。聞説西羌使，猶稽北苑誅。欲言無上策，且復醉茱萸。

---

① 此詩徐本據明抄本校補作者"白子儀"。
② 此詩徐本據明抄本校補作者"吳光"。然《全宋詩》卷三八四張伯玉下收此诗。
③ 此詩徐本據明抄本校補作者"石敏若"。然《全宋詩》卷二一四高適下收此诗。
④ 此詩徐本據明抄本校補作者"蘇舜欽"。

## 九日懷舍弟

唐　庚①

重陽陶令節，單閼賈生年。秋色蒼梧外，衰顏紫菊前。登高知地盡，引滿覺天旋。去歲京城雨，茱萸對惠連。

## 九日獨酌

登高無老伴，引滿自高歌。歡喜天邊少，重陽野外多。黃花空歲月，白首尚關河。他日龍山興，吾今在網羅。

## 九日登堯山書事

夏　竦②

滿頭黃菊鬢毛斑，曾議皇王對爾顏。今日臨風輕霸迹，堯山應合勝牛山。

## 九　日三首

宋　白③

霜冷風清九月九，茱萸黃菊家園有。何時玉殿接千官，稱觴共進南山壽。

陶家籬落菊花開，醉擬西風立釣臺。一座良交皆不見，數聲燕鴈戞雲來。

秋色蕭蕭野水邊，茱萸時節菊花天。明時未達青雲晚，惆悵登高又一年。

---

① 此詩徐本據明抄本校補作者"唐庚"，茲校從。
② 此詩徐本據明抄本校補作者"夏竦"，茲校從。
③ 此詩徐本據明抄本校補作者"宋白"，茲校從。

## 重陽雨獨酌

蹋泥作客應狼籍，帶雨微吟免鬱陶。花滿山樽獨酌好，静中高味是登高。

## 和景初九日登高不見菊

王逢原[①]

從来秋菊不曾栽，敢向西風怨不開。我自傷秋有高興，非關特爲看花来。

## 九日集句

葛次仲[②]

高秋寓目更徘徊，吳融多少鄉心入酒杯。趙嘏正被遠籬荒菊笑，陸龜蒙望中難見白衣来。李郢

## 和燕勉道九日

崔正言[③]

年年載病客天涯，愁看秋風鴈字斜。聊倚暮山消日月，休題醉語壓煙霞。薦君玄鶴千年壽，泛我黄金萬點花。歸去尚憐烏帽在，孟翁頭髮映霜華。

---

① 　此詩徐本據明抄本校補作者“王逢原”，兹校從。王逢原即王令。
② 　此詩徐本據明抄本校補作者“葛次仲”，兹校從。
③ 　此詩徐本據明抄本校補作者“崔正言”，兹校從。

## 九　日

采采堂前衣，零亂滿筐筥。桂枝欲自簪，鬢髮吁可數。因之尋萬世，乃是足下土。利害何必問，簪花式歌舞。

## 客中九日

漸入黃花路，徐登紅麥岡。回頭望鄉樹，車馬背斜陽。逝矣歲華晚，渺然歸興長。風塵不須畏，吾鬢舊蒼筤。

## 九日寄湛文之

今日喜九日，東行復西行。黃花侵馬路，紅樹繞龜城。樂歲知佳節，登高宜晚晴。遙憐湛夫子，有酒不同傾。

## 九日作

日暮鴻雁急，天清雲物消。此生餘幾許，勝日得今朝。老懶詩全閣，悲傷酒屢饒。能來望嵩阜，鳩杖一聲高。

## 九日招友人

萬點黃花薦壽杯，欲君常見此花開。莫嫌窮巷青泥滿，不碍方明履板來。

### 重九舟次太湖，惜此佳時無菊可以自慰，呼兒取綵菊戴之

綵花染出鬱金黃，便似微聞裛裛香。插破角巾渾不惜，要知今日是重陽。

## 九日與蔡伯世兄弟城上採菊，伯世誦居仁《九日》絕句，因用其韻

老頭未易見清香，折取蕭蕭滿把黃。歸去釀錢煩里社，買糕沽酒作重陽。

## 九日登武氏東山[①]

秋色入東山，丹黃若圖寫。開林置齋館，寓目盡原野。佳節共登臨，霜天若瀟灑。二室對高峻，雲煙相上下。洛浦接平蕪，川光時變化。下有神州路，皇皇走車馬。貴賤競紅塵，役心忘晝夜。流年悲過隙，節去愁衰謝。予心異於是，委分從天假。不復慮死生，疇能校用舍。對景自無感，逢歡有餘暇。北海酒盈樽，東籬菊滿把。芬芳必三嗅，清醇須覆斝。盡醉陶陶歸，誰是整冠者。

## 九日寄姪世衡

林紅零落菊花風，塵世拘牽少會同。獨把一盃思小阮，故懷吟醉白雲中。

## 秦岷道中值重九

李　新

宮柳飄黃菊粲霜，秦原沙冷值重陽。縵山臘飯東籬秀，浮斝應思蜀釀香。霧日破峰寒峽靜，黍田迷阜古岷長。皇威革袀連葱嶠，亦變千箱與萬倉。

---

①　此詩徐本據明抄本校補作者"張詠"。

### 西崗重九周奉議座中賦得黃字韻

天涯一角見重陽，瀟灑西風客斷腸。麻紵未更今日白，菊花還似去年黃。陶潛把酒重開解，宋玉臨牆乍感傷。借問龍山歌會者，座中誰認綠衣郎。

### 忠告重九

出戶非吾識，長安雖萬家。有愁燋綠髮，無語撚黃花。酒僻喜宮醴，衾寒怯絳紗。欲傳此情況，行客在天涯。

### 重陽舟次高郵①

途遠舟程未到家，此身誰念客天涯。東籬下破黃金蕊，舊鬢新添白雪芽。蓴美不須添醬豉，蟹肥無復羨魚蝦。白衣送酒知何在，疏放終難學孟嘉。

### 重　陽②

簟簣辭勞始乞身，夾衣温麗燕和辰。秋容刮黛披夭姣，秫米長腰漱蟻困。黃菊明朝爲長物，江山今日笑醒人。不煩孫順貽嘲弄，預對西風脫醉巾。

### 閏重陽

鳳曆推移二十霜，一回重見閏重陽。稻秔收早醪將熟，朔氣

---

① 　此詩徐本據明抄本校補作者"佘安行"。今頗疑"佘"乃"余"之訛。
② 　此詩徐本據明抄本校補作者"沈遘"。

來時菊正香。緑鬢不堪禁晚景，醉杯聊可浣愁腸。幽人百萬揚州鶴，鼎足成歡未易當。

### 九日羅江旅情呈文孺

山程十驛策駑來，中路幾成興盡回。旅次白醪饒客醉，故園黃菊爲誰開。漏長更箭遲翻鼓，坐久燈花細落煤。不是學無經濟術，道書教我壯心灰。

### 次韻重陽節過月餘方和此韻

蜂愁節去已焉哉，賓友追稱上宴臺。詩韻此時傳我和，酒樽當日爲誰開？光陰碌碌駒奔過，氣候新新轂轉來。身卦令辰如舞袖，急忙須趁管絃催。

故事登高會，流風落帽文。客樽常滿滿，籬菊任紛紛。馬埒攎豪氣，茰囊想舊聞。不須蘭作佩，騷客恨如雲。

### 重陽近有作

短晷西風冷，殘秋令節頻。菊花無幾日，竹葉勸何人。飽稻黃雞矮，抛房紫栗新。時來持此備，未覺野夫貧。

### 九日無菊

芳物及時難，良辰曠野歡。古園荒草莽，秋雨禿闌干。香桂風流減，紅茰氣味單。書紳懲淡飲，活取宿根寒。

### 重陽後有作

白酒賢人趣，黃花道貌粧。物情殊未厭，時節不加長。自是良辰往，何妨復令張。試看人化鬼，不異露爲霜。

## 重陽後折菊泛酒

芳樽畢獻酬，世態等閒休。金蕊香猶在，騷人意重留。泛觴詩老座，作古飲家流。從此重陽後，慇懃送暮秋。

## 重陽醅未熟無菊絶句

露寒黃菊怯芬芳，入甕新醅未可嘗。痛飲不須撞令節，花開酒熟是重陽。

## 又三絶戲老友

二十年中一度逢，百年能見幾回重。幽人樂事無由併，且醉良宵瑪瑙鍾。

西風學得不風流，每怪衰逢末伏秋。一陣酒樽飄醉帽，故教人見老人頭。

摘盡霜髭禿蝟髯，年来地閣不任尖。芙蓉爲惜斑斑鬢，着力風前壓帽簷。

# 歲時雜詠卷三十八

（宋）蒲積中　編

初　冬立冬附

## 十月一日初冬

杜　甫

有瘴非全歇，爲冬不亦難。夜郎溪日暖，白帝峽風寒。蒸裹如千室，燋糟幸一杯。兹辰南國去，舊俗自相歡。

## 初　冬

垂老戎衣窄，歸休塞色深。漁舟上急水，獵火著高林。空有習池醉，愁來梁父吟。干戈未偃息，出處遂何心。

## 洛下初冬拜表有懷

劉禹錫

鳳樓南面控三條，拜表郎官早渡橋。清洛曉光鋪碧簟，上陽霜葉翦紅綃。省門簪組初成列，雲路鴛鸞想退朝。寄謝殷勤九天侶，槍榆水擊各逍遥。

## 酬樂天初冬早寒見寄

元　稹

乍起衣猶冷，微吟帽半欹。霜凝南屋瓦，鷄唱後園枝。洛水碧雲曉，吳山黃葉時。兩傳千里意，書札不如詩。

## 初冬夜坐憶桐城山行

梅堯臣

我昔吏桐鄉，窮山使屢躡。路險獨後來，心危常自怯。下顧雲容容，前溪未可涉。半崖風颭然，驚鳥爭墮葉。脩蔓不知名，丹寶坼在莢。外端野鼠飛，緣挽一何捷。馬行聞虎氣，豎耳鼻息歆。遂投山家宿，駮汗衣尚浹。歸來撫童僕，前事語妻妾。吾妻嘗有言，艱勤壯時業。安慕終身閒，笑媚看婦靨。自是甘努力，子今無所懾。老大官雖暇，失偶淚滿睫。書之空自知，城上鼓三疊。

## 初冬偶成

張 耒①

清商忽已謝，環堵緬清冬。今晨起何早，肅氣淒房櫳。繁霜凜欲結，霽霧迷長空。理畦曉蔬盡，收果高林空。六年淮陽客，歲歲風景同。吁嗟吾老矣，撫事思無窮。

## 初冬道中

曾 鞏

潦退蛟螭不可逃，溪清潭澈見秋毫。欲霜日射西山赤，漸冷天騰北極高。秀色更濃唯竹栢，孤根先動是蓬蒿。感時一撫青萍歎，馬踏西風氣自豪。

---

① 此詩徐本據明抄本校補作者"張耒"，茲校從。

# 初　冬

范成大

節令堅冰始，民風古意淳。星行窮少皞，正歲述咸秦。俗禮嫌端拜，頭風強裹巾。紅泥爐畔酒，從此卜親鄰。

## 初冬近飲酒作[①]

天水邊陲南接蜀，秦山翠照峨峨緑。世間豈有糞金牛，枉使五丁斧山玉。罷侯置守自蜀始，監郡東來兩成觳。至今芙蓉城上土，邦人猶記張儀築。偏方遠僻坐井底，豈知東國窮鋒鏃。十月爲正布時令，方驗水行改周木。南征北戍幸息肩，灑酒炰豚賀新属。祖龍妄意一至萬，當道已聞神媪哭。炎家天子起編户，政患嬴皇威令酷。急於恩紀緩文法，正歲尚猶傳五六。吾民久已作秦民，迄今十月猶遺俗。野人何暇論年代，但憶每逢多稼熟。青裾女子翻茜袖，抽鎌穫稻腰如束。三時勤苦一時好，自古有年非汝獨。七雄争戰已遥遠，萬代興亡真返復。洛誦徒勞口囁嚅，不如屢把壺中醁。

## 予寓邑中與諸子講學巨山姪孫轉示初冬書事因用韻

霜風幾夕報初寒，蟋蟀歸來已四遷。舊物有氊眠軟暖，講堂逢鱣饋新鮮。功名久已遺清老，征戍何由及晚年。暴客更緣貧見外，時危身老亦悠然。

---

① 此詩徐本據明抄本校補作者"沈遘"。然《全宋詩》卷二二七四於范成大下收此詩。

## 初冬小園寓目

獨樹喬松色，閒雲淡落暉。新霜黃橘重，久雨翠梧稀。暗雀鳴還啄，高烏定更飛。敝貂猶故在，卒歲免無衣。

## 立　冬

### 立冬日

張無盡

己亥殘秋報立冬，新新舊舊迭相逢。定知天上漫漫雪，又下人間疊疊峰。無意自然成造化，有形爭得出陶鎔。夜來西北風聲惡，拗折亭前一樹松。

### 立冬夜舟中作

范成大

人逐年華老，寒隨雨意增。山頭望樵火，水底見漁燈。浪影生千疊，沙痕沒幾稜。峨眉欲還觀，須待到晨興。

### 龍遊舟中遇立冬二首

余安行

挂帆朝發龍遊浦，天寒正下瀟瀟雨。共道人間今日冬，連檣處處歡相語。我今與汝共孤舟，寂寞舟中任水流。人生自適乃爲樂，莫把閒腸生寸愁。

一陽初復來江渚，老龍漸起興雲雨。人間令節偶斯辰，君子道亨同笑語。溪中朝夕往來舟，去人何在水長流。吾生塵世暫寄爾，病死飢寒非我愁。

# 歲時雜詠卷三十九

（宋）蒲積中　編

## 冬　至

### 冬至日小會

張　華

日月不留，四氣回周。節慶代序，萬國同休。庶尹羣后，奉壽升朝。我有嘉禮，式宴百僚。繁肴綺錯，旨酒泉渟。笙鏞和奏，磬管流聲。上隆其愛，下盡其心。宣其壅滯，詠之德音。乃宣乃訓，配享交泰。永載仁風，長撫無外。

### 冬　至

鮑　照

舟遷莊甚笑，水流孔亟歎。景移風度改，日至晷遷換。渺渺負霜鶴，皎皎帶雲鴈。長河結蘭楫，層冰如玉岍。哀哀古老容，慘顔愁歲晏。催促時好過，逼迫聚離散。美人還未央，鳴箏誰與彈。

### 同　前

宋傅亮

星昴殷仲冬，短晷窮南陸。柔荔迎時萋，芳芸應節馥。

## 詠冬至

宋袁淑

連星貴初歷，今自臨首歲。薦樂行陰政，登歌贊陽滯。收涼
降天德，萌華宣地惠。司瑞紀夜長，書雲掌朝誓。

## 冬至後丞相第詣世子車中作

沈　約

廉公失權勢，門館有虛盈。貴賤猶如此，況乃曲池平。高車
塵未滅，珠履故無聲。賓階綠錢滿，客位紫苔生。誰當九原上，
鬱鬱望佳城。

## 五言畫堂良夜履長在節歌管賦詩
### 列筵命酒十韻成篇<small>得杳合答雜納颯匝欿拉閤</small>

陳後主

季冬初陽始，寒氣尚蕭颯。原葉或委低，岫雲時吐欿。彤樹
乍疏迥，遠峰自重杳。雲興四山霾，風動萬籟答。蕭蕭凝露下，
峩峩層冰合。複殿可以娛，於茲多延納。迢迢百尺觀，杳杳三休
閤。前後訓導屏，左右文衛匝。進退簪纓移，縱橫壯思雜。幸矣
天地泰，當無范睢拉。

## 冬至日乾陽殿受朝

隋煬帝

北陸隆冬盛，南至晷漏長。端拱朝萬國，守文繼百王。至德
慚日用，治道愧時康。新邑建嵩嶽，雙闕臨洛陽。圭景正八表，

道路均四方。碧空霜華浄，朱庭皎日光。纓珮既濟濟，鐘鼓何煌煌。文戟翊高殿，采旄分修廊。元首乏明哲，股肱資賢良。舟檝佇有寄，庶此王化昌。

## 奉和冬至日乾陽殿受朝應制

牛　弘

恭己臨萬寓，宸居馭八埏。作貢菁茆集，來朝圭黼連。司儀三揖盛，掌禮九賓虔。重欄映如璧一作碧，複殿繞非煙。

## 奉和冬至應教詩

隋蕭慤

天宮初動磬，緹室已飛灰。暮風吹竹起，陽雲覆石來。折冰開荔色，除雪出蘭栽。慙無宋玉辨，濫吹楚王臺。

## 和麴典設扈從東郊憶弟使往安西冬至日恨不得同申拜慶

李　嶠

玉關方叱馭，桂苑正陪輿。桓嶺嗟分翼，姜川限饋魚。雪花含晚□闕，雲葉帶荆舒。重此西流詠，彌傷南至初。

## 冬至後過吳張二子檀溪別業

孟浩然

卜築因自然，檀溪不更穿。園廬二友接，水竹數家連。直取南山對，非關選地偏。擇鄰依孟母，共井得王宣。曾是歌三樂，仍聞詠五篇。草堂時偃曝，蘭棹日周旋。外事情都遣，中流性所便。閑垂太公釣，興發子猷船。予亦幽棲者，經過切慕焉。梅花

初臘月，柳色半春天。鳥泊隨陽鴈，魚藏縮項鯿。停盃問山簡，
何似習池邊。

## 後　至

杜　甫

　　冬至至後日初長，遠在劍南思洛陽。青袍白馬有何意，金谷
銅駝非故鄉。梅花欲開不自覺，棣蕚一別永相望。愁極本憑詩
遣興，詩成吟咏轉淒涼。

### 冬至遣興奉寄兩院遺補

　　去歲茲辰捧御床，五更三點出鵷行。欲知趨走傷心地，正想
氛氳滿眼香。無路從容陪笑語，有時顛倒著衣裳。何人錯憶窮
愁日，愁日愁添一線長。

## 冬　日

　　年年至日長爲客，忽忽窮愁泥殺人。江上形容吾獨老，天邊
風俗自相親。杖藜雪後臨丹壑，鳴玉朝來散紫宸。心折此時無
一寸，路迷何處見三秦。

## 小　至

　　天時人事日相催，冬至陽生春又來。刺繡五紋添弱線，吹葭
六管動飛灰。岸容待臘將舒柳，山意衝寒欲放梅。雲物不殊鄉
國異，教兒且覆掌中杯。

## 至日遣興寄北省舊閣老兩院故人

憶昨逍遥供奉班,去年今日侍龍顔。麒麟不動香煙上,孔雀徐開扇影還。玉几由來天北極,朱衣只在殿中間。孤城此日空腸斷,愁對寒雲日滿山。

## 冬至夜寄京師諸弟兼懷崔都水

韋應物

理郡無異政,所憂在素餐。從令去京國,羈旅當歲寒。子月生一氣,陽景極南端。已懷時節感,更抱離別酸。私讌夕云罷,還齋夜方闌。邃幕沈空宇,孤燭照床單。應同茲夕念,寧忘故歲歡。川途況悠邈,涕下一闌干。

## 冬至下寄舍弟時應試南京

丘　為

去去知來遠,[①]依依甚初別。他鄉千里心,[②]昨夜堦前雪。終日讀書仍少孤,家貧兄弟未當途。適遠纔過宿春料,相隨惟一平頭奴。男兒出門事四海,立身世業文章在。莫漫憶柴扉,駟馬高車朝紫微。江南驛使不曾斷,春前爲爾作春衣。[③]

---

① 此句《全唐詩》卷一二九作"去去知未遠",且詩題作"冬至下寄舍弟時應赴入京"。

② 此句《全唐詩》作"他鄉至下心"。

③ 此句《全唐詩》作"迎前爲爾非春衣"。

### 合肥至日愁中寄鄭明府

劉　商

失計爲卑吏，三年滯楚鄉。不能隨世俗，應是昧行藏。白璧空無玷，黃沙只自傷。暮天鄉思亂，曉鏡鬢毛蒼。灰管移新律，窮陰變一陽。歲時人共損，幽憤日先長。拙宦慙知己，無媒誨自强。迍邅羞薄命，恩惠費餘光。衆口誠難稱，長川却易防。魚竿今尚在，行此棹滄浪。

### 冬至日陪裴端公使君清水堂

皎　然

亞歲崇嘉燕，華軒照綠波。渚芳迎氣早，山翠問晴多。推往知時訓，書羣辨政和。從公惜日短，留賞夜如何。

### 冬至夜郡齋宴別前華陰盧主簿并序

張　登

范陽盧君道漳以適越，人悅之，稅車休徒，三旬之間，然後飭行李之命。時日南至，登與賓客僚吏會別於郡齋，釃酒卜夜，夜艾酒酣而不能自已，故咸請詩之。由是探韻而賦，賦不出志，大抵感時傷遠，又美盧君擇其所從而不惑。□闕頌征南，有奔走之德焉。

虎宿方冬至，雞人積夜籌。相逢一樽酒，共結兩鄉愁。王儉花爲府，盧諶幄內璆。明朝更臨水，悵望嶺南流。

### 郊居冬至日荷李常侍見過

熊孺登

賤子守柴荆，誰人記<sup>一作識</sup>姓名。風雲千騎降，草木一陽生。禮異江河動，歡殊里巷驚。稱觴容侍坐，看竹許同行。遇覺滄溟淺，恩疑太嶽輕。盡搜天地物，無蹄此時情。

### 長至日上公獻壽

張叔良

鳳闕晴鐘動，鷄人曉漏長。九重初啓鑰，三事正稱觴。日至龍顔近，天旋聖曆昌。休光連雪浄，瑞氣雜爐香。化被君臣洽，恩沾士庶康。不因稽舊典，誰得紀朝章。

### 同　前

崔　琮

應歷三陽首，朝天萬國同。斗邊看子月，臺上候祥風。五夜鐘初曉，千門日正融。玉階文物盛，仙仗武貔雄。率舞皆羣辟，稱觴即上公。南山爲聖壽，長對未央宮。

### 同　前

李　竦

候曉金門闢，乘時寶曆長。羽儀瞻上宰，雲物麗初陽。漢禮方傳珮，堯年正捧觴。日行臨觀闕，帝錫洽珪璋。盛美超三代，洪休降百祥。自憐朝不坐，空此詠無疆。

### 南至日太史登臺書雲物

裴　達

圜丘才展禮，佳氣近初分。太史新簪筆，高臺紀彩雲。煙空和縹緲，曉色共氛氳。道泰資賢輔，年豐荷聖君。恭惟司國瑞，兼用察人文。應念懷鉛客，終朝望碧雲。

### 同　前

于尹躬

至日行時令，登臺約禮文。官稱伯趙氏，色辨五方雲。晝漏聽初發，陽光望漸分。司天爲歲備，持簡出人羣。惠愛周微物，生靈荷聖君。長當有嘉瑞，郁郁復紛紛。

### 南至日隔仗望含元殿香爐　貞元六年

崔立之

千官荷長至，萬國拜含元。隔仗爐光出，浮霜煙氣翻。飄飄縈內殿，漠漠澹前軒。聖日開如捧，卿雲近欲渾。輪囷灑宮闕，蕭索散乾坤。願假天風便，披香奉至尊。

### 同　前

郭　遵①

冕旒親負扆，卉服盡朝天。暘谷移初日，金爐出御煙。分馨

---

① 此詩徐本據明抄本及《全唐詩》卷三四七校補作者"郭遵"，茲校從。又，《全唐詩》亦云一作裴次元詩。

流遠近，散漫入貂蟬。霜仗凝餘白，朱欄應轉鮮。如看浮闕在，稍覺逐風遷。爲沐皇家慶，來瞻羽衛前。

## 同　前

車　紓

抗殿疏元首，高高接上玄。節當南至日，星是北辰天。寶戟羅仙仗，金爐引瑞煙。霏微雙闕麗，溶曳九州連。拂曙祥光滿，分晴曉色鮮。一陽今在歷，生植願陶甄。

## 酬崔舍人冬至日宿直見寄

權德輿

令節一陽新，西垣宿近臣。曉光連鳳沼，殘漏起鷄人。白雪飛成曲，黄鐘應律均。層霄翔迅羽，廣陌駐歸輪。清切晨趨貢，恩華夜直頻。輟才時所重，九月中楊閣老權知吏部選事。分命秩皆真。十月中崔閣老正拜本官，德輿正除禮部，受命前一日分草詔詞。左掖期連茹，南宮愧積薪。九年叨此地，迴首倍相親。

## 冬至日宿齋時郡君南内朝謁因寄

清齋獨向圜丘拜，盛服想君興慶朝。明日一陽生百福，不辭相望阻寒宵。

## 朔日冬至攝職南郊因書即事

大明南至慶天正，朔旦圜丘樂六成。文軌盡同堯曆象，齋祠忝備漢公卿。星辰列位祥光滿，金石交音曉奏清。更有觀臺稱賀處，黄雲捧日瑞昇平。

## 冬至後招于秀才

王　建

日近山紅暖氣新，一陽先入御溝春。聞閒走馬重來此，沐浴明年稱意身。

## 至日登樂遊園

裴　度

陰律隨寒改，陽和應節生。祥雲觀魏闕，瑞氣映秦城。驗炭論時政，書雲受歲盈。晷移長日至，霧斂遠容清。景暖仙梅動，風柔御柳傾。那堪封得意，空對物華情。

## 日南至元和年吏部

獨孤鉉

王曆頒窮律，凝陰發一陽。輕暉猶惜短，圭影比偏長。晷度經南斗，流晶盡北堂。乍疑周戶耀，可愛逗林光。積雪消微煦，初萌動渺茫。更昇臺上望，雲物已昭彰。

## 冬至日祥風應候

節逢清景空，占氣二儀中。獨喜登臺日，先知應候風。瑞呈光舜化，表慶感堯聰。況與乘時叶，還將入律同。微微萬井徧，習習九門通。更遶爐煙起，殷勤報歲功。

### 邯鄲冬至除夜思家

白居易

邯鄲驛裏逢冬至，抱膝燈前影伴身。想得家中夜深坐，還應説著遠行人。

### 冬至夜懷湘靈

艷質無由見，寒衾不可親。何堪最長夜，俱作獨眠人。

### 冬至宿楊梅館

十一月中長至夜，三千里外遠行人。若爲獨宿楊梅館，冷枕單床一病身。

### 冬至夜

老去襟懷常濩落，病來鬚鬢轉蒼浪。心灰不及爐中火，鬢雪多於砌下霜。三峽南賓城最遠，一年冬至夜偏長。今宵始覺房櫳冷，坐索寒衣説孟光。

### 小歲日對酒吟錢湖州所寄詩

獨酌無多興，閒吟有所思。一盃新歲酒，兩句故人詩。楊柳初黄日，髭鬚半白時。蹉跎春氣味，彼此老心知。

### 小歲日喜談氏外孫女孩滿月

今旦夫妻喜，他人豈得知。自嗟生女晚，敢訝見孫遲。物以希爲貴，情因老更慈。新年逢吉日，滿月乞名時。因名珠。桂燎熏花果，蘭湯洗玉肌。懷中有可抱，何必是男兒。

## 至日上公獻壽酒

白敏中

候曉天門闢，朝天萬國同。瑞雲昇觀闕，香氣映華宮。日色臨仙籞，龍顔對昊穹。羽儀瞻百辟，獻壽是三公。化被君王洽，恩沾草木豐。自相朝玉座，宴此詠皇風。

## 冬至日寄小姪阿宜

杜 牧

小姪名阿宜，未得三尺長。頭圓筋骨緊，兩臉明且光。去年學宦人，竹馬遶四廊。指揮羣兒輩，意氣何堅剛。今年始讀書，下口三五行。隨兄旦夕去，斂手整衣裳。去歲冬至日，拜我立我旁。祝爾願爾貴，仍且壽命長。今年我江外，今日生一陽。憶爾不可見，祝爾傾一觴。陽德比君子，初生甚微茫。排陰出九地，萬物隨開張。一似小兒學，日就復月將。勤勤不自己，二十能文章。仕宦至公相，致君作堯湯。我家公相家，劍佩常丁當。舊第開朱門，長安城中央。第中無一物，萬卷書滿堂。家集二百編，上下馳皇王。多是撫州寫，今來五紀強。尚可與爾讀，助爾爲賢良。經書括根本，史書閱興亡。高摘屈宋艷，濃熏班馬香。李杜泛浩浩，韓柳摩蒼蒼。近者四君子，與古爭強梁。願爾一祝後，讀書日日忙。一日讀十紙，一月讀一箱。朝廷用文治，大開官職場。願爾出門去，取官如駈羊。吾兄苦好學，學問不可量。晝居府中治，夜歸書滿床。後貴有金玉，必不爲爾藏。崔昭生崔芸，李兼生宿郎。堆錢一百屋，破散何披猖。今雖未即死，餓凍幾欲僵。參軍與縣尉，塵土驚匡勷。一語不中治，笞箠身滿瘡。官罷得絲髮，好買百樹桑。稅錢未輸足，得米不敢嘗。願爾聞我語，歡喜入心腸。大明帝宮闕，杜曲我池塘。我若自潦倒，看汝爭翺翔。總語諸小道，此詩不可忘。

## 冬至日遇京使發寄舍弟

遠信初逢雙鯉去，他鄉正遇一陽生。罇前豈解愁家國，輦下惟能憶弟兄。旅館夜憂姜被冷，暮江寒覺晏裘輕。竹門風過還惆悵，疑是松窗雪打聲。

## 和湖州杜員外冬至日白蘋洲見憶

李　郢

白蘋亭上一陽生，謝朓新裁錦繡成。千嶂雪消溪影綠，幾家梅綻海波清。已知鷗鳥長來狎，可許汀洲獨有名。多愧龍門重招引，即拋田舍棹舟行。

## 冬至後西湖泛舟看斷冰偶成長句

一陽生後陰飈竭，湖上層冰看坼時。雲母扇搖當殿色，珊瑚樹碎滿盤枝。斜汀藻動魚應覺，涵浦波生鴈未知。山影淺中留一<sub>作流</sub>。瓦礫，日光寒外送漣漪。崖崩葦岇縱橫散，篙蹙蘭舟片段隨。曾向黃河望衝激，大鵬飛起雪風吹。

## 江南冬至和人懷洛下

陸龜蒙

昔居青洛涯，長恨苦寒時。自作江南客，稀逢下雪時。有煙栖菊梗，無凍落杉枝。背日能尋徑，臨風尚覆棋。鳥聲渾欲囀，草色固應知。與看平湖上，東流或片澌。

### 冬至夜作天復二年隨駕在鳳翔

韓　偓

中宵忽見動葭灰，料得南枝有早梅。四野便應枯草綠，九重先覺凍雲開。陰冰莫向河源塞，陽氣今從地底迴。不道慘舒無定分，却憂蚊響又成雷。

### 南至日四首

司空圖

年年山壓壓來頻，莫強孤危競要津。吉卦偶成開病眼，暖簷還葺寄羸身。求仙自躁非無藥，報國當材別有人。鬢髮堪傷白已遍，鏡中更待白眉新。

今冬臘後無殘日，故國燒來有幾家。却恨早梅添旅思，強偷春力報年華。

花時不是偏愁我，好事應難總取他。已被詩魔長役使，眼中莫厭早梅多。

年華亂後偏堪惜，世路拋來已自生。猶有玉真長命縷，罇前時唱緩羈情。

### 冬除夜書情

盧延讓

兀兀坐無味，思量誰與鄰。數星深夜火，一箇遠鄉人。鴈嶴天微雪，風號樹欲春。愁腸自難過，不覺苦吟頻。

# 歲時雜詠卷四十

（宋）蒲積中　編

## 冬　至

### 冬至日贈安節

蘇　軾

我生幾冬至，少小如昨日。當時事父兄，上壽拜帨膝。十年
閱凋謝，白髮催衰疾。瞻前惟兄三，顧後子由一。近者隔江濤，
遠者天一壁。今朝復何幸，見此萬里姪。憶汝總角時，啼笑爲梨
栗。陶潛詩"通子垂九齡，但覓梨與栗"。今來能慷慨，志氣堅鐵石。諸孫
行復爾，世事何時畢。詩成却超然，老淚不成滴。

### 和過子冬至與諸生飲酒

小酒生黎法，乾糟瓦盎中。芳辛知有毒，滴瀝取無窮。凍醴
寒初泫，春醅暖更濛。華夷更樽合，醉笑一歡同。里閈峩山北，
田園震澤東。歸期那敢説，安信不曾通。鶴髮驚全白，犀圍尚半
紅。愁顏解符老，壽耳鬭吳翁。得穀鵝初飽，亡猫鼠益豐。黃姜
收土芋，蒼耳斫霜叢。兒瘦緣儲藥，奴肥爲種松。頻頻非竊食，
數數尚乘風。河伯休夸若，靈昌自舞馮。歸途陷泥淖，炬火燎茅
蓬。膝上王文度，家傳張長公。和詩仍醉墨，戲海亂羣鴻。

### 冬至日獨遊吉祥寺

井底微陽回未回，蕭蕭寒雨濕枯荄。何人更似蘇夫子，不是花時肯獨來。

### 次韻仇池冬至日見寄

蘇　轍

身如草木順陰陽，附火重裘百日强。漸喜微和解凝烈，半酣起舞意倉忙。吾兄去我行三臘，千里今宵共一觴。世事只今人自解，苦寒須盡酒如湯。

### 進賀冬至

張無盡

燭滿天街曉漏長，杜門牢落歎臺綱。金吾六卒閒私第，玉筍千官守未央。五貴訏謨除盜賊，一朝新事劾風霜。堯天咫尺橫雲霧，遥慶南山萬壽觴。

### 冬　至

梅堯臣

銜泣想慈顏，感物哀不平。自古九泉死，靡隨新陽生。稟命異草木，彼將羨勾萌。人實嗣其世，一衰復一榮。

### 依韻和吴正仲冬至

流光冉冉即衰遲，物趣回環似轉規。長景已知今日至，孤懷不比少年時。阻陪上閣鴛鷺後，且與南州父老期。況有春禾新酒熟，百分休放手中卮。

## 冬至日得謝師厚宋次道中道書

水國欲爲雪，野冰將合河。人同一陽至，淚向十行多。朋意今猶在，年華悵已過。看看四十九，應笑此蹉跎。

## 宣城至日謁天慶觀呈郡僚

張　耒

溪山慘殘歲，況乃值新冬。凌晨率其屬，肆禮歆琳宫。漠漠冒原霧，淒淒隔水風。南方異氣候，霜葉未全紅。忽憶簪史筆，且趣闞蒼龍。拜舞上東閣，佳氣欝葱葱。談笑出右掖，交游盡英雄。老大心已矣，依然夢魂中。

## 冬至後三首

寒着添綿衲，朝燒折足鐺。何勞問榮辱，便足了平生。理自陰陽運，吾寧口舌争。深居玩吾寶，不遣世人驚。

水國過冬至，風光春已生。梅如相見喜，鴈有欲歸聲。老去書全嬾，園中酒屢傾。窮通付吾道，不復問君平。

梅柳有情態，江鄉逼歲除。山村見霜橘，江市出寒魚。謫久衣冠懶，身閒故舊疏。傍籬挑菜甲，憶我故園蔬。

## 至後早赴館

紅臘粧梅冷未粘，柳條偷暖乍纖纖。高樓殘月誰家雪，盡日天寒不卷簾。

## 冬至二絕呈阿璉念六

荻籬茅屋柯山下，賣餅歸來也做冬。不見長安競時節，車如流水馬如龍。

五更人起語江城，笑語喧喧天欲明。酌酒壽君但一醉，百年珍重是人情。

## 冬　至

紫壇曾從奠琳琅，親被天人玉冕光。今日黃州山下寺，五更聞鴈滿林霜。余元祐七年南郊，曾與捧冊在泉池祇席左，見上冕玉簪白如雪，爲燭所照，光數尺。

## 和至日北園讌集

晏　殊

清曉融風肅桂堂，郡僚多暇舞筵張。是日太守命賓。臺高已驗雲容媚，日暖懸知刻漏長。溪子弩寒千命□闕。（中），蘭英酒熟□闕。（百）傳觴①。官曹事集神都近，預拜需函慶一陽。

## 奉和聖製冬至

吉序冠三正，民時協順成。歲穰千畝實，氣爽六符平。肆樂遵年律，迎長藹頌聲。雲濃燕鴈度，雪霽楚蘭榮。異域梯航集，諸侯筐貢盈。堯仁敷萬有，同此一陽生。

---

①　此二句中缺字徐本據《全宋詩》卷一七二所收該詩校補，茲校從。

## 冬至夜發峽州舟中作

范成大

舟中萬里行，燈下一陽生。不減在家好，都忘爲旅情。霜乾風愈勁，雲淡月微明。況有詩兼酒，樽前莫問更。

## 冬　至

王安石

都城開博路，佳節一陽生。喜見兒童色，歡傳市井聲。幽閒亦聚集，珍麗各攜擎。却憶他年事，關商閉不行。

## 長　至二首

石敏若

陽和散逐管灰浮，節物那知人倦遊。無可奈何霜後冷，急推不去眼中愁。康衢結束新裳雜，飛蓋追隨賀客稠。猶有禰衡漫一刺，侯門如海未容投。

筆墨如山寧療飢，謾勞紅日一絲遲。濁醪有理貧難醉，坐客無氈寒見欺。占歲豐凶雲物動，漏春消息管灰知。江南梅使無恙否，腸斷隴頭花一枝。

## 冬至夜旅懷

楊萬里

亂霜如葉撲窗寒，愁到心如欲斷絃。鳳管陽纔一聲起，蟾輪月已九分圓。擁爐酌凍酒相對，欹枕背殘燈未眠。乞得曉鐘西拜望，露中香爲祝親燃。

### 長至日念應求三十日

余安行

純陰歸盡一陽來，鬱鬱襟懷此日開。早晚天恩到巉峽，整裝應得趁時廻。

### 和任普州冬至日作

李　新

詩成椽筆一何工，元有英聲妙洛中。已是少師扶日手，更看公子釣鰲風。書雲寶策開新瑞，脫木香山墮晚紅。經濟通才猶補外，與騎星鶴問圓穹。

### 南至日過鹽垻官亭

墮衣黃楓香，着鬢青霜濕。江山如故人，到眼類長揖。客行先飛蓬，不肯擬馬立。時節當書雲，相將何太急。我本芻牧兒，家有舊蓑笠。勤辛朱墨間，銷減耕耨力。欲歸倒虛囊，追赴村社集。傳言東鄰翁，但空西向席。梨栗隨所有，大白更增一。勿復問市朝，與翁醉終日。

### 冬至夜宿顯口市

寧辭舉棹頻，不覺又黃昏。有感逢冬節，無聊宿水村。客心愁待旦，盃酒強開樽。共祝同歡慶，亨途莫我論。

# 歲時雜詠卷四十一

(宋)蒲積中　編

## 除　夜

### 歲盡應制

庾肩吾

歲序已云殫,春心不自安。聊開百葉酒,試奠五辛盤。金薄圖神鷺,朱泥却鬼丸。梅花應可折,惜爲雪中看。

### 歲窮應教

薛道衡

故年隨夜盡,初春逐曉生。方驗從軍樂,飲至入西京。

### 守　歲

唐太宗

暮景斜芳殿,年華麗綺宮。寒辭去冬雪,暖帶入春風。階馥舒梅素,盤花卷燭紅。共歡新故歲,迎送一宵中。

### 太原召侍臣賜宴守歲

四時動灰琯,一夕變冬春。送寒餘雪盡,迎歲早梅新。

## 守　歲

歲陰窮暮紀，獻節啓新芳。冬盡今宵促，年開明日長。冰銷出鏡水，梅散入風香。對此歡終宴，傾壺待曙光。

## 同　前

唐高宗

今朝冬律盡，來朝麗景新。花餘凝地雪，條含暖吹分。綬吐牙猶嫩，冰臺已鏤津。薄紅梅色冷，淺綠柳輕春。送迎交兩節，暄寒變一辰。

## 奉和守歲應制

許敬宗

玉琯移玄序，金奏賞彤闈。祥鸞歌裏囀，春燕舞前歸。壽爵傳三禮，燈枝麗九微。運廣薰風積，恩深湛露晞。送寒終此夜，延宴待晨暉。

## 西京守歲

駱賓王

閒居寡言宴，獨坐倦風塵。忽見嚴冬盡，方知列宿春。夜將寒色去，年共曉光新。耿耿他鄉夕，無由展舊親。

## 歲夜安樂公主滿月侍宴

沈佺期

除夜子星廻，天孫滿月盃。詠歌麟趾合，簫管鳳雛來。歲炬

511

常燃桂，春盤預折梅。聖皇千萬壽，垂曉御樓開。

## 守歲應制

南渡輕冰解渭橋，東方樹色起招摇。天子迎春取今夜，王公獻壽用明朝。殿上燈人爭烈火，宮中侲子亂驅妖。宜將歲酒調神藥，聖祚千春萬國朝。

## 守歲侍宴應制

杜審言

季冬除夜接新年，帝子王臣捧御筵。宮闕星河低拂樹，殿庭燈燭上薰天。彈琴奏管梅風入，對局探鈎栢酒傳。欲向元正歌萬壽，暫留歡賞寄春前。

## 除夜有懷

故節當歌守，新年把燭迎。冬氛戀虬箭，春色候雞鳴。興盡聞壺覆，宵闌見斗横。還將萬億壽，更謁九重城。

## 歲夜安樂公主滿月侍宴應制

歲畢生昌胤①，天杯宴重臣。畫樓初滿月，香殿早迎春。睿作堯君寶，孫謀梁國珍。明朝元會日，萬壽樂章陳。

---

① "胤"字底本缺書末筆鈎畫，避清世宗胤禛偏諱，兹回改。

## 欽州守歲

張　説

故歲今宵盡，新年明日來。愁心隨斗柄，東北望春廻。

## 岳州守歲三首

除夜清樽滿，寒庭燎火多。舞衣連臂拂，醉坐合聲歌。至樂都忘我，冥心自委和。此年今已度，來歲知如何？

夜風吹醉舞，庭火對酣歌。愁逐前年去，歡迎今歲多。

桃符堪辟惡，竹爆妙驚眠。歌舞留今夜，猶言惜舊年。

## 除夜作

高　適

旅舘寒燈獨不眠，客心何事轉悽然。故鄉今夜思千里，霜鬢明朝又一年。

## 歲除夜樂城張少府宅作二首

孟浩然

雲海訪甌閩，風濤泊島濱。何知歲除夜，得見故鄉親。予是乘桴客，君為失路人。平生復能幾，一別十餘春。

疇昔通家好，相思無間然。續明催畫燭，守歲接長筵。舊曲梅生唱，新正柏酒傳。客行隨處樂，不覺度年年。

## 歲除夜有懷

五更鐘鼓欲相催，四氣推遷往復廻。帳裏殘燈猶有焰，爐中香氣盡成灰。漸看春逼芙蓉枕，頓覺寒銷竹葉杯。守歲家家看不卧，相思那得夢魂來。

### 除夜樂城逢孟浩然

張子容

遠客襄陽郡，來過海畔家。鐏開栢葉酒，燈發九枝花。妙曲逢盧女，高才得孟家。東山行樂意，非是競豪華。

### 除　日

臘月今朝晦，流年此夕除。拾樵供歲火，帖牖作春書。柳覺東風至，花疑小雪餘。忽逢雙鯉贈，言是上冰魚。

### 杜位宅守歲

杜　甫

守歲阿咸家，椒盤已頌花。盍簪喧櫪馬，列炬散林鴉。四十明朝過，飛騰暮景斜。誰能更拘束，爛醉是生涯。

### 除　日

韋應物

思懷耿如昨，季月已云暮。忽驚年復新，獨恨人成故。冰池始泮綠，梅園還飄素。淑景方轉延，朝朝自難度。

### 除夜宿石橋館

戴叔倫

旅館誰相問，寒燈獨可親。一年將盡夜，萬里未歸人。寥落悲前事，支離笑此身。愁顏與衰鬢，明日又逢春。

### 歲除日奉推事使牒赴撫州辦對
### 留別崔法曹陸大祝處士上人同賦人字口號

上國杳未到，流年忽復新。迴車不自識，君定送何人。

### 建中癸亥歲奉天除夜宿武當山北茅平村

歲除日又暮，山險路仍新。驅傳迷深谷，瞻星記北辰。古亭聊假寐，中夜忽逢人。相問皆嗚咽，傷心不待春。

### 歲夜雪中喜魏萬成郭厦相尋

劉長卿

新年欲變柳，舊客共沾衣。旅夜猶難盡，鄉春又獨歸。寒燈映虛牖，暮雪掩閒扉。旦暮乘船去，平生相訪稀。

### 嶺外守歲

李福業

冬去更籌盡，春隨斗柄回。寒暄一夜隔，客鬢兩年催。

### 除夜書情

周弘亮

何處風塵歲，雲陽古驛前。三冬不再夜，曉日又明年。春入江南柳，寒歸塞北天。還傷知候客，花景對韋編。

## 故鄉除夜

三百六十日已終，故鄉還與異鄉同。非惟律變情堪恨，抑亦才疏運未通。何處夜歌銷臘酒，誰家高燭候春風？詩成始欲吟將看，早是去年牽課中。

## 除夜長安客舍

歐陽詹

十上書仍寢，如流歲又遷。望家思獻壽，算甲恨增年。虛牖傳寒柝，孤燈照絕編。誰應問窮轍，泣盡更潛然。

## 除夜侍酒呈諸兄示舍弟

莫歎明朝又一春，相看堪共貴茲身。悠悠寰宇同今夜，膝下傳杯有幾人。

## 守　歲二首

盧　仝

年去留不得，年來也任他。當爐一榼酒，爭奈兩年何。

老去經節臘，樂事甚悠悠。不及兒童日，都盧不解愁。

## 除　夜二首

姚　合

衰殘歸未遂，寂寞此宵情。舊國餘千里，新年隔數更。寒猶近北峭，風漸向東生。誰見長安陌，晨鐘動火城。

殷勤惜此夜，此夜在逡巡。燭盡年還別，雞鳴老更新。儺聲方去病，酒色已迎春。明日持杯處，誰爲最後人。

### 除夜悼亡

元　稹

憶昔歲除夜，見君花燭前。今宵祝文上，重疊叙新年。閒處低聲哭，空堂背月眠。傷心小男女，撩亂火堆邊。

### 除夜酬樂天

引儺綏祂亂毻毲，戲罷人歸思不堪。虛漲火塵甌浦北，無由阿傘鳳城南。休官期限原同約，除夜情懷老共諳。莫道明朝始添歲，今年春在歲前三。

### 除夜宿洺州

白居易

家寄關西住，身爲河北遊。蕭條歲除夜，旅泊在洺州。

### 除夜寄弟妹

感時思弟妹，不寐百憂生。萬里經年別，孤燈此夜情。病容非舊日，歸思逼新正。早晚重歡會，羈離各長成。

### 客中守歲在柳家莊

守歲樽無酒，思鄉淚滿巾。始知爲客苦，不及在家貧。畏老偏驚節，防愁預惡春。故園今夜裏，應念未歸人。

## 除　夜 二首

薄晚支離坐，中宵枕臂眠。一從身去國，再見日周天。老度
江南歲，春抛渭北田。潯陽來早晚，明日是三年。

歲暮紛多思，天涯渺未歸。老添新甲子，病減舊容輝。鄉國
仍留念，功名已息機。明朝四十九，應轉悟前非。

## 和微之除夜作

君賦此詩夜，窮陰歲之餘。我和此詩日，微和春之初。老知
顏狀改，病覺支體虛。頭上毛髮短，口中牙齒疏。一落老病界，
難逃生死墟。況此促促世，與君多索居。君在浙江東，榮駕方伯
輿。我在魏闕下，謬乘大夫車。妻兒常各飽，奴婢亦盈廬。唯是
利人事，此君全不如。我統千郎官，君領百吏胥。我掌四曹局，
君管十鄉閭。君爲父母君，大惠在資儲。我爲刀筆吏，小惡乃誅
鋤。君提七郡籍，我按三尺書。俱已佩金印，嘗同趨玉除。外寵
信非薄，中懷何不攄。恩光未報答，日月空居諸。磊落嘗許君，
踽促應笑予。所以自知分，欲先歌歸歟。

## 除夜寄微之

鬢毛不覺日毿毿，一事無成百不堪。共惜盛時辭闕下，同嗟
除夜在江南。家山泉石尋常憶，世路風波子細諳。老校於君合
先退，明年半百又加三。

## 除　夜

病眼少眠非守歲，老心多感又臨春。火銷燈盡天明後，便是
平頭六十人。

## 歲除夜對酒

衰翁歲除夜，對酒思悠然。草白經霜地，雲黃欲雪天。醉依香皆反①香枕坐，慵傍暖爐眠。洛下閒來久，明朝是十年。

## 三年除夜

晰晰燎火光，氲氲臘酒香。嘻嘻童稚戲，迢迢歲夜長。堂上書帳前，長幼合成行。以我年最長，次第來稱觴。七十期已近，萬緣心已忘。不惟少歡樂，兼亦無悲傷。素屏映居士，青衣侍孟光。夫妻老相對，各坐一繩床。顧虎頭畫維摩居士圖，惟白衣素屏也。

## 除夜書懷兼贈張常侍

三百六旬今夜盡，六十四年明日催。不用歎聲隨日老，亦須知壽逐年來。加添雪興憑氈帳，消殺春愁付酒杯。唯恨詩成君去後，紅牋紙卷共誰開。

## 歲　暮

窮陰急景暗相催，壯齒韶顏去不廻。舊病重因年老發，新愁多待夜長來。膏明自爇緣多事，鴈默先烹爲不才。禍福細尋無會處，不如且進手中盃。

## 歲夜詠懷兼寄思黯

遍數故交親，何人得六旬。與思黯、夢得數侍還淪没者少過得六十。

---

① "香皆反"是爲"依"字注音，然反切不得其字音，故頗疑"香"或乃"杳"之誤。《全唐詩》卷四五六注音作"烏皆切"。

今年已入手，餘事豈關身。老自無多興，春應不揀人。陶窗與弘閣，風景一時新。

### 歲夜詠懷

劉禹錫

彌年不得意，新歲又如何？念昔同游者，而今有幾多。以閒爲自在，將壽補蹉跎。春色無情故，幽居亦見過。

### 樂天夢得有歲夜詩聊以奉和

牛僧孺

惜歲歲今盡，少年應不知。淒涼數流輩，歡喜見孫兒。暗減渾身力，潛添兩鬢絲。莫愁花笑老，花自幾多時。

### 奉和劉賓客二十八丈歲夜詠懷

盧　貞

文翰走天下，琴樽卧洛陽。貞元朝士盡，新歲一悲涼。名早緣才大，官遲爲壽長。時來知病已，莫歎步趨妨。

### 除　夜

王　諲①

今歲今宵盡，明年明日催。寒隨一夜去，春逐五更來。氣色空中改，容顔暗裏廻。風光人不覺，已着一作入。後園梅。

---

① 此詩徐本據明抄本校補作者"王湮"，兹參前文，校補作"王諲"。

## 除夜長安作

李　京

長安朔風起，窮巷掩雙扉。新歲明朝是，故鄉何路歸。鬢絲饒鏡色，臈雪奪燈輝。却羨秦州鴈，逢春盡北飛。

## 鄂渚除夜書懷

來　鵬

鸚鵡洲頭夜泊船，此時形影共淒然。難歸故國干戈後，欲告何人雨雪天。筯撥冷灰書悶字，枕陪寒席帶愁眠。自嗟落拓無成事，明日春風又一年。

## 酬劉谷除夜見寄

李　郢

坐恐三更至，流年此夜分。客心無限事，愁雨不堪聞。灞上家殊遠，爐前酒暫曛。劉郎亦多恨，詩憶故山園。

## 隋宮守歲

李商隱

消息東郊木帝廻，宮中行樂有新梅。沉香甲煎爲庭燎，玉液瓊蘇作壽盃。遙望露盤疑是月，遠聞簫鼓欲驚雷。昭陽第一傾城客，不踏金蓮不肯來。

## 酬李紺歲除送酒

雍　陶

歲盡貧心事事須，就中深恨酒錢無。故人充壽能分送，遠客消愁免自沽。一夜四乘傾鑿落，五更三點把屠蘇。已供時節深珍重，況許今朝更挈壺。

## 共佳人守歲

劉綺莊

桂華窮北陸，荊艷下東隣。殘粧欲送曉，薄衣已迎春。舉袖爭流雪，分歌競繞塵。不應將共醉，年去遠催人。

## 巴山道中除夜書懷

崔　塗

迢遞三巴路，羈危萬里身。亂山殘雪夜，孤燭異鄉春。漸與骨肉遠，轉於僮僕親。那堪正漂泊，明日歲華新。

## 途中除夜

高　蟾

南北游萍跡，年華又暗催。殘燈和臘盡，曉角帶春來。鬢欲漸侵雪，心仍未肯灰。金門舊知己，誰爲脫塵埃。

## 除夜作

薛　能

和吹度穹旻，虛徐接建寅。不辭加一歲，唯喜到三春。燎照雲煙好，幡懸井邑新。禎祥應北極，調燮驗平津。樹欲含遲日，山將退舊塵。蘭萎殘此夜，竹爆和諸鄰。祝壽思明聖，驅儺看鬼神。團圓多少輩，眠寢獨勞人。茜斾猶雙節，雕盤又五辛。何當平賊後，歸作自由身。

## 和曹侍御除夜有懷

有病無媒客，多慵亦太疏。自憐成叔夜，誰與薦相如。嗜退思年老，諳空笑歲除。跡閒過寺宿，頭煖近階梳。春立窮冬後，陽生舊物初。葉多庭不掃，根在逞新鋤。田事終歸彼，心情老倦於。斲材須見像，藏劍豈爲魚。効淺慙尸祿，恩多負辟書。酬知必擬共，勿使浪躊躇。

## 除 夜

舊曆不足卷，東風還坐聞。一宵猶幾刻，兩歲欲平分。臘盡傾時斗，春通綻處雲。明朝遥捧酒，先合祝吾君。

## 江外除夜

千門庭燎照樓臺，總爲年光急急催。半夜臘因風卷去，五更春被角吹來。寧無好鳥思花發，應有游魚待凍開。不是多岐漸平穩，誰能呼酒祝昭回。

## 旅舍除夜

皮日休

永夜誰能守，羈心不放眠。挑燈猶故歲，總角已新年。出谷空嗟晚，銜盃尚愧先。來朝辭逆旅，雪涕野槐天。

## 除　夜

方　干

五更斯須即達晨，四時吹轉任風輪。寒燈短焰方燒臘，畫角殘聲已報春。來日便爲經歲客，昨朝猶是去年人。新正定數隨年減，浮世應難百遍新。

## 歲盡日二首

司空圖

莫話傷心事，投春滿鬢霜。殷勤共樽酒，今歲只殘陽。

明日添一歲，端憂奈爾何。衝寒出洞口，猶較夕陽多。

## 歲除夜對王秀作

韋　莊

我惜今宵促，君愁玉漏頻。豈知新歲酒，猶作異鄉身。雪向寅前凍，花從子後春。到明追此會，俱是隔年人。

## 除　夜

羅　隱

官曆行將盡，村醪強自傾。厭寒思暖律，畏老惜殘更。歲月已如此，寇戎猶未平。兒童不諳事，歌吹待天明。

# 歲時雜詠卷四十二

（宋）蒲積中　編

## 除　夜

### 和子由除日

蘇　軾

薄官一作宦。驅我西，遠別不容惜。方愁後會遠，未暇憂歲夕。強歡須有酒，冷酌不成席。秦烹惟羊羹，隴饌有熊臘。念爲兒童歲，屈指已成昔。往事今何追，忽若箭已釋。感時嗟事變，所得不償失。府卒未驅儺，矍鑠驚遠客。愁來豈有帳，玉蘂何時析。不憂春艷晚，行見棄皮核。人生行樂爾，安用聲籍籍。胡爲獨多感，石火膏自炙。詩來若相寬，子意遠相射。依依見其面，疑子在咫尺。兄今雖小官，幸忝佐方伯。北地近所鑿，中有硯水碧。臨池飲美酒，尚可消永日。但恐詩力弱，鬭健未免馘。詩成十日到，誰謂千日隔。一日寄一篇，憂愁何足擲。

### 除夜病中呈喬太博

龍鍾三十九，勞生已強半。歲暮日斜時，還爲昔人歎。樂天詩云：「行年三十九，歲暮日斜時。」今年一線在，那復堪把玩。欲起強持酒，故交雲雨散。惟有病相尋，空齋爲老伴。蕭條燈火冷，寒夜何時旦。勃僕觸屏風，飢鼯嗅空案。數朝閉閣臥，霜髮秋蓬亂。傳聞使者來，策杖就梳盥。書來苦安慰，不怪造請緩。大夫忠烈後，高義金石貫。要當擊權豪，未肯覷衰懦。此生何所似，暗盡灰中炭。歸田計已決，此邦聊假館。三徑粗成資，一枝有餘暖。願君更信宿，庶奉一笑粲。

### 除夜大雪留濰州元日早晴遂行中途雪後復作

除夜雪相留，元日晴相送。東風吹宿酒，瘦馬兀殘夢。瓏瓏曉光開，旋轉餘花弄。下馬成野酌，佳哉誰與共。須臾曉雲合，亂灑無缺空。鵝毛垂馬鬣，自怪騎白鳳。三年東方旱，逃戶連欹棟。老農釋耒歎，淚入飢腸痛。春雪誰云晚，春麥猶可種。敢怨行役勞，助爾歌飯甕。

### 守　歲

欲知垂盡歲，有似赴壑蛇。修鱗半已沒，去意誰能遮。況欲繫其尾，雖勤知奈何。兒童強不睡，相守夜讙譁。晨雞且勿唱，更鼓畏添撾。坐久燈燼落，起看北斗斜。明年豈無年，心事恐蹉跎。努力盡今夕，少年猶可誇。

### 除夜過吳江

東南勝處未忘情，老去扁舟復此行。小邑歲除無市井，下田水落見農耕。雪消西嶺嶒崚出，春到平湖鱗甲生。橋下雙蛟眈睡美，欲搥千鼓作雷鳴。

### 除夜野宿常州城外二首

行歌野哭兩堪悲，遠火低星漸向微。病眼不眠非守歲，鄉音無伴苦思歸。重衾腳冷知霜重，新沐頭輕感髮稀。多謝殘燈不嫌客，孤舟一夜許相依。

南來三見歲云徂，直恐終身走道塗。老去怕看新曆日，退歸擬學舊桃符。煙花已作青春意，霜雪偏尋病客鬚。但把窮愁博長健，不辭最後飲屠蘇。

## 僕年三十九在潤州道上過除夜作此詩
## 又二十年在惠州録之以付過二首

寺官官小未朝參，紅日半窗春睡酣。爲報鄰雞莫驚覺，更容殘夢到江南。

釣艇歸時菖葉雨，繰車鳴處楝花風。長江昔日經遊地，盡在如今夢寐中。

## 除夜訪子野食燒芋戲作山人謂李泌也

松風溜溜作春寒，伴我飢腸響夜闌。牛糞火中燒芋子，山人更喫懶殘殘。

## 除日寄仇池

蘇　轍

一歲不復居，一日安足惜。人心畏增年，對酒語終夕。夜長書室幽，燈燭明照席。盃盤雜梁楚，羊炙渾魚腊。庖人饌雞兔，家一作佳。味宛如昔。有懷岐山下，展轉不能釋。念同去閭里，此節三已失。初來寄荆渚，魚鰕賤宜客。楚人重歲時，爆竹鳴磔磔。新春始涉邱，田凍未生麥。相攜歷唐許，花柳漸芽坼。居梁不奈貧，投杞避糠覈。城南庠齋靜，終歲守墳籍。酒酸未嘗飲，牛羹每共炙。謂言從明年，此會可懸射。同爲洛中吏，相去不盈尺。濁醪幸分季，新笋可餉伯。巑巑嵩山美，漾漾洛水碧。官閒得相從，春野玩朝日。安知書閣下，羣子並遭嗿。偶成一朝榮，遂使千里隔。何年相會歡，逢節勿輕擲。

### 益昌除夕感懷

永漏侵春已數籌，地爐猶擁木綿裘。無心豈畏三尸訴，愛日還驚一歲休。故國二千空醉眼，新年三十恰平頭。光陰未用相敦迫，領取衰翁兩鬢秋。

### 醉宿定國東齋

歲曉城東故相家，夜聽簾外落瓊花。醉眠東閣銀缸暗，起視中庭風竹斜。魯酒近來無奈薄，秦聲別後苦聞誇。思君勸對南湖飲，歸去紛如日暮鴉。

### 除　夕

患難思年改，龍鍾惜歲徂。關河先壠遠，天地小臣孤。吾道憑溫酒，時情付擁爐。南荒足妖怪，此日謾桃符。

### 次韻蜀公丙辰除夜

數舉除夜酒，稍消年少豪。浮光寄流水，妙理付濁醪。微陽未出土，大雪飛鵝毛。試問冰霜勁，春來能久牢。

### 次東坡守歲韻

於菟絕繩去，顧兔追龍蛇。奔走十二年，羅網不及遮。嗟我地上人，豈復奈爾何。未去不自閒，將去廼喧譁。天上驅獸官，

爲君豈停撾。魯陽揮兵戈，日車果再斜。灑酒勸爾醉，期爾暫蹉
跎。偕醉遣爾去，壽考自足誇。

### 和子淵除夜

司馬光

緹室重飛玉琯灰，物華全與斗杓回。依依殘臘無情別，歷歷
新春滿眼來。強取酒卮浮翠柏，懶開棕葉覓楊梅。男兒努力平
生志，肯使功名落草萊。

### 除日寄舍弟

王安石

一樽聊有天涯憶，百感翻然醉裏眠。酒醒燈前猶是客，夢回
江北已經年。佳時流落真何德，勝事蹉跎只可憐。惟有到家寒
食在，春風因泛剡溪船。

### 除　日

爆竹聲中一歲除，春風送暖入屠蘇。千門萬戶曈曈日，總把
新桃換舊符。

### 歲　除

宋　祁

佳節真如借，良宵此向闌。家儲宿歲酒，鄉送大儺寒。舊卉
回新物，來情續去歡。忽忽餘幾刻，催具五辛盤。

## 守　歲

已覺新杓動，猶聞促漏餘。夜寒窮臘尾，春色併年初。事往成追計，身羈況索居。明朝爲壽酒，無奈故人疏。

## 除　夜二首

一杯芳酒夜分天，萬慮勞勞耿不眠。明日新春到何處，菱花影裏二毛邊。

曆尾無餘日，更籌促曙廳。持愁勝殘歲，將老入新年。

### 除夕與家人飲

梅堯臣

莫嫌寒漏盡，春色來應早。風開玉砌梅，薰歇金爐草。稚齒喜成人，白頭嗟更老。年華篙裏催，清鏡寧長好。

### 和歲除日

一年三萬六千刻，玉漏唯餘十二時。去日苦多誰會惜，殘陰全少頗能知。已驚顏貌徐徐改，不奈烏蟾冉冉馳。萬國明朝賀新歲，東風依舊入春旗。

### 除夜雪

擊鼓人驅鬼，漫天雪送寒。臘從今日盡，花作舊年看。著樹多還墮，隨風積更乾。明朝預王會，畏濕兩梁冠。

## 除　夜

陳師道①

七十已强半，所餘能幾何。懸知暮景促，更覺後生多。遁世名爲累，留年睡作魔。西歸端着便，老子不婆娑。

## 除夜對酒贈少章

歲晚身何託，燈前客未空。半生憂患裏，一夢有無中。髮短愁催白，顔衰酒借紅。我歌君起舞，潦倒略相同。

## 次韻晁無斁除日述懷

世學違從衆，名家最近天。感時猶壯志，得句起衰年。袁酒無何飲，陶琴不具弦。平生揮翰手，幾見絶韋編。

## 奉和聖製除夜二首

晏　殊

秘披楯軒嚴萬户，慶宵躔次會三辰。丹闈肅穆猶凝夕，佳氣葱蘢漸報春。調曆自將穹厚永，聖辭常與歲時新。送寒旁磔迎和令，率土羣生仰昊旻。

珠躔回碧落，絳燎燭青規。瑣闥瓊籤度，層臺玉漏移。納新皇澤普，順節聖情怡。萬宇長安陌，鄉儺集此時。

---

① 　此詩徐本據明抄本校補作者"陳師道"，兹校從。

### 和三兄除夜

星漢回層宇,塡箎集上都。夜寒凝爆燎,春氣入屠蘇。九陌傳珂乘,千門促漏壺。此時開棣宴,仍在碧城隅。

### 次韻和致仕陳相公除夜

從來歲除詠,託諷情非一。公在維師年,久諧歸政逸。辛盤具芳郁,栢酒澄嘉栗。猶厭賀車煩,晨門勤圭蓽。

### 除夜陽口舟中

賈宗諒

一年節律令還盡,猶向天涯寄客舟。巫舍簫竽喧竹塢,漁家燈火傍沙洲。殷勤共敬新桃梗,棄廢堪嗟舊曆頭。守歲通宵欲無寐,煎茶幾啜淥瓷甌。

### 除　夜

宋　祁

嚴城沉夜景,殘曆極年華。遞箭迎春漏,稱觴待早衙。衆歡儺順俗,孤睡夢縈家。侍吏持官燭,供錫欲膠牙。

### 除夜呈抑之

白子儀

逸景運寒燠,良辰徒送迎。冬權訖昏暮,歲籥改黎明。華髮任疏颯,宿心無變更。唯憑一樽酒,時得慰勞生。

## 和除夜

崔正言

黎明即新歲，何惜夜厭厭。臘酒暖留客，曉燈殘隔簾。聽音知變律，望斗記寅占。待得清風動，日長宮線添。

## 除夜宿黃沙舘書懷

張少愚

窮年撫劍獨無眠，世路危疑倦往還。夜半無人殘月白，狐鳴梟嘯滿空山。

## 歲窮雨夜獨臥山齋

歲晏雲深誰與遊，崑房終夜雨如秋。不知海上三山夢，何似人間萬戶侯。

## 除日萬州臨江亭

趙崇蟠

南浦逢除日，天涯有去舟。蠻城和雨閉，峽水帶春流。不負新年感，唯多故國愁。寧無賀親酒，徒此事羈囚。

## 除夜病中懷古①

風流罪過不須文，甘抱沉痾爲若人。酒力入腸偏感興，花光搖目自傷春。沈郎多病愁銷骨，宋玉新詞詠切鄰。自古多情皆

① 此詩徐本據明抄本校補作者"沈邁"。

不免，不才何幸繼芳塵。

## 除夜書懷

病體盃盤厭自親，矮童烹藥過除陳。簾箕今夜啼三匝，齒髮明朝滿四旬。舉足便侵知命境，空拳已失少年身。絲毫世事無如意，例作新添一歲人。

## 除　夜

爆竹驚山鬼，呼鴉唱簾箕。巷歌喧鼓面，野舞祝鼉絲。少壯殘更夢，矜裾曉鏡髭。明朝恐添歲，沉醉免聞知。

# 歲時雜詠卷四十三

（宋）蒲積中　編

## 正　月

### 正月三日歸溪上有作簡院內諸公

杜　甫

野外堂依竹，籬邊水向城。蟻浮仍臘味，鷗泛已春聲。藥許鄰人劚，書從稚子擎。白頭趨幕府，深覺負平生。

### 正月三日閒行

白居易

黃鸝巷口鶯欲語，烏鵲河頭冰欲銷。黃鸝坊名，烏鵲河名。綠浪東西南北水，紅欄三百九十橋。蘇之官橋大數。鴛鴦蕩漾雙雙翅，楊柳交加萬萬條。借問春風來早晚，祇從今日到明朝。

### 遊斜川作并序

辛酉歲正月五日，天氣澄穆，風物閑美，與二三鄰曲同遊斜川。臨長流，望層城，魴鯉躍鱗於將夕，水鷗乘和以翻飛。彼南阜者，名實舊矣，不復乃爲咨嗟。若夫層城，旁無依接，獨秀中皋。遥想靈山，有愛喜名一作嘉。欣對不足，率爾共賦詩。悲日月之遂往，悼吾年之不留，各疏年紀，以記其時。

開歲倏五十，吾生行歸休。念之動中懷，及晨爲茲遊。氣和天維澄,班坐依遠流。弱湍馳文魴,閒谷矯鳴鷗。廻澤散遊目,緬然睇層丘。雖微九重秀,顧瞻無匹儔。提壺接賓客,引滿更獻酬。未知從此去,當復如意不。中觴縱遙情,忘彼千載憂。且極今日樂,明日非所求。

## 正月臨朝

唐太宗

條風開獻節,灰律動初陽。百蠻奉遐班,萬國朝未央。雖無舜禹跡,幸欣天地康。車軌同八表,書文混四方。赫奕儼冠蓋,紛綸盛服章。羽旄飛馳道,鐘鼓震岩廊。組練輝霞色,霜戟照朝光。晨宵懷至理,終愧撫遐荒。

## 正月早朝

司空圖

白日新年好,青春上國多。街平雙闕近,塵起五雲和。

## 正月五日大雪晴有感

張　耒

平生對雪須千首,何事今春無片詞。老大怯寒惟泥酒,窮愁須醉不吟詩。潤催庭柳將開眼,冷送江梅欲別枝。何處高樓有殘白,舊游無處寄相思。舍在京師,有詩云"認得君家屋上雲"。

## 正月六日

楊柳稍青臘雪銷,東風猶帶曉寒驕。新年時節花傳信,去臘星霜斗轉杓。來共春煙晴冉冉,灑隨疏雨淚蕭蕭。蛾眉不廢年華改,縱有遺魂不可招。

### 正月六日雪霽

曾　鞏

雪消山水見精神,滿目東風送早春。明日杏園應爛熳,便須期約看花人。

### 正月八日招王子高晚飲

蘇　軾

雪屋號風苦戰貧,紙窗迎日稍知春。正如簷蔔林中坐,更對芙蓉城裏人。昨想玉堂空冷徹,誰分銀榼送清醇。海山知有東南角,正看歸鴻作小鬟。

### 正月八日早寒

張　耒

濃淡春雲夜雨乾,寂寥庭院袷衣寒。無人爲發樽前笑,但把梅花似舊看。

### 正月十日五更夢中

梅堯臣

去年人比今年老,今年花似去年新。我勸厚地一盃酒,收拾白日莫苦辛。

## 正月十日雪晴

張　耒

西窗融雪飄如雨，故與新春作薄寒。昨夜鴈聲渾向北，夢魂
隨去過關山。

## 正月十八日觀田家春作

梅堯臣

田家春作日日近，丹杏破顔場圃頭。南嶺禽過北嶺叫，高田
水入低田流。桑牙將綻霧露裹，蠶子未浴箱筐收。今我還朝固
不遠，紫宸已夢瞻珠旒。

## 正月二十日與潘、郭二生出郊尋春

蘇　軾

亂山環合水侵門，身在淮南盡處村。五畝漸成終老計，九重
新掃舊巢痕。豈惟見慣沙鷗熟，已覺來多釣石温。長與東風約
今日，暗香先返玉梅魂。

## 六年正月二十日復出東都仍用前韻

東風未肯入東門，走馬還尋去歲村。人似秋鴻來有信，事如
春夢了無痕。江城白酒三盃釀，野老蒼顔一笑温。已約年年爲
此會，故人不用賦招魂。

## 正月二十一日病後醉述古邀往城外尋春

屋上山禽苦喚人。檻前水沼忽生鱗。老來厭逐紅裙醉。病

起空驚白髮新。臥聽使君鳴鼓角，試呼稚子整冠巾。曲欄幽榭
終寒窘，一看郊原浩蕩春。

### 正月二十一日雪中赴宿懷鄰幾原甫

梅堯臣

正月東都雪，多於舊臘時。酒賓臨迴閣，野雀集枯枝。馬向
西城度，花從上苑遲。劉郎與江叟，相對定爭棋。

### 正月二十五日小疾在告是日苦寒三首

張　耒

黃草岡頭薺麥長，春陰蔽日午風狂。山前梅落無人見，只有
幽禽啼暗香。

春色三分有尚多，且饒芳草占高坡。門前柳色如彭澤，爭奈
陶君止酒何。時余方病止酒。

見說櫻桃已爛開，坐愁風雨苦相催。自憐華髮傷春色，兩見
飛花未放回。

### 閏正月二十五日送客尋春集裴氏園

宋　祁

尋春選客共留連，雨罷春郊物物妍。黃抹柳梢初徧後，紫粘
花蕚未開前。朋衿自爲交驪慘，醉崢誰能辨聖賢。猶賴斜陽催
跛馬，不然離恨損絲絃。

### 正月二十六日同子華相公遊王太尉園

司馬光

聞説名園乘興來，小桃繁艷間寒梅。主人千里司宮鑰，寂寞殘英委緑苔。

## 二　月

### 二月一日作贈韋七庶子

白居易

杏園紅蕚坼，庭蘭紫華出。不覺春已深，今朝二月一。去冬病瘡痛，將養遵醫術。今春入道場，清净依僧律。嘗聞聖賢語，所慎齊與疾。遂使愛酒人，停盃一百日。明朝二月二，疾平齋復畢。應須挈一壺，尋花覓韋七。

### 二月五日花下作

二月五日花如雪，五十二人頭似霜。聞有酒時須笑樂，不關身事莫思量。羲和趁日沉西海，鬼伯驅人葬北邙。祇有且來花下醉，從人笑道老顛狂。

### 慈恩寺二月半寓言一首五言

杜　甫

二月韶春半，三空霽景初。獻來應有受，一作壽。滅盡竟無餘。花迹傳官寺，歸誠謁梵居。殿堂花覆席，觀閣柳隨疏。共命枝間鳥，長生水上魚。問津窺法鏡，迷路得真車。行密樂關静，談精俗態袪。稻麻欣所遇，蓬蓽搶焉如。不駐秦京陌，還題蜀郡興。愛離方自此，廻望獨躊躇。

### 二月十五日櫻桃盛開自所居躡履吟翫競召王澤章洋才

温庭筠

曉覺籠煙重，春深染雪輕。静應留得蝶，繁欲不勝鶯。影亂
晨飈急，香多夜雨晴。似將千萬恨，西北爲卿卿。

### 二月二十二日撫州如歸舘雨中有懷簡諸朝客

韓偓

悽悽惻惻又微嚬，欲話羈遊憶故人。薄酒旋醒寒徹夜，好花
虛謝雨藏春。自憐海上爲逋客，猶喜天涯寄侍臣。未必交情繫
貧富，蓬門自古少車塵。

### 二月二十八日贈周判官

一春惆悵殘三日，醉問周郎憶得無。柳絮送人鶯勸酒，去年
今日到東都。

### 二月晦留別鄂中友人

賈島

立馬柳花裏，別君當酒酣。春風漸向北，雲鴈不飛南。明曉
日初一，今年月又三。鞭羸去暮色，遠岳起煙嵐。

### 二月奉教作

李嶠

柳陌鶯初囀，梅梁燕始歸。和風泛紫茗，柔露濯青薇。日艷

臨花影，霞翻入浪暉。乘春重遊豫，淹賞翫芳菲。

## 二月樂遊詩

郭元振

二月芳遊始，開軒望晚池。緑蘭日吐葉，紅藥向盈枝。柳色行將改，君心幸莫移。陽春遽多意，唯願兩人知。

## 二月閨怨

二月韶光好，春風香氣多。園中花巧笑，村—作樹。裏鳥能歌。有恨離琴瑟，無情着綺羅。更聽春燕語，妾亦不知他。

## 憶長安十二詠

鮑　防

憶長安二月時，玄鳥初至祺祠。百囀宮鶯繡羽，千條御柳黃絲。更有曲江勝地，此來寒食佳期。

## 狀江南十二月每句須一物形狀

謝良輔

江南仲春天，細雨色如煙。絲爲武昌柳，布作石門泉。

## 柳州二月榕葉落盡偶題

柳宗元

宦情羈思共悽悽，春半如秋意轉迷。山城過雨百花盡，榕葉滿庭鶯亂啼。

### 河南府試二月樂辭

李　賀

飲酒採桑津，宜男草生蘭笑人。蒲如交劍風如薰，勞勞胡一作鶯燕怨醅春。薇帳逗煙生綠塵，金翅峨髻愁暮雲。沓颯起舞真珠裙。津頭送別唱流水，酒客背寒南去一作山。死。

### 仲春賞花

韋同則

梅花似雪柳含煙，南地風光臘月前。挹酒且須判却醉，風流何必待歌筵。

### 二月一日作①

柳蔭篁陰夾隱堂，徙屏開戶納溪光。香風帶月吹吟帳，野色和雲逼卧牀。芳草不窮愁眼斷，落花無定夢魂忙。黃庭却老非無術，祇爲多情染鬢霜。

### 二月二日會於盧陵西齋作寄陳適用

黃庭堅

燕寢著爐香，愔愔閒窗闥。夢到郡城東，談笑西齋月。行樂未遽央，苦遭晴鳩聒。江郡梅李白，士女嬉城闕。聞道潘河陽，滿城花秀發。頗留載酒車，共醉生塵襪。想見舞餘姿，風枝斜蘁

---

① 底本于此詩前有"二月"之類題，蓋蒲積中編補時標示，然與前文"二月"重出，故茲徑删，以清眉目。下文三月、四月、六月、七月、八月、十月情況類此，皆徑删，不復出。又，此詩徐本據明抄本校補作者"沈遘"。

髮。鄙夫不舉酒,春事亦可悦。兩足肥菌芝,沙暄饒笋蕨。海半壓風簾,野飯薰僧鉢。飽食愧公家,曾無助毫末。勸鹽惟新尹,王政惇獨活。此邦談食儉,儉陋深刺骨。公困積山丘,賈豎但圭撮。縣官恩乳哺,下吏用鞭撻。政恐利一源,未塞兔三窟。寄聲賢令尹,何道補黥刖。從來無斫桑,顧影愧—作思。簪笏。何須殿課上,解綬行采葛。

## 二月二日挑菜節大雨

張　耒

久將菘芥荆南美,佳節泥深人未行。想見故園蔬甲好,一畦春雨轆轤聲。

## 正月久旱二月三日大雨

沈　遘

神潢敲日泮凝澌,一夜盆傾緑野脂。二月震雷差似早,三農愬雨已驚遲。柳疏零露鶯衿濕,花怯餘寒蝶夢知。風物只消縑數幅,恨無高藝似王維。

## 二月四日雪

梅堯臣

前日春風初擺條,昨夜雪飛深一尺。北帝及臘不行令,東皇發煦遭爾厄。侵時奪氣四時錯,欲問上天何不責。天高地厚語難通,俛首下土徒叩額。或言莫信難可難,鶴鳴至微猶不隔。休問天,問顔跖;休看花,看壟麥。

## 二月五日雪

二月狂風雪，寒威曉更加。省闈輕妬粉，苑樹暗添花。有夢皆蝴蝶，縫袍只紵麻。凍吟誰料我，相與賭流霞。

## 二月五日折梅時值雨謝矣

張　耒

江雲靄靄未全開，東嶺微茫日色來。獨犯輕寒踏春曉，殷勤更折雨中梅。

## 二月七日欲招客飲而風霾不果有作

欲攜佳客宴高堂，園舘春風又作狂。樽挾冰霜餘意氣，座分桃李好風光。青山無賴藏雲岫，綠水生波灩野塘。不飲何妨閒燕坐，閉門掃地獨焚香。

## 二月九日感李花

梅堯臣

重門雖鏁春風入，先折桃花後李花。赤白鬭妍思舊曲，舊聲傳在五王家。五王不見留華萼，華萼壞來碑缺落。當時李白欲騎鯨，醉向江南曾不錯。

## 二月十四日夜霜

欣欣東園杏，忽值春飛霜。粲然彼繁英，萎若出沸湯。既能與之榮，而復使之傷。向來蕭殺時，已共百卉黃。今日草吐心，不似草心長。天理固難測，誰要必其常。

## 二月十五日雪三首

寒令奪春令，六花侵百花。塘冰膠燕嘴，野水滿芹芽。擁柱輕如絮，吹墀淨若沙。乳禽飢啄木，誰誤撥琵琶。

新雷奮蛇甲，密雪鬭鵝毛。正欲裁輕縠，重令着敝袍。沙泉流復凍，煙葦折還韜。只待鄰醅熟，微聲聽酒糟。

春風九十日，一半已銷磨。準擬看花少，依稀詠雪多。官車猶載炭，抱鵙不離窠。向此興都盡，戴家誰復過。

## 二月十五日

張　耒

春風揚塵春日白，衡門向城人寂寂。淮陽三月桃李時，街頭時有賣花兒。老人臥穩起常晚，欲強出游心獨懶。一樽美酒酬芳菲，老大不及少年時。

## 二月二十一日東園桃李未開有感二首

日慘東風正怒號，小園寂寂閉蓬蒿。可悲春色如人事，獨發玄都觀裏桃。

寄語玄都觀裏花，饒君繁麗奪朝霞。劉郎想到長安日，葵麥風前一嘆嗟。

## 二月二十四日舘宿興宗舍後桃花盛開偶書牖上

司馬光

金馬春寂寂，濃桃隨意開。夕風零落盡，不待主人來。

### 二月三十日與同舍宴李氏園晚歸馬上賦詩

門前蹀躞金羈滿，坐上連翩玉箏飛。數尺遊絲留客醉，一行春柳送人歸。同邀勝友時難得，重到名園花已稀。莫惜芳辰賒行樂，無端風雨橫相違。

## 三　月

### 三月五日陪裴大夫泛東湖

呂　溫

上巳餘風景，芳辰集遠垌。綵舟浮泛蕩，繡轂下娉婷。樓樹廻葱蒨，笙歌轉杳冥。湖光迷翡翠，草色醉蜻蜓。鳥弄桐花日，魚翻穀雨萍。從今留勝會，誰看畫蘭亭。

### 三月十日流盃亭

李商隱

身屬中軍少得歸，木蘭花盡失春期。偷隨柳絮到城外，行過水西聞子規。

### 三月十八日雪中作

溫庭筠

芍藥薔薇語早梅，不知誰是艷陽才。今朝領得春風意，不復饒君雪裏開。

### 嘲三月十八日雪

三月雪連夜，未應傷物華。只緣春欲盡，留着伴梨花。

## 三月十八日詔宴樂遊園

張　說

樂遊形勝地，表裏望郊宮。北闕連天頂，南山對掌中。皇恩貸芳月，旬宴美成功。魚戲芙蓉水，鶯啼楊柳風。春花看欲暮，天澤戀無窮。長袖招斜日，流光待曲終。

## 三月二十四日宿曾峯舘對花寄樂天

元　稹

微月照桐花，月微花漠漠。怨澹不勝情，低徊拂簾幕。葉新陰影細，露重枝條弱。夜立春恨多，風清暗香薄。是夕遠思君，思君瘦如削。但感事暌違，非言官好惡。奏書金鑾殿，步屧青龍閣。我在山舘中，滿地桐花落。

## 郡齋三月下旬作

張又新

春事日已歇，池塘曠幽尋。殘紅被獨墜，初緑間淺深。偃仰倦芳褥，顧愛步新陰。謀春未及竟，夏物遽見侵。

## 三月奉教作

李　嶠

銀井梧桐發，金堂草色齊。韵光愛日宇，淑氣滿風蹊。蝶影將花亂，虹文向水低。芳春隨意晚，佳賞日無暌。

### 三月閨怨

杜　甫

三春時將盡，空房妾獨居。蛾眉愁自結，鬢髮沒情梳。

### 憶長安十二詠

杜　奕

憶長安三月時，上苑遍是花枝。青門幾場送客，曲水竟日題詩。駿馬金鞍無數，良辰美景追隨。

### 狀江南十二月每句須一物形狀

嚴　維

江南季春天，蓴絲細如絃。湖邊草作逕，湖上葉如船。

### 河南府試三月樂辭

李　賀

東方風來滿眼春，花城柳暗愁幾人。複宮深殿竹風起，新翠舞衿淨如水。光風轉蕙百餘里，暖霧驅雲撲天地。軍裝宮妓掃蛾淺，搖搖錦旗夾城暖。曲水飄香去不歸，梨花落盡成秋苑。

### 三　月

韓　偓[1]

辛夷才謝小桃發，踏青過後寒食前。四時最好是三月，一去

---

[1]　此詩徐本據明抄本及《全唐詩》卷六八二校補作者"韓偓"，茲校從。

不來惟少年。吳國望遥江接海，漢陵魂斷草連天。新愁舊恨真無奈，須就隣家甕底眠。

## 閏三月

三月皆一閏，此閏勝常時。莫怪花開晚，須憐春盡遲。節分炎氣進，律應暖風移。夢得成蝴蝶，芳華幸不遺。

## 三月四日玩園花小集

宋　祁

中園愛客重游陪，三月林花落復開。鏤管喜傳吟處筆，白雲催卷醉時杯。歡襟已快邀風度，舞地猶寬放雪回。不是年華相假借，使君兼乏斐然才。

## 三月五日欲訪宋中道遇雪而止

梅堯臣

蝴蝶飛時雪鬬輕，滿街撩亂得人驚。欲尋宋子東城去，馬畏春泥不敢行。

## 三月六日馬令送花

張　耒

未洗潯陽別淚痕，江邊蘋芷不勝繁。不知來歲在何處，又對新花憶故園。插帽每慙呼白髮，飛香曾伴照青樽。去年今日淮陽道，落絮殘紅正斷魂。

### 三月八日喜雨答李都官

宋　祁

夜魄離星舍,春膏浹大田。乍迷榆塞樹,徐暗柳營天。沿滴銀波蕩,階鳴玉綆絃。餘萌催離土,殘魃趣沉淵。迴濕來鶯外,斜寒去鴈邊。莓莓滋野秀,纂纂濯花妍。戴響饒農笠,眠聲羨釣船。罅雲時露日,迷岫旋埋煙。酌酒聊相勞,斯倉竚有年。勞君歌閔雨,予志謝先賢。《春秋傳》:閔雨者,有意於民也。

### 三月十二日作時董氏欲爲堂東築宅

張　耒

黃鳥聲中花已盡,綠楊風外日何長。柯家山下有幽室,雲夢宅南非故鄉。老病夾衣猶怯冷,春深煮酒漸聞香。本無智術爭榮辱,只鬪樽前身健強。

### 次韻宋懋宗三月十四日到西池聞都人盛觀蘇翰林出遊

黃庭堅

金緎繫馬曉鶯邊,不比春江上水船。人語車聲喧法曲,花光樓影倒晴天。人間化鶴三千歲,海上看羊十九年。還作鰲頭驚俗眼,風流文物屬蘇仙。

### 和李一作王廷老三月十四日

梅堯臣

三月日幾望,士遊溱水陽。溱流已渙渙,有美此翶翔。偶乘適此願,月色同滿床。士曰涉少室,女曰歸大梁。及晨各異役,悲喜競回腸。芍藥有遺風，贈好期不忘。固匪子能逮，是焉繼新章。

## 次韻景彝三月十六日范景仁同飲還省宿

種桃依竹似仙家，邀對春風共泛霞。席上未觀雙舞鳳，城頭已覺聚啼鴉。忽忽跨馬人歸省，羃羃生煙樹斂花。稚子候門知我醉，東方明月照扉斜。

## 三月二十日開園三首

霜髯雪鬢語偸寧，蕩瀁園林取次行。要識將軍不凡處，從來只啜小人羹。

西園牡籥夜沉沉，尚有遊人臥柳陰。鶴睡覺時風露下，落花飛絮滿衣襟。

鬱鬱蒼顏真道人，絲絲紅蕚是鄉人。何時翠竹江村路，送我柴門月色新。

## 三月二十四日聞鶯記臨汝時

張　耒

桃溪李徑有埃塵，寂寂春陰蔽四隣。落月半床幽夢斷，隔窗芳樹語鶯新。忽忘身是三年客，便覺樓瞻二室雲。佳境故人應一夢，懶將白髮望餘春。

## 三月二十五日聞鴨鵝

雲夢澤南春欲還，柯山鴨鵝曉關關。幽人夢覺殷勤聽，落月西風尚薄寒。

### 三月二十七日邀子駿堯夫賞花

司馬光

今年節物非常晚，春盡西街花尚多。試問二三真率友，小車籃舁肯重過。

### 三月二十八日會不疑家席上紀實

召客客俱來，賞花花正開。寒暄方得所，風雨不相催。席上柳飛雪，門前車隱雷。主人意仍厚，安得不徘徊。

### 三月二十九日二首

蘇　軾

南嶺過雲看紫翠，北江飛雨送淒涼。酒醒夢回春盡日，閉門隱几坐燒香。

門外桃花猶的爍，墻頭荔子已斕斑。樹暗草深人靜處，捲簾敧枕臥看山。

# 歲時雜詠卷四十四

（宋）蒲積中　編

## 四　月

### 和微之四月一日作

白居易

四月一日天，花稀葉陰薄。泥新鷰影忙，蜜熟蜂聲樂。麥風低冉冉，稻水平漠漠。芳節或蹉跎，遊心少牢落。春華信爲美，夏景亦未惡。颸浪嫩青荷，熏欄晚紅藥。吳宮好風月，越郡多樓閣。兩地誠可憐，其奈久離索。

### 奉和四月三日上陽水窬宴應制

孫逖

今日逢新夏，歡遊續舊旬。氣和先作雨，恩厚別成春。鳳吹臨清洛，龍輿下紫宸。此中歌在藻，還見躍潛鱗。

### 四月十三日詔宴寧王亭子

張説

何許承恩宴，山亭風日好。綠嫩鳴鶴洲，陰濃鬪鷄道。果思夏來茂，花嫌春去早。行樂無限時，皇情及芳草。

### 四月十五日道室書事寄襲美

丘　陸龜蒙

烏飯新炊藜藿香，道家齋日以爲常。月苗杯舉存三洞，雲蕊函開叩九章。一掬陽泉堪作雨，數株秋石欲成霜。可中值著雷平信，爲覓閑眠苦竹床。

### 同　前

皮日休

望朝齋戒是尋常，靜啓金根第幾章。竹葉飲爲甘露色，蓮花鮓作肉芝香。松膏背日凝雲礎，丹粉經年染石床。剩欲與君終此志，頑仙唯恐鬢成霜。

### 四月奉教作

李　嶠

暄簫三春謝，炎鍾九夏初。潤浮梅雨夕，涼散麥風餘。葉暗庭帷滿，花殘院錦疏。勝情多賞託，樽酒狎林歟。

### 憶長安十二詠

丘　丹

憶長安四月時，南郊萬乘旌旗。嘗酎玉卮更獻，含桃絲籠交馳。芳草落花無限，金張許史相隨。

### 狀江南十二月每句須一物形狀

賈弇

江南孟夏天，慈竹笋如編。蝅氣爲樓閣，蛙聲作管絃。

### 河南府試四月樂辭

李賀

曉涼暮涼樹如蓋，千山一作里。濃緑生雲外。依微香雨青氛氳，膩葉蟠花照曲門。金塘間水搖碧漪，老景沉重無驚飛，墮紅殘萼暗參差。

### 和蔡樞密孟夏旦日西府書事

王安石

宮闕初晴氣象饒，寶車攢轂會東朝。重輪應自離明發，内壤陰隨解澤消。賜筐外庭紛錦繡，燕庖中禁續薪樵。聯翩入賀知君意，咫尺威顔不隔霄。

### 四月一日仝潘何小酌

張耒

今辰一盃酒，相属送歸春。明年東風至，何憂復迎新。懸知柯山下，猶作未歸人。來事如宵夢，未至難預論。且復飲此酒，陶然付大鈞。

### 孟夏一日，通判太博惠庭花二十枝，云是手植，因以爲荅

梅堯臣

前日已春盡，夏卉抽嫩青。惟君所植花，餘紅猶滿庭。常惜畏景逼，贈未及飄零。欲插爲之醉，但憐髮星星。

### 四月三日張十遺牡丹二朵

已過穀雨十六日，猶見牡丹開淺紅。曾不爭先及春早，能陪芍藥到薰風。

### 四月八日卜新居示過

蘇　軾

朝陽入北林，竹樹散疏影。短籬尋丈間，寄我無窮景。舊居繞一席，逐客猶遭屏。誅茅得茲地，翳翳林巷永。晚來微雨涼，畦菊發新穎。俯仰各有態，何必謀二頃。

### 至和元年四月二十日夜夢蔡紫微君謨同在閤下食櫻桃，蔡云與君及此再食矣，夢中感而有賦，覺而錄之

梅堯臣

朱櫻再食雙盤日，紫禁重頒四月時。滉朗天開雲霧閤，依稀身在鳳凰池。味兼羊酪何由敵，豉下蓴羹不足宜。原廟薦來應已久，黃鸎猶在最深枝。

## 四月二十日二首

張　耒

久將醉眼視羣兒，只與傍觀作笑嬉。賦茅狙公曾未悟，牽絲木偶豈多時。雲間炎暑人方畏，地下微陰誰得知。榮謝古今同此理，老翁端坐但忘機。

十步荒園亦懶窺，枕書小醉睡移時。健如黃犢時無幾，鈍似寒蠅老自知。休惜飛花春過眼，但知强健酒盈巵。枇杷著子紅榴綻，正是清和未暑時。

## 四月二十八日新燕寄仇池

蘇　轍

細莎爲屨如編鬌，輕葛爲服如翦荸。寒泉灑屋朝露濡，霜簟可薦机可扶。風鳴牖間如吹竽，此雖有暑宜亦無。庭前峻山槎之餘，盆中養鰍大如魚。荻生抱甲未見膚，蔓起上屋將懸壺。麥苗高齊可藏烏，此雖非野僅亦如。兄居谿堂南山趺，濯足溪水驚鴈鳧。澄潭百丈清無淤，將往思我立踟蹰。東軒鄙陋何足居，欲行不行繫轅駒。

## 五　月

### 五月旦作和戴主簿

陶　潛

虛舟縱逸棹，廻復遂無窮。發歲若倏仰，星紀奄將中。明圃罕悴物，北林榮且豐。神淵寫時雨，晨色奏景風。既來孰不去，人理固有終。居常待其盡，曲肱豈傷冲。遷化或夷險，肆志無窊隆。即事如已高，何必昇華嵩。

### 五月一日紫宸候對時属禁直穿内而作，因書六韻

鄭　畋

朱夏五更後，步廊三里餘。有人從翰苑，穿内入中書。漏響
飄銀箭，燈光照玉除。禁扉猶鏁鑰，宮伎已粧梳。紫府遊應似，
鈞天夢不如。塵埃九門外，誰信在清虛。

### 五月六日發石頭城步望前船示舍弟兼寄侯郎

沈亞之

客子去淮陽，蹉跎別夢長。水關開夜鏁，霧棹起晨涼。煙月
期同賞，風波忽異行。隱山曾撼櫓，轉瀨指遥檣。蒲葉錢刀緑，
筠筒楚粽香。因書報司遠，爲我憶檀郎。

### 五月九日

司空圖

金石皆銷鑠，賢愚共網羅。達從詩似偈，狂覺哭勝歌。高燕
凌鴻鵠，枯槎壓芰荷。此中無別境，此外是閒魔。

### 五月奉教作

李　嶠

緑樹炎氛滿，朱樓夏景長。池含凍雨氣，山映火雲光。果院
新櫻熟，花庭曙槿芳。欲逃三伏暑，還泛十旬觴。

## 憶長安十二詠

嚴　維

憶長安五月時，君王避暑華池。進膳甘瓜朱李，續命芳蘭綵絲。競處高明臺榭，槐陰柳色通逵。

## 狀江南十二月每句須一物形狀

樊　珣

江南仲夏天，時雨下如川。盧橘垂金彈，甘焦吐白蓮。

## 仲夏齋戒日

白居易

仲夏齋戒日，三旬斷腥羶。自覺心骨爽，行起身翩翩。始知絕粒人，四體更輕便。初能脫病患，久必成神仙。禦寇馭冷風，赤松游紫煙。常疑此說謬，今乃知其然。我年過半百，氣衰神不全。已垂兩鬢絲，難補三丹田。但減葷血味，稍結清淨緣。脫巾且修養，聊以終天年。

## 仲夏齋居偶題八韻寄微之及崔湖州

腥血與葷蔬，停來一月餘。肌膚雖瘦損，方寸仍清虛。體道通宵坐，頭慵隔日梳。眼前無俗物，身外即僧居。水榭風來遠，松廊雨過初。褰簾放巢燕，投食施池魚。久別閒遊伴，頻勞問疾書。不知胡與越，吏隱興何如。

### 河南府試五月樂辭

李　賀

雕玉押簾上，輕縠籠虛門。井汲鉛華水，扇織鴛鴦文。廻雪舞涼殿，甘露洗宮綠。羅袖從徊翔，香汗霑寶粟。

### 五月十日雨中飲

梅堯臣

梅天下梅雨，紛紛如亂絲。梅生獨抱愁，四顧無與期。妻孥解我意，草草陳酒巵。檻外百竿竹，新笋高過之。竹色入我酒，變作青瑠璃。一飲眼目光，再飲言語遲。三飲頹然醉，左右嘆我衰。有鳥從東來，引頭闖深枝。發聲醒我醉，提壺美無疑。典衣不值錢，唯是布與絺。安得如古人，車傍挂鴟夷。

### 五月十一日

張　耒

雲間趙盾益可畏，淵底武侯方熟眠。若無一雨爲施澤，直恐三伏便欲然。筭商沽酒有厎急，束帶坐曹直欲顛。平生不解作熱客，日復飽食窺陳編。

### 五月十五日

蘇舜欽

院僻簾深晝景虛，輕風時見動竿烏。池中綠滿魚留子，庭下陰多燕引雛。雨後看兒爭墜果，天晴因客曝殘書。幽棲未免牽塵事，身世相忘在酒壺。

### 五月十七日

張　耒

長夏村墟風日清,茅簷燕雀已生成。蝶衣曬粉花枝午,蛛網添絲屋角晴。落落珠簾邀月影,嘈嘈虎枕納溪聲。久判兩鬢如霜雪,直與漁樵過此生。

### 大雨不止五月十八日晚始霽

昊穹忽悔禍,淫雨霽今夕。峯嶺紆紫翠,雲間麗金碧。深畦鳴遠注,涼葉墜餘滴。漏屋百不憂,宵眠始安席。

### 五月十九日

堂下溪流清且長,夾溪喬木老蒼蒼。裊風翠果擎枝重,照水圓荷舞葉涼。蝸角已枯粘粉壁,燕泥時落污書床。南山野客時相遇一作過,贈我能攜藥滿筐。

## 六　月

### 六月三日夜聞蟬

白居易

荷香清露墜,柳動好風生。微月初三夜,新蟬第一聲。乍聞愁北客,靜聽憶東京。我有竹林宅,別來蟬再鳴。不知池上月,誰撥小船行。

### 奉和六月壬午應令

梁劉孝威

玄圃棲金瑟，一作碧。靈澗抱琨瑤。築山圖碣岫，穿池控海潮。雷奔石鯨動，水闊牽牛遙。乘黿猶怯渡，鞭石詎成橋。崖崩下生窟，壁峭上干霄。噪鳥常獨沸，遊魚或自跳。荒徑橫臨浦，空舟斜插橈。愁鷗集古樹，白鷺隱丹苗。初心重丘壑，微步懷漁樵。石累元卿徑，枝挂許由瓢。伊臣本寂默，由來畏市朝。爲貪在山水，所競惟逍遙。寄言周伯況，勞君檀穀操。

### 六月奉教作

李　嶠

養日暫徘徊，畏景尚悠哉。避暑移琴席，追涼□□□。①闕。竹風依扇動，桂酒溢壺開。芳餌□闕。飛雪，自可□□□。闕。

### 憶長安十二咏

鄭　槩

憶長安六月時，風臺水閣逶迤。朱果雕籠香透，分明紫禁寒隨。塵驚九衢客散，赭汗滴瀝青驪。

### 狀江南十二月每句須一物形狀

范　燈

江南季夏天，身熱汗如泉。蚊蚋成雷澤，裌裘作水田。

---

① "涼"字下底本徑書一"闕"字以示其缺，茲據體例標作三個缺字符號。本詩下二處亦同，各標作一個和三個缺字符號。

## 河南府試六月樂詞

李賀

裁生羅，伐湘竹。帔拂疏霜簟秋玉，炎炎紅鏡東方開。暈如車輪上徘徊，啾啾赤帝騎龍來。

## 六　月

趙璜

六月火雲散，蟬聲鳴樹梢。秋風起蘋末，客思已蕭條。傾國三年別，煙霞一路遙。行人斷消息，更上灞陵橋。

## 和鄰幾六月十一日省宿書事

司馬光

長夏金正伏，火意尤驕盈。夫子寓客舍，無術逃煩蒸。軒窻豁四開，滅去壁上燈。紵衣不可親，羽扇安能勝。濯泉泉已溫，撫簟簟可憎。萬葉悄無風，但有飛蚊鳴。六府燥不濡，喉舌煙塵生。攝衣起徐步，回顧天正晴。雲漢淺欲涸，箕畢徒縱橫。忽思終南巓，秀出秦雲清。上有松林蔽，白日深杳冥。下有萬仞壑，含蓄太古冰。安得躡輕屐，策杖緣崢嶸。挂冠芙蓉闕，結屋高崖稜。回視萬鍾禄，眇撇如飛蠅。

## 六月十三日病起走筆寄仇池

蘇轍

入伏節氣變，倏然如九秋。墙上有短樹，庭下風颼颼。風來吹我衣，黿蚋各已收。移床就堂下，仰見月成鈎。但與支體快，不作腑臟謀。半夜起寒熱,展轉脫水鰍。藥劑失先後,欲速反見留。不免召楊子,把臂揣厥由。笑我冷治冷,徒爾苦舌喉。授我桂與薑,廼始與病投。逾旬不出戶,映牖披重裘。遙聞南山下,不與他土侔。山寒雪不解,清氣晝夜浮。餘冷入市城,煩熱遭濯漱。況廼郡齋靜,滿地貯清流。露濕荷葉淨,月上松栢幽。墙頭白楊樹,秋聲無時休。夜蜩感寒氣,上樹鳴啾啾。野鶴弄池水,落拍翅羽修。此處雖可愛,慎勿恣意遊。凡人愛涼冷,涼冷乃熱讐。試掃北窗下,靜臥却所憂。屏扇去冰雪,虛室風自油。歲熱強自厚,良藥彼有不。

### 六月十八日大暑

司馬光

老柳蜩螗噪,荒庭熠燿流。人情正苦暑,物態已驚秋。月下濯寒水,風前梳白頭。如何夜半客,束帶謁公侯。

### 六月十九日木葉皆暗,榴花一枝灼然獨明,感之爲賦

黃庭堅

季夏百菓發,兔葵亦成實。獨有野石榴,幽花如熠熠。熠熠非獨好,芳榮恃午日。翩翩彼百蝶,髣髴相採挹。睡餘起對此,佳興亦蕭瑟。元非阡陌麗,敢競陽春出。無言以成蹊,上愧桃李質。幸當飽霜雪,萬顆富君室。

## 六月晦定力院同原父賦送伯鎮、景純、樞言三學士

梅堯臣

秋清三黄鵠，舉翼東南飛。鳴聲既相呼，煙水亦相依。蓬池不暫上，太液未言歸。酌酒望滄海，飄飄思菊衣。

# 歲時雜詠卷四十五

（宋）蒲積中　編

## 七　月

### 七月一日作

白居易

七月一日天，秋生履道里。閒居見清景，高興從此始。林間暑雨歇，池上涼風起。橋竹碧鮮鮮，岸沙青霹霹。蒼然古盤石，清淺平流水。何言中門前，便是深山裏。雙僮侍坐臥，一杖扶行止。飢聞麻粥香，渴覺雲湯美。胡麻粥，雲母湯。平生所好物，今日多在此。此外更何悲，市朝心已矣。

### 酬樂天七月一日夜即事見寄

劉禹錫

庭樹風韵清，天河雲彩輕。故苑多露草，隔城聞鶴鳴。搖落從此始，別離含遠情。聞君當是夕，倚瑟吟商聲。外物豈不足，中懷向誰傾。秋来念歸去，同聽嵩陽笙。

### 七月一日曉入太行山

李　賀

一夕遠山秋，香露溢蒙淥。新橋倚雲阪，候蟲嘶露撲。洛南今已遠，越衾誰爲熟。石氣何凄凄，老莎如短鏃。

## 七月三日亭午已後，覺熱退，晚加小涼，穩睡，有詩，因論壯年樂事，戲呈二十一曹長

杜　甫

今茲商用事，餘熱亦已末。衰年雖炎方，生意從此活。亭午減汗流，北隣奈人聒。晚年爽鳥匱，筋力蘇摧折。閉目踰十旬，大江不止渴。退藏恨雨師，健步聞旱魃。園蔬抱金玉，無以供採掇。密雲雖聚散，徂暑終衰歇。前聖慎焚巫，武王親救暍。陰陽相主客，時序遞回斡。灑落惟清秋，昏霾一空闊。蕭蕭紫塞鴈，南向欲行列。欷思紅顏日，霜露凍堦闥。胡馬挾雕弓，鳴弦不虛發。長鈚逐狡兔，突羽當滿月。惆悵白頭吟，蕭條遊俠窟。臨軒望山閣，縹緲安可越。高人鍊丹砂，未念將朽骨。少壯跡頗疏，歡樂曾倏忽。杖藜風塵際，老醜難剪拂。吾子得神仙，本是池中物。賤夫美一睡，煩促嬰詞筆。

## 七月念八與王、鄭二君聽雨後夢作

李商隱

初夢龍宮寶焰燃，瑞霞明麗滿晴天。旋成醉倚蓬萊樹，有個仙人拍我肩。少頃遠聞吹細管，聞聲不見隔飛煙。逡巡又過瀟湘雨，雨打湘靈五十絃。瞥見馮夷殊悵望，鮫綃休賣海爲田。亦逢毛女無慴極，龍伯擎將華岳蓮。恍惚無倪明又暗，低迷不已斷還連。覺來正是平階雨，獨背寒燈枕手眠。

## 七月二十九日崇讓宅讌作

露如微霰下前池，月過迴塘萬竹悲。浮世本來多聚散，紅藥

何事亦離披。悠揚歸夢惟燈見，濩落生涯獨酒知。豈到白頭長祇爾，嵩陽松雪有心期。

## 雜　詩

張　協①

大火流坤維，白日馳西陸。浮暘映翠林，迴飈扇綠竹。飛雨灑朝蘭，輕露栖叢菊。龍蟄暄氣凝，天高萬物肅。弱條不重結，芳蕤豈再馥。人生瀛海內，忽如鳥過目。川上之歎逝，前修以自勖。

## 憶長安十二詠

陳允初

憶長安七月時，槐花散點罘罳。七夕針樓競出，中元香供初移。繡轂金鞍無限，遊人處處歸遲。

## 狀江南十二月每句須一物形狀

鄭　㮦

江南孟秋天，稻花如白氈。素腕懃新藕，殘粧妬晚蓮。

## 七月流火

敬　括

前庭一葉下，言念忽悲秋。變節金初至，分寒火正流。氣含良夜早，光拂夏雲收。助月微明散，沿河麗景浮。禮標時令美，

---

① 此詩徐本據明抄本及《昭明文選》卷二九校補作者"張協"，茲校從。

詩興國風幽。自此觀邪正，深知王業休。

## 河南府試七月樂詞

李　賀

星依雲渚冷，露滴盤中圓。花好生木末，衰蕙愁空園。夜天如玉砌，池葉極青錢。僅厭舞衫薄，稍知花簟寒。曉風何拂拂，北斗光闌干。

## 十二月閏情七月詩

袁　暉

七月坐涼宵，金波滿麗譙。容華芳意改，枕席怨情饒。錦字沾愁淚，羅裙緩細腰。不知銀漢女，歲歲鵲成橋。

## 七月一日出城舟中苦熱

蘇　軾

涼颸呼不來，流汗方被體。稀星乍明滅，暗水光瀰瀰。香風過蓮芡，驚枕裂魴鯉。欠伸宿酒餘，起坐濯清泚。火雲勢方壯，未受月露洗。身微欲安適，坐待東方啓。

## 七月五日二首

避謗詩尋醫，畏病酒入務。蕭條北窗下，長日誰與度。今年苦炎熱，草木困薰煮。況我早衰人，幽居氣如縷。秋來有佳興，秌稻已含露。還復此微吟，往和糟床注。

何處覓新秋，蕭然北臺上。秋來未云幾，風日已清亮。雲間聳孤翠，林表浮遠漲。新棗漸堪剥，晚瓜猶可餉。西風送落日，萬竅含凄悵。念當急行樂，白髮不汝放。

### 七月六日二首

張　耒

雨洗秋城碧玉天，暮雲吹盡月娟娟。寂寥誰是清宵伴，只有
姮娥最可憐。

山川搖落鴈南飛，想見橫汾鼓吹時。得意劉郎猶嘆老，蕭條
宋玉故應悲。

### 七月十日雨餘炎暑頓解有感成篇

空山風雨夕，微雨淒房櫳。徂年兆搖落，感歎白髮翁。謫居
困炊玉，無田願年豐。欲持一盃酒，傍舍慶老農。烈日辭紈扇，
高林墜晚風。青燈夜齋靜，不睡獨聞蛩。

### 七月念一日夜聞韓玉汝宿城北馬鋪

梅堯臣

暗樹秋風擺葉鳴，桃枝竹簟冷逾清。孤燈淡淡短亭客，半夜
蕭蕭聞雨聲。

### 七月二十六日題南禪院壁二首

乞食高僧午未歸，秋庭葉落日輝輝。蕭條古殿松陰下，簷鐸
風中乳鴿飛。

秋林葉落已斑斑，秋日當庭尚掩關。掃榻晝眠聽鳥語，可憐
身在此時間。

## 又三絶

樓殿沉沉鏁夜煙,秋燈一點佛龕前。梧桐葉上三更雨,只有幽人獨未眠。

白髮荆州歎滯淫,溪邊重擣洛陽砧。遣愁莫上高樓望,惟有秋雲盡日陰。

零落東城官樹秋,行人一去路悠悠。祇應樓下邯鄲道,亦有佳人對此愁。

### 七月二十七日

宋　祁

客鴈歸何處,寒螿鳴不休。兼之清夜永,副以長年愁。家令有移帶,中郎餘白頭。

### 七月二十八日

秋物向搖落,客心真悄然。高風已涼夜,澹月始晴天。拂幌單練怯,凝塵故扇捐。露華休早滴,羈鵲不曾眠。

## 八　月

### 八月三日夜作

白居易

露白月微明,天涼景物清。草頭珠顆冷,樓角玉鈎生。氣爽衣裳健,風微砧杵鳴。夜衾香有思,秋簟冷無情。夢短眠頻覺,宵長起暫行。燭凝臨曉影,蟲暗欲寒聲。槿老花先盡,蓮凋子始成。四時無了日，何用歎衰榮。

### 八月二十九日宿懷

趙　嘏

秋天晴日菊還香，獨坐書齋思已長。無奈風光易流轉，强須傾酒一杯觴。

### 八月奉教作

李　嶠

黃葉秋風起，蒼葭曉露團。鶴鳴初警候，鴈上欲凌寒。月鏡如開匣，雲纓似綴冠。清樽對旻序，高宴有餘歡。

### 憶長安十二詠

吕　渭

憶長安八月時，闕下天高舊儀。衣冠共頌金鏡，犀象對舞丹墀。更愛終南灞上，可憐秋草碧滋。

### 狀江南十二月每句須一物形狀

沈仲昌

江南仲秋天，鱏鼻大如船。雷似樟亭浪，苔爲界石錢。

### 仲秋夜郡内西亭

張　登

天高月滿影悠悠，一夜炎荒併覺秋。氣與露清凝衆草，色如霜白怯輕裘。高臨華宇還知隙，靜映長江不共流。正值西傾河漢曙,遺風猶想武昌樓。

### 河南府試八月樂詞

李　賀

孀妾怨長夜,獨客夢歸家。傍簷蟲緝絲,向壁燈垂花。簷外月光吐,簾中樹影斜。悠悠飛露姿,點綴池中華。

### 八月上峽

李　頻

萬里巴江水,秋來滿峽流。亂山無陸路,行客在孤舟。洶洶灘聲急,冥冥樹色愁。免爲三不弔,已白一生頭。

### 八月一日涼如十月

張　耒

已過三伏暑初歸,風景誰知遽慘悽。短日旅愁消美酒,五更鄉夢託晨鷄。江天水冷魚龍蟄,野澤風多鴻鴈稀。塵篋故裘猶得在,御冬偶免嘆無衣。

### 八月一日[①]

高田種小麥,終久不成穗。男兒在他鄉,那得不憔悴。

---

① 此詩徐本據明抄本校補作者"沈遘"。

### 八月三日詠原甫庭前林檎花

梅堯臣

秋蠹無完葉，疏叢有瘁莖。偶來庭樹下，重看露葩榮。衆自守常理，獨開偏見情。從今數霜月，結子尚能成。

### 八月五日夜省直

司馬光

大火已西落，溫風猶襲人。留連惜紈扇，散誕脫紗巾。蟾影夜色淺，蛩聲秋意新。圖書足自適，何物更關身。

### 八月七日夜省直喜雨

悵望中秋月，於今已上弦。明生圭樣小，影露桂華偏。幽思邈難志，浮雲去不還。何當出陰翳，清徹照中天。

### 八月十日清溪對月

張舜民①

客路三湘遠，天風八月清。雲間雖掩映，水底已分明。且對當年影，休吟萬古情。喜君方向滿，照我數江城。

### 八月十日夜看月有懷崔度賢良

蘇　軾

宛丘先生自不飽，更笑老崔窮百巧。一更相過三更歸，古栢

---

① 此詩徐本據明抄本校補作者"張舜民"，兹校從。

陰中看參昴。去年舉君苜蓿盤,夜傾閩酒赤如丹。今年還看去年月,露冷遙知范叔寒。典衣自種一頃豆,那知積雨生科斗。歸來四壁草虫鳴,不如王江長飲酒。

### 八月十三日晨興三首

老人秋少睡,禪誦每晨興。鄰碓春殘月,牀蛩語暗燈。高林鳥聲起,幽草露華凝。筇杖兼禪榻,生涯一老僧。

端居歲已晏,杖屨益蕭然。雲露牕前日,秋明樹外天。大江寒欲落,諸嶺晚逾鮮。白首無聊劇,昏昏只醉眠。

江上秋陰合,柯山曉雨来。貂裘欲辭篋,紈扇已生埃。落葉濕相藉,晚花寒未開。殷勤探黃菊,九日泛清盃。

### 八月十七日夜省直紀事呈同舍

司馬光

窮秋直省舍,大雨吁可畏。九河翻層空,入夜愈恣睢。署床東壁根,時有塗墍墜。颰颰勢將摧,怵惕不成寐。中宵抱衾立,呼燭久方至。徙之近西偏,惆悵不能備。飛蚊胡不仁,忍此加啄噬。避煩只深藏,悒悒面蒙被。須臾漏轉劇,枕褥亦沾漬。雖欲起何之,室中無燥地。展轉遂達旦,耿耿負憂悸。因思閭井民,糊口仰執伎。束手已連旬,妻兒日憔悴。囊錢無盎米,薪水同時匱。敗衣不足準,博手坐相視。予今幸已多,敢不自知愧。無謀忝肉食,念爾但增欷。

# 九 月

### 九月一日過孟十二倉曹十四主簿兄弟

杜　甫

藜杖侵寒露，蓬門啓曙煙。力稀經樹歇，老困撥書眠。秋覺追隨盡，來因孝友偏。清談見滋味，爾輩可忘年。

### 奉酬宣上人九月十五日夜東亭望月見贈因懷紫閣舊遊

鄭　絪

中年偶逐鵷鴻侶，弱歲多從麋鹿羣。紫閣道流今不見，紅樓禪客早曾聞。松齋月朗雲初散，苔砌霜繁夜欲分。一覽綵牋佳句滿，何人更詠惠休文。

### 九月十五日夜宿鄭尚書相公東亭望月寄杜給事

廣　宣

霜天晴夜宿東齋，松竹交陰愜素懷。迴出風塵心得地，可憐三五月當階。清光滿院恩情見，寒色臨門笑語諧。雲漢路馳從道合，往來人事不相乖。

### 九月十八日賜百寮追賞因書所懷

德　宗

雨霽霜氣肅，天高雲日明。繁林已墜葉，寒菊仍舒榮。懿此秋節時，更延追賞情。池臺列廣宴，絲竹傳新聲。至樂非外獎，浹歡同中誠。庶敦朝野意，永使風化清。

## 大歷二年九月三十日

杜　甫

爲客無時了,悲秋向夕終。瘴餘夔子國,霜薄楚王宮。草敵虛嵐翠,花禁冷葉紅。年年小搖落,不與故園同。

## 九月奉教作

李　嶠

曲池朝下鴈,幽砌夕吟蛩。葉逕蘭芳盡,花潭菊氣濃。寒催四序律,霜度九秋鐘。還當明月夜,飛蓋遠相從。

## 憶長安十二詠

范　燈

憶長安九月時,登高遙望昆池。上苑初開露菊,芳林正獻霜梨。更想千門萬户,明月砧杵參差。

## 狀江南十二月每句須一物形狀

劉　蕃

江南季秋天,栗果大如拳。楓葉紅霞舉,蘆花白浪川。

## 賦得九月盡

元　稹

霜降三旬後,蓂餘一葉秋。玄陰迎落日,涼魄盡殘鈎。半夜灰移琯,明朝帝御裘。潘安過今夕,休詠賦中愁。

### 河南府試九月樂詞

李　賀

離宮散螢天似水，竹黃池冷芙蓉死。月綴金鋪光脉脉，涼苑
虡庭空澹白。露花飛飛風草草，翠錦爛斑滿層道。鷄人唱罷曉
矓矖，鴉啼金井下疏桐。

### 九月一日　去歲南陽與謝公別，今謝公已歿。

梅堯臣

授衣念徂節，闔棺傷故人。故人昔送我，把酒湍水濱。只道
後期易，豈知無會因。死生意不及，欲語鼻先辛。既乏羨門術，
安得如松筠。寒暑更數十，病亦同埃塵。

### 九月五月得姑蘇謝學士寄木蘭堂官醖

公田五十畝，種秫秋未成。杯中無濁酒，案上唯丹經。忽有
洞庭客，美傳烏與程。言盛木蘭露，釀作甕間清。木蘭香未歇，
玉盎貯華英。正值菊初坼，便來花下傾。一飲爲君醉，誰能解吾
醒。吾醒且不解，百日毛骨輕。

### 九月十四日東府雨中作示子由

蘇　軾

庭下梧桐樹，三年三見汝。前年適汝陰，見汝鳴秋雨。去年
秋雨時，我自廣陵歸。今年中山去，白首歸無期。客去莫嘆息，
主人亦是客。對牀定悠悠，夜雨空蕭瑟。起折梧桐枝，贈我西北
行。歸來強健否，莫忘此時情。

## 九月二十日微雪懷子由二首

岐陽九月天微雪，已作蕭條歲暮心。短日送寒砧杵急，冷官無事屋廬深。愁腸別後能消酒，白髮秋来已上簪。近買貂裘堪出塞，忽思乘傳問西琛。

江上同舟詩滿篋，鄭西分馬涕垂膺。未成報國慚書劍，豈不懷歸畏友朋。官舍度秋驚歲晚，寺樓觀雪與誰登。遙知讀易東窗下，車馬敲門定不譍。

## 次韻子瞻九月二十日微雪見寄二首

蘇　轍

秋氣蕭騷仍見雪，客愁繚繞動縈心。幽吟百户愬聲細，歸夢函關馬迹深。疏樹飛花輕簌簌，衰荷留柄亂簪簪。遙聞詩酒皆爭勝，杜客何人近納琛。

平時出處常聯袂，文翰叨陪舊服膺。自信老兄憐弱弟，豈關天下少良朋。何時杯酒看浮白，清夜霜柑釘滿登。離思隔年詩不盡，秦梁雖遠速須譍。

## 九月二十四日雪

梅堯臣

秋露未爲霜，秋空已飛雪。著樹憎葉危，壓叢憂菊折。平明開户看，斗覺頹簷潔。天時莫倉猝，誰預衣裘設。

## 九月二十四日大風

秋飈無踪跡，空中聲奔馳。枯桑固已驗，老病仍先知。驚沙入破隙，危葉墮綠枝。幽懷聒不寐，山岳將恐移。

## 九月二十七日見梅花

江南風土暖，九月見梅花。遠客思邊草，孤根暗磧沙。何曾逢寄驛，空自聽吹笳。今日樽前勝，其如秋鬢華。

## 九月二十八日牡丹

香包已向青春發，又見秋深特地開。應笑菊殘無意思，不能邀賦洛陽才。

## 九月晦日謁韓子華遂留邀江隣幾同飲是夕值其內宿不終席明日有詩予次其韻

乘興驅車偶一來，旋呼江老舊遊陪。驚風送雨寒初動，舉酒浮蛆潑不開。騏驥轜時聞內宿，琵琶彈急怨虗催。接籬帶去今傳樣，自此逢歡未便回。

## 九月末大風一夕，遂寒，安置火爐有感二首

張　耒

謫官兩向黃州火，不知明年何處冬。須信炎涼相代至，亦知榮辱到頭空。怨咨莫起天公念，燕坐何妨佛理通。更有牆邊一樽酒，能於愁面放春紅。余以己丑年春至黃，今見二冬矣。風聲一夜下林端，遽作霜天十月寒。三伏炎蒸不可過，北風凛冽亦何難。人情伺待常宜緩，天令推移古不刋。幸有布裘氈履在，雪深高臥更安閒。

### 九月末風雨初寒二首

栗冽已戒候，陰淡達朝昏。出門無所詣，幽齋誰與言。塵埃羣書積，興至時一翻。呼兒具棗栗，時亦賴芳樽。老肌畏寒苦，幸此手足温。窗間有舊筆，得句時復援。

愛此庭下菊，蕭蕭何及時。郊原一秋暵，麥種待榮滋。今年真有秋，禾菽實纍纍。老農笑謂子，不復憫汝飢。桑榆可析薪，秋風可夜吹。晴明理罝繳，雉兔日已肥。

# 歲時雜詠卷四十六

(宋)蒲積中　編

## 十　月

### 十月九日題雲夢亭

崔　櫓

薄煙如夢雨如塵，霜景晴來却勝春。好住池西紅葉樹，明年今日伴何人。

### 十月戊寅

梁簡文

喧塵是時息，静坐對重巒。冬深柳條落，雪後桂枝殘。星明霧色静，天白鴈行單。雲飛乍想閣，水皓遠凝紈。晚橘隱重屏，枯藤帶迥竿。岳陰連水氣，山峰添月寒。

### 代孟冬寒氣至

劉　鑠

白露秋風始，秋風明月初。明月照高樓，露落皎玄除。迨及涼雲起，行見寒林疏。客從遠方至，贈我千里書。先叙懷舊愛，末陳久離居。一章意不盡，三復情有餘。願遂平生眷，無使甘言虛。

## 十月奉教作

李　嶠

白藏初送節，玄律始迎冬。林枯黄葉盡，水耗緑池空。霜帶臨庭月，寒隨入牖風。別有歡娱地，歌舞應絲桐。

## 十二月樂遊詩十月

郭元振

十月嚴陰盛，霜氛下玉臺。羅衣羞自解，綺帳待君開。銀箭更籌緩，金爐香氣來。愁仍夜未幾，已使炭成灰。

## 孟冬

杜　甫

殊俗還多事，方冬變所爲。破柑霜落爪，嘗稻雪翻匙。巫峽寒都薄，烏沙瘴遠隨。終然減灘瀨，暫喜息蛟螭。

## 同羣公十月朝宴李太守宅

高　適

良牧徵高賞，褰帷問考槃。歲時當正月，甲子入初寒。已聽甘棠頌，欣陪旨酒歡。仍憐門下客，不作布衣看。

## 憶長安十二詠

樊　珣

憶長安十月時，華清士馬相馳。萬國來朝漢闕，五陵共臘秦祠。晝夜歌鐘不歇，山河四塞京師。

### 狀江南十二月每句須一物形狀

謝良輔

江南孟冬天，荻穗軟如綿。綠絹芭蕉裂，黃金橘柚懸。

### 孟冬蒲津關河亭作

呂　温

息駕非窮途，未濟豈迷津。獨立大河上，北風来吹人。霜雪
自兹始，草木當更新。嚴冬不肅殺，何以見陽春。

### 河南府試十月樂詞

李　賀

玉壺銀箭稍難傾，釭花夜笑凝幽明。碎霜斜舞上羅幕，燭龍
兩行照飛閣，珠帷怨臥不成眠。金鳳刺衣著體寒，長眉對月鬪彎
環。

### 十月五日見菊上蜂

梅堯臣

黃蜂得晴日，不道菊開稀。向蕊晚寒起，落叢無力飛。輕輕
難自舉，帖帖一何微。莫問巢房處，斜陽奈欲歸。

### 十月十二日夜孤宿寄內

張　耒

寒夜欺老人，展轉睡不足。長年怕爲客，況此空齋宿。嗚嗚
度雲鴈，瑟瑟受霜竹。凍骸冷如植，不覺重衾燠。天明起冠櫛，

淡日初照屋。寄聲家具酒，買魚烹鴻鶩。

### 十月十四日以病在告獨酌

蘇　軾

翠柏不知秋，空庭失搖落。幽人得佳蔭，露坐初獨酌。月華稍澄穆，霧氣尤清薄。小兒何所知，相語翁正樂。銅爐燒栢子，石鼎煮山藥。一盃賞月露，萬象紛酬酢。此生獨何幸，風纜欣初泊。逝逃顏跖網，行赴松喬約。莫嫌風有待，謾欲戲寥廓。泠然心境空，髣髴来笙鶴。

### 十月十五日早飯清都觀逍遥堂

黄庭堅

心游魏闕魚千里，夢覺邯鄲黍一炊。蔬食菜羹吾亦飽，逍遥堂下葉辭枝。

### 十月十六日記所見

蘇　軾

風高月暗雲水黄，淮陰夜發朝山陽。山陽曉霧如細雨，炯炯初日寒無光。雲收霧卷已亭午，有風北来寒欲僵。忽驚飛雹穿户牖，迅駛不復容遮防。市人顛沛百賈亂，疾雷一擊如頹墙。使君来呼晚置酒，坐定已復日照廊。恍疑所見皆夢寐，百種變怪旋消亡。共言鮫龍厭舊穴，魚鼈隨徙空陂塘。愚儒無知守章句，論説黑白推何祥。惟有主人言可用，天寒欲雪飲此觴。

## 十月十八日

梅堯臣

霜梧葉盡枝影疏，井上青絲轉轆轤。西廂舞娥艷如玉，東楯貴郎才且多。纏頭誰惜萬錢錦，映丫自有明月珠。一爲轆轤情不已，一爲梧桐心不枯。此心此情日相近，卷起飛泉注玉壺。

## 十一月①

### 十一月中旬至扶風界見梅花

李商隱

匝路層層艷，飛時裊裊香。素娥惟與月，青女不饒霜。贈遠虛盤手，傷離適斷腸。爲誰人早秀，不待作年芳。

### 十一月奉教作

李　嶠

凝陰結暮序，嚴氣肅長飆。霜犯狐裘夕，寒侵獸火朝。冰深遙架浦，雲凍近封條。平原已縱獵，日暮整還鑣。

### 憶長安十二詠

劉　蕃

憶長安子月時，千官賀至丹墀。御苑雪開瓊樹，龍堂冰作瑤池。獸炭毡廬正好，貂裘狐白相宜。

---

① 此處"十一月"前底本有"古詩"二字，下梅堯臣詩前又有"今詩十一月"五字，蓋亦蒲氏補編時標示。今統一體例，逕刪"古詩"、"今詩"四字，梅詩亦接排，刪去"十一月"三字，以清眉目。下文"十二月"處亦類此，不復出。

### 狀江南十二月每句須一物形狀

吕　渭

江南仲冬天，紫蔗節如鞭。海將鹽作雪，山用火耕田。

### 河南府試十一月樂辭

李　賀

宮城團廻凛嚴光，白天碎碎墮瓊芳。搞鍾高飲千日酒，戰却凝寒作君壽。御溝泉合如環素，火井温泉在何處。

### 和十一月八日圃人所小桃花

梅堯臣

常時開向杏花後，今日綻當梅萼前。不畏雪霜何太甚，繁英如火滿枝燃。

前占寒食一百六，算到其間未合開。丹艷已先灰管動，不由人力與栽培。

### 和十一月十二日與諸君登西園亭榭懷舊

冬日蕭條公府清，獨將諸吏上高城。而今何處異疇昔，鐵墓下聞狐夜鳴。

莎徑依然見莎葉，蓮塘無復有蓮花。更看白水滿城下，説著當時龍骨車。

### 十一月十三日病後始入倉

曾非雀與鼠，何戀太倉爲。狐裘破不温，黃狗補其皮。霜花逐落月,綴在枯槁枝。予年過五十,瘦寢冰生肌。

### 十一月十七日五首

寒更催欲盡,曙色轉雞吭。鳴鴈曉北斗,清笳凝夜霜。空山藏華晚,故園歸夢長。晨起臨清鏡,悲嗟鬢已霜。

寒著添綿衲,朝脯折足鐺。無言病居士,面壁老胡僧。佛祖豈欺我,乾坤終有憑。宿年無一事,高臥醉騰騰。

山與晴天晚,江連夕照紅。高鴻知夜渚,喬木受霜風。買酒缸須滿,溫爐火屢烘。走遞定何物,隨意束衰翁。

三盃無奈酒,一褐有餘溫。眼下幸無事,世間何足論。山僧元飽飯,詞客謾招魂。杖策何知詣,門前老圃村。

小霧今晨重,山川不復分。自然無日色,那更挾霜雰。烏鳥依寒寂,漁樵散暝昏。一杯聊慰疾,今吾憶韋君。

## 十二月

### 十二月一日三首

杜　甫

今朝臘月春意動,雲安縣前江可憐。一聲何處送書雁,百丈誰家上水船。未將梅蕊驚愁眼,要取椒花媚遠天。明光起草人所羨,肺病幾時朝日邊。

寒輕市上山煙碧,日滿樓前江霧黃。負鹽出井此溪女,打鼓發船何郡郎。新亭舉目風景切,茂陵著書消渴長。春花不愁不爛熳,楚客誰聽棹相將。

即看燕子入山扉,豈有黃鶯歷翠微。短短桃花臨水岸,輕輕柳絮點人衣。春來準擬開懷久,老去親知見面稀。他日一杯難强進，重嗟筋力故山圍。

## 答崔賓客晦叔十二月四日見寄

白居易

今日歲餘二十六，來歲年高六十二。尚不能憂眼下身，因何更算人間事。居士忘筌默默坐，先生枕麴昏昏睡。早晚相從歸醉鄉，醉鄉去此無多地。

## 庚子臘月五日

司空圖

複道朝嚴火，延城夜漲塵。驊騮思故第，鸚鵡失佳人。禁漏虛傳點，妖星不扼辰。何當廻萬乘，重覩玉京春。

## 臘月八日於剡野石城寺禮拜

孟浩然

石壁開金像，香山遠鐵圍。下生彌勒佛，四向一心歸。竹栢禪庭古，樓臺世界稀。夕嵐增氣色，餘照發光輝。講席邀談柄，泉堂施浴衣。願從功德水，從此濯塵機。

## 十二月十九日酬王十八全素

元　稹

君念世上川，嗟予世瘴天。那堪十日內，又長白頭年。

## 憶長安十二詠

謝良輔

憶長安臘月時，溫泉綵仗初移。瑞氣遙迎鳳輦，日光先暖龍池。取酒蝦蟇陵下，家家守歲傳巵。

## 狀江南十二月每句須一物形狀

丘　丹

江南季冬天，紅蟹大如編。湖水龍爲鏡，爐峰氣作煙。

## 十二月奉教作

李　嶠

玉燭年行盡，銅史漏猶長。池冷凝宵凍，庭寒積曙霜。蘭心未動色，梅館欲含芳。徘徊臨歲晚，顧步佇春光。

## 河南府試十二月樂詞

李　賀

日脚淡光紅灑灑，薄霜不銷桂枝下。依稀和氣解冬嚴，已就長日辭長夜。

## 臘後歲前遇景詠意

白居易

海梅半白柳微黄，凍水初融日欲長。度臘都無苦霜霰，迎春先有好風光。郡中起晚聽衙鼓，城上行慵倚女墻。公事漸閒身且健，使君殊不厭餘杭。

## 十二月拜起居表迴

許　渾

一章西奏拜仙曹,迴馬天涯北望勞。寒水欲春冰綵薄,曉山初霽雪峰高。樓形向日攢飛鳳,宮勢凌波壓抃鰲。空鎖煙霞絕巡幸,周人誰識齎金袍。

## 十二月十一日早苦寒,與家婦酌酒,因成古風

張　耒

寒夜不可旦,老鷄鳴苦遲。晨興出戶視,風折山海枝。最蚤堂東梅,冽寒亦弄姿。夜來月中影,窺我讀書帷。中庭石井欄,晨汲氣如炊。今日復何事,環珮聯冰漸。甖甖有芳醇,庖舍具鮮肥。地爐熾新炭,三酌對山妻。

## 十二月十三日喜雪

梅堯臣

三月朔風吹暗沙,蛟龍卷起噴成花。花霏萬里奪曉月,白石爛堆愁女媧。大明廣庭踏朝賀,雉尾不掃粘宮靴。宮中才人承聖顏,捧觴稱壽呼南山。三公免責百姓喜,斗酒十千詎復慳。

## 十三日雪後晚過天溢榴堤上行

堤上殘風雪,榴邊盛酒樓。據鞍衰意盡,倚檻艷歌留。海月開金鑑,河冰臥玉虹。當年洛陽醉,偏憶薰糟丘。

## 和十二月十七日雪

殘冬勁臘已過半，曉雪先春何處來。豈是全資南畝麥，多應不分北枝梅。庭中未許兒童掃，林上惟愁狂吹催。莫問兔園同賦客，相如居右最爲才。

## 十二月十八日會飲園夫頭桃花

宋　祁

今歲臘未破，明年春尚賒。天教摧朔氣，先霏塞南花。晚秀尚可惜，早開真訝奇。君看早開處，定是向南枝。

## 己卯十二月二十九日感事

張　耒

高樓乘興獨登臨，搔首天涯歲暮心。帶雪臘風藏澤國，犯寒春色着煙林。山川極目風光異，歲月驚懷老境侵。可是斯文天遂喪，楚囚何事涕沾襟。

蹉跎流落已華顛，又見荆湖一歲遷。人怯苦寒愁短日，天收殘雪放新年。園林寂歷飄梅後，里巷經過守歲前。自料知非猶得在，潛心久學衛蘧先。

## 臘月下旬偶作

啄塊饑禽傍短籬，飛鳶一笑起高枝。君看草木冰霜凍，都是東風欲到時。

風折蒹葭冰結澌，燕鴻相語定歸期。淮南水濶山長處，少待燕山霰雪歸。

歲暮煙霜澤國寒，晚鴉鳴處是柯山。地爐有火樽餘酒，自起焚香深掩關。

## 殘　臘

歐陽修[1]

臘雪初消上古臺，桑郊向日綵旗開。山橫南陌城中見，春逐東風海上來。老去每驚新歲換，病多能使壯心摧。自嗟空有東陽瘦，覽物慙無八詠才。

## 殘臘獨出

蘇　軾

幽尋本無事，獨往意自長。釣魚豐樂橋，採杞逍遙堂。羅浮春欲動，雪日有清光。處處野梅開，家家臘酒香。路逢眇道士，疑是左元放。我欲從之語，恐復化爲羊。

江邊有微行，詰曲背城市。平湖春草合，步到棲禪寺。堂空不見人，老稚掩關睡。所營在一食，食已寧復事。客來豈無得，施子靜掃地。松風獨不靜，送我作鼓吹。

## 殘　臘[2]

逼老憂添歲，居貧憚製衣。吝妻憐酒嫩，饞稚幸豚肥。俗累隨年盡，春光趁臘歸。莫嫌花未發，明哲玩先幾。

---

① 此詩徐本據明抄本校補作者“歐陽修”，茲校從。
② 此詩徐本據明抄本校補作者“沈遘”。

**圖書在版編目(CIP)數據**

歲時之屬. 第 2 冊 / 竇懷永點校. —杭州：浙江大
學出版社，2016.9
（中華禮藏. 禮俗卷）
ISBN 978-7-308-12358-7

Ⅰ.①歲… Ⅱ.①竇… Ⅲ.①節令—中國—古代
Ⅳ.①K892.1

中國版本圖書館 CIP 數據核字(2013)第 244155 號

# 中華禮藏·禮俗卷·歲時之屬　第二冊

竇懷永　點校

| | |
|---|---|
| 出 品 人 | 魯東明 |
| 總 編 輯 | 袁亞春 |
| 項目統籌 | 黃寶忠　宋旭華 |
| 責任編輯 | 胡　畔 |
| 封面設計 | 張志偉 |
| 出版發行 | 浙江大學出版社 |
| | （杭州市天目山路 148 號　郵政編碼 310007） |
| | （網址：http://www.zjupress.com） |
| 排　　版 | 浙江時代出版服務有限公司 |
| 印　　刷 | 浙江印刷集團有限公司 |
| 開　　本 | 710mm×1000mm　1/16 |
| 印　　張 | 37.5 |
| 字　　數 | 450 千 |
| 版 印 次 | 2016 年 9 月第 1 版　2016 年 9 月第 1 次印刷 |
| 書　　號 | ISBN 978-7-308-12358-7 |
| 定　　價 | 300.00 圓 |

**版權所有　翻印必究　印裝差錯　負責調換**

浙江大學出版社發行中心聯繫方式：(0571)88925591；http://zjdxcbs.tmall.com